JN168418

和歌山の部落史

通史編

和歌山の部落史編纂会 編集
一般社団法人 和歌山人権研究所 著作

明石書店

刊行にあたって

部落差別をはじめとする人権諸問題を解決するためには、何よりもまずそのような人権侵害がどのようにして生じたのか、その成りたちと実態を歴史的、科学的に解明しなければなりません。社団法人和歌山人権研究所が、一九九七年一一月の設立以来、『和歌山の部落史』の編纂を主要な課題として取り組んできた理由であります。

必要な準備期間を経て、今回発刊の運びに至りました『和歌山の部落史』の主要な特徴として、以下の点を上げることができます。

第一には、和歌山には近世の部落史料として他に類例を見ない貴重で厖大な史料、すなわち「紀州藩牢番頭家文書」が存在し、早くから注目されながら、その全面的翻刻・編集・公刊についてはほとんど手つかずの状態にありました。本研究所では、先駆的な研究者の御指導と御協力を得て、創設以来この史料の調査・研究に着手し、この程第二巻まで刊行し、ようやくその成果を有効に利用しうる段階に達しました。その結果、『和歌山の部落史』では、他の府県では見られなかった差別の実態が、民衆生活に即して手に取るように浮き彫りされることでしょう。

第二には、紀州和歌山には、古代以来広大な高野山寺領が成立し、江戸末期に至るまで紀伊半島の脊梁をなす山間部を中心に、我が国最大といわれる寺領として存続していました。そして興味深いことには、この寺領の周辺や境界の部分に数多くの被差別部落が点在しています。高野山寺領に関する史料としては、我が国屈指の厖大な史料群が金剛峯寺の宝蔵や高野山大学の図書館に保管されていますが、本研究所では、高野山真言宗当局の特別の御理解と御協力を得て、それら厖大な史料の中から部落差別やその他の差別に関する史料を抽出し、調査・研究、そして公刊することをお許しいただきました。これによって『和歌山の部落史』では、県域のすみずみに至るまで、統一的な見通しのもと、個々の被差別部落がなぜそこにあるのかという根源的な疑問に答える手がかりが与えられるようになりました。これもまた他の府県では見られない注目すべき成果といわねばなりません。

この他にもいくつかの新しい学術的知見が紹介されるものと思いますが、新しいこのシリーズは、部落差別の成りたちをはじめとして、その後の変遷および部落解放の歩みを概観し、問題の解決に真に役立つものとなることを確信しております。

『和歌山の部落史』は、通史編一巻、史料編五巻、年表・補遺編一巻の計七巻です。まず、『史料編　近現代1』から刊行に着手し、五年計画で完了する予定です。

最後に本書の刊行に当たって、この困難な事業を支えてくださった「和歌山の部落史研究促進協議会」の皆様に深甚の敬意と謝意を表します。

二〇一〇年三月

和歌山の部落史編纂会
委員長　薗田　香融

凡例

1、本巻は『和歌山の部落史　通史編』である。

2、本文の記述には原則として常用漢字・人名漢字・現代かな遣いを使用した。ただし、固有名詞や引用史料についてはこの限りではない。

3、年代の表記は、原則として前近代は和暦を、近現代は西暦を使用し、必要に応じて西暦・和暦を併記した。一八七二年（明治五）一二月二日までは旧暦を使用した。また、人名の敬称は省略した。

4、引用または典拠とした史料は、（　　　）で出典を示した。頻出するものについては書名を次のように短縮した。

①『和歌山の部落史』の史料編各巻はそれぞれ、『史料編前近代1』『史料編前近代2』『史料編高野山文書』『史料編近現代1』『史料編近現代2』『補遺編』と省略し、文書番号を付した。

②牢番頭家文書編纂会編『城下町警察日記』は『日記』、同『城下町牢番頭仲間の生活』は『生活』と省略し、『日記』は該当する頁数、『生活』は（第四章1）のように、章ごとの文書番号を付した。

③その他、既刊の史料集・自治体史の史料編に収録された史料については、該当する部分の頁数を付した。

5、本文中の図表は章ごとに通し番号を付した。

6、読者の理解を助けるため、原史料を引用する場合は書き下し文・口語訳に改めたり、原史料のカタカナをひらがなに改めたりした場合がある。

7、本文執筆にあたって多くの先行研究を参考とした。主なものは本文中に（　　）で著者名と著書・論文名を明記し、著書については適宜ページ数を付した。また、巻末に参考文献の一覧を付した。

8、本文は複数の担当者により執筆を分担した。各章節等の執筆分担は巻末に記載した。

9、本文中で現代では差別的と見られる用語や記述をあえて使用した場合がある。本編纂事業の趣旨が理解され、真に人権が尊重される社会の実現のために利用されることを切願するものである。

目次

刊行にあたって

凡　例／目　次

第一章　古代・中世の社会と差別

1　古代の身分制と差別

良賤制成立前史

古代の差別の要因としては、政治、経済などいくつか考えられる。政治は、支配階級や社会秩序を維持するために身分制度を作り、身分に基づく差別を生み出した。経済は人びとの間に貧富の差（格差）を生じさせ、貧窮者が富裕者に隷属する状況を作り出した。また、宗教は人が差別される身分に生まれることや、疾病・障害は現世や前世の罪業によるものとして、そのことを正当化したのである。

本節では、政治が創出した古代の身分制度の良賤制の説明を中心に、「華夷思想」や宗教による差別についても取り上げる。

良賤制とは、人びとを、礼的秩序内にいる集団の良民と礼的秩序外にいる集団の賤民に区分した身分制度である。日本の良賤制の賤民は、律令制以前から支配層に代々仕える隷属民（譜第隷属民）を賤身分に固定したもので、そのため律令制以前の部民制的な支配関係が残存している（榎本淳一「律令賤民制の構造と特質」）。それではまず、律令制以前の隷属民から見ることにしよう。

律令制以前の隷属民には、①奴、②部（部民）がある。①奴は、王族・豪族に隷属し、王族の宮や氏の宅の周辺に居住し、宮・宅に付属する土地を耕したり、さまざまな雑事に従事したりした人びとである。②部とは、大王・王妃・王族・豪族らに隷属して生産物の貢納・労役の提供を行った集団のことである。特に部には王権に対する犯罪によって部となった伝承があるように（『史料編前近代1』Ⅰ-一-3）、王権に対する隷属性が強い。

部にはⓐ職務内容を名称に持つ部（鍛冶部・馬飼部など）、ⓑ大王・王妃・王族の宮号を名称に持つ部〔名代・子代〕（小長谷部・白髪部など）ⓒ氏族名を名称に持つ部（大伴部・蘇我部など）などの三種があった。ⓐの部は臣・連―伴造―伴部―部という系列で組織されるため、部を管理する伴造やその上位にある臣・連への隷属意識が生まれ、臣・連、伴造も部への支配意識を有していた。ⓑ・ⓒの部も在地の有力者であった国造らの支配下にあるため、部の国造らへの隷属意識、国造の部への支配意識が存在した。

したがって奴・部は王権に帰属していたが、それらを管理する王族・豪族にとって政治的・経済的基盤を支える重要な隷属民でもあった。そのため王権・王族・豪族は彼らを把握・管理する。一方の、部・奴も王権・王族・豪族のもとにいれば一定の生活を送ることができるから、奴・部は代々その隷属する先に仕えることになっていった。

当時の人びとはヤマト王権に帰属しながらも、以上の複雑な隷属関係を有していた。さらにこれに彼らを管理下に置く諸氏族間の利害関係も絡み合い、大王による人びとの支配体制の一元化ができない状態にあった。このような状態では、国家の重要事に対して迅速な対応をとることはできず、人びとの複雑な隷属関係は国家体制上の問題であった。

さて、紀伊国には次の部民が設定されている。

ⓐ職務内容を名称に持つ部…忌部（名草郡）・海部（海部・牟婁郡）・酒部・苑部（名草郡）
ⓑ大王・王妃・王族の宮号を名称に持つ部〔名代・子代〕…矢田部（日高郡）・財部（日高郡）
ⓒ氏族名を名称に持つ部…大伴部（名草郡）・来目部（名草郡）・物部（名草郡）・巨勢部（名草郡）・六人部（伊都郡）

紀伊国の部民の様相は以上の通りであるが、紀伊国の部に関する史料はほかの地域と比べて乏しく、ヤマト王権が紀氏集団の抵抗の前に部を設置することができなかったようである。それに対してヤマト王権は紀氏集団の勢力削減をねらい、紀氏集団の水軍力の基礎である海人の一部を海部に編成し、彼らの居住地に「海部屯倉」を設置することに成功した（栄原永遠男「紀氏と倭王権」）。

紀氏集団の水軍がいかに重要で強力な存在であったかは『日本書紀』にうかがえる。五世紀半から六世紀にかけて紀氏の将軍が朝鮮半島に出兵するが、その際には紀氏支配下の海人が兵士・物資の輸送という重要な役割を担い、彼らの母港の紀伊国河口の徳勒津・紀伊水門がヤマト王権の兵站基地となった（『史料編前近代1』Ⅰ-一-2）。特に朝鮮半島から兵士の帰国時には彼らとともに朝鮮半島から人びとや文物などが朝鮮半島への玄関となっていた紀伊国に渡った。大谷古墳出土の馬冑・楠見遺跡出土の初期須恵器（楠見式土器）などはこの頃に朝鮮半島から将来された文物であり（薗田香融「晒山古墳群と楠見遺跡」）、史料にも、紀伊国には三間名早岐（『日本霊異記』）・呉勝（『播磨国風土記』）の居住が確認され、朝鮮半島南部の加耶地方の人びとが紀伊国に移住していたことが知られる（李永植「古代人名からみた『呉』」）。

ところで、呉勝が居住したのは名草郡大田村（郷）であり、その南には大宅郷が存在する。大宅郷は欽明天皇一七年に設置された海部屯倉の所在地で、海部屯倉は渡来人の技術によって開発が行われた屯倉とされる（薗田香融「岩橋千塚と紀伊国造」）。海部屯倉の開発と関連するものとして注目されるのが、鳴神遺跡群中央部の水路に囲まれた低地、小字「有馬田」付近に推定される馬・牛を飼育した牧の存在である（丹野拓「紀伊の牧」）。当時の馬の飼育や牧の運営には渡来人の関与が指摘されており、本牧の運営にも渡来人が関与し、屯倉の開発にはこの牧で飼育された馬・牛が使用されたのだろう。

それに加えて興味深いのが、ⓒ来目部（久米部）である。来目部は神武東征の際に頭椎剣（くぶつち）を帯びる勇士として従軍し、その後は禁門の兵士として宮門の警衛にあたった氏族であり、もとは南九州に盤踞（ばんきょ）した隼人と考えられている。紀伊国の来目部は、紀伊国名草郡岡崎村に本拠地を置いた紀岡前来目連（きのおかざきくめのむらじ）に率いられた。来目部ははじめ久米氏の統率下にあったが、久米氏没落後は大伴氏の統率下に移ったとされる。紀伊国には、同じく大伴氏の統率下の大伴部もいることは注目される。

良賤制の成立とその概要

皇極天皇四年（六四五）六月、蘇我本宗家を滅亡させた乙巳（いっし）の変以降、新政府はさまざまな改革を断行し、先に見た当時の人びとの複雑な隷属関係を表1‐1に掲げた諸政策によって解消し、天皇（大王）による人びとの支配体制の一元化が達せられた。その結果、王権・王族・豪族の隷属民の大半はさまざまな課役を負担し天皇に奉仕する百姓となったが、王権（朝廷）において重要な品物を生産する部は品部・雑戸として諸司に所属させ、奴は官奴婢として官奴司に所属させた。また豪族の隷属民の一部は氏が所有する氏賤や私奴婢となっ

表1-1　良賤制の成立にかかわる諸政策

年　月	内　容（出典）	史料番号
皇極天皇4（645）6月	蘇我本宗家が滅ぼされる（乙巳の変）。孝徳天皇が即位する（『日本書紀』）	—
大化元（645）8月	男女の法が制定される（『日本書紀』）	①Ⅰ-一-4
〃　8月	諸寺の僧尼・奴婢の調査・報告を命じる『日本書紀』）	—
大化2（646）1月	改新の詔を発布する（『日本書紀』）	①Ⅰ-一-5
〃　3月	勢家が貧主のもとから逃亡した奴婢を留め買うことを改廃すべき旧俗と指摘する（『日本書紀』）	—
〃　8月	天皇以下豪族が所有する品部を廃止して国家の民とし、新たに百官を設けて位階・官位を授ける（『日本書紀』）	①Ⅰ-一-6
大化3（647）4月	品部廃止の実行を促す（『日本書紀』）	①Ⅰ-一-7
天智天皇3（664）2月	氏上・民部・家部を設定する（甲子の宣）（『日本書紀』）	①Ⅰ-一-8
天智天皇9（670）2月	戸籍（庚午年籍）を作成する（『日本書紀』）	①Ⅰ-一-9
天武天皇4（675）2月	天智天皇３年に諸氏に支給された部曲（家部）を廃止する（『日本書紀』）	①Ⅰ-一-10
天武天皇13（684）	八色の姓（真人・朝臣・宿禰・忌寸・道師・臣・連・稲置）を制定する（『日本書紀』）	—
持統天皇3（689）	飛鳥浄御原令が完成する（『日本書紀』）	—
持統天皇4（690）9月	戸籍（庚寅年籍）を作成する（『日本書紀』）	①Ⅰ-一-13
持統天皇5（691）3月	債務により売却された百姓及び生益の良賤身分を定める（『日本書紀』）	①Ⅰ-一-14
〃　4月	旧奴婢の旧所有者の眷族が現在は良民である旧奴婢の所有を訴えることを禁じる（『日本書紀』）	①Ⅰ-一-15
〃　10月	先皇などの陵墓に陵戸を設置する（『日本書紀』）	①Ⅰ-一-16
持統天皇7（693）1月	奴婢の服制を定める（『日本書紀』）	①Ⅰ-一-17
大宝元（701）8月	大宝律令が完成する（『続日本紀』）	—

①＝『史料編前近代１』を示す。

た。

この一連の政策で注目されるのが、庚午年籍と庚寅年籍と呼ばれた戸籍の作成である。庚午年籍は、天智天皇九年（六七〇）に作成された全国・全身分に及んだ戸籍で、造籍時に天智天皇三年の甲子の宣によって定められた氏上から民部・家部に及ぶ人びとに氏姓が付与された。そのため庚午年籍は後世氏姓の根本台帳として重視された。

庚寅年籍は持統天皇三年（六八九）に完成した飛鳥浄御原令をうけて、翌四年に作られた戸籍である。庚寅年籍では、全国の人びとを姓を有する「良民」と姓を有さない「賤民」に区分して記載し、新たにほかの良身分とはやや異なる雑戸を設定した。庚寅年籍によって、人びとの良賤の身分が確定し、その身分は代々世襲していくものとされた。

二つの戸籍の作成を経て、良民は戸籍に、賤民はそれぞれが所属する官司が作成する籍に記載される形になった。戸籍とそれに類する籍は、一人ひとりの身分を確定し、ほかの身分への変更ができないように固定化し、身分を管理する上でも用いられた。

庚寅年籍によって定められた身分は代々世襲されるものであったから、持統朝にはおおよその良賤制が成立し機能しはじめたとされるが、賤身分の階層は養老律令段階で完成する。表1-2は養老律令段階の良賤制の身分を図化したもので、良民は①官人、②百姓、③雑色人からなり、賤民は④陵戸、⑤官戸、⑥家人、⑦官奴婢（公奴婢）、⑧私奴婢からなる。以下、良賤制の概要を見ていこう。

①官人は職務などを通して天皇に仕奉する人びとである。その職務に従事する代わりに八位以上の官人は課

役が免除され、俸禄が支給される。②百姓は当時最も多くの人びとが属した身分で、課役を納めることで天皇に仕奉し、国家を支える人びとである。

③雑色人は、主に品部・雑戸のことである。品部は朝廷で用いられる奢侈品を生産し、諸司（図書寮・造酒司・主鷹司など）のもとに一八種の戸（紙戸〈紙の生産〉・酒戸〈酒の醸造〉・鷹戸〈鷹の飼育・訓練〉など）二八〇〇余戸が設定された。雑戸は軍事品を生産し、諸司（大蔵省・内蔵寮・造兵司・鍛冶司・筥陶司・左右馬寮）のもとに六種の戸（百済手部・百済戸〈革製品の製造〉・雑工戸〈兵器の製造〉・鍛戸〈金属製品の製造〉・筥戸〈木器・竹器の製造〉・飼戸〈馬の飼育・調教〉）一六〇〇余戸が設定された。雑戸の身分は良民であるが、一般の戸籍ではなく雑戸が属する諸司が作成する雑戸籍によって管理されたり、特有の姓が与えられたりしたことから、良民でありながら他者から卑賤視された（『史料編前近代1』I-一-28）。

④陵戸は、治部省諸陵司（のちに諸陵寮）に属し、天皇・皇后の陵・王族の墓の守衛・清掃を行っ

表1-2　良民・賤民の区分（養老令段階）

良賤の区分	身分		姓の有無
	天皇		無
	皇親		
良民	官人	貴…三位以上 通貴…四位・五位	有
		六位以下〜初位 無位	
	百姓	編戸民	
		浮浪人	
	雑色人	品部 雑戸	
賤民	陵戸		無
	官戸 家人 官奴婢（公奴婢） 私奴婢		

た。なお陵墓の近くに陵戸がいない場合は、近隣の百姓を仮に借陵戸・借墓戸とし陵戸と同様の任に充てる（のちに守戸と呼ばれる）。陵戸は一般の戸籍ではなく、諸陵司の作成する陵戸籍によって管理された。諸国の陵墓を管理する陵戸制は持統天皇五年（六九一）一〇月より始められたが（『史料編前近代1』Ⅰ-一-16）、当初陵戸は常陵守・常墓守、守戸は借陵守・借墓守と呼ばれ、その身分は良民であった。養老令段階で、名称が陵戸・守戸に変更され、陵戸はさらに身分も良民から賤民に改められた（『史料編前近代1』Ⅰ-一-20）。

⑤官戸・⑦官奴婢は国家の所有民で、⑤官戸が⑦官奴婢よりも上位であった。⑤官戸・⑦官奴婢はいずれも官奴司に属し、各官司に配属され、物資の運搬などの雑事に従事し、⑤官戸・⑦官奴婢は官奴司の作成する名籍で管理された。⑤官戸は、六六歳以上の元官奴婢に加えて、良民で罪を犯した者・家人、私奴婢と所有者との間に生まれた子・疾病者である。なお官戸は戸を構え家族を持つことが許され、七六歳になると手続きを経て賤身分から解放されて、良民の百姓になることができるとされる。

⑥家人・⑧私奴婢は民間の所有民で、⑥家人が⑧私奴婢よりも上位であった。⑧私奴婢は貴族・豪族・社寺が所有し、土地や牛馬と同様に財産のひとつとして代々相続することが許された。私奴婢は雑事に従事し、特に私有地の耕作に従事したとされる。私奴婢のうち神社が所有するものは「神奴婢（かんぬひ）・神奴（かみやっこ）・神賤」、寺が所有するものは「寺奴婢（じぬひ）・寺奴（てらやっこ）・寺賤」、貴族・豪族の中で氏として共同所有されるものは「氏賤（じせん）」とそれぞれ呼ばれた。そのうち寺奴婢は、寺内の賤院（せんいん）と呼ばれる施設に居住し、管理された。なお⑥家人は戸を構え家族を持つことが許され、所有者が自由に売買することやその家族を駆使することは禁じられているが、私奴婢は戸を構えることが許されず、所有者による売買が許されている。

貴族が奴婢をどのように見ていたかを伝えるのが、長忌寸意吉麻呂（ながのいみきおきまろ）が詠んだ歌「香塗れる塔にな寄りそ川隈の屎鮒食めるいたき女奴」（『史料編前近代1』Ⅰ-一-38）である。歌の意味は「香を塗り込めたほど香高い塔に近寄るな。厠のある川の隅に集まる糞鮒などを食べてひどく臭う女奴め」というもので、女奴を不浄なるものとしてあげている。長忌寸意吉麻呂はこの歌を即興で詠んだとあり、その場にいたほかの人（貴族）たちも当然理解したものと考えられるから、本歌より奴婢を不浄のものとみなす貴族の意識は知られるが、一般の人びとが奴婢をどのように思っていたかは不明である。

以上が良賤制の概要である。良賤制を維持していくために、良民と賤民の通婚は禁じられた。特に賤民には同じ身分同士の婚姻の「当色婚」のみを許して、その間に生まれる子を賤民として賤身分の再生産を行った。

次に紀伊国の賤民の編成状況を見ておく。史料より紀伊国には①陵戸、②奴婢、賤身分ではないが卑賤視された③雑戸が居したことが確認される。

まず①陵戸から見るが、紀伊国に置かれたのは借墓戸（『延喜式』では守戸）で（『史料編前近代1』Ⅰ-一-20）、名草郡に所在する彦五瀬命（ひこいつせのみこと）（五瀬命）の「竈山墓（かまやまぼ）」に附されたものである。彦五瀬命は、神武天皇の長兄で神武東征の途中長髄彦（ながすねひこ）との戦いでの矢傷がもとで亡くなり、竈山に墓（竈山墓）が築かれ葬られた（『史料編前近代1』Ⅰ-一-1・52）。康和二年（一一〇〇）七月一七日付解状で、国司によって陵戸や陵戸田が侵されている所のひとつとして見える（『史料編前近代1』Ⅰ-一-64）。

借墓戸はのちに守戸に改称されるが、守戸は明光浦（和歌浦）にも設置されている。阿提（あでの）郡（のちに在田郡に改称）那耆野（なぎの）を管理した守護人は守戸の前身であり（『史料編前近代1』Ⅰ-一-12・25）、守戸とは対象物の維持・管理を行うことを任とするのであろう。

次に②奴婢については、天平二年（七三〇）紀伊国大税帳の記載に「官奴婢食料税」と見える（『史料編前近代1』Ⅰ-一-26）。これは国衙などで使役した官奴婢への食料を支給した記載であり、このことから紀伊国に官奴婢の居住が確認される。天平勝宝二年（七五〇）に東大寺へ寄進された官奴司の官奴婢の中に紀伊国の名草郡の「名草」を名に持つ「名草女」がおり（『史料編前近代1』Ⅰ-一-29・30）、紀伊国と何らかの縁がある可能性も想定される。なお私奴婢に関する史料はないが、他国と同様に私奴婢はいたであろう。

最後に③雑戸であるが、紀伊国に居住したものに百済戸がある。百済戸は一〇戸（左京六戸・紀伊国四戸）が置かれ、百済手部の指揮のもと鞣皮を用いて靴履などの革製品を製作した。紀伊国には百済戸以外にも金属製品を製作する鍛戸（鍛冶戸）・兵器を製作する雑工戸が置かれていたと思われる。鍛戸（鍛冶戸）・雑工戸は、鍛冶司・造兵司の雑戸であるが、二司が木工寮・兵庫寮におのおの併合されると鍛戸（鍛冶戸）・雑工戸も二司のもとに移された。『延喜式』によると木工寮鍛冶戸一三烟、兵庫寮雑工戸二六烟が紀伊国に置かれている（『史料編前近代1』Ⅰ-一-57・58）。鍛冶司・造兵司の時にも鍛戸（鍛冶戸）・雑工戸が紀伊国に置かれていたことを示す史料はないが、『続日本紀』養老六年（七二二）三月辛亥条に紀伊国に鍛戸（鍛冶戸）・雑工戸と関わりの深い姓を有する「韓鍛冶杭田」・「鎧作名床」（『史料編前近代1』Ⅰ-一-24）が居したことが確認されるから、紀伊国に鍛冶司・造兵司の雑戸として鍛冶戸・雑工戸が置かれていたと見て問題はない。

賤身分の人びとは彼らの技術や労働力をもとにした隷属性のゆえに賤身分とされたため、その身分に不満を持つことも少なくなかったが、庚寅年籍によって定められた身分は代々世襲されるもので、賤身分から脱することは容易ではなかった。

賤民が賤身分より脱する方法には、①訴訟、②逃亡の二種があった。まず①訴訟の例から見ると、天平神護二年（七六六）四月に陵戸の高志毗登咩女ら一七人が諸陵寮の陵戸籍作成時に勝手に陵戸にされたとし身分回復を訴えて許されている。天平宝字七年（七六三）には紀寺の奴益人ら七六人が、庚寅年籍作成時の誤りを根拠に身分回復を訴えている（『史料編前近代1』Ⅰ-一-34・35・37）。この訴えは紆余曲折を経て孝謙太上天皇によって認められて、七六人は賤身分から解放されて良民となるが、益人が奴婢の身分から脱するために虚構を造り上げたことが知られる（角田文衛「紀寺の奴」）。このような寺奴婢の身分回復に関する訴訟は広く行われていたようで、元興寺の奴婢（寺奴婢）一七一三人のうち七二四人が身分回復の訴訟を行っている（『元興寺伽藍縁起幷流記資財帳』）。なお、賤身分ではないが、雑戸もその身分から解放されるために訴訟を行っている。神護慶雲四年（七七〇）八月、川辺朝臣宅麻呂らが左馬寮の馬部の大豆鯛麻呂によって飼丁として飼馬帳に記載されたとし身分回復を訴えた。左馬寮は一人でも多くの飼戸（飼丁）を確保するために強引な編附を行ったのであろうし、陵戸の例をあわせてみると、このようなことは珍しいものではなかったのであろう。

①訴訟は合法的な方法であるが、容易に身分解放がなされることはない。そのため自ら逃亡することによってその身分を脱する非合法な方法がとられた。神亀三年（七二六）の「山背国愛宕郡出雲郷上雲下里計帳」に

よると、帳記載の奴四〇人に対し逃亡者一八人、婢三八人に対し逃亡者四人である。逃亡率は、奴四五％・婢一八％で、正丁の逃亡率の一九％に比べると、奴の逃亡率がいかに高いかがうかがえる。この逃亡は奴婢に限られたことではなく、百姓も厳しい課役から逃れるために逃亡をするようになる。人びとの本貫地からの逃亡によって土地支配と課役負担によって成り立つ律令体制は次第に動揺しはじめ、人びとを管理した戸籍の機能にも影響を与えることになった。

これらに加えて、奈良時代中期ごろから良賤制を取りまく状況に変化が見える。まず品部・雑戸が順次削減されているのである。まず品部について見ると、養老五年（七二一）に放鷹司（主鷹司）の品部（鷹戸）が廃止され（『史料編前近代1』I‐一‐23）、天平宝字三年（七五九）には専門性の低い品部が廃された（『史料編前近代1』I‐一‐33）。その後も品部の廃止は続き、『延喜式』では鼓吹戸が見える程度である。

次に雑戸の動向を見ると、天平一六年（七四四）二月に雑戸はその身分を廃されて良民とされたが（『史料編前近代1』I‐一‐28）、天平勝宝二年（七五〇）二月には旧に復された。ただ以前とは異なり、雑戸は良民の身分で雑徭（ぞうよう）の形で徴発されて諸司に出仕することとなった（『史料編前近代1』I‐一‐31）。この品部・雑戸の削減背景には、四〇〇〇戸とされる数とそれに伴う課役免除の問題、そして品部・雑戸が有する技術がすでに先進性・専門性が失われ、民間からそれを補えるような体制が整ったためと考えられる（新井喜久男「品部雑戸制の解体過程」）。

賤身分の奴婢にも大きな変化がある。天平宝字二年七月に、官奴婢・紫微中台（しびちゅうだい）のすべての奴婢が解放され、良民となり今良に編成される。今良は諸司に属し、火炬・水汲・担夫などの労役に従事した（佐伯有清「今良の性格と史料」）。なお、この解放で官奴婢やその身分が廃されたものではない。

そして、相前後して良賤制の根幹が崩れはじめる。前述したように良賤制の維持のために賤民には当色婚のみが許され良民との通婚が禁じられたが、良民（百姓）と賤民は通婚の禁止を守らず、その間に生まれた子を良民とすることができる場合でもあえて良民とせずに賤民とすることが多く行われていた。親が子をあえて賤身分にした背景には、身分よりも課役免除などの実利を重視したことがあろう。

国家にとっては課役を免除される賤民の人口の増加は税収の減少に直結するため、この事態を放置することはできず、延暦八年（七八九）五月に良民と賤民の通婚禁止を廃し、今後は良民と賤民との通婚で生まれた子はすべて「良民」とするとの方針に改めた（『史料編前近代1』Ⅰ-一-39）。さらに貞観五年（八六三）九月には、奴婢の子を記帳する際には必ず父母の奴婢名を注記することとしたのは、上記のような詐称を防ぐためであろう（『史料編前近代1』Ⅰ-一-47）。これらの一連の政策によって奴婢を中心とする賤民の人口は大幅に減少したと思われる。

また内容は不明であるが、延喜八年（九〇八）に施行された延喜格には奴婢に関する事柄が定められていたことが知られる（『史料編前近代1』Ⅰ-一-61）。その内容は不明であるが、相伝の奴婢を除いて新規の奴婢の売買を禁じ、売買を通じて良民が奴婢となることを防止したものとされる（菊池康明「延喜の奴婢解放令と荘園整理令」、阿部猛「延喜の奴婢解放令」）。

以上の良賤制の変遷を見ると、良賤制を維持していくためには百姓と奴婢の把握・管理が重要であったことがわかる。ところが百姓・奴婢の把握・管理に用いられた戸籍やそれに類する諸司が作成した籍は、百姓・奴婢の逃亡や賤身分を脱するための身分訴訟によって、それらに記載された内容が実態から離れはじめてその機能を低下させ、次第に戸籍自体も作成されなくなる。その結果一人ひとりの身分を照会するものがなくなり、良賤の区別ができなくなった。そして、百姓と奴婢は良賤制の枠組みを維持するための良民・賤民の通婚の禁止を無視し、最終的には実利を求めて奴婢の身分を選択することすら生じるようになっている。したがって、良賤制は良民の大半を占める百姓と賤民の大半を占める奴婢によって崩壊したと言えよう。

ただし、良賤制の崩壊によって差別される人びとがいなくなったのではない。経済的に困窮し奴婢ではなく奴隷のように他者に隷属する人びと（『史料編前近代1』Ⅰ-一-68）や「穢れ」や「罪業」などという宗教観によって差別される人びとなど、身分とは異なる論理で差別を受ける人びとがいた。以下、それぞれについて見ていこう。

華夷思想に基づく差別

日本は古代中国から華夷思想を継受した。華夷思想とは、中国を政治文化の中心と自負し、周辺諸国を文化的に劣る夷狄（いてき）（四夷（しい））として蔑視する思想のことである。日本は華夷思想をもって、東北地方に居した蝦夷と南九州に居した隼人を夷狄として設定し、朝鮮半島諸国（高句麗（こうくり）・百済（くだら）・新羅（しらぎ））を諸蕃（しょばん）として夷狄と同様に蔑視した。

ただ華夷思想が日本に伝わるのは七世紀末以降のことであり、当初から朝鮮半島諸国出身氏族（渡来人）が卑賤視された様子はない。天平勝宝年間（七四九～七五七）以降、渡来系氏族のうち下級官人を輩出する下位の渡来系氏族は日本的な姓への改姓を願い出るようになり、さらに彼らの系譜を天皇などに連なるものに変更する動きが見られる。この動きから、奈良時代後期以降、渡来系氏族にとって祖先が朝鮮半島諸国出身であることが当時の貴族社会では不利益で何かしら卑賤視されるようになったと推測される。

また、ヤマト王権・律令国家による侵攻の結果、隼人は五世紀以降次第に服属しはじめ、八世紀初期には全面的に服属した。服属した隼人の一部は、畿内やその周辺国に移配させられ、紀伊国にも隼人は移配されている（『史料編前近代1』Ⅰ-一-56）。隼人が紀伊国のいずれに居住したかは不明であるが、紀伊国に隼人が居したのは先に見た来目部と関連するのであろう。なお畿内などに配置された隼人は、隼人司の管轄下で宮門の警衛・儀式・行幸への供奉・竹製品の製作などを行った。

蝦夷は東北地方に居した人びとのことで、『日本書紀』景行天皇二七年二月条には蝦夷の人びとが男女ともに髪を椎のような形に結び、身体に入墨をして、勇猛であると記されている。ヤマト王権・律令国家によるたび重なる侵攻や懐柔政策などを経て、蝦夷の中からヤマト王権・律令国家に服属する人びとが現れ、これを俘囚（ふしゅう）と呼び各地に集団で移住させた。

蝦夷と隼人には特に服属儀礼として朝貢を課しており、天皇を中心とする華夷思想を維持し体現する上で重要な存在でもあった。

宗教と差別

仏教は、人びとに安らぎを与えたり救済したりするが、「因果応報」説によって差別を正当化もした。たとえば、『仏説罪福報応経』は「人の奴婢と為るは、負債を償わざるため。人の卑賤と為るは、三尊を礼わざるが故」とし、「財物を偸盗する者は、後生では、牛馬奴婢としその宿債を償う」と見える。つまり、人が奴婢となるのは、前世で負債を返さなかったり、財物を盗んだりしたためで、現在では人に使役される奴婢や牛馬となってそれを償っていると言うのであろう。このような考え方は、日本にも伝わり、先の紀寺の奴益人の訴訟の中で、「賤と為り良と為ること、因有り果有り。浮沈理に任せ、その報い必ず応ず」と見えている（『史料編前近代1』I-一-34）。

中国仏教では奴婢は「戒を授ける器に非ず」として出家を認められなかったが、実際は奴婢の出家によって生じる寺と奴婢の所有者との軋轢を避けるためであった。しかし、現実には奴婢の出家は行われ、その実態に即して五世紀に成立した『梵網経』は奴婢の出家を容認している（神野清一『律令国家と賤民』136～161頁）。

中国仏教を受容した日本でもはじめは奴婢の出家を認めていなかったが、平安時代の日本天台宗開祖の最澄は『梵網経』に基づいて、奴婢の出家を認めている（『史料編前近現代1』I-一-45）。最澄の主張は、『梵網経』をはじめとする菩薩戒関係の経典が現われ、急激に菩薩戒経典が流布していった時代の流れに即応したものでもあった（斎藤圓眞「石上宅嗣と最澄の奴婢解放観について」）。

「因果応報」説は疾病者・障害者にも適用された（仲尾俊博「『日本霊異記』と業論」）平安時代初期の成立の『日本霊異記』下巻第二〇話に「法華経を受けて信心する人を見て、その過ちをあばき立てると、それが真実であろうと嘘であろうと、その者は現世で『白癩』の病を得るだろう」と記述されている。「白癩」は単なる病気ではなく法華経をそしった報いとして受ける病気とする。「白癩」は神道の罪の国つ罪である「白人」と同じものとされる。次第に「白癩」は神仏より蒙る罰と認識されるようになり、神道・仏教は「癩病」に対する偏見や差別を固定化した（新村拓「古代医療の社会史」）。

宗教は、血を「穢れ」とすることにも大きく関わっている。血は本来豊饒をもたらす強烈な力能を持つものとされたが、血が死を強烈に印象づけたことによって九世紀初期からその価値が否定的に評価されはじめ、九世紀中ごろから血が「穢れ」へと変化した。まず神事から血を回避しはじめ、のちに仏事でも血を穢れとして意識して忌避するようになった。この変化は女性や皮革生産を行う人びとに大きな影響を与えた。以下、それぞれについて見ていこう。

女性と差別

女性の月事や出産での出血ははじめ神事の禁忌として限定されたものであったが、血の穢れ観の拡大によってその血を流す女性も穢れたものとみなされた。女性を穢れたものとみなす考え方（女性不浄観）はまず都市部で成立し院政期にいっそう強化され、また都市部から農村へ拡散していった（西山良平「王朝都市と《女性の穢れ》」）。

女性不浄観によって女性は政治・文化・儀礼から排除されていったが、寺社や山などの霊場への立ち入りを禁止する女人禁制もその一つとしてあげられることが多い。しかし、女人禁制の当初の目的は僧の戒律の遵守のためで（牛山佳幸「『女人禁制』再論」）、古くは女性も男性と同様に寺社への自由な参詣が許されていた（『史料編前近現代1』I-一-34）。しかし、平安時代になると、寺社や僧侶などが修行をする山に女性が足を踏み入れることが禁止されるようになる。それは、女性が山に立ち入ることで山の聖なる力が侵害され、僧が持戒によって蓄えた力を無力にしてしまうと考えられたためとされる（吉田一彦『古代仏教をよみなおす』162〜202頁）。

以上の事柄を踏まえて、紀伊国の状況を高野山と熊野から述べたい。

高野山でも七里四方の結界を設けて、女性の立ち入りを禁じたが（『史料編前近代1』Ⅰ-一-46）、開祖空海母の廟である慈尊院（じそんいん）を高野山のふもとの九度山に置いている。結界地に祀られた開祖の母の廟は仏菩薩の住む地の山へと導く入り口の役割を持つとされる（西口順子『女の力』103〜182頁）。慈尊院は女性が母を通して開祖空海に結縁（けちえん）し仏菩薩に結縁する場であり、女性たちの信仰の場となった。

平安時代後期に高野山を弥勒の浄土とする高野山浄土説が成立すると、上皇・貴族らが弥勒浄土へ参入することを願い高野山に参詣し、奥院御廟前での経巻の供養・埋納（高野埋経）、納髪・納骨を行うようになる。それでも女性が山上の堂舎に直接参詣することはかなわなかったが、一二世紀以降高野山への納骨の風習が広まる中で、女性の遺骨も受け入れられるようになり、永暦元年（一一六〇）に美福門院（びふくもんいん）（鳥羽天皇皇后、藤原得子（とくし））の遺骨が高野山に納められている（『史料編前近代1』Ⅰ-一-66・67）。しかし、女性の遺骨が入山できたのは、遺骨にはすでに性別がなく浄不浄とは別次元のものになっているためであり（西口順子『女の力』69〜102頁）、あくまでも女性が入山できたというわけではない。

一方で女性を広く受け入れたのが熊野であった。そのことを象徴するのが、平安時代中期の歌人和泉式部（いずみしきぶ）と熊野権現との伝承である（『史料編前近代1』Ⅰ-一-63）。伝承の内容は以下のようなものであった。

和泉式部は熊野詣の折、月の障り（月経）となる。式部はこのような身では奉幣することはできないと思い、「はれやらぬ身のうき雲のたなびきて月のさはりとなるぞかなしき」と詠んだ。その夜の式部の夢に熊野権現が現れて、「もとよりも塵にまじはる神なれば月のさはりもなにかくるしき」と告げている。

この話を全国に広めたのは時宗の念仏聖で、時宗が熊野の唱導のために「癩者」救済をテーマにした説経「小栗の判官」と並んで作為したものであった（五来重『熊野詣』100～123頁）。その結果、人びとの間で熊野権現は浄不浄を問わず別け隔てなく誰をも迎え入れる神として受け入れられた。そして、その力は盲人・「癩者」の病状も回復させることができるとされ、盲人・「癩者」はその奇跡を求めて険しい山道を踏み分けて参詣した（『史料編前近代1』I‐一‐69・70）。鎌倉時代の説話集『古今著聞集（ここんちょもんじゅう）』には盲人が熊野権現に祈請し、ついには回復したとの話が収められている（巻第一神祇・二七）。またこの地域には無縁の者も居していた（『史料編前近代1』I‐一‐71）。

宗教と肉食・皮革

古代の人びとは、祭祀・饗宴で最高の品として牛馬を屠してその肉を神や客に供したが、六世紀半に殺生禁断を旨とする仏教が日本に伝わり、天皇家を中心に仏教が受け入れられると、天皇家の食卓からは肉食が遠ざけられた（寺西貞弘「古代における肉食について」）。仏教の浸透を示すように、天武天皇四年（六七五）四月に特定の道具を用いた殺生を禁断するとともに四月から九月までの間、牛・馬・狗（犬）・猿の肉食の禁止が命ぜられた（『史料編前近代1』I‐一‐11）。禁止令が出されるほど当時の人びとがこれらの肉を食していたことがわかる。この時狩猟で得られる鹿・猪の肉食が禁じられていないのも興味深い。

天武天皇四年以降もたびたび殺生禁断・肉食禁止が命ぜられたが、天平一三年（七四一）二月には牛馬が貴重な労働力であることを指摘し、牛馬の屠畜を禁じている（『史料編前近代1』Ⅰ-一-27）。牛馬の屠畜を禁じた目的は、恭仁京の造営工事に多数の役畜が必要でありその確保であった（平林章仁『神々と肉食の古代史』185～204頁）。このように牛馬の屠畜の禁止の背景には仏教の殺生禁断思想のほかに、牛馬の労働力の確保という実態が存在することも注意すべきである。

八世紀には屠畜や肉食に対する卑賤視・忌避は見られないが、血の穢れの広がりによって、九世紀以降屠畜にかかわる人や肉食が次第に卑賤視・忌避されるようになる。承和一一年（八四四）一一月に、鴨上下大神宮禰宜賀茂県主広友らが、王臣家の人びと・百姓・猟師らが北山で鹿を獲り、鴨川上流で鹿を屠割しており、その汚穢が神社に流れこみ、そのため神が祟るので北山での狩猟の禁止を求めた。のちに鴨御祖社の南辺での濫僧・屠者の居住が禁止されている（延喜神祇式臨時祭条）。神聖な神社に対して、正式に得度していない僧の濫僧・屠畜にかかわる屠者は穢れたものとされ、特に屠者は仏教においても「旃陀羅」として卑賤視されている（仲尾俊博「日本における旃陀羅解釈」）。

このような実態的な面に加えて、延喜一四年（九一四）に提出された三善清行の『意見封事十二箇条』第一一条で、課役を逃れる者の心を屠児のようであると述べている。天台座主良源が天禄元年（九七〇）に寺内の規律を定めた「二十六箇条起請」（「天台座主良源起請」）では、武器を携える僧兵を屠児と同じであると非難している（『史料編前近代1』Ⅰ-一-60）。ここでの屠児は武士のことで、人間を屠る武士を生物を屠る屠児をもって非難する。この二例から、屠者・屠児を卑賤視する観念が一〇世紀には定着していたことがうかがえる。

さて、紀伊国では百姓が牛を屠畜し、「漢神（からかみ）」を祭っていた（『史料編前近代1』Ⅰ-一-40）。「漢神」とは渡来系氏族が奉祭する神のことで、牛を屠畜して供犠する様子が『日本霊異記』に見える（中巻第五話）。なお『日本霊異記』中巻第二四話には、楢磐嶋が地獄から自分の命を奪いにきた鬼を斑牛の肉で饗したことで死を免れたことが見える。本話から、当時疫病などから逃れるために牛肉を供える宗教的な儀礼の存在が考えられる。このことは、境界で鬼神を饗することで鬼神の京内への侵入を留めて、災厄の発生を防ぐ道饗祭（みちあえのまつり）・疫神祭の性格に類似する。疫神祭は一〇か所の境界でとり行われているが、紀伊国と大和国の境界もその一か所である。その際には「牛皮・熊皮・鹿皮」が供えられるが（『史料編前近代1』Ⅰ-一-50）、はじめは生肉が供された可能性がある。

紀伊国には鞣皮を生産する品部の狛戸と、先に見たその革を用いて革製品を生産する百済戸が居住していた。狛戸は大蔵省に所属し、紀伊国には三〇戸が置かれ、狛人（高句麗人）・百済人・新羅人からなる集団であった（『史料編前近代1』Ⅰ-一-21）。狛戸の居住地は不明であるが、那賀郡山前郷狛村あたりであろう（承和一二年一二月五日付「那賀郡司解」）。紀伊国の狛戸には牛皮・鹿皮・麞皮の制作が課せられた。品部の廃止後の紀伊国の狛戸の動向は不明であるが、ほかの旧品部が居住地をあまり動かさなかった例から、『延喜式』に見える紀伊国で作られた鹿皮などは彼らの手によるものかもしれない（『史料編前近代1』Ⅰ-一-51・53）。

狛戸が作った革のうち「麞皮」はほかに見えず、紀伊国の狛戸にしか作成できなかったものと考えられる。

これは大陸から渡来した鹿革に該当すると考えられている（永瀬康博「鹿革と伝承」）。古代の皮革技術は朝鮮半島より伝わり、その生産に渡来人が従事した。紀伊国の狛戸は、紀伊国が朝鮮半島との玄関であったころに朝鮮半島より日本に渡って紀伊国に定住した渡来人の子孫であり、先に見た漢神祭を行った人びとも同じく彼らの子孫であろう。

2 中世紀伊国の被差別民

奈良坂・清水坂両宿非人の抗争

一三世紀半ばの鎌倉期、紀北を震撼させる事件が起きている。それはもとはと言えば、大和国の奈良坂と京都の清水坂両宿の非人たちの抗争に起因していた。非人とは没落や貧困、疾病などによって社会から脱落・排除された乞食などを意味すると言われている。中世においては坂・宿などに集住した非人は、畿内やその周辺地域で非人宿を構成し、非人宿の底辺には「癩者」がいた。彼らは乞場などによって生活を維持し、「穢れ」に対するキヨメ（「清目」）の社会的機能を担い、斃牛馬処理や死体処理、刑吏、呪術・芸能にかかわった存在でもあった。

その記録は、当時の鎌倉幕府の、京都六波羅（ろくはら）府へ清水坂非人らが訴えた訴状に対する奈良坂非人らの抗弁書である一連の訴訟記録に残されている。現存する訴訟文書は、

①『古事類苑』政治部六七佐藤家文書、寛元二年三月日「奈良坂非人等陳状案」
②神宮文庫所蔵、寛元二年四月日「奈良坂非人等陳状案」（前欠文書）
③大和春日神社所蔵、年月日未詳「奈良坂非人等陳状案」（前後欠文書）
④宮内庁書陵部所蔵、「古文書雑纂」年月日未詳「奈良坂非人等陳状案」（前後欠文書）

である（『史料編前近代1』Ⅱ‐一‐9～12）。年月日未詳の③、④の記録も、その内容からして、ほぼ同じ寛元二年（一二四四）ころの訴訟記録と推定される（奈良県立同和問題関係史料センター『奈良の被差別民衆史』）。

いずれもが奈良坂側の陳状であり、訴人（原告）である清水坂側の訴えに対して、原告が六波羅府に提出した訴状に逐条的に反論することで、原告側の、いずれの主張についても無実であることを陳状において述べたものであり、これらの陳状を子細に見れば、訴人側と論人（被告）側とで、「三問三答」という対決が行われたものと考えることができる。

また、いずれの記録も案文である。案文には、いくつかの意味があるが、ここでは、法廷に提出された正文（正式の陳状）の正確な内容が失われることを恐れ、提出された正文と同一の文章を作成して、控えとして手元に残したものである。もっとも、①の「奈良坂非人陳状案」以外は、いずれも断簡であり、前文、もしくは後文を欠落させており、誤記・誤写なども考えられ、意味を取りづらいところがある。

さらに、清水坂側の訴えがどのようなものであったかは、ある程度、陳状から推定することはできるが、清水坂側の訴状が現存しないので、論人側の一方的な反論のみから、これら一連の事件と裁判の全体像を推し量ることはできない。そうしたことから、喜田貞吉の先駆的な研究以来、奈良坂・清水坂両宿非人の抗争については、数多くの研究史の積み重ねがあり、本節もそれらに負っている。

この事件については、

……北山宿より寺家政所に言上し、御裁許を仰ぐの処、真土の押領、法仏等殺害の訴訟を指し塞がんがために、思い寄らざるの処に懸け触れ、奈良坂非人等清水坂に打ち入り、放火せしむべきの由、無実の訴訟を構え申すにより、彼の訴状に清水寺の寺解連署之を相副え、六波羅殿に触れ申さるるの条……

とあり、また、

一申し付くる条々、実無くして奈良坂非人等を訴え申せしむるの処、その御尋ね無くして清水坂の虚言の訴状に清水寺の寺解・住僧等連署之を相副え、清水寺別当御房より武家に触れ申せしめ給う条、申せしめ給うは、実有る事に似るといえども、奈良坂非人等誤らざるの処、陳じ申せしむるの日、武家定めて矯飾の御沙汰に覚し食さるるか

と奈良坂側が陳述していることを見ると、当初、北山宿（奈良坂）の末宿である真土宿を清水坂側が押領しようとして、それに反対する法仏らを殺害したことから、本寺である興福寺の寺家政所に訴えようとしていたところ、逆に清水坂側が、奈良坂の非人たちが清水坂に打ち入り、放火をしたとして、無実の訴訟を行い、その訴状には、清水寺の住僧らが連署した上申書を添え、清水寺の別当御房自身が訴えるなど、清水寺が全山をあげて六波羅府に訴えたとしている。

この両宿の抗争の全体像については、これまでの研究史において検討されてきているところであるが（網野善彦「非人に関する一史料」）、先にあげた紀北とのかかわりでいえば、次の陳状部分が大きく関係すると思わ

れる（『史料編前近代1』Ⅱ-一-9）。

> 一同状（清水坂側の訴状）に云わく、淡路法師は播磨法師の姉婿なり、乃至、播磨法師に与して宿意を遂げんがためと云々、
>
> 陳じ申して云わく、妹婿なり、有若亡（有れども亡きがごとき有名無実の不届きな）の申状か、すべて彼の坂の当長吏法師、貪欲の心に任せ、宿々非人等を召し集め、当国中真土宿に下し遣わし、彼の宿を押領せんと欲するの刻、彼の宿の長吏、真土宿の長吏近江法師兄弟二人を相語らうの処、弟法仏法師申して云わく、「本寺に背かず」と云々、茲に因り、去る仁治二年七月九日、忽ちに法仏ならびに妻子合わせて四人を殺害仕りおわんぬ、凡そ非理の妨げを巧み、あまつさえ道理を守らず、法仏法師等を殺害仕る条、古今未曾有の悪行なり、罪過の甚だしき、何事かこれに如かんや、所詮御治罰遅引の故に、今や勝ちに乗じ、かくの如く無実を構え申すなり、狼藉の至り、もっとも御禁罰あるべく候なり、然れば先ず男女四人張殺の体を搦め召し、清水坂・真土宿両長吏法師、向後がため、もっとも御罪科あるべきものか

としており、おおよそは、清水坂の現在の長吏は、「貪欲の心」から、宿々非人等を召集して、当国中の真土（まっち）宿に派遣し、真土宿を清水坂に押領しようとして、真土宿の長吏近江法師と弟の法仏法師に持ちかけたところ、法仏法師は本寺（興福寺）に背くわけにはいかないと断ったために、仁治二年（一二四一）七月九日、法仏法師と妻子ら都合四人を殺害するという悪行を行ったものであり、治罰が遅引したことから、今になって清

水坂側が無実を主張してきている。すみやかに、法仏法師や妻子ら男女四人を殺害した者を搦召し、清水坂・真土宿の両長吏に罪科を与えるべきであるとしている。

ここにおいて問題になっている真土宿は、本宿である奈良坂が知行する末宿であるとして、続く箇条に、「当国七宿者、為本寺奈良坂之末宿、既年序久積……」と主張していることから見て、本宿の奈良坂の末宿である「大和七宿」のひとつと観念されており、また「当国中真土宿」としていることからも、大和国内の末宿と理解しているわけであるが、位置的に大和国と紀伊国の国境付近にあることから、江戸期に見出せる紀伊国伊都郡隅田（すだ）庄上夙村に系譜的につながるものと比定して考えられてきた（渡辺広『未解放部落の史的研究』137頁）。

隅田庄については、建長三年（一二五一）の「隅田北庄検田取帳」に「宿」という記載が見出され、また明応七年（一四九八）一〇月の「隅田庄検見帳」に、「しゆくのふん（宿の分）」として、末尾にまとめて八筆があげられており（『史料編前近代1』Ⅱ-一-14・41）、それが、近世初頭の慶長一八年（一六一三）「紀伊州検地高目録」にある伊都郡隅田庄宿村に続き、さらに上夙村へと改称されたものと考えられたわけである。そして、鎌倉時代中期の真土宿が、江戸期の隅田庄上夙村に連続すると推定できるとすれば、真土宿は大和国ではなく紀伊国に属することになるが、国境付近にあって帰属が不分明なことから、奈良坂側が大和国と誤認したものとみなされてきた。

紀ノ川右岸に突出した小山である真土山（待乳山）は、その山頂付近は現在は奈良県五條市に属し、北側の真土峠を大和街道（伊勢街道）が東西に通る古代からの交通の要所であり、また真土山西斜面には中世隅田一族の支城といわれる真土山城があって、国境を守る砦の役割を持ったとされている（『和歌山県の地名』）。

真土宿は、真土峠を下りた所にある西福寺（大和国畑田村）付近にあるとも言われていて、その西福寺は、西大寺が所蔵する明徳二年（一三九一）の「西大寺諸国末寺帳」の紀伊国分に見られる西福寺と考えられもしている（『史料編前近代1』Ⅱ-一-35）。後述するように、西大寺系律宗寺院と非人宿とが、密接な関係にあったことは確かなことであるから、そうした推定にも十分根拠があると言え、「西大寺諸国末寺帳」にある西福寺が紀伊国とされたのも、同寺院が、紀和両国のいずれとも判断がつきにくい場所にあったことから誤認されたか、大和国に属したことも、紀伊国に属したこともあったものが、当時紀伊国に属していたため、そのように記載されたとも考えられているようである。もっとも、紀伊国内にも、複数の西福寺があり、果たして、「西大寺諸国末寺帳」に見られる西福寺が、真土峠下の畑田西福寺と断定できるかどうかは一切明らかではないし、中世の真土宿と近世の上夙村には地理的な連続性もないことから、明治一三年（一八八〇）の『隅田村村誌』に、上夙村の飛地が、かつて大和国畑田にあったという記録を手掛かりに、紀和国境を挟んで存在した集落であったこの飛地に、かつての真土宿があったという見方も見出せる（吉田栄治郎「中世真土宿と近世上夙村」）。もっとも、言われている上夙村の飛地が、いつごろに成立したかも不明であるので、なお、鎌倉期の真土宿が、大和国に属したのか、紀伊国に属したのかは、明確に証することはできないようである。

先の真土宿の法仏法師や妻子ら男女四人が殺害されたことについて、清水坂側は、法仏法師の死は自死である（「法仏巻舌自害畢云云」）と主張したようであるが、これについて奈良坂側は、……清水坂の長吏この由を聞き、法仏法師を討たしめんがために紀伊国山口宿え打手の使に甲斐・摂津法師二人を下し遣わすの処に、真土宿近江法師誘い出ださんがために、法仏法師に申し様、「山口宿の二藹蓮向法師の所労、今は万死一生なり、訪いに行くなり、同じく相具して訪うべし」と申して、法仏法師を誘い出すの刻、去る仁治二年七月九日酉の尅山口宿に罷り付くの処、清水坂の長吏の下し遣わす所の打手の使甲斐・摂津法師、法仏法師・弟子大和法師二人を待ち請けて、これを討ちおわんぬ、法仏の妻子二人においては、同日申の時に近江法師太郎子淡路法師に申し置きて、真土宿において妻子二人を殺害しおわんぬ、かくの如く四人の輩を殺害しながら、法仏法師においては自害の由之を申す、法仏より以前に妻子二人を殺害せらるるの意、これを察するに、妻子を置くにおいては、法仏殺害の後敵人たるべきなり、妻子を殺害するをもってすれば法仏の殺害は勿論なり、自害の由を申すは造意顕然なり、誤りは誤りとして、これを正すなりと云々、殺害と云い、謀略と云い、いかでか罪科を遁がるべけんや

と、相当具体的に陳述しており（『史料編前近代1』Ⅱ - 一 - 11）、これに従うならば、清水坂の現在の長吏は、奈良坂の末宿である真土宿を押領して清水坂の末宿にしようと考えたが、それに同心する真土宿長吏の近江法師は、反対する弟の法仏法師を、紀伊国山口宿の二﨟の蓮向法師が万死に一生を得たというので、一緒に訪問しようと誘い出し、清水坂の現在の長吏は配下である甲斐法師と摂津法師を討手として差し向けて、仁治二年七月九日の酉の刻（午後六時前後）に、山口宿に到着した法仏法師と弟子の大和法師の二人を殺害し、同日の申の刻（午後四時前後）には、真土宿において、法仏法師の妻子二人を、近江法師の子淡路法師に殺害させ、

妻子を生かしておけば、法仏殺害後に敵人となることから、妻子を殺害したものであるから、自害というのはありえないとしている。

同じ陳状のなかで、「山口宿は清水坂末宿也」と述べていることからすると、法仏法師と弟子の大和法師が誘い出されて山口宿に向かったというのは、不自然な感もあるが、いずれにせよ、山口宿は、紀伊国名草郡の山口庄にある非人宿であり、付近は、紀ノ川の北岸、和泉国との国境に近い葛城山脈南麓に、紀泉を結ぶ雄ノ山峠の熊野参詣道が通り、南海道とも交差する交通の要地であり、参詣道には山口王子が祀られていた（『史料編前近代1』Ⅰ-一-70・71）。

この非人宿については、「紀伊国山口宿」と奈良坂側の記録にあり、和泉国との国境に近いとしても、紀伊国に属するものとして明白に観念されていたことがわかる。

西大寺叡尊と紀伊国

紀伊国と宗教活動とのかかわりとしては、高野山や熊野三山などがよく知られているが、鎌倉期になると、栂尾（とがのお）に高山寺を開創した明恵（みょうえ）をはじめ、臨済宗法燈派の祖として知られる法燈国師覚心の活動や、その覚心と浅からぬ交流のあった遊行上人一遍の熊野参詣などの活動が新たな動向として注目されている。

鎌倉時代中期の真言律宗の僧侶で、高野山や東大寺で学び、大和西大寺に入って、戒律と律宗の再興を目指した叡尊（えいぞん）も、いくどか紀伊国を来訪している。叡尊の自伝『金剛仏子叡尊感身学正記』（以下、『感身学正記』）には、叡尊が、三度にわたって紀伊国を訪れ布教活動を行ったことが記されている。

早いものは、文永六年（一二六九）一〇月に、前紀国造宣親の請により、金剛宝寺（紀三井寺）に至り、『梵網経』の十重戒を講じ、宣親は日前宮（にちぜんぐう）の神宮寺領一九郷の殺生禁断、また神宮寺および諸堂三十余所における飲酒乱舞および酒宴停止を誓う請文を捧げ、一九日には叡尊は、八九四人の人たちに仏弟子となる菩薩戒を授けている。

この同じ文永六年の三月には、大和の般若寺の近くに施場を設け、北山宿長吏に命じて、諸宿の非人交名を出させ、その名簿によって、諸宿の非人を参集させ救済事業を行っている。

さらに建治三年（一二七七）一〇月には、伊都郡隅田庄慈光寺を訪れ、集まった二四〇人の人たちに菩薩戒を授け、また五年後の弘安五年（一二八二）一〇月には、最福寺を経て、隅田、相賀、粉河寺に着き、同寺で『梵網経』十重戒を講じ、二七一五人の人たちに菩薩戒を授けている。建治三年と弘安五年の紀伊国行きは、叡尊と関係の深い北条氏の被官であった隅田庄の豪族隅田氏の要請に応えるものであったと言われている（『和歌山県史』中世269頁）。

そのことは、「西大寺諸国末寺帳」の紀伊国について上げられている末寺の中に、隅田一族の氏寺であった「利生護国寺」が含まれ、その名称からしても、この間の時期に叡尊が中興した可能性が高いと言われていることからもうかがい知ることができる（上横手雅敬「紀伊の律寺」）。

弘安五年の時には叡尊は、その足で、和泉国久米田寺に向かい、百貫百石の非人施行を行っているが、さらに取石の非人宿において、弘安五年一〇月二二日の日付のある請文を、非人宿の長吏たち七人に提出させている。それには、彼の状意に曰く、堂塔供養の時、狼藉を停止すべし、また居家に住する癩病人、路頭往還の癩病人、目に見、耳に聞くといえども、一切子細を申し触るるべからず、一切彼の意に任すべし、意を取る、以前の三か条、西大寺長老片時の入御を申し請わんがため、この誓状を捧ぐ、向後、もし違乱せしめば、当国中取石宿非人経廻の分所々においては、地頭・守護御方々に相触れられ、乞庭を止めらるべきなり、仍て恐々言上すること、件の如し

とあり、この請文の内容は、建治元年（一二七五）八月一三日に、叡尊が、京都の清水坂非人長吏らに、葬送、非人施行、癩病の非人に対して過分の振舞いを行うことの停止を誓約させた請文の内容に深く関連していることが注目される（大山喬平「中世の身分制と国家」、『部落史史料選集』古代・中世篇241～244頁）。

この清水坂の請文は、清水坂非人の側からする強い要請に対して、叡尊が提出を命じ、その後、叡尊は、それに応えて、三三三五人に施行を行い、また東西に放生を実施して、捕えた魚や鳥獣を放して殺生を戒めるなどしている。

それまで叡尊は、大和の北山宿（奈良坂）を中心に、大和の宿々において救済活動を行っていたわけであるから、清水坂非人たちが、その叡尊の活動を積極的に受け容れ、自己粛清を誓う請文を提出したということは、寛元年間の抗争以来敵対関係にあった清水坂・奈良坂の両者の間で、ようやくに和解が成立したと解することができそうである。そこに至るまで、およそ三〇年の歳月を要したが、その間に、西大寺流の救済宗教活

動が広範囲の非人団体に及び、その連携を深めたことにより、敵対者間の関係であった清水坂非人たちも、叡尊の活動を無視することができず、積極的に受け容れる方針に転じたということのように見える。

実質的に比叡山延暦寺を本所とする清水寺の坂非人であり、宿々の本宿であった京都の清水坂非人が、叡尊の活動に加わったということは、諸国の非人集団や非人団体にとって、重要な意味を持ったと考えることができる。

戒律を広め、荒廃していた西大寺の復興に力を尽くして、西大寺を中興した叡尊は、西大寺長老と言われ、鎌倉幕府の北条時頼や重時が帰依し、朝廷の信頼も厚く、その死後には、伏見上皇より興正菩薩の尊号が贈られるほどであったが、西大寺内においては別当(べっとう)にも公文(くもん)の地位にも就けなかったことに示されているように、興福寺末であった旧からの西大寺の寺僧と、叡尊らの律家との対立は解けず、叡尊の死後も両派の対立は続いていたのであり、叡尊自身が、障碍のあるときには、律僧一派を率いて、いつでも西大寺を立ち去り、「有縁之勝地」に移住すると考えていたこと、田畠の寄進を西大寺への寄進とみなさず、自身への寄進と考え、また「厭有縁、好無縁」として、鎌倉幕府をはじめ、有力な後援者に対し、所領寄進を拒み続けたことなど、所領を寺院維持のよりどころとしなかった叡尊は、その生涯にわたって勧進聖に近いものを持ちつづけたと言われている(上田さち子「西大寺叡尊伝の問題点」)。

叡尊の活動の中では、宿と文殊供養との関係が顕著であることが指摘されている。文殊供養については、もともと弟子の忍性(にんしょう)が、出家にあたって、亡母の一三年忌にあたり、「当国七宿」にそれぞれ七つの文殊像を安置することを願い、実際に「額安寺之西辺之宿」に安置して出家したことがはじまりであったとされる(『感身学正記』仁治元年条）。この「当国七宿」は、奈良坂非人陳状に示された「大和七宿」であり、その後、叡尊自身も文殊像を造り、悲母墓所の辺りの和爾宿に安置、供養している（『感身学正記』仁治三年正月条）。さらに、仁治三年（一二四二）三月には、般若寺のある北山宿で文殊供養を行うなど、各地で文殊供養を遂げることになっていくのである。

先にも触れた文永六年三月には、叡尊は、般若寺の西南野五三昧北端を占めて施場とし、無遮大会を設けている。この時、北山非人に施場の整地を行わせ、北山宿の長吏に、参加する諸宿の非人の交名を提出させるように命じ、この結果、二〇〇〇人の非人が参集して、叡尊は、施行の物品を手渡して、これら非人を生身の文殊の化身として供養を行ったのであった。先の清水坂や取石宿の請文に見られたように、葬送や癩病人などにかかわる存在である非人たちを、叡尊は文殊菩薩として礼拝の対象とみなし、そのようにして、諸人に文殊信仰をすすめたのである（上田さち子「叡尊と大和の西大寺末寺」、『部落史史料選集』古代・中世篇170〜171頁）。

叡尊は、その生涯に九万七千余人の道俗に授戒したが、その人びとは貴賤男女にかかわらず、広範な民衆に及んだのであり、融通念仏や時衆など、さまざまな民衆的宗教活動の素地を作ったのである。

中世被差別民と祭礼

近代日本において、被差別部落の人びとの氏子加入問題や祭礼参加をめぐる差別事件が後を絶たなかったことはよく知られており、いずれの地域においても、これらの問題をめぐって、さまざまな取り組みが行われていた（朝治武「日中戦争期の差別事件史料」、第七章1節「御坊祭礼騒擾事件と天神原の祭礼闘争」参照）。氏子加入問題は、徳川幕府の宗教統制政策から生まれた檀家制度が、幕府の公認する仏教教団に檀家ごと組み入れていったのと違い、天皇の政府である明治政府が、全国の行政区画ごとに、村社、郷社といった氏神社を指定し、行政区画内の住民全員を、その氏神社に自動的に加入させ、氏子としたことから起こった問題であり、神社をめぐる、それぞれの地域における従来の実情と無関係に、一律に中央政府の方針を押し付けたことで生まれたと考えることができる。

備作平民会の創設などで知られる、岡山県の融和運動家の三好伊平次は、こうした問題に取り組み、「一視同仁」の世においては、すべてを平等に慈しみ、差別をすることがあってはならないとして人びとに働きかけるとともに、歴史上に表れた被差別民の祭礼参加の記録を掘り起こすことに力を注いだ（三好伊平次『同和問題の歴史的研究』）。

「弾左衛門由緒書」においても、鎌倉鶴岡八幡宮の祭礼に奉仕したとされ、また京都の祇園会の神輿渡御に先行する犬神人（いぬじにん）などが、よく知られている。さらに、奈良の春日御祭や讃岐金比羅社大祭などの例、摂津住吉社、近江長浜八幡宮の祭礼に被差別民が加わるなど、各地でそうした事例が報告されている（服部英雄『河原ノ者・非人・秀吉』324頁）。

紀伊国の被差別民と祭礼との関係についても、これまでその実例が紹介されており、たとえば、鞆淵（ともぶち）八幡神社の祭礼に、狩宿村の者が参列して先払いを勤めたことや、那賀郡沖野々村の被差別民が、同じく野上八幡宮の祭礼に先払いをしたという伝承があることなどを、渡辺広が紹介している（渡辺広『未解放部落の史的研究』41、47頁、第三章5節「祭礼と被差別民」参照）。

鞆淵八幡神社や野上八幡神社は、ともに、京都の石清水八幡宮の庄園が設立されたのち、石清水八幡宮の別宮として創設されたものと思われる。

京都の石清水八幡宮は、紀伊国に、野上庄、名手庄、隅田庄、出立庄、薗財庄、鞆淵薗、衣奈薗の七か所の庄園を保有していたが、それらの庄園経営を確実にするためにも、石清水八幡宮の別宮として、八幡社が勧請され、のちに石清水八幡宮領から離れても、住民の崇敬を集めていたことが知られている。

鞆淵八幡神社も、野上八幡神社も、土地の産土社（うぶすな）であるが、それぞれ規模も大きく、野上八幡社は、本殿や拝殿など幾多の国指定重要文化財を擁し、また鞆淵八幡神社には、石清水八幡宮から奉送された神輿が現在国宝に指定され、本殿と大日堂は国の重要文化財になっている。

紀ノ川南岸から分け入った山あいに位置する鞆淵庄は、延久四年（一〇七二）の荘園整理令により、石清水八幡宮領として認可されたが、元弘三年（一三三三）の後醍醐天皇の「元弘の勅裁」により高野山金剛峯寺領に編入され、南北朝期には高野山と関係の深い在地領主と百姓らとの間で、「鞆淵動乱」と呼ばれる激しい抗争が起きたことで知られ、有力百姓の結束が固い惣村と言われてきた（山陰加春夫編『きのくに荘園の世界』上172～189頁）。

鞆淵八幡神社は、この鞆淵庄のほぼ中央に鎮座し、「八幡神人」と呼ばれた有力百姓らによって宮座が組織され、「番頭」が選ばれるなどしている。また、「八幡講」と呼ばれる講が作られ、八幡神社の遷宮の費用は、全庄をあげた勧進によって集められていた。

鞆淵八幡神社では、神社の修築の際に仮殿に神座を遷し、建物が完成すると、新しい神殿に神座を遷すが、さらにその翌年には、神社造営の完成を祝って大々的に大祭が行われ、遷宮儀礼に関与した多数の者に祝儀の銭や樽がふるまわれたが、そのうちの天文一九年（一五五〇）の宮遷大祭には、河原者（かわらのもの）や坂の者、坂惣分、国名を名乗る坂の者、サンシ等の被差別民に対して樽や銭が下行された記録が見出せる。

また、慶長一七年（一六一二）の史料には、国名を名乗る坂の者やサンシ、かわた、弦掛、茶筅、舞々大夫等の被差別民が加わっている（黒田弘子「戦国～近世初期の賤民と祭礼」）。

鞆淵八幡神社の遷宮記録は、鎌倉時代の弘安二年（一二七九）から始まっているが、被差別民の記事が見られるのは、時代が下がって、天文一九年の遷宮記録が最初であり、次に慶長一七年の記録ということになる。その後も宮遷大祭が行われ、江戸時代の記録も残されているが、ここでは、天文一九年の遷宮記録のなかで、被差別民が認められる記録を見ておこう（『史料編前近代1』Ⅱ-一-53）。

この天文一九年一二月の記録は、遷宮記録のほとんどがそうであるが、料紙を貼り継いで残されていて、今日では、貼り継いだ部分が剝がれてしまい、現在では、一〇点の断簡部分が残されている。なお、近年になって和歌山県立博物館の調査によって元の正しい配列が提示された（和歌山県立博物館編『歴史のなかの〝ともぶち〟―鞆淵八幡と鞆淵荘―』）。そのうち、二枚目、さらに三枚目の部分は、次のようである。

ケシトノヱ（下司殿）　ヲリ（折）一合　タル（樽）一ケ
クモントノヱ（公文殿）　ヲリ一合　タル一ケ
シアンシユウヱ（寺庵衆）　ヲリ一合　タル一ケ

フタイ（舞台）ヌノタル　十五ケ　サルカク（猿楽）ヌ
サカノモノ（坂ノ者）ニ　タル五ケ
サカノモノケ井コ（警固）ハ□（合カ）卅人　フレニハ
ク井ヤウ　五合ツヽ　コメヲ
ヰツ（伊豆）ニ　タル三ケ　代一貫文
サカノソウフン（坂惣分）ヌ　代弐貫文
サツマ（薩摩）　タル一ケ　代三百文
フンコ（豊後）　二百文　タル一ツ
ト□（ノカ）ヒ（宿直カ）　百文　タル一ツ

カワラノモ（河原者カ）　三百文
サンイシン（散仕）　井ワテ（岩出）　百文
タケフサ（竹房）　百文
フシサキ（藤崎）　百文
大ツ（麻生津）　百文
山サキ（山崎）　百文
シユンシ（出仕）ノシタイ（次第）ハ

一ハン（番）ニレウシヤウクワン（両庄官）
二ハン　ウシウトシユ（氏人衆）
三ハン　子キサ（禰宜座）
カクシヤウ（楽所）
マエノサ（前座）
四ハン　上ツカイ（使）

祭礼に出向している「サンイシン」の所在地の地名として、岩出、竹房、藤崎、麻生津（おうづ）、山崎という五つの地名があげられ、そのうち、慶長一七年の記事中にも、岩出、藤崎、麻生津という同じ地名が見出せる。黒田弘子によると、岩出は、石出庄内の宮村と考えられ、伊勢街道沿いにあって、紀ノ川の船渡しがあり、根来（ねごろ）川沿いに北上すると、風吹峠から和泉国に抜ける街道が通る繁盛した村であったという。また藤崎は、名手川と紀ノ川が合流する地点、粉河寺領東村内にあり、ここにも船渡しが設けられていた。麻生津庄は、鞆淵の北に隣接し、紀ノ川左岸にある庄園で、その対岸に名手庄が広がり、紀ノ川を渡す名手の渡しがあった。

竹房は田中庄に属し、やはり紀ノ川沿いにあり、船渡しがあった。最後の山崎は、紀伊国内に三か所あり、それぞれ、伊都郡小河内郷内、那賀郡小倉庄内、さらに大伝法院領の那賀郡山崎庄であるが、小河内郷内の山崎は、鞆淵には一番近く、紀ノ川中流域左岸の雨引山北西斜面にあり、高野山と慈尊院村を結ぶ街道が走っている。小倉庄内の山崎は、紀ノ川と貴志川の合流地点に見られる庄園にあった。大伝法院領の山崎庄は、近世では一八か村を含む広い地域であり、そのうちのいずれとも言えないが、質の高い弓作りを生業とする夙と呼ばれる被差別民が存在していて、山口宿の後身と言われていた（『紀伊続風土記』巻二八）。これら三か所の山崎のうち、小河内郷内の山崎か、大伝法院領の山崎の者が、鞆淵八幡神社の遷宮に呼ばれたのではないかとされている。

慶長一七年の遷宮記録に、「ヲヅノサンシニ」「フチサキノサンシニ」「ユワテサンシニ」とあることから、「サンイシン」は、「サンシ」「散仕」と考えられ、神事にかかわった被差別民と考えられている。また、天文一九年の記録に、「ハンニユミ（弓）十五長（張）ツ、（宛）」として、馬や轡、太刀などとともに、弓一五張が神事用に準備されていることや、慶長一七年の記録に「ツルカケ（弦掛）」とあり、弓弦を作る職人が見られることなど、神事に使われる弓を提供した者として、山崎庄の夙の者を想定できるかもしれない。弓作りとしては、京都祇園社に隷属した被差別民の「つるめそ」（犬神人）が知られており、清水坂非人と同一視されることがあった（服部前掲書234頁）。また、この後半部分では、これらの者への報酬が記された後に続いて、祭礼への出仕の次第として、下司、公文の両庄官から氏人衆らが列記されている。指摘されているように、重要な行事である式典への参列次第が、被差別民への報酬を記した後に並べて記載されていることからすると、配列の順序を特に意識したようには見えない。

遷宮記録の二枚目の部分の列記の仕方も、差別的な扱いを意図したようには見えず、大祭の列席者として、庄官である下司や公文、さらには高野山の関係者と思われる寺庵衆、舞台を勤める猿楽に続いて、「サカノモノ（坂の者）」とあり、「キツ（伊豆）」、「サカノソウフン（坂惣分）」、さらに「サツマ（薩摩）」、「フンコ（豊後）」と列記され、それぞれに贈られる折詰や樽、銭があげられている。「サカノモノケキコ」は、やはり、「坂の者警固」であり、祭礼警備の際の食料として米五合を三〇人に提供したものであろう。その前の「サカノモノニ　タル五ケ」というのは、それへの謝礼もしくは報酬としてふるまわれたものと思われる。そのように見ていけば、伊豆、薩摩、豊後というのも、国名を名乗る坂の者と考えられ、その間に挟まれた「サカノソウフン（坂惣分）」というのは、坂の者にかかわる組織の存在を想定できそうである。

京都の清水坂非人が叡尊に提出した請文に「長吏以下七人連判」とあることについて、清水坂の「坂惣衆」という組織の決定機関として、国名を名乗る奉行とも呼ばれた、「坂之沙汰所」の七人と一致することから、長吏以下の七人は、国名を名乗る奉行クラスの坂非人と考えられている（『部落史史料選集』古代・中世篇240頁）。そうしたことを前提にすれば、鞆淵八幡神社の遷宮記録に見られる国名を名乗る坂の者と「坂惣分」という組織を、京都との関係で考えることも不自然ではないように思える。

もっとも、この「坂惣分」が、いずれの組織であったのかは手掛かりがなく、京都の清水坂や大和の奈良坂という想定を否定することもできないし、紀北近辺に見出せる真土宿、桛田宿、山口宿のいずれかにかかわるものと見ることもできる。今後に残された課題である。

高野山金剛峯寺の庄園支配と大検注

一四世紀、高野山金剛峯寺は、御手印縁起を根拠として後醍醐天皇に寺領の拡張を働きかけ、元弘三年（一三三三）一〇月、「元弘の勅裁」を獲得した。その結果、御手印縁起に記された「旧領」（「空海が朝廷から賜った」とされる領地）内と認定されて、伊都郡の隅田南庄、相賀南庄、渋田庄、那賀郡の鞆淵庄などが新たに金剛峯寺領に編入された。金剛峯寺にとって膝下諸庄園（「旧領」および隣接する金剛峯寺領諸庄園）は寺院を維持するための重要な基盤であり、南北朝内乱期以後、「元弘の勅裁」をもとに、実質的な領有化、再把握に乗り出した。それは、「惣荘の自治機能に基本的に依拠する支配体制」をあたう限り構築することを通じて、同寺の「全き生き残り（まった）」を目指すものであった（山陰加春夫『新編中世高野山史の研究』19頁）

検注は、金剛峯寺が諸庄園を実質的に領有化、再把握する上で実施した方法のひとつである。大検注は「正検」ともいい、「耕地一筆ごとの認定とこれにかかわる権利関係を明らかにするために土地台帳の作成を目的に実施される」大がかりな土地調査のことであり（富沢清人『中世荘園と検注』7頁）、普通は領主の代替わりごとに実施された（山本隆志『荘園制の展開と地域社会』74頁）。建武五年（一三三八）と正平一一年（一三五六）に渋田庄、正平二二年に伊都郡六箇七郷のうち、古沢郷・志賀郷・花坂村に対する大検注が行われた。最大の庄園である官省符庄では、延元二年（一三三七）に大検注とそれに伴う支配体制がいったん構築されたが、南北朝の内乱に伴い急速に混乱していったようである。官省符庄に対する本格的な大検注の実施は、紀伊国において内乱が終結し、室町幕府・守護体制が確立する時期に行われた（『かつらぎ町史』通史編340頁）。

大検注の実際の作業は原則として、元中元年（一三八四）一二月七日「金剛峯寺衆徒一味契状」（『高野山文書』（大日本古文書家わけ第一）第七巻303～305頁）に定められている諸原則におおよそ則って、次のような手順と方法で行われたと考えられる。

①検注は、奉行衆・地主・作人の三者が揃って田頭に立ち会って、「本の村切り土帳」と照合しながら行う（第二条）

②検注対象は、田・畠・在家の三種類である（第五、六条）

③現作田と現作畠は、上・中・下の三等級に分類して、新しい「検注取帳」に記載する（第五条）

④たとえ荒・不作・新田・新畠であっても、それらの情報のすべてを「検注取帳」に記載する（第二条）

⑤在家の検注に際しては、もし家がなくなっていても、そこがもと「免家（免在家）」のあった跡であれば、「検注取帳」に記載する（第六条）

⑥「水入りの田・畠」を新田・新畠だと言って没収してはならない。ただし、昔からの荒れ野を新しく開発した場合は、この限りではない（没収してもよい）（第八条）

⑦田・畠の「結い直し」は、村々の田・畠を考え合わせた上で、あくまで一村を単位として行う。またその配分数は、延元年中（一三三六〜四〇）の配分数と同じである。したがって配分先の新設や配分数の増減はない（第四条）

⑧たとえ荒・不作の田・畠であっても、「結い直し」の時には、極力、計算に入れる（第七条）

⑨検注した在家は、寺僧らに「免家」として再配分する。再配分にあたっては、もと「免家」のあった跡も計算に入れる。なお、もと「免家」のあった跡に懸けるべき所役は、同地の地主に負担させる（第六条）

⑩現作田と現作畠には、等級に応じて、斗代を定め、かつ、公事銭を賦課する（第五条）

⑪検注と「結い直し」とが終わった段階で、村々に「名主」を定め、その人を年貢・公事収納の責任者とする。また、「名主」には給与を支払う。なお、今回の「結い直し」の後は、「毛見」は行わずに、定田から一定額の年貢・公事を徴収することにする（第一三条）

①〜⑥は大検注の手順と方法であり、⑦〜⑪は「結い直し」およびその後の年貢・公事徴収の手順と方法である。「結い直し」とは、寺僧らの供料地などを再配分することを意味し、別名、「分田支配」・「分畠支配」とも呼ばれた。「免家」は、免公事在家の略称で、庄園領主である金剛峯寺全体に対する公事負担が免除される代わりに、金剛峯寺の寺僧や庄官・在地社会に公事の収取権が与えられた在家を意味し、事実上、在家（近世の公事家に相当する）の同義語として使用されている。⑨・⑩からうかがわれるように、膝下諸庄園の住民にとっては、現作田・現作畠から等級・面積に応じて徴収される年貢・公事銭と、在家ごとに賦課される「免家」の所役（公事）とが領主の金剛峯寺に対する二大負担であった（『かつらぎ町史』通史編344〜346頁）。

検注帳類の記載様式

金剛峯寺の膝下諸庄園では、大検注の結果に基づいて、年貢・公事を山上および山下在地寺社・庄官などに配分する分田・分畠・在家支配が行われた。「支配」は「配分」、「分配」を意味する当時の史料用語である。大検注・分田・分畠・在家支配が実施される過程で、「検注取帳」（「田帳」・「畠帳」・「在家帳」）や「検注目録」（収取台帳）、「分田支配切符」など、さまざまな文書・帳簿が作成された。それらは検注帳類と総称される。

次に、検注帳類の記載様式について、「検注帳」の典型例とされる応永二年（一三九五）一一月「官省符庄神野々（このの）村田帳」（『史料編高野山文書』Ⅰ-二-1）の冒頭部分を例に説明する。

石田坪西端島ノ上

中田　大廿歩四丁　地主衛門三郎（トウケ）　乍十郎次郎（禿）
中荒次北同（坪）　半　地主衛門三郎（トウケ）　乍
下次北同　大卅歩八丁　地主衛門三郎（トウケ）　乍源五（フシハラ）
・下次東　五十歩（石田下端島北岸ソイ）　地主浄菩提院　乍彦五郎
上次北同　三百十歩二丁　地主性寂々（房）　乍五郎太郎（フシハラ）
上次北同　三百歩三丁　地主蓮花谷地蔵院　乍徳万

「石田坪西端島ノ上」は田畠の所在地で、二筆目以降の「次北」「次東」は、検注が行われた順番を示している。「中田」「下」「上」は田地の等級（上・中・下）を示し、「荒」は荒廃田（こうはいでん）である。二段目は田地の面積で、太閤検地が実施されるまでは一反＝三六〇歩である。「大（＝二四〇歩）」「半（＝一八〇歩）」「小（＝一二〇歩）」という単位が使われることもある。「大廿歩四丁」の「四丁」は田畠の区画を示し、この場合四つの区画を示している。「丁」の他に、「狭（せまち）」（狭町の略称）という記載も見られる。

「地主衛門三郎（トウケ）」は、衛門三郎が地主職（小作料を取る権利）を保有していることを示す。「トウケ」は衛門三郎が居住している村（東家村）の名称である。同様に「乍十郎次郎」は、禿村の十郎次郎が作職（田畠を耕作する権利）の所有者であることを示している。村名が付されていない地主、作人も見られるが、神野々村に居住している場合は省略されたと考えられる。ただし、すべての地主・作人について居住地が厳密に記載されているとは限らない。

検注帳類に見える職能民・被差別民

室町時代の金剛峯寺領庄園の検注帳類は、当時の伊都・那賀郡一帯の在地状況をおおむね正確に反映していると考えられ、在地構造を分析する上で基本的な史料である。また、検注帳類など、庄園支配にかかわる文書には職能民や被差別民に関する記載が見られることがある。たとえば、永仁六年（一二九八）の「海部郡浜仲南庄惣田数注進状写」には、「スマウ幷神子酒代」として米一斗八升、「白拍子レイロク（礼禄）」として米五斗三升二合二勺が計上されている（『史料編前近代1』Ⅱ‐一‐22）。金剛峯寺の膝下諸庄園のひとつである伊都郡相賀南庄の検注帳には、地主・作人として「神子」「カネツキ」などの職能民の名称が見え、鋳物師や女性の名前が見られる検注帳も確認されている（『史料編高野山文書』Ⅰ‐一‐1など）。

ところで、渡辺広は被差別部落の「源流」として、河原者、細工、屠者という三つの系統を想定した上で、金剛峯寺領庄園の検注帳類に見える「細工」、「河原」は近世の皮田村の源流であると指摘している（渡辺広『未解放部落の源流と変遷』298～301頁）。

まず渡辺は、（ア）応永二年（一三九五）一一月「官省符庄那古曾（名古曽）村田帳」（和多秀乗編「旧御影堂

蔵　金剛峯寺領検注帳」(三二)、(イ)同年「同庄不死原(伏原)村田帳」(『かつらぎ町史』古代・中世史料編663～685頁)、(ウ)同三年「同庄紺野(神野々)村分田支配切符帳中書」(同706～716頁)に見える「細工」という注がついている人びとについて、近世の端場(はば)村、岸上村および名古曾村の皮田とかかわりがある人びとであろうとした。

また、(エ)永享四年(一四三二)三～四月に作成された那賀郡名手庄の検注帳類(『那賀町史』629～690頁)に見える「河原」という注のついた人びとは、「河原者」とも呼ばれ、生活のよりどころを失って社会から脱落し、河原などに定着した人びとであったろうとしている。

以上のように、渡辺によって(ア)～(エ)の史料は、河原者の土地所有に関する史料であり、中世後期における土地所持の状況が、江戸時代に紀ノ川流域で一村独立の皮田村が成立する前提条件となったと指摘されてきた。

しかし、官省符庄の「細工」については、(オ)応永二年一一月「那古曾村畠・在家帳」(和多秀乗編「旧御影堂蔵　金剛峯寺領検注帳」(三二))によれば、当時、那古曾村に「クホノ垣内細工ノ東」という所があり、同地内に「藤平細工」・「クマイシ(熊石)細工」・「孫五郎細工」が地主職を計二一(または二〇筆)、まとまって所持している。藤平ら三人は、おそらくは「クホノ垣細工ノ東」の西隣にある「細工」という地の住民であったと考えられる。(ア)(イ)の各帳に出てくる「細工」という注がついた人びとについても、同様に「クホノ垣細工ノ東」の西隣にある「細工」の住民であった可能性が高い。また、(イ)を見ると、「左近三郎細工」が「波ハ坪」内一筆の地主・作両職を所持しているが、その他の田畑の作職はすべて一般住民が所持している。つまり、官省符庄の検注領類に見える「細工」という注がついた人びとについて、近世の皮田村の源流であるとは言い難いのである。

また、(エ)の名手庄の検注帳についても河原者の土地所有に関する史料と考えられてきたが、同検注帳で「河原」という注がついた人びとは、被差別民の「河原者」ではなく、名手庄野上村内「川原(かわばら)(河原)ノ坪(東川原)」(もしくは隣庄丹生屋村西川原)の住民である可能性が高い。なお、永享四年の検注帳をもとに作成された「名手庄分田支配帳」には「乍彦三郎カワハラ」という記載が見られる(『史料編前近代1』Ⅱ-二-11)

これまで、永享四年の名手庄検注帳類が紀伊国における「河原(者)」の初出とされてきたが、右に述べたような事情を考慮すれば、初見は明応七年(一四九八)八月「有田郡藤並庄地頭方半分御公領総田数目録」(『史料編前近代1』Ⅱ-一-40)まで下ると見られる。また、紀ノ川流域における「河原者」の史料上の初見は、永正五年(一五〇八)一二月二四日「粉河東村地下掟」(同42)である(山陰加春夫「中世高野山金剛峯寺及び同寺領荘園における平等と差別」)。

宿と聖

ところで、永享四年の名手庄検注帳類には、地主職・作職の所有者として「宿」の記載が見られることも指摘されてきた(渡辺前掲書など)。同検注帳の「宿」は、非人宿を指すと考えられており、名手庄のほか、応永二〇年(一四一三)八月の「荒川庄分田支配帳」に「乍越前宿物」、「渋田庄検注帳」類に「人宿」という記載を確認することができる(『史料編高野山文書』Ⅰ-三-2・4・7、五-4)。日高郡南部(みなべ)庄の仁治二年(一二四一)

の「南部荘名寄帳類」（和歌山中世荘園調査会『中世再現　一二四〇年の荘園景観』21〜48頁）には、「ミナヘサカ」「坂法師」などが見え、坂非人との関係が注目されている。検注帳類に見えるこれらの「宿」に関しては、先に見た鞆淵八幡神社の宮遷大祭関係史料に見える国名を名乗っていた坂の者や、近世の夙村とのかかわりを考える上でも重要であろう。なお、名手庄の湯屋谷という場所には中世には湯屋が存在していた。湯屋は非人に施行するための施設でもあったが、名手庄の湯屋については今後の解明が俟たれる（紀の川流域荘園詳細分布調査委員会編集『紀伊国名手荘・静川荘地域調査』133頁）。

「聖」は埋葬にかかわった三昧聖のことである。長享二年（一四八八）、同三年の官省符庄神野々村の検注帳には、地主職の所有者として「紺野三昧阿ミタ堂」、作職の所有者として「中村堂聖」「三昧聖」が記載されている（『史料編前近代1』Ⅱ-二-3・5）。神野々村と兄井村には江戸時代に隠坊（三昧聖）が居住していたが、一五世紀半ばには村落に定住し、葬送業務に携わっていたと考えられる（第二章5節「葬送の担い手」参照）。

天文一三年（一五四四）の年紀がある「高野山検校納分下行雑記」には、「名手庄サンシヨノ者」が、一二月二八日に「弓ノツル七挺」を、七月二四日に「上足五足」を納めたという記載が見える（『史料編前近代1』Ⅱ-一-50）。「名手庄サンシヨノ者」の実態は明らかではないが、サンシヨ＝散所は、平安時代以降、寺社などの掃除を職掌とした人びとのことで、「宿」や「穢多」の集団とともに非人と呼ばれていた中世の被差別民である。散所は声聞師とも呼ばれ、陰陽道や千秋万歳にも携わる存在であったが、中世社会の終焉を待たずに解体したと考えられている（世界人権問題研究センター編『散所・声聞師・舞々の研究』3〜15頁）。

一向一揆起源論について

戦国期になると、近世のかわた身分に直接つながる存在が史料上確認できるようになるが、被差別部落の歴史にかかわって、和歌山が注目されるようになったのは、一向一揆起源論によるところが大きい。この説は、船越昌（『被差別部落形成史の研究──畿内における一向一揆の関連のなかで』）に始まるが、特に、石尾芳久の主張する説によって論争の舞台が和歌山となった。石尾説の理論的な意義は、近世において賤民制度が支配にとってどのような意義を持ったのかということである。そのことは、現在においても課題になることである。石尾は、中世という時代に宗教的自治都市として現れた寺内町の自治と、身分差別が強化され民衆自治が失われている近世の状態とを比較し、民衆自治の思想的背景としての普遍的救済宗教（浄土真宗）の転向をもって、支配手段としての差別的身分制の成立を決定的なものとして位置づけたのである。つまり民衆自治思想の弾圧ということに、差別的身分制度の意義を見たのである（石尾芳久『被差別部落起源論』、同『一向一揆と部落』、同『続・一向一揆と部落』）。

石尾は、豊臣秀吉による紀州攻めで、太田城に立て籠もって最後まで抵抗した人びとが粛清され、民衆に対しては見せしめとして身分を貶下（へんげ）させられ、さらにその後、寺院による監視下に置かれたということを、被差別部落の寺院である蓮乗寺に所蔵された文書によって実証しようとした。

蓮乗寺文書の正月二四日付「大田退衆中宛顕如消息」（『打田町史』第一巻419頁）の年紀を、文書の内容から水攻めの翌年の天正一四年（一五八六）と推定し、この地域が被差別部落であることから、「大田退衆」──水攻めの後降伏して、太田城から退城した人びと──が、そのまま「帰農」したのではなく、身分を貶下されたとしたのである。その後、寺木伸明も、同文書がもともと蓮乗寺に存在していたと考える方が、外から流入したと考えるよりは、より自然であるとし、かつ、石尾の年代推定を支持する論稿を発表した（寺木伸明「紀伊国那賀郡における一近世部落の成立——雑賀一向一揆との関連の検討」）。

しかし、石尾が年紀を推定した文書は、当初より天正五年とされ、秀吉の紀州攻めではなく、織田信長の雑賀攻めの際のものとされていた。この文書については、金龍静によって『石山法王御書類聚百通全』（京都・専応寺蔵）の二〇番目に登場するものとして紹介され（金龍静「石山法王御書類聚の紹介」）、そして、顕如花押の形から天正五、六年以前とされている。その文書が、当時は、太田村玄通寺に所蔵され、その後流出したものと武内善信は述べている。（武内善信「紀州那賀郡井坂・蓮乗寺文書『大田退衆中宛顕如消息』について」）なお、「大田退衆」と呼ばれた人びとについても、本願寺合戦中に、信長方から離反して雑賀一向一揆側（顕如側）についた門徒たちであるとしている。

以上のことから、正月二四日付「大田退衆中宛顕如消息」は、天正五年に発行された可能性が高くなり、太田城水攻めとの関係、さらには、被差別部落との関係も希薄となる。武内によれば、最後の一向一揆とされている太田城の水攻めも、その歴史的段階ではすでに一向一揆ではないとしている（武内前掲論文）。すなわち、一向一揆による抵抗を粛清して身分貶下が行われたことを、蓮乗寺文書によって実証することは極めて困難であるということである。

ところで、江戸時代に紀州藩では、被差別民に末端の警察・行刑役を負担させるためのさまざまな特権的な得分だけでなく、武士の主従関係にも似た形で扶持を給付するということが行われていた。また、中世から大きく変質する近世の「法の支配」のあり方など、それらを整合的に理解するためにも、石尾説の示す賤民身分制度による支配についての構想は、改めて検討されるべきではないかと考える。

第二章　近世封建社会の成立と被差別民の状況

1　豊臣・浅野期における領主の民衆政策と被差別民

豊臣政権の民衆支配

天正一三年（一五八五）四月二二日、太田城に籠っていた雑賀衆は、秀吉軍による水攻めによりついに降伏した。翌日、重立った五三人の首が刎ねられ、その妻たち二三人も磔に処せられた。五三人の首は天王寺の阿倍野に運ばれ晒された。残る籠城衆は助命され帰住の上、農耕に専念することを命ぜられるとともに、鉄砲・腰刀など武器を取り上げられた。こうした民衆の武装解除と兵農分離を目指す刀狩は、すでに信長政権の時に越前一向一揆鎮圧の際、柴田勝家によって実施されていたが、太田城の戦い終結後にも、のちの刀狩令を先取りするような政策がとられたのであった（水林彪『封建制の再編と日本的社会の確立』124頁、藤木久志『織田・豊臣政権』71～72頁）。すでに高野山も同月一〇日に秀吉政権に対して降伏を申し出ていた。

秀吉は、紀州攻めのあと、弟羽柴秀長に紀伊・和泉両国を与え、支配させた。続いて四国攻めで秀長の功を賞して大和国も与えた。同年九月三日、秀長は大和郡山城に入った。紀伊国の支配のために和歌山に桑山重晴、田辺に杉若無心、新宮に堀内氏善を置いた。

その後、秀吉は九州を平定し、天正一八年には、北条氏を討伐し、伊達氏を投降させ、名実ともに天下を統一した。

豊臣秀吉は、天正一〇年、明智光秀を破った直後、山城国を検地して以来、全国各地で検地を強行した。検地は、村ごとに行われ、土地の種類（田・畑・屋敷地）・等級（肥沃度）・面積・基準収穫量（石盛）が明記され、年貢負担者（名請人）が明確にされた。検地の実施により村切りが進められ、中世の郷村が解体され近世的な行政村が作りだされた。村高が確定され、この村高に対して貢租がかけられた。

紀伊国では、秀長が天正一三年閏八月ごろ、小堀新介を検地奉行として検地を施行する方針を明らかにしていた。天正一五年九月の「紀州日高郡江川村検地帳（写）」をはじめ検地帳の存在も確認されている。高野山寺領においても、天正一九年九月から一〇月にかけて検地が実施された（『高野町史』史料編7頁表1）。しかし、紀伊国の場合は、残存する土豪勢力との妥協や高野山の抵抗もあって、指出帳的な性格が強い内容になっているとされる（『和歌山市史』第一巻1045～1048頁）。この検地政策により地域による程度の差はあっても、兵農分離が進み、また、町在の分離（百姓と町人の分離）が推進されたと言えよう。

天正一六年七月には、一揆防止のための民衆の武装解除と百姓の耕作強制を目的とする刀狩令が発布された。同一九年八月には、朝鮮侵略も射程に入れた身分令が発せられ、その翌年には六六か国人掃令が出され、百姓・町人などの身分区分が進んだ。こうして武士・百姓・町人などの近世身分が固められていった。

太閤検地帳と被差別民

ところで、太閤検地帳には、のちの「皮田」身分に直結する「かわた」の肩書のある名請人記載が見られる。関西などでは「皮多」と称する場合が多かったが、紀州藩では「皮田」が一般的であったので、文中では皮田と表記する。近世の「穢多」身分の別称である。関東などでは「長吏」とも称した。「かわた」「長吏」の記載のある検地帳は、紀伊国も含めて武蔵国から肥後国に至る一〇か国余で四〇冊ほどに及んでいる（寺木伸明『近世部落の成立と展開』88〜90頁など）。紀伊国では、後述のように高野山寺領の天正一九年（一五九一）の検地帳二冊にかわた記載が認められる。なお、紀伊国では、長吏は後述のように非人村の頭を指す呼称である。

名請人（耕作者）の一部が、公的帳簿である検地帳に「かわた」「長吏」などの肩書を付せられたということは、全国的視野で見れば、次のような理由で、大工・鍛冶などの職人と同じように単に皮革職人として把握されたのではなく、皮革業と緊密に結びついた被差別身分として位置づけられ、制度化されはじめたということができよう。その理由とは、「かわた」呼称は、権力にとって重要な公的帳簿である検地帳に記載されたものであるから、たとえ皮革業に従事していなくても本人はもちろんのこと、その子孫に至るまで「かわた」の肩書が付きまとうという性格を持ち、かつ、この検地時のかわた持高がかわた身分を特徴づける皮多役儀（行刑役など）を賦課する基準と想定されていたと考えられることである（藤本清二郎『近世賤民制と地域社会』124〜125頁）。また、和泉国軸松村皮多のように、文禄検地時に屋敷地が除地とされていたと推定され、そのことがのちの皮多役儀の代償措置と考えられることである（森杉夫『近世部落の諸問題』Ⅱ2〜3頁）。さらに河内国丹北郡更池村検地帳に見られるように、本村屋敷とは区別されて「更池村かわた屋敷」として末尾に記載されていたことや村方で同時期に作成された名寄帳に本村百姓とは区別されて末尾に「かわた」の人びとが記されている場合も見られたことである（伊丹市立博物館所蔵「文禄四年三月御願塚之帳」）。加えて「かわた」集落は、一村を形成してもよいほどの持高を持っていても原則、太閤検地時に独立行政村として認められず、本村の枝郷として不利な扱いをされたことである。

地域差も考慮しなければならないが、関東および近畿・九州地方においては太閤検地を軸とする政策を通じて、中世末に存在していた被差別民たちの一部（主として死牛馬処理・皮革業にかかわる仕事に従事していた人びと）を核として、皮田身分が成立しはじめ、その後の幕藩領主の宗門改等の支配政策の展開によって近世前期にかけて成立したものと考えられる。

豊臣期における紀伊国の「かわた」の様子

紀州藩の高野山寺領を除く地域（藩領）では、今のところ残存する太閤検地帳が少なく、かつ、かわた記載のある検地帳は見出されていないので、その存在状況は不明である。寺領において、天正一九年（一五九一）九月付の那賀郡調月（つかつき）村検地帳（『史料編高野山文書』Ⅱ-一-1）と同年一〇月付の伊都郡皮張（かばり）村・平沼田（ひらんた）村検地帳（『かつらぎ町史』近世史料編400～406頁）に「かわた」の記載が見られるのみである。

まず、調月村検地帳から見ていくと、「かわた」については次のように一筆出てくるだけである。

「上畠　壱畝　壱斗　大ツ　かわた」

おそらくのちの同村内の皮田の先祖と見られる「かわた」の人が、同村内に上畠一畝を所持し、その高が大豆一斗ということを示している。屋敷地に「かわた」の記載はないから、この時点では屋敷地は所持していなかった。この記録から少なくとも当時、同村に一軒の「かわた」の人が居住していたことが判明する（ほかに農地を持たない「かわた」も存在していた可能性もある）。同村の名請人は三〇八人で、その総所持高は、一二四六石余であった。同村では、一石未満の極貧農層が全体の三三・八％も占めていた。それでも一人あたりの持高は、四石弱であったから、同村の「かわた」については農地所持において不利な立場にあったことは否めない。地元の言い伝えによれば、古くは「城の壇」に城を構えていた中家（土豪）の従者で厩番をつとめていたという（寺木伸明「高野山領太閤検地帳記載の『かわた』について―紀伊国那賀郡調月村検地帳の分析―」）。おそらく主として皮革業などで生計を立てていたのではないかと推量される。

次に皮張村・平沼田村検地帳を見てみよう。ここでは、「かわた又九郎」が字名谷田に上畠一筆七畝・高大豆七斗、字名きよけに中畠二筆六畝一五歩・高大豆五斗二升、計高一石二斗二升を持ち、字名谷田に屋敷一畝を所持していた。さらに「かわた祖父」が字名きよけに下畠一五歩・高大豆三升を所持していた。おそらく又九郎の祖父であろう。ここでも、かわたの土地所持は、わずかなものであった。のちの正徳三年（一七一三）五月の「皮張大明神縁起幷祭礼由来記」（『かつらぎ町史』近世史料編1034～1036頁）には、正月九日の神祭に狩場の規式において皮田一人が伺候して獣皮を剝ぐ役儀を行っていたとあり、明治三九年（一九〇六）の「丹生神社由緒調書」の皮張村の条に猪・鹿などの獲物があればこの地で皮を剝がせ、皮を石に張らせたとし、その古事が残って今も年に一度その儀式を行うとあるから（前田正明「諸獣類取捌きとかわた身分」）、この平沼田村皮田の人びとが猪・鹿などの獣類を捕獲し、それらの皮を剝ぎ鞣した人びとの系譜を引いていると見られる（渡辺広『未解放部落の史的研究』41～42頁）。

なお、天正一九年八月の高野山寺領「官省符庄上方入寺供秋毛見帳」「官省符庄上方阿闍梨供秋毛見帳」

（『かつらぎ町史』近世史料編518〜520頁）には、後述する伊都郡岸上村（皮田村。太閤検地時には寺領ではなくなる）につながると見られる「キシノウヘ」「キシノウエ」の肩書を有する人名が記されている。それらを整理すると以下の通りである。

サコノ二郎	二か所
太郎三郎	一か所
サコノ五郎	四か所
四郎三郎	二か所
才次郎	一か所
サエモ三郎	一か所
ユウ大夫	一か所

合計七人・一二か所となる。岸上村の先祖の人びとが高野山の毛見（けみ）を受けていたことがわかる。

江戸初期（浅野期）の皮田村の状況

慶長三年（一五九八）八月、二度目の朝鮮侵略戦争（慶長の役）が朝鮮水軍などの活躍により敗色濃くなる中、豊臣秀吉が病没し、日本軍は撤退した。その後、関ヶ原の合戦（一六〇〇年）で勝利を得た徳川家康は、慶長八年に征夷大将軍に任じられ、江戸に幕府を開いた。続いて大坂の冬の陣（一六一四年）、夏の陣（一六一五年）で豊臣氏を滅亡させ、幕藩体制を固めた。

寛永一四年（一六三七）一〇月に島原・天草の乱が起こると、幕府は一二万余の大軍をもって翌年一月これを鎮圧し、以降、「鎖国」体制（実際には朝鮮国と琉球国とは正式国交関係にあり、オランダと中国とは通商の関係があって通信・交易が行われていた）を強めるとともに、キリシタン弾圧を目的に宗門改制度が整備された。この宗門改の全国的規模での実施によって近世身分制度も確立していったと言えよう。

紀伊国では、天正一九年（一五九一）一月に秀長が病死すると養子の秀保が後を継いだが、彼も文禄四年（一五九五）四月に一七歳の若さで病没した。その後、大和・紀伊には秀吉直臣の増田長盛（ましたながもり）が配置された。

関ヶ原の合戦において、秀吉の家臣であった浅野長政の子・幸長（よしなが）が東軍に味方して戦功を挙げたことにより、慶長五年一〇月（あるいは一一月）紀州藩主として入国し（領知高三七万四〇〇〇石は翌年確定）、紀伊国における浅野期は、徳川家康の第一〇子頼宣（よりのぶ）が元和五年（一六一九）に紀伊・伊勢五五万五〇〇〇石の領主として入ってくるまで続いた（浅野氏は広島に転封となった）。ここでは、この浅野期の皮田村の状況について述べる。

幸長は、入国の翌年の慶長六年に領内全体の検地を実施した。その時に作成された検地帳には、「かわた（皮田）」記載がかなり見られる。その一覧を示せば次の通り（渡辺広『未解放部落の源流と変遷』306～318頁をもとにその後判明したものを若干付け加えた。なお、家数とあるのは、屋敷数のことと考えられるので、屋敷数とした）。

伊都郡

東村（屋敷数二）・佐野（さや）村（屋敷数二）・丁ノ町村（屋敷数三）・端場（はば）村（屋敷数一三）・原田村（屋敷数九）

那賀郡

狩宿村（屋敷数三五）・井坂皮田村（屋敷数一八、名請人五五）・東国分村（屋敷数六）

名草郡

弘西村（屋敷数四）・岩橋（いわせ）村（屋敷数六）

海士郡

木本村（屋敷数九）

有田郡

庄村（屋敷数五）・湯浅村（屋敷数二）・野田村（屋敷数一）

日高郡

萩原村（屋敷数三）・下志賀村（屋敷数二、名請人六）・吉田村（屋敷数二）

口熊野・奥熊野

船津村（屋敷数一）

以上、一八か村を数える。那賀郡狩宿村（分村する前は馬宿村に含まれていた皮田村）は、慶長六年の検地時点で三六九石五斗二升七合の村高があった（「狩宿村検地帳」、『那賀町史』史料編1021〜1042頁）。また、慶長検地に基づいて作成された慶長一八年「紀伊州検地目録写」（『和歌山県史』近世史料三3〜33頁）によれば、伊都郡岸上村（皮田村）は三九三石余を所持していた。

慶長末年ごろの名草・那賀郡（口二郡と称された）内の皮田村所持高は表2-1の通りである。

このように各地の慶長検地帳に「かわた」の肩書のある名請人が記され、皮田村村民の所持高が一〇〇石を超える場合があることは、紀伊国においても近世初頭には皮田の人びとがすでに相当農業に進出していたことを示している。ここでは那賀郡井坂内・有田郡野田村内・日高郡下志賀村内の皮田村について具体的に見ていこう。

表2-1　慶長末年の名草・那賀郡内皮田村所持高

郡	村　名	所持高
名草	平井村	100石5斗
	宮　村	100石7斗
	本渡村	61石4斗
	岩橋村	35石6斗
	野上村	17石5斗
	北野村	45石4斗
	（上野）中村	20石3斗5升
那賀	小倉村	60石7斗
	井坂村	201石8斗
	国分村	45石4斗
	古和田村	283石
	池田村	81石
	狩宿村	232石
合計		1285石3斗5升

「紀州藩牢番頭家文書」をもとに作成した。

まず紀ノ川中流域北岸に位置する井坂皮田村から見ると（「井坂の内□□□御検地帳」『打田町史』第一巻651〜667頁。□□□には「皮田村」と書かれている。渡辺広『未解放部落の形成と展開』25頁）、田畑合計一二町九反一畝一三歩で、高合計一九四石八斗九升であった。この村高は、那賀郡内では多い方ではないにしても、極端に少ないわけでもない。同郡内一五八か村のうち村高一九四石以下の村は、三四か村あり、全体の二一・五%を占める。なかには五六石余の村もある（前掲「紀伊州検地目録写」。なお、この史料で皮田村と明記されているのはこの地区だけである）。しかも上々田が五町五反余もあり、田畑全体の四二・六%を占め、かなり恵まれた耕地条件にあった（表2-2）。

皮田村村内の名請人は、五五人（軒）で、うち屋敷持が一七人いた（うち一人は二筆所持）。所持高別構成を示すと表2-3のようになる。

助九郎（のちの蓮乗寺住職家）は、一六石余、右近次郎は、一〇石余を所持していたのをはじめ、五～二〇石の中農層が七人存在していた。ただし、五石未満の階層が四八人で全体の八七・三%に及ぶ。近村に出作（しゅっさく）していたことが隣村の検地帳から判明するから、その点を考慮しなければならないが、農業以外の収入があったものと見られる。その点の解明は、今後の課題である。

表2-2　慶長6年井坂皮田村田畑等級別構成

等　級	面　積	百分比
上々田	5町5反　　6歩	42.60%
上　田	3反4畝12歩	2.70%
中　田	1町　1畝 9歩	7.80%
下　田	1町　8畝 3歩	8.40%
下々田	1町　6畝16歩	8.20%
屋　敷	1反8畝 6歩	1.40%
上々畑	6反4畝18歩	5.00%
上　畑	1反6畝15歩	1.30%
中　畑	1町2反2畝11歩	9.50%
下　畑	1反6畝15歩	1.30%
下々畑	2町1反7畝 4歩	16.80%
見付田	1畝	0.10%
茶2斤94匁	2反4畝	1.90%

1. 慶長6年「井坂ノ内皮田村御検地帳」をもとに作成した。
2. 面積は帳末記載通りの数字で計算した。

次に有田郡野田村について見よう（慶長六年八月「紀州在田郡藤並之庄野田村御検地帳写」・同名寄帳『史料編前近代1』I-Ⅲ-一-1・2）。同村は、慶長六年の時点では、田方八町四反余・高一四三石余、畑方二〇町七反余・高二七七石余で、畑地が多い土地柄であった。野田村の名請人六六人のうち「かわた」は彦六一人（一軒）だけであった。屋敷六畝二七歩を含め、六筆田畑高八石四斗九升一合であった。その中には桑・茶畑も含まれている。蜜柑も二本記されている。高八石余となると、中農層である。同村名寄帳で注目されることは、記載順が野田村百姓四九人（ほかに下人一人・他村一人）―下人（げにん）一四人―他村出身者二一人―「かわた」一人となっていることである。村内では、百姓―下人―「かわた」となっていて、近世初頭の地域社会における社会的序列の反映と見られる。近世初頭の、このような事例は文禄四年（一五九五）摂津国川辺郡御願塚村名寄帳でも見られた（寺木伸明「太閤検地帳・名寄帳の『かわた』記載をめぐって」）。

表2-3　慶長6年井坂皮田村土地所持高別階層構成

持　高	戸　数	百分比
15～20石	1（1）	1.80%
10～15石	1（1）	1.80%
5～10石	5（4）	9.10%
1～ 5石	31（8）	56.40%
～ 1石	17（3）	30.90%
合　計	55（17）	

1. 慶長6年「井坂ノ内皮田村御検地帳」をもとに作成した。
2.（　）内の数字は、屋敷持の数を示す。

なお、下人（主人に隷属していた下層民）が一五人記載されているが、すべて高持で、なかには九石五斗近く所持していた者もいたし、一人を除いてすべて屋敷地を持っていた。下人の地位からはまだ解放されていないにしても、田畑・屋敷所持が認められていて、解放への途上にあったことがうかがえる。

日高郡下志賀村について見ると（慶長六年九月「日高郡下志賀村検地帳写」『史料編前近代1』Ⅲ-一-3）、「かわた」の肩書を有する名請人は六人である。左衛門六石、衛門太郎四石、孫三郎一石一斗余、二郎一石、左衛門太郎九斗余、楠一斗余であった。平均すると一人あたり約二石二斗である。屋敷地所持者は、左衛門と衛門太郎の二人である。屋敷地は字名垣内にあった。ほかの四人もこの垣内に土地や家を借りて居住していたものと思われる。名請人欄に単に「かわた」とのみ記されているのが、九筆六石を数えるが、この場合、かわた集団の物作分（共有地分）と考えられる。

前述のように紀伊国の皮田村では、藩領・高野山寺領ともに近世初頭から農業に進出していた。特に紀ノ川沿いの皮田村の中には、伊都郡岸上村、那賀郡狩宿村・古和田村内皮田村・井坂皮田村のように、ほかの農村に比べても遜色のないような所持高を有していた地区が存在していたのである。これは、紀北の皮田村の大きな特徴である。

この浅野期には、「掃除役の身分請を通じて口二郡の皮田身分が編成され」（藤本清二郎『近世身分社会の仲間構造』102頁）るとされているから、少なくとも口二郡においては皮田が身分として位置づけられていたと考えられる。

牟婁郡芳養（はや）でも、慶長一八年九月、大工・鍛冶などの職人役引高と並んで皮田分として五石（一軒分）が引かれているから（『田辺同和史』第三巻3頁）、皮田役が課せられていたことがわかる。田辺領でも浅野期に皮田の身分編成が進められていたと考えられる。

紀伊国におけるかわた身分の成り立ちについては、まだまだ不明な部分が多いので、断定的なことは言えないが、その皮田という名称や系譜の歴史的考証により、ほかの多くの地域と同じく中世末に存在していた死牛馬処理・皮革業にかかわる仕事に従事していた人びと（「穢多」・河原者（かわらのもの）・細工などと称されてキヨメの社会的機能を担い、すでに一定の社会的差別を受けていたと推測される人びと）を核とした地域を皮田村として地域把握されて成立したものと考えられる（渡辺、藤本前掲書等）。そして先に見た皮田の人びとの土地所持は、中世以来の先祖たちの耕地買得や開墾などによる、土地獲得のための営々たる努力の結果と言えよう。

2 徳川期における領主の民衆政策と被差別民

紀州藩の成立と民衆支配

前述のように、慶長五年（一六〇〇）以来紀伊国を支配してきた浅野氏は、元和五年（一六一九）七月に安芸・備後四二万六〇〇〇余石への転封を急遽命じられ、跡には駿河・遠江・東三河で五〇万石を領していた家康の第一〇子徳川頼宣（よりのぶ）が、五万五〇〇〇石加増の上、入国することとなった。これは前月に福島正則（ふくしままさのり）が広島城の無断修復を理由に改易されたことへの対応ではあったが、要地である畿内周辺から外様大名を排除し、徳川氏およびその一族で固めるという意図をも有していた。

また、頼宣の駿府時代からの付家老であった安藤直次に田辺領三万八八〇〇石が、また水野重仲には新宮領三万五〇〇〇石が上記石高のうちから知行地として与えられた。

城下町和歌山の支配機構

築城と城下町の建設はすでに浅野期に本格的に開始されており、頼宣入国以降は吹上武家屋敷町、和歌川沿いの北新町・新町など、いくぶんの拡張を除けば大きな改変は加えられなかった（三尾功『近世都市和歌山の研究』96頁）。

和歌山城の四囲を固める形で武家町が配置され、これに隣接する形で町人町が大きく四か所に展開しており、商人・職人らが居住して街区を形成した。元禄一三年（一七〇〇）の記録によれば、「若山町中人口」（ただし八歳以上）は四万二三〇〇人余りであり、享保期（一七一六〜三六）には五万七〇〇〇余人にまで増加している。藩政初期においては商人・職人の同職集住が見られたが、領主的需要（公役負担）の減少と民間需要の増加に伴い、市中への散在が進行した。町人は家持（家屋敷所有者）と借家人に大別され、前者は町入用や各種御用金を課せられる義務を負ったが、一人前の町人として町政に参加する権利を与えられた。ただし、比率的には借家人層の方が圧倒的に多かったと考えられる。

町方は町奉行の支配下にあり、当初は一人でこれを務めたが、寛永一七年（一六四〇）以降は二人となり、東西両町奉行として月番制で執務した。各組には与力三騎・同心二五人・書役三人が所属し「和歌山市政一切を司り、聴訟・裁判・偵察・逮捕・拷問・処刑・牢獄等を掌」った（『南紀徳川史』第八冊530頁）が、後述するように、これら各種業務の多くに「城付かわた村」（後述）である岡島村の牢番頭仲間とその配下たちが深く関与した。

町人町は「町」と「湊」に大きく二分されており、元禄一五年の記録によれば前者は一一〇町、後者は三二町から構成されていた。各町には丁年寄（丁ごとに数人程度）が、またいくつかの丁をまとめる形で大年寄（一〇数人〜二〇数人程度）が置かれた。丁年寄・大年寄ともにその設置は寛永期（一七世紀前半）ごろと推測されるが、丁年寄は家持町人の中から町内丁年寄の推薦により大年寄が任命し、町奉行がこれを承認する形で選任された。町内のあらゆる問題に直接関与し、各丁町人の世話役であると同時に町人統制の責任をも負った。また、大年寄は由緒ある町人のうちから大年寄全員による入札により選任され、町奉行が任命したが、実質的には世襲化が進行した。大年寄は二～三人で組を作り、いくつかの丁（数丁～十数丁）を管轄するとともに、当番制で町会所（雑賀町）または湊会所（久保丁）へ出勤して執務した。両会所には惣代・物書・認物助などが勤務し、大年寄を補佐した。大年寄は在方における大庄屋に相当し、町奉行との連携のもと、触れの通達、宗門改、町入用の徴収、商人・職人仲間の統制、弱人救済など各種町政を行った。

田辺および新宮の支配機構

慶長五年（一六〇〇）、関ヶ原の戦いで西軍（石田三成方）に味方した杉若無心と堀内氏善に代わって、浅野氏の一族である浅野左衛門佐が田辺に、浅野忠吉が新宮に、それぞれ配置された。

浅野左衛門佐はまず、天正一八年（一五九〇）に杉若氏が築いた、田辺湾奥の丘陵地に位置する上野山城に入った。三年後の慶長八年になって、浅野左衛門佐は会津川右岸の河口部に新たな城（洲崎城）の建設を開始し、翌慶長九年に完成した洲崎城に入城したが、慶長一〇年八月一二日、台風による高波で洲崎城は崩壊した。そこで、慶長一二年、浅野左衛門佐は会津川左岸の河口部に位置する牟婁郡湊村領内に「湊之城（田辺城）」を造営し、新たな町割りと町家の大規模な引っ越しを一度に成し遂げている（『田辺市史』第二巻56頁）。

元和五年（一六一九）、浅野左衛門佐に代わって、徳川頼宣の付家老である安藤直次に、徳川家から田辺領が知行地として与えられた。ただし、安藤氏の当主は和歌山に定府したので、天守閣がない陣屋館のような外観の田辺城は、安藤氏の一族である小兵衛家が城代家老として管理し、田辺領政の実務を掌握した。安藤氏の治世の下、新たな町割りが実施され、田辺城下町は拡大する。

田辺城下の町人町、ならびに会津川右岸河口部の江川浦を管轄していたのは、町奉行である。城下町の行政を補完する役職として、寛永一九年（一六四二）、田辺町に大庄屋と大年寄が創設された。これは、在方の大庄屋設置と同時のことである（『紀州田辺万代記』第一巻69頁）。筆頭大庄屋で田辺組大庄屋の田所氏が田辺町の大庄屋を兼職・世襲し、三人の大年寄とともに、町会所で町方の行政に携わった。ただし、江川浦は田辺町大年寄の支配を受けることなく、田辺町大庄屋である田所氏が所管していた。田辺城下の町人町は、本町・紺屋町・上長町・下長町・袋町・片町・北新町・南新町からなり、各町には年寄が一人ずつ置かれていた。また、江川浦には庄屋一人と年寄二人が設けられていた。武家町の一角である出崎には牢が設置されており、田辺領の皮田頭が居住する西ノ谷村の「穢多十人者」が牢番を務めた（『史料編前近代2』Ⅱ-四-21）。在方は郡奉行（文政五年〈一八二二〉廃止）・代官が民政全般を担当しており、各組の大庄屋を統率していた。皮田村はすべて村領を持っていない枝村（枝郷）であり、大庄屋―庄屋の行政支配を受けていた。田辺領では町方・在方ともに、本藩から見て相対的に独自の領主支配が行われていたことに特徴がある。

一方、新宮に入った浅野忠吉は、直ちに築城に着手して慶長七年に竣工した。ところが、江戸幕府が元和元年に定めた一国一城令によって城は壊されたが、要害の地として城郭の必要が認められ、浅野忠吉は再度城の建設に取り掛かり、元和四年には天守閣を備える新宮城の基本的な構造ができた。元和五年、浅野忠吉に代わって、徳川頼宣の付家老である水野重仲に、徳川家から新宮領が知行地として与えられ、水野氏は新宮城を完成させた（『新宮市史』205〜208頁）。

江戸時代の新宮町は、城下一七町と村方四か村に区分され、さらに新宮城下は、町方一一町と地方六町に分けられた。町方には、町大年寄五人・庄屋二人・年貢庄屋二人・加子庄屋一人・魚店庄屋一人が、地方には、大庄屋一人・馬庄屋一人・地方庄屋二人・御蔵庄屋一人が、それぞれ置かれている（『新宮市誌』452頁）。新宮領の在方は、新宮町の村方四か村で構成される新宮組を合わせて一七組に分かれ（現三重県域を含む）、各組には大庄屋が設けられており、在方行政全般を郡奉行（又は代官）が掌握していたというが、詳細は明らかではない。ただし、江戸時代後期の新宮城下町方役人の公用日記によれば、二月の宗門改に際して、「穢多弥蔵」分の改帳は町方・地方の改めが終わってから別巻に仕立てられ、町会所に提出されたことがわかる（『新宮市史』史料編上巻518～525頁）。この弥蔵は、新宮組に属する牟婁郡上熊野地の皮田村に居住していた肝煎（きもいり）クラスの人物であろう。

在方の支配機構

紀州藩領は伊都・那賀・名草・海士・有田・日高・牟婁の七つの郡から構成されていた。このうち牟婁郡には田辺領・新宮領が置かれており、この牟婁以外の六つの郡を口六郡と総称した。郡の下の行政単位として浅野期には庄・郷・組があったことが知られているが、徳川期（一七世紀後半～末ごろ）には「組」に統一され、各村はおよそ二〇～三〇か村、石高では平均九〇〇〇石程度を単位に組に編成された（表2‐4参照）。浅野期の慶長六年（一六〇一）に行われた検地（本章1節「江戸初期（浅野期）の皮田村の状況」参照）の目録には計一〇七五か村（高野山寺領を含む）の名が見えており、元禄期には一四〇〇弱にまでその数は増加した。

表2-4　郡・組の区画（天保期ごろ）

紀州本藩領			田辺領	新宮領
（海士郡）	田中組	（日高郡）	（日高郡）	（牟婁郡）
貴志組	小倉組	志賀組	切目組	太田組
野崎組	野上組	入山組	上知南部組	那智組
雑賀組	（伊都郡）	天田組	南部組	佐野組
吉原組	粉河組	江川組	（牟婁郡）	新宮組
日方組	名手組	南谷組	芳養組	浅里組
加茂組	丁ノ町組	中山中組	田辺組	色川組
（名草郡）	中　組	山地組	秋津組	大山組
山口組	上　組	（牟婁郡）	三栖組	請川組
宮　組	（有田郡）	周参見組	三番組	三の村組
和佐組	宮原組	江田組	朝来組	三里組
山東組	湯浅組	古座組	富田組	敷屋組
（那賀郡）	藤並組	三尾川組		川之内組
山崎組	石垣組	四番組		北山組
池田組	山保田組	本宮組		
岩出組				

1.『和歌山県史』近世196頁をもとに作成した。
2. 上記のほか、紀州藩領には勢州三領（松坂・田丸・白子）、和州三箇村（鷲家・越部・土田）がある。

これら在方の統括者は奉行（藩政当初は単に「奉行」とされ、寛政期〈一七八九～一八〇一〉以降は「勘定奉行」となった）であり、役所は和歌山城下にあった。『南紀徳川史』にこの勘定奉行の職掌につき、「一国の歳出入経済は勿論、民政・収税・金米出納・土木・営繕・山林・池沼・殖産・備荒・運輸・逓郵・御家中俸禄・内外之調度・人夫役率及び一切金穀出納の事を掌る」と記すごとく、地方統治および財政を担う重要な職であった（『南紀徳川史』第八冊492頁）。

各郡には郡奉行・代官が派遣され、実際に現地で地方支配にあたった。両職の起源は浅野期までさかのぼりうるが、藩政当初、代官は御蔵所（藩の直轄地）の管理を、郡奉行は御蔵所・給所（上級藩士の知行地）の区別なく郡全体を統治する役職であったと考えられている。ただし、重複する職務が増大するにつれて両者の別は曖昧になり、寛政期以降は代官に統一されて郡奉行は欠役となった。紀州藩の場合、御蔵所は城下周辺あるいは海岸地域や山間部に多く、他方、給所は紀ノ川流域や勢州周辺に多く配置されたが、意図的に相給支配（一村内に複数藩士の知行地が混在する）を原則としたことから、藩家臣とその知行地農民との直接的つながりが比較的希薄であったことが特徴としてあげられよう。したがって給所の村の行政・司法は、実質的には郡奉行・代官が担当した。

代官の配下には元〆手代・手代など幕府と類似した吏員が配置されていたようであるが、その詳細については明らかでないことが依然多い（『海南市史』第四巻777頁）。また、一八世紀中ごろには配下として「胡乱者改」が置かれ、徒者や無宿者あるいは博徒などを取り締まることを職務としたが、当初は偵察逮捕に限定されていたものの、一九世紀に入ると公事出入や吟味も担当するようになった。この胡乱者改は地士や大庄屋などから選任されることが多かった。

組ごとには大庄屋が置かれ、組内の村々を統括した。その設置は町方と同じく寛永期（一六二四～四四）ごろと推測される。地元の有力農民から任用され、当初は組下村々の小検見の実施、武具・道具の搬出や売買の取り締まり、他国への出稼人の把握、人別改（キリシタン改）などが主要な職務とされた。大庄屋は苗字帯刀を許されるとともに、藩から切米・役料の支給を受けたほか、村々からも各種諸入用の名目で銀・米を徴収した。大庄屋のもとには一七世紀後半ごろに杖突が組ごとに一～数人程度置かれ、事務を補佐するとともに諸事の記録も担当した。こうした組織の整備に伴い大庄屋は、当初の郡奉行・代官の補佐役的地位から、実質的な組の治政担当者としてその重要性を増していった。

各村には庄屋が置かれ、大庄屋の指揮下で村政全般を担当した。通常は村ごとに一人であったが、大きな村では二人置かれることもあり、村で一番の高持百姓が任命されるのが通例であった。庄屋給は村の惣百姓との相対で決定の上支給されたほか、庄屋引といって夫役などの負担が免除された。なお、もっぱら年貢の収納に携わる者として御蔵所には蔵庄屋、給所には納庄屋が置かれたことから、区別のために庄屋を「村庄屋」と呼ぶこともあったが、両職を兼任する者も少なくなかった。

庄屋の補佐役として肝煎が置かれた（村ごとに一～数人程度）。浅野期の史料には「長百姓（おとな）」「年寄」の名称が、また徳川期においても一七世紀ごろまでは「年寄」が見えるが、一八世紀に入ると「肝煎」に統一された。肝煎は大庄屋が任命したが、のちには輪番で担当する村もあった。このほか村には触れの伝達など使い走りに従事する「ありき」「歩行（あるき）」と呼ばれる者がいた。

「城付かわた村」としての岡島村

近世の城下町には、隣接して皮田村が存在する事例が往々にして見られる。城下の附属機関として城郭内外の掃除、下級警察、行刑など、藩からさまざまな固有の役負担を課されたこうした村には責任者（頭）が存在し、村民を使役してこれらの諸役を遂行した。藤本清二郎はこのような皮田村を「城付かわた村」と呼び、紀州藩における岡島村をその典型例として掲げている。岡島村は和歌山城下に隣接する岡町領の皮田村であり、その頭は一七世紀末ごろには九人（家）程度の集団（頭仲間）で構成され、合議による運営を行っていたが、そのうちの一家により代々書き継がれ保存されてきた膨大な文書群が今日に伝わっている。全国的に見ても希有な例と考えられるこの貴重な文書群は、一九五〇年代に渡辺広によって紹介されて以降、多くの研究者が分析対象としてきたが、今世紀に入り「紀州藩牢番頭家文書」として刊行が開始され、より多くの人びとの利用に供される環境が整いつつある。

頭が語る由緒

さて、その「紀州藩牢番頭家文書」において、頭が自らの由緒に関し記す史料の初見は、現時点では慶長一八年（一六一三）に頭仲間同士の争論に際し、領主浅野氏に提出したとされる言上書の下書（『生活』第一章1）であるが、そこにはおおむね以下のように記されている。

・天正一三年（一五八五）の羽柴秀長入国の際、又五郎・喜内・甚四郎の三人が召し出されたが、その後、喜内・甚四郎が国中の「あおや（皮田）」を大坂へ引き連れ大坂城の掃除役を勤めたき旨を申し出たため、あおやたちが訴訟に及んだ結果、両人は逼走した。

・残った又五郎が「当国七郡のあおやのつかさ（頭）」に任ぜられ、一町五反の屋敷地を与えられて和歌山城の掃除役を命じられたが、その際、これまで業としてきた「さいく（細工）」に代わり、城内の掃除を専業とするよう指示を受けた。

・慶長五年（一六〇〇）に浅野氏が入国し、その後実施された検地の際、大豆高五石分の免許地を居住地として下賜されるとともに、口二郡（名草・那賀）の皮田村々から米麦各一〇石分の夫銭（掃除役米）の徴収権も認められた。

また、やや時代は下るが、宝暦六年（一七五六）に当時の頭が紀州（徳川）藩に提出した差出帳（『生活』第一章30。これ以降も彼らの各種権益が侵されようとするたびに同様の書面が提出されている）には、おおむね次のように記されている。

・牢番頭役については、天正年中の大和大納言（秀長）入国時に、先祖又五郎が召し出され、紀伊国七郡の「あをや」の頭を申し付けられるとともに、「御城之掃除」「牢屋之番」を命じられた。その際、屋敷地・家を拝領し、国内在中皮田村からの掃除役米徴集権も付与された。
・この時、「御屋敷地御鍬初メ」が国中の「あをや」に命じられたが、又五郎に召集と指揮が任された。
・又五郎は朝鮮の役に同行したが、帰国時に下関で病死したため、倅（せがれ）三人が御用を勤めた。
・浅野氏入国の際には、倅たちが召し出され、同様の勤めを行った。
・元和五年（一六一九）の徳川氏入国時にも倅たちは奉行に御目見えし、同様の役儀を勤めるよう命じられ、切米・扶持方・在中皮田村御掃除役米・免許地を下賜され、現在に至っている。

これらの記述からは、一六世紀末（秀長入国直後）にはすでに紀伊国内に牢番頭を頂点とする強固な支配関係が成立しており、その後紀伊国入りした各領主（浅野・徳川）はこれを追認・利用したにすぎないようにも見えるが、実際の状況はこれとはかなり異なるものであったと考えられる。

仕官と村移転―「城付かわた村」の成立

『南紀徳川史』に収録された「佐武伊賀働書」と題する史料には、一六世紀後半にはすでに「ゑつた村」が現在の和歌山城の東側にあたる地域に存在したと推測される記述が見られる（『史料編前近代1』Ⅱ-一-62）。藤本清二郎は中世末期（秀長入国以前）にはすでにこの村は「細工」（死牛馬処理と皮革生産）や農業、あるいは和歌川沿いの流通・商業にかかわる生産活動を営んでいたが、彼らの居住地近くに築城が開始され、城内の掃除役負担者が必要となったことから、又五郎らが年貢免除を条件に召し抱えられた―また又五郎らも雑賀一揆崩壊後の安定を欲した―ことが、「城付かわた村」成立の発端であろうと推測している。さらに藤本は、その後の浅野氏による城下町の整備・拡大に際し、皮田居住地は少し南の岡島へ移され、ここに免許地を与えられ役奉仕を求められた（元居住地は城下に包摂され家臣屋敷地となった。『生活』第一章42・43参照）と考察するが（藤本清二郎『近世身分社会の仲間構造』85頁）、現時点においてこれらは穏当な解釈であろう。

掃除頭としての出発

ただし、右の二史料に見られるような又五郎とその子孫による支配は、一六世紀末に確立したものではなく、「当国七郡のあおやのつかさ」への就任には誇張が見られようし、少なくとも理念的表現であったと考えざるをえない。たとえば、慶長時の史料に逼走したと記された甚四郎・喜内は、鈴木孫一に関係深い名草郡平井村の出身で、中世末期の「細工」集団の中では有力勢力であったと考えられるが、甚四郎はその後岡島村に居住し、両勢力の主導権争いは一六三〇年代まで続いた（そもそも冒頭の慶長期史料はその争論の過程で作成された）。また、慶長一八年（一六一三）に口二郡の年寄が提出したとされる史料（『生活』第一章2）には、掃除役米を徴集される両郡「かわた」のかなりの部分が、いまだ甚四郎に同調している旨が記されている。したがって、宝暦期（一七五一～六四）の史料（『生活』第一章30）に見える又五郎が「御屋敷地御鍬初メ」―城下建設を指すか―に際し、「国中の『あおや』の召集・指揮を命じられた」とする記述は非常に興味深いものではあるが、現時点においてはその規模や真偽を含め判断を留保せざるをえない。

さらに、慶長期史料にはすでに「籠（ろう）の番」を実質的に務めていたと推測しうる記述はあるものの、これに対する給付に関する史料が見出せないことから、宝暦期の史料にいう牢番「頭役」―あるいは後述のそれ以外の諸役も含めて―は、彼らが紀州（徳川）藩に召し抱えられ、武士の主従関係にも似た切米・扶持の体系に組み込まれて以降、随時成立・増加していったものと考えられよう。豊臣・浅野期に求められた役負担の中心は掃除役であり、彼らは「掃除頭」としての地位確立に腐心した（第三章1節「掃除頭の地位確立と仲間法度」参照）。徳川入国後まもなく、掃除役米徴集権が先の口二郡に加え、海士・伊都郡へも拡大している事実は、頭らがこれを「てこ」に領内かわた身分の編成を推進したことをうかがわせる。

冒頭に述べた九家の頭仲間は、このような一族間・一族内での対立と、これらの紛争への各領主権力による介入・調整を契機に、その後、紀州藩から課された役負担の種類および量の増加に対応すべく成立したものと考えられよう。一八世紀に入ると掃除役米や切米・扶持は、頭全員で原則として均等配分されるようになったが、この仲間のうちには、かつての抵抗勢力であった甚四郎の家系も含まれていた。

岡島村の肝煎層と村民

一七世紀末には全人口が一〇〇〇人に達したと推測される岡島村も同様に、その発足当初は非常に小さな集団であったと考えられる。先に掲げた宝暦期の史料には別の箇所に、

・豊臣・浅野氏の時代には、頭は三、四人で、村の手下も五、六人しかいなかった。その後の掃除場所の拡大や牢屋御用の繁忙に伴い、他所他国生まれであっても、確かな者は参り次第に村に置き、相応の稼ぎをさせ御用人足として使役した。

・村のうちに「穢多」と申す者が一一人いるが、これは手下のうちで「古き者」であり、城下内の落牛馬を支配させるとともに、芝銭や諸祝儀を収入としている。

との記述が見られる。この一〇人余りの「古き者」は岡島村草創期からの村民で、近世初頭においては頭とともに農地や草場権を所持し、半工半農で生計を立てていたものと考えられよう。その後、城下隣接地への移転と負担する諸役の増加に伴い、彼らの農民的性格は薄れていったが、岡島村の肝煎として草場権・芝銭徴集権を有し、肝煎仲間を形成して頭仲間・庄屋に次ぐ有力な地位を占めるようになった。肝煎は一八世紀前半には

組頭と呼ばれ組頭仲間を形成するとともに、一九世紀には村の指導権をめぐって頭仲間と対抗する勢力へと成長した。

また、移転後の岡島村には、領主から拝領した年貢免除の屋敷地に頭仲間と当初からの村民が居住して村の中心を形成したが、右に述べたような村の状況変化に伴い、免許地以外（年貢地）に屋敷地を持つ家持層（借地人）や借家人が急激な勢いで増え膨張した。

詳細は後述（第三章3節「皮田村の発展と生業構造」参照）するが、一七世紀末ごろの岡島村村民の生業として確認しうるものには農業（小作や日雇を含む）のほか、皮革生産・加工、雪駄生産・販売・修理、芸能稼ぎ、芝銭などがあり、これに加えて諸役遂行のための人足動員に対して支給される日当・賃銭などが挙げられる。「城付かわた村」としての性格上、農村部の皮田村に比べて都市的性格を強く帯びており、その生業も多種多様であった。

ただし、岡島村は慶長期以来、名草郡岡町村の枝郷と位置づけられ、行政的には名草郡奉行―大庄屋―岡町村庄屋の支配下にあった。正徳四年（一七一四）に岡島村に庄屋が置かれ、実態としては独立村に近づくが、これは一〇〇〇人を超える村を枝郷の地位にとどめることが行政上困難となりつつあったことを物語っていると言える。他方、各種の役負担は町奉行―牢番頭を通じて遂行されており、こうした二重構造も「城付かわた村」としての岡島村の特徴を形成していた。

近世高野山寺領の成立と民衆支配

天正一三年（一五八五）四月一〇日、羽柴秀吉の紀州攻めに際して、客僧であった木食応其の尽力によって一山の意見をまとめた高野山は、秀吉に降伏の意向を表明したので戦禍を免れた。秀吉は高野山に対して、弘法大師の御手印縁起に記載されている寺領の範囲については支配を認めるとともに、前述のように、天正一九年の九月から一〇月にかけて伊都郡と那賀郡の寺領に検地を実施した。

検地の終了後、同年一〇月二一日に寺領一万石、応其の所領として一〇〇〇石が与えられた。さらに応其の働きかけによって、翌天正二〇年八月四日、那賀郡の村々九八二七石と伊都郡の皮張・平沼田両村一七二石の計一万石が加増された。太閤検地によって皮田が名請けされた伊都郡平沼田村と那賀郡調月村は、加増された一万石の村々に含まれている。このような二段階を経て、近世の高野山寺領二万一〇〇〇石は確定したが、紀ノ川北岸の大和国宇智郡と紀ノ川両岸の伊都・那賀郡に広がっていた旧寺領の範囲は、両郡の河南側に縮減されたのである（『かつらぎ町史』通史編498～500頁）。

応其が権勢をふるっていた高野山の内部は一枚岩ではなく、中世以来、①教義の研究と修行をする学侶、②寺院の内殿の掃除や荘厳仏具の管理、灯火香華の用意などの雑用を担当する承仕や事務に携わる行人、③信仰を説いて全国各地を回る聖、という三つの僧侶集団に分かれていた。

高野山寺領二万一〇〇〇石は、慶長五年（一六〇〇）三月九日、豊臣政権の五奉行の一人である増田長盛によって、学侶分七五〇〇石、行人方分五五〇〇石、青巌寺領三〇〇〇石、木食上人一〇〇〇石、灯明田二〇〇〇石、惣分入用領二〇〇〇石に配分された。その後、同年九月に関ヶ原の戦いで徳川家康が勝利すると、高野山では応其が失脚し、行人方の文殊院勢誉が家康に接近して一山を支配しようと画策したのに対して、学侶方の衆徒中は家康に直訴して反駁し、双方の対立が深まることになる。慶長六年五月二一日、家康は高野山寺領二万一〇〇〇石を学侶方の金剛峯寺衆徒中九五〇〇石と行人方衆徒中一万一五〇〇石に二分して、安堵状をそれぞれに与えた。学侶方の内訳は、衆徒惣中七五〇〇石・青巌寺領二〇〇〇石であり、行人方の内訳は、衆徒惣中七五〇〇石・奥院領二〇〇〇石・興山寺領一〇〇〇石・修理領一〇〇〇石である。この時、青巌寺は検校職永代の精舎として学侶方の支配寺院とされ、興山寺は行人方の中心寺院に決められた（『和歌山県史』近世100頁）。

　江戸時代の高野山金剛峯寺では、学侶方から選出された検校が山内と寺領の寺務全般を掌握していたが、門主・碩学・集議を構成員とする集議中が検校を補佐し、集議中の評議に基づいて地方支配を実際に行う行政機関は年預坊と称されていた。年預坊の責任者は、集議中から選ばれた年預であったが、実務はその下に置かれた三沙汰人（年預代・行事代・惣預）が担っている。集議中の下には、領内村々の検見などを行う地方奉行、宗旨改や人別改を行う宗旨奉行、会計担当の「支配」役所、天野社の支配にかかわる天野代官などが置かれ、学侶方の庄屋―百姓を支配した。

　一方、行人方の行政機関にも、地方奉行・宗旨奉行があった。さらに、学侶方の「支配」役所に該当する蔵奉行や、行人方の長屋に居住する山上の商人たちを支配するための町奉行が設けられた。近世前期には六か寺院が代官となって行人方の地方支配を行っていたが、近世中期になると総分役所が設置され、この総分役所を通じて行人方の地方支配が実施されるようになる（『かつらぎ町史』通史編632〜634頁）。

行人方が山内で支配した被差別民として谷之者（たにのもの）をあげなければならない。谷之者は新坊とも呼ばれ、広義の僧侶に含まれてはいるが、火葬が禁止されている高野山の山内で死者の埋葬を担うとともに、不審者・犯罪者の捕縛や牢番などの刑警吏を役務としていた。慶長七年七月五日、学侶方の年預から谷之者に宛てて申し付けた五か条の掟書（『高野山文書』（高野山史編纂所原編）第一巻351〜352頁）には、太刀銭・縄銭とともに、谷之者が山下へ召し遣わされる場合の日傭米、葬礼の時の料物（りょうもつ）が規定され、「器物持来可申事」と定められた。これは、谷之者が普段使用している器を持参することを強要しており、衆徒が用いている器に触れることを許さない別器という習俗的差別を法制化するものである（峯岸賢太郎『近世被差別民史の研究』314頁）。

谷之者の源流は、どのような人びとなのであろうか。それは、本願寺第一一代法主の顕如の祐筆を務めた宇野主水（もんど）が、戦国時代末期の天正八年九月と同一一年三月の二度、高野山に参詣した際に「聖（ヒジリ）ヲハ時宗方（ハウ）ト云テ、一円スエ〴〵ノ事也」（『史料編前近代1』Ⅱ-一-57）、「衆徒ノマシロヒヲセズ」「阿弥陀経一巻オボユレバ、其外ニハイラヌ也」（同59）と記したように、習俗的差別を受けて衆徒と人付き合いすることができない、広義の浄土系に含まれる時宗の聖である（吉井克信「近世河内国における三昧聖の存在形態」）。

ただし、「聖ノ坊谷々ニ九間ヅ、アルト云」（『史料編前近代1』Ⅱ-一-59）と宇野主水が描写したように、戦国時代末期の時宗聖は高野山内に九軒ずつ分散して居住していたのであるが、江戸時代になると谷之者は奥院の入り口にあたる東谷に集住するようになる。慶長一三年四月、遍照光院の後住をめぐって、学侶方の明王院快正（かいせい）と蓮華三昧院出身の頼慶（らいけい）が対立すると、快正は谷之者に命じて頼慶を捕縛させ、東谷の獄屋に幽閉した。ところが、獄中の頼慶は毎日のように阿弥陀経を講談（講説）したので、谷之者は挙（こぞ）ってこれを聴講し、頼慶の教説を信奉するようになったという（『高野春秋編年輯録』294頁）。慶長一七年二月五日、行人方から「谷之者衣紋之掟」が下されて、東谷の中之坊・東之坊と両坊下の年寄は編綴（編綴（へんとつ））、それ以外の者は小紋の衣服を着用するよう定められた（同297～298頁）。慶長二〇年七月には、興山寺に宛てて七か条の「谷法度之事」が提出されたが、それには六人の組親と二七人の組下、計三三人が連署している（『史料編高野山文書』Ⅱ-二-3）。このように、谷之者は江戸時代の初期から牢番役を担うとともに、組親（年寄）―組下という階層構造を持つ身分集団を形成していたことがわかる。

正保三年（一六四六）の「高野山絵図之帳」（金剛峯寺蔵）によると、高野山の子院総数は一八六五軒であり、その内訳は、学侶坊が二一〇軒（青巌寺を除く）、行人坊が一四四〇軒（興山寺を除く）、客僧坊が四二軒、聖坊が一二〇軒、谷之者が五三軒であった（山陰加春夫『新編中世高野山史の研究』355頁）。九年後の明暦元年（一六五五）になると、高野山の寺僧数は表2-5のようになる。僧侶総数三六〇〇人余のうち、谷之者は五四人であり、慶長二〇年の三三人に比べて六三・六％増加していることがわかる（藤井寿一「高野山『谷之者』の身分意識」）。

表2-5　明暦元年の高野山寺僧数

	①寺院総数大略	②高野山品々頭書
寺総数	1883軒	1853（1864）軒
学侶	194	194
行人	1517	1517
客僧	19	35
聖	118	118
谷之者 道心	35	―
衆僧数	3788（3660）人	3768（3634）人
学侶	544	548
行人	2565	2665
客僧	126	―
聖	317	317
谷之者	54	54
道心	54	50

1. ①＝天保10年『紀伊続風土記』高野山之部巻之十一、②＝享保5年「高野山品々頭書」（大畑才蔵全集編さん委員会編『大畑才蔵』）による。
2.（　）の数字は計算値を示す。

3　皮田の役負担・生業と信仰

牢番頭仲間が延宝六年（一六七八）に町奉行に対し、御用繁多による窮乏を主たる理由に、浄瑠璃興行の許可を求めた願書（『生活』第一章25）には、当時の彼らの役負担につき、おおむね次のように記されている。

・我々が先年から勤める役目は、城内掃除・牢番であり、牢舎者詮議の時には拷問し、仕置（処刑）の際には引者（引回し）・曝者（さらし）・御様（ためし）の手伝いに出る。在々での仕置には手伝いの者を連れて御用を勤める。これは彦坂九兵衛（元和五年～寛永元年〈一六一九～二四〉（町）奉行）様に仰せ付けられた。

・その後、西之丸内外、市之橋外、百軒長屋前の掃除を大森与三左衛門（寛永一八年〈一六四一〉病死、『南紀徳川史』第九冊400頁）様より仰せ付けられた。

・西之丸下馬の掃除は約二〇年前に仰せ付けられ、市之橋下馬、京橋下馬の掃除も新規に命じられた。

・延宝三卯年以来、毎日家中・町へ出て非人改をし、他国者は堺橋まで頭一人・手下二三人で送り、郡下非人は郡奉行まで手下を付け送る。町非人の場合、女は町借屋糸取部屋に片付け、男は方々役所へ片付ける

岡島村の役負担

が、手下が連行する。
・家中・町中にて非人が死亡していれば、手下が片付ける。
・非人小屋普請・破損（修復）時も我々に命じられるので、手下多数を連れ勤める。
・延宝三卯年以来、朝夕粥を作り、非人の吟味・非人小屋の支配運営を担当している。
・先年は頭三人で奉公していたが、御用繁多により現在は頭一〇人ほどで勤めている。

すなわち、前述のように「掃除役」から始まった頭仲間の役負担には、その後、一七世紀前〜中期には「牢番役」「吟味御用（被疑者の尋問）」「仕置役（科刑）」（これら諸役の詳細については、第三章1節「紀州本藩の刑事政策と牢番頭」参照）などが追加され、さらに掃除役についてもその担当領域が順次拡大していった。一七世紀後半には「町廻り役」―これは延宝期（一六七三〜八一）の飢饉による乞食非人の領内流入を契機に開始されたと考えられる―が、また、これに付随して「非人政道」（非人改や施行、非人小屋の運営など）が加わったことが明らかとなる。「夜廻り」や「召捕り」といった治安維持・警察業務も、この「町廻り役」から派生したものと考えることができよう。

このうち「掃除役」に対する得分として、前述の郡部皮田村からの掃除役米以外に、城中の屎尿が精勤に対する褒賞として与えられた。頭らはこれを近隣の農業経営者に肥料として販売したが、高価で取引されたことから、ほかの掃除者・城門の御番衆・西之丸坊主衆などとその取得をめぐって紛争が生じ、たびたび訴願が行われた（『生活』第四章35〜39）。また、享保期には九人の頭仲間のうちから二人の「掃除頭取役」を設置すべき旨が勘定奉行所から命ぜられ、掃除体制の強化が図られたが、彼らに対しては盆暮れに銀（二五匁ずつ）が別途支給された（藤本清二郎『近世身分社会の仲間構造』120頁）。

「牢番役」については前述（本章2節「仕官と村移転──「城付かわた村」の成立」参照）のように、切米が勘定所から支給され頭仲間の間で均分された。また、「町廻り役」（およびその派生業務）に対しては年に数度ずつ鳥目（銭）が、随時実施される夜廻りには、別途代銀が町奉行所から支給された。

このほか遅くとも一八世紀初頭には、芝居興行の際や城下に群集が生じた際などの警備役も頭仲間が手下を動員して担っていた。

野非人対策──非人改から非人狩へ

日々行われる「町廻り」や随時実施された「夜廻り」の結果捕捉された「野伏非人」は、他国・郡下非人であれば、右の史料に見られるように城下から排除（追払）されたが、増加する「町無宿非人」に対応するため、元禄一〇年（一六九七）・同一二年および享保一八年（一七三三）の三度にわたり、吹上非人村に「御救小屋（非人小屋）」が設置された（建設費用は藩が負担）。収容された非人のうち元気な者は町中へ乞食に出、弱者には牢番頭から町奉行所へ申請の上、粥が施された。また、毎年三月には非人の宗旨改と粥米施行とを組み合わせて実施することで、城下滞留非人を捕捉し、同様の選別を行った。

このような巡回・収容は、当初非人「改」と呼ばれていたが、正徳期（一八世紀初め）の凶作・飢饉による城下滞留無宿非人の増加に伴い、以後は「狩集」「狩寄」「非人狩」などの表現が定着していった。

郡下非人・他国非人の城下からの排除はほぼ一貫した施策であったが、その方法にも時期的変遷が見られた。すなわち、元禄期（一六八八〜一七〇四）には他国者は国境、郡下非人は町外へ送り出していたようであるが、正徳期ごろには両方とも町外への送り出しに変更され、また、右の享保期「御救小屋」設置の直前に町奉行所は、郡下非人については、その元住所を聴取の上、御（勘定）奉行所経由で元居村に通知し、引き取りにこさせるよう頭に命じている。さらに享保二〇年（一七三五）には牢番頭からの提言に基づき、町奉行所から次のような書付が頭に出された。

・他国乞食は当国への入り口や船渡しで改めた上追い戻す。
・城下で捕捉した郡下・他国非人は、城下続きの村の「番太（非人番）」へ渡し、「村次（継）」で居村・国境へと送り届ける。（中略）
・再度立ち戻った他国非人はその理由を聴取の上、非人村に拘束し、役所へ上申する。
・新規の他国非人についても右と同様の措置をとる。

右の施策の特徴は、流入抑制と「村次」（いわゆるリレー方式）を利用した他国非人の排除および郡下非人の還住徹底にあると言えようが、その実施に際しては、町方と郡方（番太や渡し守は郡奉行・代官―大庄屋管轄）との連携構築がなされたことにも注目しておく必要がある。

このような「非人改」（あるいは非人狩）は一九世紀に入っても継続されたが、捕捉された非人は御救小屋ではなく、同じく非人村に設置された「溜」に拘留し、悪事の有無につき吟味・分類の上、無罪の者は村継により追い払われるようになった（被疑者は入牢）。野非人を犯罪者あるいは犯罪予備軍と見なすような傾向は、すでに享保期ごろから見られたが、無宿・非人層の増大と犯罪増加によりいっそう顕著となり、救恤よりも治安対策としての比重が増したと考えることができよう。

郡中皮田村の役負担

前述のように浅野期に口二郡（名草・那賀）の、また徳川期に入ると海士・伊都郡の皮田村々が、掃除役米の納入という形で掃除頭のもとに身分編成された（掃除役の身分請）。すなわち領主浅野氏は、両郡の皮田村民が所持する石高（出作地高を含む）に対する百姓役負担を免除する代わりに、掃除役の分担（米麦の上納）を命じ、掃除頭の指揮下に編入するという政策をとった。この時期に口二郡皮田村々に課された掃除役米は計一二一・三五石であったが、当時は甚四郎方に同調する村も少なくなく、浅野氏はこれに対し怠納者には本役（百姓役）を申し付けるとの威嚇によって、掃除役米の負担強制を試みている。

徳川期に入ると役米負担の範囲拡大に伴い、負担の割合には変化が見られたと考えられ、元禄一三年（一七〇〇）に頭仲間が町奉行所に提出した覚（『生活』第一章29）には、海士・名草・那賀の三郡で米・麦がそれぞれ合計四・九二石ずつ、これに対し伊都郡には米のみで二〇石余り（皮田所持高の一・六％）が掃除役米として課された旨が記されている。藤本清二郎はこうした変化を、伊都郡の皮田が掃除頭支配下に入ることにより掃除役米の減少分が補塡された結果と考えるとともに、負担原則の原型が元和末年ごろ（一六二〇年代前半）

に確立したと推測している（藤本清二郎『近世身分社会の仲間構造』98頁）。

掃除役米以外に郡中皮田村々が負担したものに馬の絆綱（はづな）（馬の口につけて引く革製の綱）の納入があった。「紀州藩牢番頭家文書」によると、絆綱納入は浅野期に掃除頭に対して命じられ、頭はこれを上那賀から名草・海士三郡の皮田村々に対して賦課した。この絆綱納入は現時点において、享保期ごろ（一七二〇年代）までは継続していたことが史料上確認しうる。なお、伊都郡の皮田村にはこの役負担は課されなかった。

このほか、郡中に設置された牢屋の近隣の皮田村には牢番役が課された。牢番頭の日記「御用控帳」宝永八年（一七一一）四月の項には、頭の一人吉右衛門が海士郡奉行岩橋幾右衛門に召し出され、口六郡の牢の常番役を皮田村に賦課することにしたため、勤務や得分につき質問を受けた旨の記述が見られる（『日記』184頁）。

また、妹背家文書「公事沙汰留」には、寛文二年（一六六二）に名手市場村の大工が肉体刑（耳鼻そぎ）を科された上、国追放に処された旨の記述が見えるが、この執行に携わったのは伊都郡奉行の命を受けた狩宿村の村民であった（『那賀町史料』185頁）。ただし、一八世紀以降に郡中皮田村の村民が「仕置役」に携わった事例を現時点では見出しえておらず、比較的早い段階で岡島村の専任の役負担となった可能性が高い。

田辺領皮田の役負担

近世封建社会の下で皮田に課せられた公的負担である皮田役は、類型的に見れば、①掃除役、②下級行刑役、③皮役、の三つが基本型であった（『部落史用語辞典』）。ところが、田辺領の皮田に対して、田辺領主は①の掃除役と③の皮役を課すことはなかった。

それでは、②の下級行刑役とそれに随伴する役務の実態は、どのようになっていたのであろうか。

(一) 牢番・吟味御用…田辺領の牢屋は二か所あった。その所在地は、田辺領独自の皮田頭が居住していた牟婁郡西ノ谷村(『史料編前近代2』Ⅱ-四-22)、ならびに前述のように田辺城下の武家町の一角である出崎である。もっとも、西ノ谷村の牢屋は、寛政五年(一七九三)以前は仕足部屋とも称していた(『田辺同和史』第三巻117頁)。牢番役の規定が明確化するのは延享四年(一七四七)である(同40頁)。そこでは、牢舎者が入牢中に牢番として出役する人足は一日に九人(米九升)、牢に出入りする時の人足は一〇人ずつ(米一斗)と定め、入酒出酒米・貫銭を含めてすべての費用を牢舎者の宿元もしくは罪人の所属する町村に負わせることを決めた。公事方で牢舎者に対する吟味が行われる時には、皮田三人が出張ることが慣例となっている(『史料編前近代2』Ⅱ-四-25)。西ノ谷村の皮田村で牢番役を務めていたのは、「十人者」「十人組」と呼ばれる固定された一〇軒の「役ゑた」であり、彼らは六月に執り行われる田辺祭にかかわっていた(『田辺同和史』第三巻111頁)。すなわち、住矢(すみや)・笠鉾の先払い、流鏑馬(やぶさめ)の的の設営、騎手が着る行縢(むかばき)に加工される鹿皮の調達である(第三章5節「祭礼と被差別民」参照)。

(二) 仕置・梟首(きょうしゅ)…安永二年(一七七三)一月二四日、窃盗の嫌疑で田辺に入牢していた和歌山の坊主頭・石川弁悦が脱牢し、二月一日に捕縛された(『田辺同和史』第三巻71~74頁)。八月二九日、弁悦は打首に処せられたが、この時田辺領皮田頭の勘左衛門が首を討ち、十人者が立ち会っている(『史料編前近代2』Ⅱ-四-29)。また、天明七年(一七八七)一二月、田辺城下や在村での打ちこわしの頭取として二人が死罪に処せられたが、この二人を成敗したのは皮田頭の源助であった(『田辺同和史』第三巻104~106頁)。さらに、天保二年（一八三一）一月一四日から三日間、謀書謀判の罪状によって、塩漬けにされていた牟婁郡下秋津村の入牢者二人は遺体から首を切り取られ、秋津川の渡瀬に向けて梟首刑に処せられたが、その梟首番には西ノ谷村の皮田が昼間は二人、夜分は四人務めている（『史料編前近代2』Ⅱ‐四‐33）。打首・斬罪や梟首のための首の切り取りには刀や脇差が使用されるが、それを町人の研屋(とぎや)が仕直す場合は勝手方から、皮田が研ぐ場合は代官所から（『史料編前近代2』Ⅱ‐四‐34）、それぞれ必要経費が支給された。

遺体の処置について見ると、延宝八年（一六八〇）、武士が「ゑた」の屋敷で山を荒した百姓二人を斬罪に処しているが（『史料編前近代2』Ⅱ‐四‐27）、その遺体は皮田が埋めたのであろう。寛保元年（一七四一）、田辺城内の鑓場に侵入して武士に殺害された百姓の遺体は、皮田に預けられて塩漬けにされ、西ノ谷村皮田居所前の松原へ埋められた（『田辺同和史』第三巻34頁）。宝暦七年（一七五七）、けんかによって切り殺された浪人の遺体は、塩漬けにされて西ノ谷村の万福寺内へ仮埋めされたが、その昼夜番は皮田が務めている（『史料編前近代2』Ⅱ‐四‐1）。寛政五年、心中(しんじゅう)者の遺体取り扱いは皮田へ申し付けられることになった（『田辺同和史』第三巻116頁）。

㈢　町夜廻り・召捕り…元文四年（一七三九）三月、田辺城下町における盗人への用心を命じられた町方は、皮田頭の六蔵に米三石六斗を遣わして町と江川を廻らせている（『史料編前近代2』Ⅱ‐四‐39）。宝暦八年一月六日、田辺領主安藤家の和歌山屋敷から田辺町の大庄屋・大年寄に対し、紛らわしい者が入り込んでいるので、皮田五人に夜廻りをさせて、該当者を見つけ次第追い払うよう命じた（『史料編前近代2』Ⅱ‐四‐2）。この時、皮田が町内に限らず、田辺領分全体へ入り込むことを認めている。同一三年には、田辺町奉行からの聞き合せに対して、西ノ谷村の皮田頭は、本縄を修得している者が皮田村の中にいることを回答した（『史料編前近代2』Ⅱ‐四‐4）。召捕りにあたって捕縛用の縄を上手に使いこなせる者が西ノ谷村の皮田にいることを示している。安政二年（一八五五）、同村の皮田は、召捕りに際して盗賊改方の指図を受けて働くよう命じられた（『史料編前近代2』Ⅱ‐四‐8）。町夜廻りと関連するものとして、寛政九年一二月三日から同一〇年一月二九日までの四七夜分、皮田二人ずつが火用心番のため夜廻りをし、小屋を建てたことに対して、郡方役所から賃米銀が支給されている（『史料編前近代2』Ⅱ‐四‐45）。

(四) 犬狩り…行刑役とは直接結びつくものでない役務として、田辺領では犬狩りに皮田が動員された。元文二年六月、病犬が人間に食いつくので皮田に殺すよう命じられているが（『史料編前近代2』Ⅱ‐四‐36）、田辺領での犬狩りの記録はこれが初出であろう。宝暦二年六月二一日、田辺の町中を徘徊している犬は「穢多支配」にすると命じて、野犬の根絶が図られた（『史料編前近代2』Ⅱ‐四‐37）。その結果、六月二二日から七月八日にかけて三七匹の犬が捕獲されたが、西ノ谷村の皮田だけではすべての野犬を捕らえることは困難なので、在方から六人の狩人も動員されている（『田辺同和史』第三巻46〜48頁）。享和元年（一八〇一）一一月に行われた城下の犬狩りでは、西ノ谷村の皮田に加えて牟婁郡朝来（あっそ）村の皮田六人も動員され、犬狩り人足四五人で一四匹の犬を捕獲したことに対して、犬一匹につき三升ずつの扶持米が郡方役所から支給された（『史料編前近代2』Ⅱ‐四‐38）。

なお、芝英一は、斃牛馬処理を皮田役の中核に据えているが（芝英一「近世田辺領における『皮田役』としての落牛馬処理について」)、死獣の皮を剝ぐ権利は中世の河原者・「穢多」が社会的分業に基づく身分的権利として成立させたものであり、近世封建領主によって一方的に強制されたものではない。また、『田辺同和史』は、田辺祭において皮田が笠鉾の先払いをするのは、不浄除けのための掃除役であるとするが(『田辺同和史』第一巻114頁)、住矢・笠鉾の先払いは田辺祭を主催する町方への奉仕であって、領主への役負担とは性質の異なるものである。要するに、田辺領では紀州本藩領とは異なって、①城を清掃する掃除役と、③皮革を貢納する皮役が、皮田に課されることはなかったのである。

皮田村の草場・皮革業

近世においては、死牛馬の取得権を皮田(関東などでは長吏)が持っていた。中世以来の旦那場(死牛馬取得範囲・商売等の得意場・芸能の場など)の中のひとつの権利で、近世皮田身分の人びとにとって極めて重要な意味を持っていた。死牛馬取得範囲を草場(皮場)と称し、その権利を草場株という(単に草場と呼ぶこともあった)。関西では、牛馬の持ち主の居所ではなく、牛馬が死んだ場所を草場にしている皮田が無償で取得することになっていた。

今のところ紀伊国における最も古い草場に関する史料は、慶長一八年(一六一三)一二月付の「草場売券(写)」で、日高郡富安村皮田四人が千津村と下藤井村の草場株を米二石二斗で財部村皮田に売り渡したという証文である(藤本清二郎『近世身分社会の仲間構造』191～192頁)。次に古いのが、寛永三年(一六二六)一二月二五日付「銀子借用証文」(『生活』第四章1)である。和歌山城下町隣接の岡島村の源四郎が、自己が所有する草場を質物（抵当）にして那賀郡名手勝右衛門から銀四〇目を借りた際の借用証文である。同証文によれば、源四郎の草場（の一部と推測される）は、岡島村より南西部に位置する宇須・塩道および同村より西部の湊の植松にあったことがわかる。いずれも岡島村の近辺である。質物にしたのは、宇須および塩道で得られる死牛馬のうち「中（内臓・肉）」の四分の一・皮半分、植松で得られる死牛馬のうち「中」四分の一であった。このように草場の権利が細かく分割されていたことが注目される。同様の証文が元禄末年までにほかに三通残っているので（『生活』第四章2～4）、城下周辺では株所持者ごとの草場の範囲と取得できる死牛馬の部位・量が決まっていたようである。

このように近世初期に草場の記録が見られるということは、紀伊国においてもすでに中世末期までには皮田の先祖の人びとは死牛馬の処理を行っており（ということは皮鞣（なめ）しなどの皮革業に従事しており）、彼らの間で死牛馬取得範囲（草場の範囲）や取り分などが取り決められ、草場株が物権化しはじめていたことを示していると考えられる。

慶長一八年五月の岡島村の「糸若言上書（下書）」（『生活』第一章1）には、「御はなかわ（鼻皮）の御用」と記されているから、近世初頭から鼻皮つまり絆綱（はづな）を領主に上納していたことがうかがえる。このことも、皮田が皮革業に従事していたことを示す事例である。

元禄一〇年（一六九七）一二月付「穢多仲間法式につき申渡覚」（『生活』第二章1）によれば、「仲間商人、牛ノ皮幷蠟買申候者其村々之組頭ニ断、買可申事」とあり、また同一二年四月の「御定書」（『生活』第二章2）にも「蠟皮商人（ろうがわ）」のことが出ているから、牢番頭仲間の配下の口六郡の皮田村には皮商人がかなりいたようである。なお、蠟皮とは皮の裏側に脂肪分が残っている皮を指していると思われる。また、元禄一三年四月付の町奉行から出された定書（写）に岡島村の雪駄直しに対する規制条項が見られるから（『生活』第三章12）、すでにこのころの岡島村には雪駄直しが存在していたことがうかがえる。

農業経営の展開

次に元和五年以降元禄末期までの農業経営について述べる。前掲の元禄一〇年（一六九七）一二月付「穢多仲間法式につき申渡覚」によれば、口六郡内四〇の皮田村ごとの「百性(姓)仕候者」（農業従事者）の人数と所持する牛馬の頭数が記されている。それによれば、すべての皮田村に百姓が存在し、伊都郡岸上村では百姓が一〇四人も存在し、牛六八頭・馬一〇頭を有していた。那賀郡川崎村（井坂皮田村）でも、百姓が七一人存在し、牛五四頭・馬四頭を所持していた。他方で、百姓数三、四人、牛の所持が二頭という皮田村もあった。しかし、四〇の皮田村全体（百姓数七八五人）で、牛四三〇頭、馬五三頭を所持していたので、平均すると皮田村一か村牛一〇・八頭、馬一・三頭ということになる。一軒で一・二頭余の牛馬を所持していたことになる。この時期になると、全体として皮田の人びとが牛馬を相当所持し農業経営に積極的に取り組んでいたと言えよう。

なお、口六郡の皮田村だけの数値なのでそのまま紀伊国全体に及ぼすことはできないけれども、牛の頭数が馬の頭数に比べて圧倒的に多いことが注目される（牛は馬の約八倍）。これは近世における関西地方の一般的傾向である（有元正雄『近世被差別民史の東と西』16頁）。

図2-1　元禄10年の皮田の農業従事者および牛馬所有状況

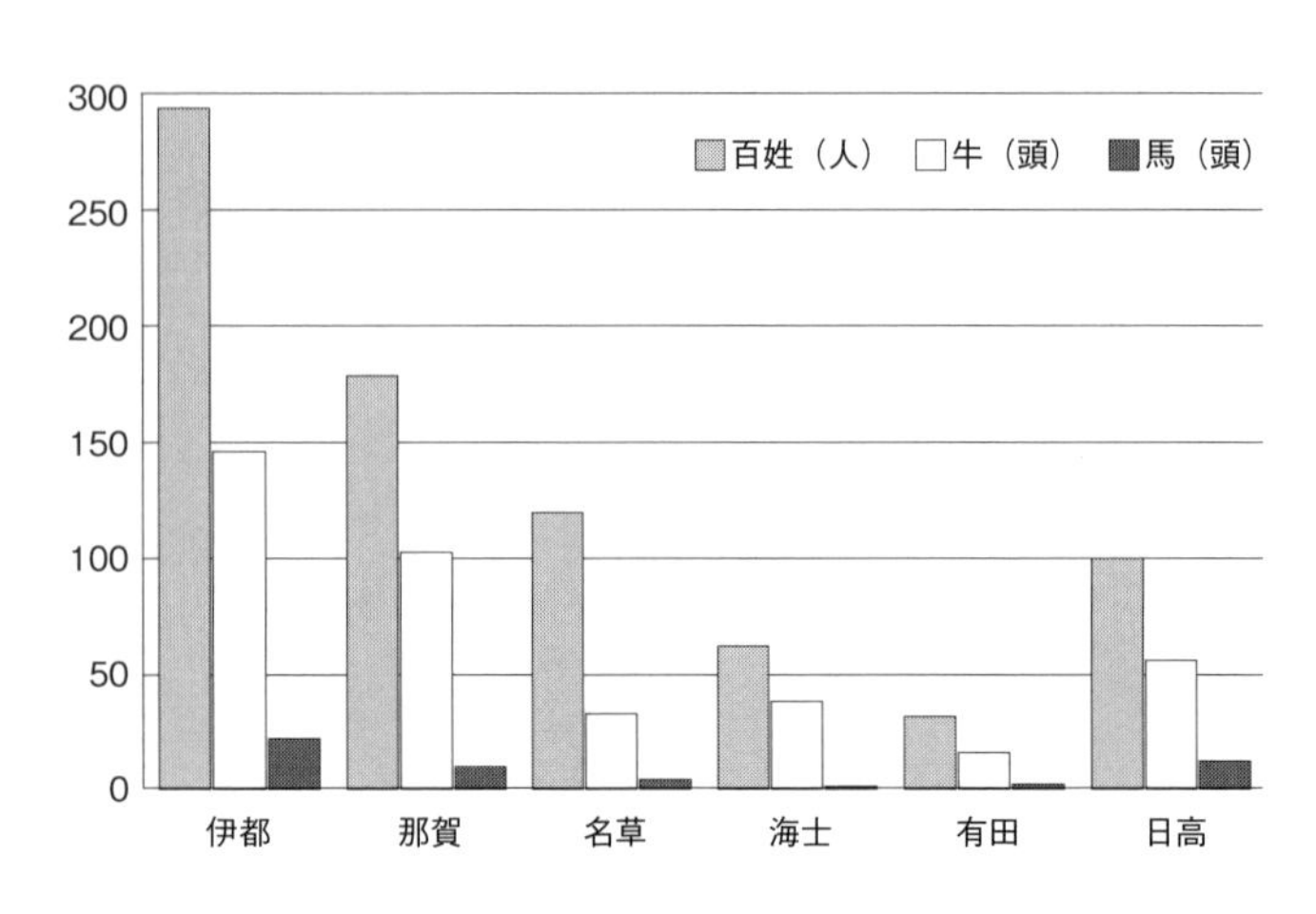

この時期の農業経営の展開について皮田村の人びとの持高を中心に具体的に見てみよう。本章1節「江戸初期（浅野期）の皮田村の状況」でも触れたように、伊都郡岸上村は、近世初頭から三九三石余の村高を有していた。そのほかに他村への出作高が、延宝五年（一六七七）山田村に一一九石弱、同年神野々村に一五〇石、元禄一〇年（一六九七）端場村に三九石余に及んでいた（藤本清二郎『近世身分社会の仲間構造』32頁）。

伊都郡原田村皮田は、慶安四年（一六五一）五七石余を有していた（渡辺広『未解放部落の源流と変遷』210頁）。

那賀郡井坂皮田村の元禄二年と推定されている史料での村高は一九四石八斗九升で、慶長検地時とまったく変わっていないが、牛三九頭、馬二頭を有していた（『打田町史』第一巻830頁）。同一〇年には、前述のように牛五四頭・馬四頭を所持していた。八年間に牛一五頭・馬二頭を増やしている。同郡東国分村内皮田村も、同年と推定されている史料では村高八四石余、牛一一頭を有していた（同836～837頁）。

元和五年（一六一九）田辺領の「切目組諸引高覚」には、西ノ地村の項に「四拾石かわた作分」とあるから（『田辺同和史』第三巻3〜4頁）、西ノ地村の皮田の人びとが農地を所持して農業に従事していたことは確実である。

なお、伊都・那賀郡の皮田村において農業従事者が多く見られ、有田・海士郡地域では少なかったことが、前掲元禄一〇年一二月付「穢多仲間法式につき申渡覚」に記載された四〇の皮田村ごとの「百姓」の人数と所持する牛馬の頭数によって明らかである（図2-1）。

皮田寺の成立

皮田村に存在する寺院の草創に関する史料としては断片的にしか確認できていないため、全体的なことはわかっていないが、現在確認できる史料の中で早いものは中世段階までさかのぼることがわかる。

那賀郡下井坂村の蓮乗寺には、永正三年（一五〇六）一一月二八日付の裏書のある阿弥陀如来絵像が、また、狩宿村の光明寺には、永正四年三月二五日付の裏書のある阿弥陀如来絵像がそれぞれ存在している。これらは、本願寺実如から受けたものであり、戦国期には紀伊国内に本願寺の系譜が伝播していたことがわかる。ただ、これらの裏書には寺号が見られないことから、この段階では本願寺系の道場として成立していたということである。

紀伊国内の皮田寺のほとんどが「惣道場」を起源としていることがわかる。惣道場とは、村人の総意によって創建された村持ちの道場であり、その成立の背景には村人の地縁的結束があったことがうかがえる。

中世段階で絵像本尊を受けた道場は、近世に入ると寺院化が進められる。

先の蓮乗寺に所蔵されている木仏本尊の御札には、寛永九年（一六三二）一二月九日の年紀があり、宛所としては「紀州那賀郡田中庄川崎村蓮乗寺物也」とある。ただそのうちの「村蓮乗」は加筆修正がなされているため、当初どのように書かれていたかはわからない。しかし、この木仏免許によって寛永九年段階で本願寺から木仏本尊を受けて、寺号を名乗ることが許可されたものと考えられる。また、名草郡上野村照福寺でも、寛永九年に木仏・寺号を許可されているとされており（『史料編前近代2』Ⅱ-六-13）、近世初頭には木仏を安置するとともに寺号を称して寺院化していったことがわかる。

このように紀伊国における皮田寺のうち、早い段階では戦国期に本願寺系が伝播して近世初期に寺院化を遂げるものがあり、近畿地方の一般寺院の状況と比べるとほぼ同様な時期での成立と見ることができる。

こうして早い時点で成立した寺院が、その後紀伊国の別の地域へと広がっていったようである。

皮田寺の状況

近世期における皮田村の寺院・道場（講場を含む）としては、四七か寺存在していたことが確認できる。このうち四四か寺は西本願寺末で、三か寺が東本願寺末である。

皮田寺の地域的分布としては、名草郡に一三か寺、海士郡二か寺、那賀郡一三か寺、伊都郡一四か寺、有田郡三か寺、日高郡二か寺で、紀ノ川筋の右岸に非常に多く分布していることがわかる。

なお、一般寺院の中に皮田を門徒として持つ寺院が、日高郡に一か寺、牟婁郡に二か寺存在しており、これらについては寺院としては皮田寺とは認識されていなかったことがわかる。

先に触れたように、戦国期にさかのぼる二点の阿弥陀如来絵像の裏書には、その手次（てつぎ）として「光照寺門徒」と記されている。ここに見られる光照寺とは、摂津国富田（とんだ）に所在する寺院である。光照寺は、正保三年（一六四六）に本願寺准如の子息良教が光照寺の住持として入寺したことにより寺号を本照寺と改められた。本照寺は、近世を通じて全国的レベルで西本願寺末の皮田寺の多くを下寺に持つ寺院である。このように本照寺が皮田寺の中本山的性格にあったことについては、良教の入寺によってその経済的基盤形成のため全国にある皮田寺を下寺として政策的に組み込んだとの説が出されるが、前述の二か寺の事例を考えると、紀伊国においてはそのように政策的な上寺の付け替えが行われたとは考えがたく、光照寺が中世段階ですでに卑賤視されていく人びとを門徒化していったと考えるべきであろう。

なお、紀伊国にある東本願寺に属する三か寺の皮田寺は大和国箸尾の教行寺末である。教行寺は中世段階までは光照寺と同じく摂津国富田に所在していた。教行寺が紀伊国にある東本願寺末の寺院をいつから下寺としていったのかは今後の課題である。

元禄八年（一六九五）、那賀郡西之芝村にある道場がどこの所属であるのかを領主から狩宿村光明寺に問い合わせがなされたところ、光明寺の所属であることが返答されている（『史料編前近代2』Ⅱ-六-1）。このことから、狩宿村光明寺から西之芝村に門徒が展開していることがわかる。このほかにも、名草郡宮村の正願寺が本渡村の西専寺に所属していたことや、海士郡木本村浄福寺が名草郡上野村照福寺に所属していたことが知られており、紀伊国内における皮田寺の展開の一端を知ることができる。

なお、岡島村に所在する皮田寺については、井坂村蓮乗寺と東国分村浄願寺の間で所属について争論がなされており、岡島村が和歌山城下に隣接する地域であることから多くのかわた身分の人びとが移住していったようで、その中心となったのが井坂村村民や東国分村村民であったと考えられる。

4　吹上非人村の形成と惣廻り

初期非人村の起源

一七世紀の初期に相当する浅野氏による支配期に、城下町和歌山には非人村が形成されていた（以下、徳川期の吹上非人村とは別個の存在であることを明確化するため「初期非人村」と表記する）。そのことを示す記録が「吹上非人村成立申上候願書写」（『生活』第六章5）である（以下、本節では「願書写」と略記、特記しないかっこ書きは「願書写」からの引用）。

「浅野紀伊守様御時代より有来候」と明記されているように、吹上非人村に先行して、初期非人村が浅野期には形成されていたことに疑問の余地はないが、その起源はいつまでさかのぼるのであろうか。天正一三年（一五八五）、紀伊国は羽柴秀吉の軍勢に制圧され、和歌山城が新たに築かれた。城主には羽柴秀長が任じられたが、城代として桑山重晴が入城し（文禄四年～慶長五年〈一五九五～一六〇〇〉は和歌山城主）、城下町の建設に着手している。ただし、慶長三年段階でも桑山重晴と孫の一晴はそれぞれ知行高一万六〇〇〇石にすぎず、和歌山城の築城や城下町・領国の経営に徹底した施策をとりえなかった（『和歌山市史』第一巻1054、1059頁）。桑山期（一五八五～一六〇〇）の城下町和歌山に、非人が集住して初期非人村を形成していたとは考えられない。「願書写」の記述も、初期非人村の起源が桑山期まではさかのぼらないことを間接的に示している。

初期非人村とキリスト教

この初期非人村の住人は「切支丹宗門ニ成」ったというが、キリスト教との関係はどのようなものであったのであろうか。ローマ・カトリック教会の修道会のひとつであるフランシスコ会の活動を伝える「一六〇七年のムニョス報告書」(『キリシタン研究』第一一輯)によれば、紀伊国領主の浅野幸長(よしなが)は、腰の炎症である「一種の疥癬(かいせん)」を前々から患っていたが、日本の医者は誰もこれを治療することができなかった。けれども、修道士のアンドレスがこの病気を治したので、浅野幸長はフランシスコ会の修道士に「特別な愛情と敬意」を持つようになり、慶長一一年(一六〇六)、城下町和歌山の一角にある海善寺の西部に教会を建設した(安藤精一「近世和歌山のキリシタン」)。さらに、アンドレスの求めに応じて、浅野幸長は「貧しい人びとの治療をするのにふさわしい病院」を建造した。キリスト教史の研究では「フランシスコ会の伝道には常に療病特に癩病者収容の事業が伴つてゐる」(『カトリック大辞典』)と明言しているように、城下町和歌山に建てられたこの病院で治療の対象となったのは、主としてハンセン病者であったと考えられる。

また、浅野幸長は、江戸から領国の紀伊への帰途、大坂や堺の「癩患者の収容所」に立ち寄り、ほとんどがキリシタンである「癩患者」を呼んで輿の中から彼らと会話し、施物を供与して彼らのために神に祈るよう求める等々の「善行」を実践した。そのような行為を積み重ねている浅野幸長が建てた病院を目指して、多くのハンセン病者が城下町和歌山に集まるようになり、初期非人村が形成されたのであろう。

ハンセン病者の集住による非人村の形成であるとするならば、それは中世非人集団の長吏なき再版型であると規定できよう。そして、治療を受けて初期非人村に戻ってきた人びとが、神の救いを求めてキリスト教に改宗した（「右村之者共切支丹宗門ニ成」）ことは容易に想像できる。キリシタンになった初期非人村の人びとを、かわた身分の牢番頭が支配することもなかったであろう。

ところが、浅野幸長は慶長一八年八月に病死し、弟の長晟（ながあきら）が紀伊国領主を襲封した。直後の同年一二月、江戸幕府が全国的なキリスト教禁止令を発布したことにより、翌慶長一九年、和歌山の教会は閉鎖された（安藤前掲論文）。この時、キリスト教の関連施設である病院の閉鎖も、浅野長晟の命によって強行されたのであろうが、それはハンセン病の治療が中止されることを意味する。初期非人村の人びとがキリスト教から仏教への転宗の強要を拒絶した（「転不申（ころびもうさず）」）のは、自らの生命維持を保障する病院の廃止に反対する闘いであったとも言えよう（藤井寿一「紀州藩非人身分の諸相」）。

その結果、初期非人村の「人数八拾人余御仕置」が申し付けられ、「すでに非人村退転仕候」という事態になった。この時の「御仕置」とは、火刑・斬首刑ではなく追放刑のことであった、と藤本清二郎は推測している（藤本清二郎「和歌山城下、吹上非人村の形成と展開」）。浅野期の紀伊国では、キリシタンに対する格別な迫害があったことを現存する村方や町方の史料は伝えていない（『和歌山市史』第二巻98頁）のであるから、この推論は妥当な見解である。

吹上非人村の創設と長吏

元和五年（一六一九）、新しい領主である徳川頼宣が紀伊国に入部した時、城下町和歌山に非人村はなかった。その後、城下町が整備され、次第に繁栄しはじめるとともに、没落した町人・百姓などが乞食・非人となって武家の屋敷地や町人の居住地を徘徊するようになったのであろう。かわた身分の牢番頭にとって、非人村が存在しない状態では、「町・御家中非人之制道」を貫徹するのは困難であった。

そこで、牢番頭は奉行の彦坂九兵衛に願い出て、「以前之通非人村地私共へ頂戴」することに成功し、「非人村再建」を果たすことができた。この場合の「非人村再建」とは、初期非人村を再現することではない。「町非人差置御座候」というように、牢番頭の指揮のもと、城下町の非人を集住させて、初期非人村とは系譜的・血縁的に全く異なる、新たな吹上非人村を創設したのである。非人村の敷地は、東西四八間×南北五三間であった。この吹上非人村創設の時期を、藤本清二郎は、彦坂九兵衛の権限で城下町の管理方式が確定した元和末年（一六二二～二四）ごろと推定している（藤本清二郎『城下町世界の生活史』328～329頁）。

次いで寛永年間（一六二四～四四）、阿波国の非人で道斎という者が、町人町である久保丁四丁目の小名(こな)城山の付近にいた。その姿に気づいた牢番頭は、道斎を抜擢して不審者の発見などの御用を経験させ、吹上非人村の初代の長吏として取り立てた。長吏の設置時期である「寛永年中」という表現は曖昧であるが、「家持非人三人明王院より御返し願覚」（『生活』第六章1）は寛永一四年（一六三七）前後に長吏がいたことを記している。

なお、藤原有和は、「摂州東成郡天王寺村転切支丹類族生死改帳」（関西大学図書館所蔵）と『道頓堀非人関係文書』を用いて、転びキリシタンである久三郎（先久三郎）の類族(るいぞく)に該当する倅の二人は、吹上非人村の久三郎（後久三郎）と、大坂四か所垣外(かいと)のひとつである鳶田(とびた)垣外の久右衛門とに分かれて居住している、という血縁関係を明らかにした（藤原有和「紀州吹上非人村初代長吏・転びキリシタン久三郎について」、同「摂州東成郡天王寺村転切支丹類族生死改帳の研究（一）（二）」）。これを受けて、藤本は、転びキリシタンの先久三郎が吹上非人村の初代長吏として招致されたのではなく、類族の後久三郎が鳶田垣外から吹上非人村に派遣されて二代目長吏の久三郎になったのではないか、と推測している（藤本前掲書375頁）。初代長吏の道斎は、大坂のキリシタン改めで摘発されて改宗した転びキリシタンであり、久三郎を名乗っていた、という説が成り立たないことは言を俟たない。

非人改役と惣廻りの設置

「願書写」に記されているように、貞享三年（一六八六）八月、牢番頭の見立てによって、吹上非人村の長右衛門・吉六・六蔵・権七・嘉兵衛の五人が初めて非人改役に命じられた。これ以降、一八世紀の半ばにかけて、非人改役には五人または四人が就任しており、在職年数はおおむね二〇年の者が半数を占め、多くの者は終身業務として死亡するまで勤めていた。その任務は、常日ごろから非人村の住人を見覚えおき、他所から城下町に流入して滞留する野非人に対して非人改を行うことである（藤本清二郎『城下町世界の生活史』337、368～370頁）。

吹上非人村に非人改役が設置された貞享三年八月、牢番頭支配が及ぶ口六郡では惣廻りが設置され、非人改役とともども給金として金二歩ずつが藩から支払われるようになった。ただし、惣廻りの設置基準は、「願書写」が記すような一万石に一人ずつという、在方の支配機構を超越した機械的な割り振りではなく、大庄屋組であった。この大庄屋組は、およそ二〇～三〇か村、石高では平均九〇〇〇石程度を単位に編成され、延宝期（一六七三～八一）にはその原型ができていたものである（『和歌山県史』近世197頁）。実際、日高郡では非人・乞食層が徘徊したので、その取り締まりのため貞享三年、日高郡奉行が管轄する七組に一人ずつの惣廻りが任命された。もっとも、郡奉行は非人身分だけではなく、皮田や乞食も含めて、そのうちから最適任者を選びだすよう命じている（藤本清二郎『近世身分社会の仲間構造』185～187頁）。

なお、口六郡における非人番の初出史料は、寛文五年（一六六五）正月の海士郡「大川浦宮座定書」（『和歌山市史』第六巻837頁）である。そこでは、「非人番又ハ乞食などいたし候者ハ座出し不申事」と定められており、非人番や乞食をしている者は宮座の構成員になれなかったことがわかる。享保五年（一七二〇）には、名草郡本渡村のかわた身分の者が非人番を務めていた（『史料編前近代2』Ⅱ-五-1）。

5　多様な被差別民の姿

領主による被差別民の把握

江戸時代には、皮田や非人以外にも被差別的な立場に置かれていた人びとが存在した。名称や集団としてのあり方は地域によって違いはあったが、領主の指示で作成・提出した文書（宗門改帳や大指出帳など）では、そういった人びとは次第に本村の百姓身分と別に記載されるようになり、これを領主による身分統制の表れと見る考え方もある。紀伊国では皮田、非人を含む被差別民全般を指して「下り（さが）」と呼ぶことがあり、隠坊（おんぼう）や夙（しゅく）のほか、陰陽師や梓巫女（あずさみこ）、座頭、猿まわしなどの一部の民間宗教者や芸能者がそのように位置づけられていたとされる（渡辺広『未解放部落の史的研究』131頁）。彼／彼女らの多くは村落内の一角に居住していたが、独立した一村を形成している場合もあった。

慶安四年（一六五一）に伊都郡上組（隅田・相賀庄域のうち紀州藩領の三六か村）の大庄屋が郡奉行・代官に提出した「伊都郡上組在々田畠改帳控」（『橋本市史』近世史料Ⅰ132～171頁）は、紀州藩が年貢確保のために各村の状況を把握する必要から作成を命じたものである。このような文書は紀州藩では「指出帳」と呼ばれており、村ごとに作成された「指出帳」を組単位で大庄屋がまとめて提出したものを「大指出帳」という。他領で

表2-6　伊都郡上組の被差別民の家数（皮田をのぞく）

	風　呂	おんぼう	乞　食	はちひらき	座　頭	めくら
市脇村（27）			2			
東家村（93）	1					
寺脇村（43）	1	1				
小原田村（21）	1					
胡麻生村（41）		4				
馬場村（27）		3				
古佐田村（148）	1				1	
かわた原田村（15）			2			
河瀬村（47）	1		3			
下兵庫村（63）		2	3			
恋野村（42）				3		2
彦谷村（35）	1					
只野村（16）				1		
芋生村（29）			1			
中下村（29）	1	3				
上夙村（27）			2			
山内村（68）			5			
霜草村（32）			1		1	
柱本村（47）	1					
矢蔵脇村（24）	1					
橋谷村（51）		7				
辻村（37）		3※				
計	9	23	19	4	2	2

1. 慶安4年「伊都郡上組在々田畠改帳控」をもとに作成した。記載が見られない村は省略した。
2.（　）内の数字は村全体の家数を示す。
3. ※は「むそく人のおんぼう」と注記がある。

「村明細帳」「書上帳」と呼ばれていたものに相当する。慶安四年の「伊都郡上組在々田畠改帳控」には、本・新田畑の石高のほか荒地の有無・小物成・家数・八歳以上の男女別の人数・牛馬数などが記載されており、当時の村々の状況を詳しく知ることができる。表2‐6は同史料から、かわた身分以外の被差別民の家数を抽出したものである。

慶安二年のキリシタン改以降、紀州藩はすべての領民を「本役」と「無役」に分類して把握する方法を導入した。庄屋・肝煎と年貢納入者として領主に把握された家が「本役（役家）」である。隠居・後家や隷属民である下人および鍛冶、大工、紺屋などの諸職人のほか、皮田の人びとや表2‐6に見える家々は「本役」とは区別されて指出帳に記載された。

近世初期の戸口に関する記録には身体障害や疾病を示す但書（「めくら」「かたは」など）が随所に見られるが、近世中期以降に作成された検地帳や宗門改帳にはそういった記載が比較的少なくなる。労役を課す夫役に代わって年貢が貢租の中心となった結果、百姓一人ひとりについて領主が夫役賦課の可否を確認する必要性が低下したため、障害・疾病に関する記載が減少したことが原因と見られている。「座頭」「瞽女（ごぜ）」は盲人と同義に用いられる場合もあるが、座頭仲間（あるいは瞽女仲間）に入った盲人を意味することが通例なので、「伊都郡上組在々田畠改帳控」の「座頭」と「めくら」は仲間入りしているかどうかの区別を表しているものと考えられる。なお、障害・疾病を示す記載が完全になくなるわけではなく、夫役（夫米・夫銭）の徴収や救恤などの目的でこれらの肩書が記載される場合があった（加藤康昭『日本盲人社会史研究』54頁）。

疾病に関する記載としては、慶長六年（一六〇一）の牟婁郡出雲浦の検地帳の名請人に下田一畝歩を名請けしている「ものよし」の吉三があげられる（『串本町史』史料編164頁）。『日葡辞書』は「ものよし」を「癩病人」（ハンセン病者）を指す語としているが、江戸時代において「癩病人」の生業や支配のされ方には地域によって違いがあった。江戸時代には自宅で療養する「癩病人」も少なくなかったと考えられているが、出雲浦の検地帳に見える「ものよし」もその事例のひとつと言えよう。

「風呂」について、紀州藩に仕えた国学者の本居内遠（もとおりうちとお）は、「風呂といひていやしむる一種ありて夙とおなじ」（『賤者考』）としているが、渡辺広は「はちひらき」「風呂」は隠坊に関係する存在であろうとしている（渡辺広『未解放部落の形成と展開』246頁）。

延宝五年（一六七七）八月の「伊都郡学文路（かむろ）組指出帳控」（『橋本市史』近世史料Ⅰ171～230頁）によれば、紀州藩領の学文路組（中組）二四か村では、小田村―座頭二軒、伏原村―風呂二軒、神野々村―おんぼう五軒、柏原村―乞食一軒、山田村―聖二軒の存在が確認できる。また、入郷（にゅうご）村には天野社や和歌浦東照宮の祭礼で芸能を奉仕した田楽六軒が居住していたが、一九世紀初めごろに村を離れて南都に移住した（吉村旭輝「近世田楽法師の世襲と退転」）。

葬送の担い手

隠坊（聖、三昧聖）は中世から近代にかけて葬送に従事した人びとである。紀ノ川筋では一四世紀ごろに三昧地（墓所）が形成・固定化されたことと関連して、隠坊身分が形成されたと推定されている。『紀伊続風土記』には那賀郡原村と辺土（くるべき）村はかつて聖（ひじり）村と呼ばれていたとあり、慶長一八年（一六一三）に作成された「紀伊州検地高目録」には両村は聖村と記載されている。畿内とその周辺地域の三昧聖は行基（ぎょうき）を起源とする伝承を持つことが多く、この両村にも行基伝説が伝わっている。紀ノ川筋の村々の隠坊の場合、他村の隠坊との間で養子関係を結んでいた事例が確認されており、婚姻も同じ隠坊身分との間で結ばれていたのではないかと推測されている（藤本清二郎「近世の聖＝おんぼう身分と村落」）。

延宝六年（一六七八）に作成された「日高鑑」（『紀州文献日高近世史料』）をもとに、日高郡と海士郡の一部のうち紀州本藩領内の皮田と聖の家数を表2-7に示した。紀北の隠坊は五畿内の三昧聖と同じく行基を信仰し、東大寺竜松院の支配下にある集団が多かったが（『史料編前近代2』Ⅲ-二-23）、日高郡島田村、印南（いなみ）浦、吉田村、鐘巻（かねまき）村、萩原村、志賀村、海士郡門前村の「聖（隠坊）」は、幕末の慶応四年（一八六八）に京都の極楽院空也堂の末派として組織化されている（第四章5節「空也堂による鉢屋の組織化」参照）。

高野山寺領では、伊都郡三谷村・兄井村・渋田村の天正一九年（一五九一）の検地帳に「おんぼう」の肩書を持つ名請人を確認することが

表2-7　延宝6年日高郡奉行支配下本藩領の皮田・聖家数

大庄屋組名	村　名	皮田	聖
川瀬勘右衛門組	下志賀村	14	2
〃	横浜浦	15	
〃	門前村		2
塩崎五郎右衛門組	萩原村	2	
糸田久太夫組	財部村	5	
〃	吉田村	8※	
〃	下富安村	4	
〃	鐘巻村		2
中村善次兵衛組	島村	6	
〃	薗村	11	3
〃	野口村	4	
〃	和佐村		1
弓倉理太夫組	南谷村	5	
〃	印南浦		2
〃	島田村		2

1.「日高鑑」をもとに作成した。
2. ※は皮田と聖を一括した数値が記載されている。

できる。兄井村の隠坊は屋敷地三軒を所持し、極楽寺の隣で周辺村の葬送業務に従事するかたわら、合計一町四反六畝歩余の田地を耕作し、隣村の未開墾地も開墾していた（『かつらぎ町史』近世史料編382〜428頁、同通史編576頁）。

田辺領で隠坊の仕事を担っていた鉢坊は、指出帳などには「焚坊」とも書かれ、「はち」と略記されることもあった。鉢坊は異死者の埋葬にもかかわっており、元禄一〇年（一六九七）二月に、小橋の下で行き倒れていた「乞食順礼」を西ノ谷村の墓所に埋葬している（『史料編前近代2』Ⅲ-二-14）。田辺領内は熊野や西国三十三所の巡礼者が多数往来しており、西ノ谷村の鉢坊の居所には善根宿が設けられていた。この善根宿には、旅の途中で病気にかかった巡礼者が身を寄せることもあった。

鉢坊は竹細工や農業にも従事していたが、指出帳や宗門改帳などの記載は本村とは別になっており、「柄在家（無役）」として扱われていた。庄屋宅で宗門改を行う際には、非人番と鉢坊は平人の百姓のように座敷に上がることはできず、内庭で上り口に手をついて判を押さなければならなかった（第三章2節「田辺領政下の身分序列」参照）。

田辺領では鉢坊の妻が梓巫女を生業としていた（藤井寿一「田辺地域における「鉢坊」（おんぼう）の存在形態」）。梓巫女は、梓弓などを用いて霊を呼寄せる「口寄せ」を行う民間の女性宗教者であるが、貞享四年（一六八七）に死者とかかわり「穢れ多き者」である「あつさ之者（梓巫女）」が、陰陽師と同座・同火することを禁止する触れが出されている（『史料編前近代2』Ⅲ-二-46、『田辺同和史』第三巻9頁）。死とかかわる職能を有する人びとへの賤視を反映した規定といえよう。

隠坊は、かわた身分のように領主から役負担を賦課されることはなかったが、村に対する「役儀（葬儀奉仕）」を負っていた。その見返りとして、村民一般が負担していた人足役が免除されたり、初穂料を支給されたりすることもあったが、一八世紀末ごろになると葬送業務や負担を拒否する隠坊が村方と対立するという変化が見られるようになる。先に見た兄井村の隠坊は、天保二年（一八三一）に村に対する奉仕としての「隠坊役」を拒否する動きを示し、村方が領主の高野山行人方に訴え出た。その結果、隠坊の行為は「身分を弁えざる不法」として領主の高野山から叱りを受け、天保四年三月にこれまで通り「隠坊役」を務める旨の誓約を提出している（藤本前掲論文、『かつらぎ町史』通史編576〜577頁）

夙村の人びと

江戸時代、畿内を中心に紀伊・伊賀・近江・伊勢・播磨・丹波・淡路国には、夙（宿とも表記される）と呼ばれる、周囲から差別を受けていた人びとが存在し、紀伊国には九か所の夙村があった。浅野氏が実施した慶長六年の検地時の石高が明らかなものを表2-8で示した。このうち名草・伊都郡の夙村三か村（すべて紀州藩領）に関しては、史料上鎌倉・室町時代から存在を確認することができる（第一章2節「奈良坂・清水坂両宿非人の抗争」参照）。

夙村の主な生業は農業であったが、伊都郡上夙村の場合、村内に平田が少なく、近世初期の生活は大変苦しい状況であったようである。しかし、街道沿いにあることを活かした商売や膏薬の製造販売、行商などの出稼ぎによって村外の耕作田を買得し、耕地を拡大していったという（森栗茂一「境界集落の渡世—隅田荘真土

表2-8　夙村の石高と人数・家数

郡	村　名	慶長期の石高	天保期	
			石 高	人数（家数）
伊都	（加勢田庄）宿村	181石2斗2升3合	186石3斗8升5合	301（63）
〃	（隅田庄）宿村	179石2斗2升3合	186石8斗3升7合	125（42）
名草	宿村	54石4斗7升2合	60石　2升5合	288（72）
有田	宿村	102石3斗9升	107石1斗6升3合	140（32）
牟婁	（湊村枝郷）敷村	122石	—	—

1. 慶長6年「紀伊州検地高目録」、天保10年『紀伊続風土記』をもとに作成した。
2. 村名は「紀伊州検地高目録」による。

村」）。牟婁郡敷浦の住民は漁業や魚商売に携わっていた（第四章3節「夙村の村況」参照）。また、夙村の人びとは中世以来、神社の祭礼において、先払い・警固の役割を担っていた（第三章5節「祭礼と被差別民」参照）。

『賤者考』には、「（夙を）皆普通の里民より忌みて婚を通ぜず。同火はいむ所忌まざる所ありて何故に忌むといふことを知らず」とあるが、近世後期の大和国では、夙村の人びとが自ら被賤視の解除に向けて行動するようになっていた（吉田栄治郎「近世夙村の被賤視解除の戦略をめぐって」など）。紀伊国の夙村でも、大きな運動には結びつくことはなかったものの、一八世紀末ごろから領主や周辺村落による不当な取り扱いに対抗しようとする動きが散見される。天明の飢饉の時、田辺領では疱瘡（天然痘）が流行し、湊村の志保古松原に避病舎が建てられた。郡奉行は隔離された疱瘡患者の看病を近隣の敷浦に命じたが、敷浦側は「浦方之指支難渋」であるとして拒否した。寛政六年（一七九四）には、神子浜村の百姓の間で発生した水論の最中の「敷浦は下りにて候」という侮蔑的な発言に対し、敷浦の住民が抗議した。この問題は内済でおさまり、夙村を「下り」と呼んで差別する根拠がないことを示す書付を田辺組大庄屋が作成している（『田辺同和史』第一巻179～181頁）。

第三章　藩政の展開と差別の強化

1　被差別民の支配と御用

紀州藩の財政再建と地域社会

宝永二年（一七〇五）九月、徳川吉宗が紀州藩の第五代藩主になったころ、風水害や農作物の不作に加え、婚礼や葬儀、普請への莫大な出費が重なり、藩の財政は窮迫していた。吉宗は紀州藩主在任中の一二年間に、新田開発や用水路の整備によって農業生産力の向上をさせることで年貢収納の増加を図った。家臣団に対しても厳しい倹約を強制し、藩財政の立て直しを実現したが、享保の飢饉以降再び藩財政は悪化した。寛政期（一七八九〜一八〇一）には第一〇代藩主治宝（はるとみ）が、藩財政の再建の基礎を年貢増収に置いた藩政改革を展開し、大庄屋の機能を活用して農民支配を強化していった。一八世紀後半になると、産業や流通の発展により、橋本のほか、粉河・黒江・湯浅・御坊が在町として発展した。紀ノ川流域や海岸地帯の農村部では、木綿や菜種、甘蔗（かんしょ）などの商品作物の栽培や加工業による在方商業が発展し、農村構造に変化がもたらされた。明和年間（一七六四〜七二）以降、小前層が成長し、大前層（大商人）と対立が生じるようになった。文化三年（一八〇六）の改革で、藩は領内外の商品流通の要衝に御仕入方役所を設置し、諸産物の流通への介入を試みたが、役所とかかわりを持つ大庄屋・庄屋や在方商人と、地域の住民との間で利害の対立が生じる要素をはらんでおり、藩の経済政策を妨げていた。

宝永四年（一七〇七）一〇月の宝永の大地震では、紀伊国内の海岸沿いの村々が津波の被害を受けた。享保一八年（一七三三）の春には、中国・西国・南海道が飢饉に見舞われ（享保の飢饉）、『徳川実記』によれば、九六万九九〇〇人が餓死したとされる。紀州藩でも御救米などの対策がとられたが、多くの餓死者が発生し、和歌山城下でも乞食がおびただしく増えた。明和～天明年間（一七六四～八九）は旱魃や風水害、冷害などの自然災害による凶作が続き、紀伊国も大きな打撃を受けた。天明二年から七年まで続いた異常気象は天明の飢饉をもたらし、米価が高騰した。天明六、七年には田辺や和歌山、粉河で窮民による打ちこわしが発生し、藩の役人や一部の町方・在方の役人、町方の特権的な米の仲買商人などが攻撃された。高野山寺領でも、年貢減免などを求めてたびたび百姓が金剛峯寺に強訴し、とりわけ安永五年（一七七六）の百姓一揆は大規模なものであった（『史料編前近代1』Ⅲ-二-110）。本章では、このような社会状況の中で、かわた身分をはじめとする被差別民が果たした役割や、くらしの様子について確認する。

紀州本藩の刑事政策と牢番頭

紀州藩の吟味筋に牢番頭とその配下たちが果たした役割は極めて大きく、その一連の過程の中で、現時点において彼らの明確な関与が史料上確認しえないのは、刑罰決定のみであると言っても過言ではない。

凶作・飢饉により城下へ流入滞留する乞食・非人の取り締まりを契機に、一七世紀後半ごろに始まったと考えられる「町廻り」（城下および周辺の村々などの巡回）は、その後、治安警備や火事対応あるいは情報収集などその目的は多様化したが、犯罪容疑者の捜索・捕縛（召捕り）もこれらのうちに含まれた。この町廻りは町奉行所の命により、牢番頭仲間や非人村長吏などが中心となって昼夜遂行されたが、時に彼らの活動範囲は紀州藩領を越え、ほぼ近畿一円（摂津・河内・和泉・大和・山城・近江など）にも及んだ。こうした広域にわたる探索や容疑者の身柄の確保の際には、彼ら被差別民の有する日常的連携（ネットワーク）が活用された。

召捕られた容疑者は、通常はまず今福溜（吹上非人村に設置された野非人収容施設で、一八世紀末以前には「囲」と称した）に拘置され、そこで頭らによる下調べが行われた。必要に応じ町奉行所に申請の上、手沓（拘束具）が打たれることもあった。有宿者の場合には町預けなどの処置がとられることが多かったようである。ここでの容疑者の供述内容は録取され上申の後、町奉行所役人が溜に赴き吟味を行って入牢の要否を決定した。

城下の牢は少なくとも一七世紀半ば以降、城の南東の一画に約二〇〇坪余りの敷地を有して設置されていたことが古絵図などから確認しうる。牢は町奉行所が管轄しており、頭仲間の居住する岡島村とも近接していた。

入牢した容疑者は以後、本格的な吟味（取り調べ）を受けることになるが、この段階においても頭たちが中心的な役割を担い、口頭による尋問で自白が得られない場合には、牢の敷地内にある拷問場で拷問を行って自白を強要した。「紀州藩牢番頭家文書」中には、彼らの実施した拷問として「ひし木」「木馬」「詰牢」などが記されている。このような精神的・身体的尋問技巧を駆使して得られた容疑者の供述は口書（自白書）にまとめられた。この口書をもとに藩役所は刑罰決定を行ったと考えられるが、その過程については現時点では詳らかにしえない。

また、溜や牢に拘留中の容疑者の衣食や健康については、原則として牢番頭の管理下にあり、病気などの際には療治も行った。頭仲間の牢番役は当初一人詰めであったが、一八世紀に入ると牢舎人の増加に伴い、昼夜二人詰め体制となった。牢屋の日常的業務（牢舎人の食事の世話、医療補助、吟味の際の入出牢、拷問の手伝い、牢内外の清掃など）は、岡島村民から選ばれた常番（一八世紀前半以降は昼夜三人ずつ）が「村役」として担ったが、牢屋人足確保のため、加番を村民に別途課すことがすでに一八世紀以前から常態化していた。城下の有宿者が入牢した場合、頭はその所属町村から「水銭」と称する世話料を徴収するのが原則であり、常番の給銀はこの「水銭」および村惣中から支給された。他方、加番は無給であり、村民の大きな負担として訴願の原因のひとつともなった。

なお、藩内の郡部に設けられた数か所の牢は郡奉行の管轄下にあり、牢番頭ではなく、近在の皮田が牢番を務めた。

紀州藩の刑罰体系

さて、ここで紀州藩の刑罰体系につき、簡単に述べておくことにしよう。一九世紀初頭の成立と推定される同藩の藩法「国律」は、公事方御定書と中国律の双方の影響を受けたものとして知られている。律に特徴的な刑罰である「笞」・「杖」（棒での打撃刑）や「徒」（労役刑）は、その執行後の社会への復帰を意図した刑罰であり、幕府が享保年間に導入し公事方御定書にも盛り込まれた「敲」（打撃刑）も同様の意図を有したものと考えられるが、紀州藩は「国律」制定後も「笞」「杖」「徒」のいずれをも採用しなかった（したがって、紀州藩の「牢」は、後述の「牢廏」という刑罰を除き、刑罰執行の場ではなく、未決拘留の場であったことに留意する必要がある)。

「紀州藩牢番頭家文書」からうかがわれる「国律」制定以前の刑罰体系は、生命刑(死刑・斬罪・獄門・火炙・はつけ)および追放刑(町払・御城下追放・御国追放など)がその中心を占めており、この傾向は「国律」制定後も大きく変化することはなかった。たとえば「国律」に規定された庶民に対する生命刑は、「死罪・斬罪・斬罪梟首・火罪・磔」と刑名は変化こそすれ、その内実は同様であったし、追放刑も「居町追払・御城下追放(町払)・五里外追放・七里外追放・十里外追放・十五里外追放・二十里外追放・在郷へ遣し押込被置(牢廏)」と御構場所(立入禁止区域)の細分化により刑種は増えたが、依然として刑罰体系の中心を占めた(ただし、「~里外追放」の導入は享保期〈一七一六~三六〉と推測され、それは領外追放を抑制する幕府の政策を反映したものであったと考えられる)。『南紀徳川史』は「追放に処せらるゝ者最も多く刑の統計に於て数の八九に居るは追放なり」と記している(『南紀徳川史』第一七冊1035頁)。なお、「牢廏」は「国律」によれば、調略・殺人・放火などの「疑罪」(嫌疑はあるが自白がない)や乱心者の殺人に対して科すこととされたが、牢を執行の場とするいわば終身禁錮のような刑罰であったと考えられ、今日の懲役刑とはその性質を異にするものであった。また、幕府や他藩と同様、刑種によっては執行前の引廻し(市中から刑場までの行列行進)、執行の公開、執行後の晒(さらし)なども行われ、一般予防的性格(犯罪続発の抑止に重点を置く)が強く表出していた。

刑吏としての牢番頭たち

右のような各種の生命刑・追放刑の執行にも、牢番頭仲間とその配下たちは刑吏として密接にかかわった。たとえば生命刑の場合、事前に役所から準備命令が下ると、城下の各種職人への連絡と、彼らが拠出・製作する材料・刑具（たとえば竹木・縄・俵・金物・桶・馬など）の確保、藩役所への刑場設置建材の申請、引廻し時の各種装置や刑具の拝借、引廻し行列通行経路の配慮、刑場設営などを行うのは、頭らとその下で人足として働く多数の小前（岡島村民）たちであった。処刑当日の引廻しや刑場周辺の警備、刑の執行、遺体処理や撤収作業なども彼らに実働が命じられた。

他方、追放刑への頭たちの関与はやや限定的であった。彼らが直接執行しうるのは牢舎無宿・皮田とされ、城下町人などの執行の際は町奉行所役人が担当した。ただし、主に盗犯に対し、付加刑として腕に入墨を施す場合（入墨も上記「～里外追放」とほぼ同時期に導入された）には、頭の指揮下でこれを行った。被追放者は役所で追放を申し渡された後、無宿・皮田であれば、頭・非人改・人足（岡島村民）らが所定の放し場所まで移送の上追放した。有宿の城下町人の場合、多くは町会所が追放の出発点となった。これらは双方ともに「見干し」「見干しもの」などと呼ばれ、前者は「立帰り」（領内や御構場所への再侵入および再犯）への警戒、後者は所属共同体（町）からの排除の確認等にその主たる目的があったとも考えられるが、その実態についてはさらなる関連史料の発掘が俟（ま）たれる。なお、町会所で行われる「見干し」には通常、頭らも立ち会い、被追放者の容貌風体を確認記憶した。

上記のような牢番頭らの吟味筋に関する経験や高い技能は、紀州藩にとって極めて重要なものであったと考

表3-1　牢番頭仲間の主な出張先

年　月	出張先	目　的	出　典
元禄 8（1695）7月	名草郡　川辺村	打首	288頁
元禄12（1699）2月	那賀郡　重行村	斬罪	2・288頁
〃　7月	※川上・土田	斬罪	9・288頁
元禄13（1700）12月	日高郡　薗村	仕置	43頁
元禄15（1702）10月	那賀郡　中三谷村	斬罪	76・288頁
〃　6月	日高郡　小松原村	斬罪	9・105・288・435頁
〃　12月	日高郡　印南村	斬罪	105・288頁
宝永元（1704）12月	那賀郡　九品村	打首	288頁
〃	名草郡　田井村	打首	288頁
〃	越前国	御吟味もの	115頁
宝永 7（1710）2月	名草郡　山口之牢	拷問・ひしき	154頁
〃　7月	名草郡　山口牢	拷問	169頁
正徳 4（1714）3月	那賀郡　粉川	仕置	281頁
正徳 5（1715）2月	名草郡　本渡り之牢	咎人斬罪（実際は地獄谷で処刑）	311頁
正徳 6（1716）2月	那賀郡　名手ノ川原	御ためし者	365頁
〃　3月	海士郡　木ノ本ノ牢	吟味の立合い	371頁
享保 6（1721）閏7月	あら川より橋本辺迄	欠落者の探索・召捕り	420頁
享保 8（1723）10月	名草郡　川辺之牢	入牢者の引き取り	428頁
享保 9（1724）6月	伊勢国　紀州藩松坂領	拷問につき松坂領の「ささら」の手伝い	434頁
享保16（1731）	伊勢国　山田	御用ニ付	454頁
元文元（1736）11月	海士郡　木ノ本村牢	入墨	550頁
元文 2（1737）4月	日高郡　長芝之牢	入墨	561頁
〃　6月	荒川より大和・泉州迄	贋銀作り兵右衛門を箕面・勝尾寺で召捕り	565頁
元文 5（1740）10月	名草郡　本渡村牢	入墨之御用	638頁
寛延 2（1749）2月	那賀郡　釈迦堂村牢	入墨	693頁
〃　7月	那賀郡　粉川之牢	斬罪	703頁

1.『城下町警察日記』をもとに作成した。出典は同史料集の頁数を示す。
2. ※は紀州藩大和領。

えられ、「紀州藩牢番頭家文書」には尋問・科刑業務での郡部への頻繁な出張は無論のこと、大和・勢州（飛び地）や遠く越前（藩主男子による新たな立藩地）への出張—技術指導を含む—記事が散見される（表3－1参照）。

これらの諸業務に対する頭やその配下の得分としては、処刑場の建材、在方での業務時における支配役所からの鳥目支給、頭らが捕縛し後に死罪となった者の所持品、入牢者で死罪受刑者の所持品、追放刑に処せられた巾着切（きんちゃくきり）（スリ）の所持品・盗金などがあった。他方、人足として頻繁かつ多数駆り出される小前には、村役として無賃での労働提供が課された。たとえば、一八世紀半ばの作成と考えられる「村中之者共年々無代ニて相務申候御用筋役儀之覚」と題する史料（「紀州藩牢番頭家文書」）には、無宿者追放一人につき人足三人、吟味者番人足昼夜七人、斬罪者一人につき人足三四人、火炙一人につき人足六〇人、磔一人につき人足四〇人、獄門一人につき人足五人、晒者一人につき三日の人足計一〇四人、鋸引一人につき人足一九六人、牢屋加番人足一か年におよそ五〇〇人余り、城下火災時には村民が残らず牢屋に詰める、などと記されている。

岡島村の村法

近世の成文法としての村法は、領主が制定・下達し遵守を命ずる領主法と、村が自ら制定した村法とに大別しうる。このうち紀州藩における前者については、たとえば正保二年（一六四五）および延宝五年（一六七七）に出された「定書」などがよく知られているが、領内郡部において、一七世紀以前にまでさかのぼりうるまとまった形での皮田村の村法を、現時点においてはいまだ見出せていない。それは若干の例外を除き、郡部の大半の皮田村がいまだ小規模であり、一村として独立していなかったことにも関連があると考えられる。

しかし、一七世紀末に全人口がすでに一〇〇〇人を超え、城下に隣接して諸役を負担した岡島村では、元禄一三年（一七〇〇）に町奉行所より、全一一か条からなる「村之法度」が下達された（『日記』28～29頁、『生活』第三章12）。ここには法度の遵守・火の用心・大酒の禁止など一般の村法にも典型的な箇条以外に、火災の際の牢への駆けつけ・牢番の精勤・非人無断抱えの禁止、牛馬犬猫屠畜売買の禁止・芸能時の服装規制・施物貰時の強欲禁止・犬猫皮売買の規制など、当時の村人たちの役負担や各種生業に関する箇条が見られる。

一八世紀中における同村の村法は、現時点において天明八年（一七八八）および寛政一一年（一七九九）のものが知られる（『生活』第三章10・11）が、これらは元禄期の箇条をより詳細かつ具体化するとともに、雪駄直（せった）しや頼母子（たのもし）・講に関する箇条など、新たな業態や金融に関する規制が追加されており、当時の村の状況の変化をよく表している。

田辺領の身分統制

一方、田辺領では一八世紀中ごろから大指出帳における皮田と鉢坊の別記など、身分統制の強化が進みつつあったが、安永期にはかわた身分に対し、郡奉行所から独自に身分統制令とも言うべき一連の規制が出された（『田辺同和史』第三巻81、86～87頁）。その初出と考えられる安永三年（一七七四）の統制令は、博打・締め牛（屠畜）の禁止、服装の質素化といった単純なものであったが、二年後の安永五年のそれはこれに加え、坊主・牢人・胡乱者（うろんもの）の逗留禁止、嫁入りの夜分限定、皮田村内への寺院建立禁止、鉄砲所持禁止、馬の特別な取り扱いなどが加わり、より生活全般への規制強化が図られた。また、安永七年に幕府が出した著名な身分統制令も、田辺領内に通達されその徹底が命じられている。

掃除頭の地位確立と仲間法度

第二章2節「掃除頭としての出発」で述べたように、頭は掃除頭として皮田村々からの掃除役米の徴収権を「てこ」に支配を伸張させていったが、その過程で「皮田仲間法度」とも言うべきものを作成し、その遵守を誓約させたと考えられている。前述、宝暦六年（一七五六）の差出帳（『生活』第一章30・31）中に見られる「定置法度目録之次第」と題するものがそれであり、慶長一四年（一六〇九）―すなわち浅野期―に、皮田村々年寄が会合の上定めたと記されるこの規約（全三条）は、

・「上様御役儀之物」（掃除役米と考えられる）の甚介（前出又五郎の倅=掃除頭）への納入励行と、未納時の罪科（刑罰）による強制
・掃除役米負担（=百姓役免除）に関する皮田村内部における紛争の、年寄（各村内部の指導層）による解決
・右紛争解決不能時の甚介（掃除頭）への届出と、談合による解決
・右紛争に関する頭を飛び越えての公儀（浅野氏）への提訴（越訴）の禁止と、当該法度違反を根拠とした処罰による強制
・百姓村落からの老牛馬引き取りの厳禁と、違反者の甚介への届出と処罰

などから構成されていた。中世以来皮田村々が有した自律性を、領主の刑罰権を背景に頭へと吸収・集中することを通じ、新たな秩序の下にかわた身分を編成することを企図した規定とも評価しえよう。ただし、宝暦時の提出にあたり、当時の頭らはこの「法度」に関して「(制定時には)国中の皮田頭に命じられたので、皮田の支配や紛争への介入の必要から、この規定を作成し遵守を誓約させたが、その後は御用繁忙のためか、我々頭が吟味することはなく、現在では村々からの申し出も行われていない」との注釈を付している。また、前述(第二章2節「仕官と村移転―「城付かわた村」の成立」参照)の制定当時の掃除頭による支配の脆弱さも考え合わせるならば、その効力についてはなお慎重な検討が必要であろう。

仲間法式と定書

さて、一七世紀末ごろには皮革の需要が全国的に増大し、死牛馬処理のみではこれを満たしきれず、締め牛(屠畜)が盛行するほどの状況が生じた。藩は年貢確保の観点からこれを禁じたが、さらに実効性を担保するため、元禄一〇年(一六九七)に本藩領内の口六郡全皮田村に対し四か条(締め牛厳禁・不要牛馬所持の禁止・病牛馬の療治・博労轆皮商売の管理)からなる規定を示し、各村の百姓数・牛馬数を申告させた上で、これを遵守する旨の誓約をさせた(『生活』第二章1)。この作業(各皮田村の巡回と誓約署名の集約)は当時城の掃除役を負担し、掃除頭の地位を確立していた岡島村牢番頭に命じられた。しかし、その効果がいまだ不十分と考えた藩(勘定)奉行所は、二年後に弘西村の(穢多)又兵衛に命じ、再度各皮田村を巡回させ、より詳細かつ徹底した締め牛などの禁止規定（一八か条）を示してこれに誓約させている（「穢多仲間申合定書」『生活』第二章2・3）。藩政改革の一環として元禄期に行われたこれらの措置は、蠟皮・博労などの統制と同時に、営業仲間（「穢多仲間」）の成立・育成を容認することをも意味していた。

締方体制

右に述べたように、一七世紀末時点においてもなお岡島村牢番頭は、本藩領内皮田村の代表としての地位を確立していたわけではなかった。しかし、やがて彼らは、株仲間を通じた皮革流通の統制を行うことにより、郡中皮田村々に対する影響力を強めていく。その獲得の過程や時期については現時点では詳らかにしえないが、一八世紀末の皮田博労・蠟皮商人の手形発行をすでに頭が行っていることから、おそらく一八世紀半ばから後半期ごろと推測されよう。また、一八世紀末から一九世紀前半にかけての史料には、「締方役人」「締方役所」という文言が散見されるようになるが、この「締方役人」は勘定奉行所により牢番頭頭取―頭取の成立自体は一七世紀末と考えられる―から任命された。一九世紀初めにはこの「締方」（＝牢番頭頭取）が毎年各郡中を巡回し、「定書」を読み聞かせた上で誓約署名を取って廻る体制が確立した。このほか「締方」は、「改役」（かわた身分で郡ごとに任免され、各郡の博労・蠟皮商人らを管理し、手形発行を「締方」に仲介するとともに、その巡回時には同行する。藩から手当が支給された）の実質的任免、手形の発行（皮革売買・博労の許可）、皮革や草場をめぐる紛争の縺（もつ）れの調停・裁定、なども行った。

この時期の定書（『生活』第二章5・22など）には、先の元禄一二年定書を踏襲・具体化詳細化した箇条（営業統制）に加え、皮田村々に対する政道（犯罪・治安および身分に関する統制）に関する箇条が追加されており、「かわた村々締方」という側面がより顕著に表れているのが特徴と言える（もっとも元禄一二年定書にも、博打禁止、博打・盗人宿の禁止、浪人抱置・追放人宿貸しの禁止など、治安に関する箇条はすでに存在し、その端緒は見られた）。藤本清二郎はこのような営業と政道両面を含んだ支配体制を「締方体制」と呼び、前述の一七世紀末をその端緒、一八世紀後半～末をその確立期と捉えた上で、これが町奉行所ではなく勘定奉行所による領内郡方支配であることに着目している。後述する郡部への牢番頭の警察業務拡大とも関連付ける必要があろう。

ただしこの「締方」は営業許可にとどまり、皮革集荷は既存の自由売買に委ねられたことから、天保期以降、他国商人や紀ノ川筋皮田村々により、新たな集荷体制の構築がたびたび試みられるとともに、慶応三年（一八六七）には藩直轄の「革方御用所」が設置された（藤本清二郎「一九世紀、紀州藩のかわた村々締方臘皮締方体制」、同『近世身分社会の仲間構造』127～152頁）。

2　田辺領・高野山寺領の被差別民支配

田辺領の皮田頭

田辺領では正徳五年（一七一五）、切目組・南部組・芳養組・田辺組・富田組に各一か所、朝来組に二か所、計七か所に皮田が居所を構えていた（『田辺同和史』第三巻24～25頁）。元禄一〇年（一六九七）の「穢多仲間法式につき申渡覚」（『生活』第二章1）の末尾に記されている「田辺領穢多村覚」によれば、これら七か所の皮田村の肝煎一人ずつが、各村の人数を岡島村牢番頭の二人に報告しているものの、田辺領のかわた身分の者全体を統括する皮田頭はいなかった。岡島村の牢番頭に宛てて田辺領の皮田村々が人数を書き上げているということは、田辺領の皮田頭が存立していない一七世紀末ごろには、本藩領口六郡の皮田と同じように、田辺領の皮田が岡島村牢番頭の支配を受け容れる可能性もあったことを示しているのではなかろうか。

ところが、正徳五年三月、願書や帳面等の提出期限を決めた定には、「御裏判手形穢多共へ被下銀、極月十五日内可指出」という条項が記されている（『田辺同和史』第三巻24頁）。芝英一が指摘するように、この「穢多共へ被下銀」とは皮田頭給銀のことであり、皮田頭給制度の存在は、田辺領独自の皮田頭の制度がこの時期には成立していたことを示している（芝英一「田辺領における皮田頭の行刑罰裁量権について」）。毎年一二月に勝手方役所から支給される皮田頭給銀は、皮田頭が「御領分廻穢多相改申為雑用為下置」かれたものであった(『史料編前近代2』Ⅱ-四-41)。

寛政三年(一七九一)の記録によれば、皮田頭の任務は、毎年一月・七月・一二月の三度、酒乱・盗賊・博打・締め牛などの御法度を背かぬよう触れ流すため、田辺領内の皮田村々を巡察して肝煎に法令遵守を申し付けることである。このように皮田頭の統制を受ける皮田村の肝煎は、所持高に応じて給米が下され、五人組の組頭を配下に置いていた(『田辺同和史』第三巻110頁)。その後、文政五年(一八二二)までに、皮田頭の領内巡廻は年四回に増えていた(『史料編前近代2』Ⅱ-四-7)。つまり、皮田村の人びとは、領主支配の行政機構(大庄屋—庄屋—肝煎—組頭)と、かわた身分固有の身分支配機構(皮田頭—肝煎—組頭)という、二重の支配—被支配の関係に組み込まれていたのである(芝英一「近世田辺領における穢多頭の制度とその展開」)。

皮田頭による身分支配の一環として、領内の皮田が法令を逸脱した場合に独自の過料を課すことは、安永二年(一七七三)一二月に認められた。切目組西ノ地村の皮田が博打に手を染めたので、皮田頭の勘左衛門が出向いて吟味をし、さらに「ゑた仲間」も同村皮田に挨拶として一札を作成させ、皮田頭の独自の裁量に基づき、過料として杭木五荷ずつを西ノ谷村へ運ばせた。この杭木は、西ノ谷村の皮田村で破損箇所が発生した時に修復の助成にすると、皮田頭の勘左衛門は説明している(『紀州田辺万代記』第五巻216頁)。

三年後の安永五年七月、南部組芝村の皮田がみだらな行為をしたと、皮田頭の勘左衛門が西ノ谷村の庄屋に申し出たところ、皮田頭の取り計らいによって処理するよう申し付けられた。そこへ詫び人の仲介があったので、皮田頭は過料として銀一枚を申し付けて解決した、と庄屋にその銀を差し出した。しかしながら、過料とは領主が課すものであって、その徴収の根拠を知らない皮田頭が取り立てるのはいかがなものかと、庄屋は銀一枚を預かり置くよう皮田頭に申し聞かせ、田辺組の大庄屋に事情を申告した。そこで、大庄屋は郡奉行に伺ったところ、皮田がみだらなことをした時には、相互扶助のために集める催合銀を申し付けたいと、皮田頭が書付によって願い出るよう指示されている（『史料編前近代2』Ⅱ-五-14）。

過料銀の名目は催合銀に変更されたが、心得違いの者が皮田にいる時、皮田頭はその罪状に応じて催合銀を徴収し、領主役所に差し出すことなく朝来村皮田肝煎の源次郎へ預け置くよう申し付けられた（『田辺同和史』第三巻81頁）。もっとも、皮田には禁止されていた締め牛や博労が露見した場合、皮田頭による催合銀徴収では済まされることなく、当該の皮田は領外追放に処せられた（芝英一「田辺領における皮田頭の行刑罰裁量権について」）。

田辺領政下の身分序列

人別改と一体のものとして毎年実施される紀州藩の宗門改は、数え年八歳以上の者が対象とされており、これは田辺領においても同様であった。田辺組の宗門改については、大庄屋を務めていた田所家が明治二年（一八六九）にまとめた「諸事覚帳」に詳細に記されている（『田辺同和史』第三巻362～366頁）。その実態は、以下のようなものであった。

改めの村順は、①二月三日…湊村・敷村・神子浜村、②同四日…伊作田三か村（下・谷・荒光）・糸田村・西ノ谷村、③同五日…新庄村、④同六日…瀬戸村・鉛山村、であり、改めの場所は、庄屋宅または寺院であった。西ノ谷村の庄屋宅で二月四日に行われる改めは、一番…西ノ谷村と同村枝郷の古町、二番…同村枝郷の目

図3-1　宗門改の席図（田所家文書「諸事覚帳」）

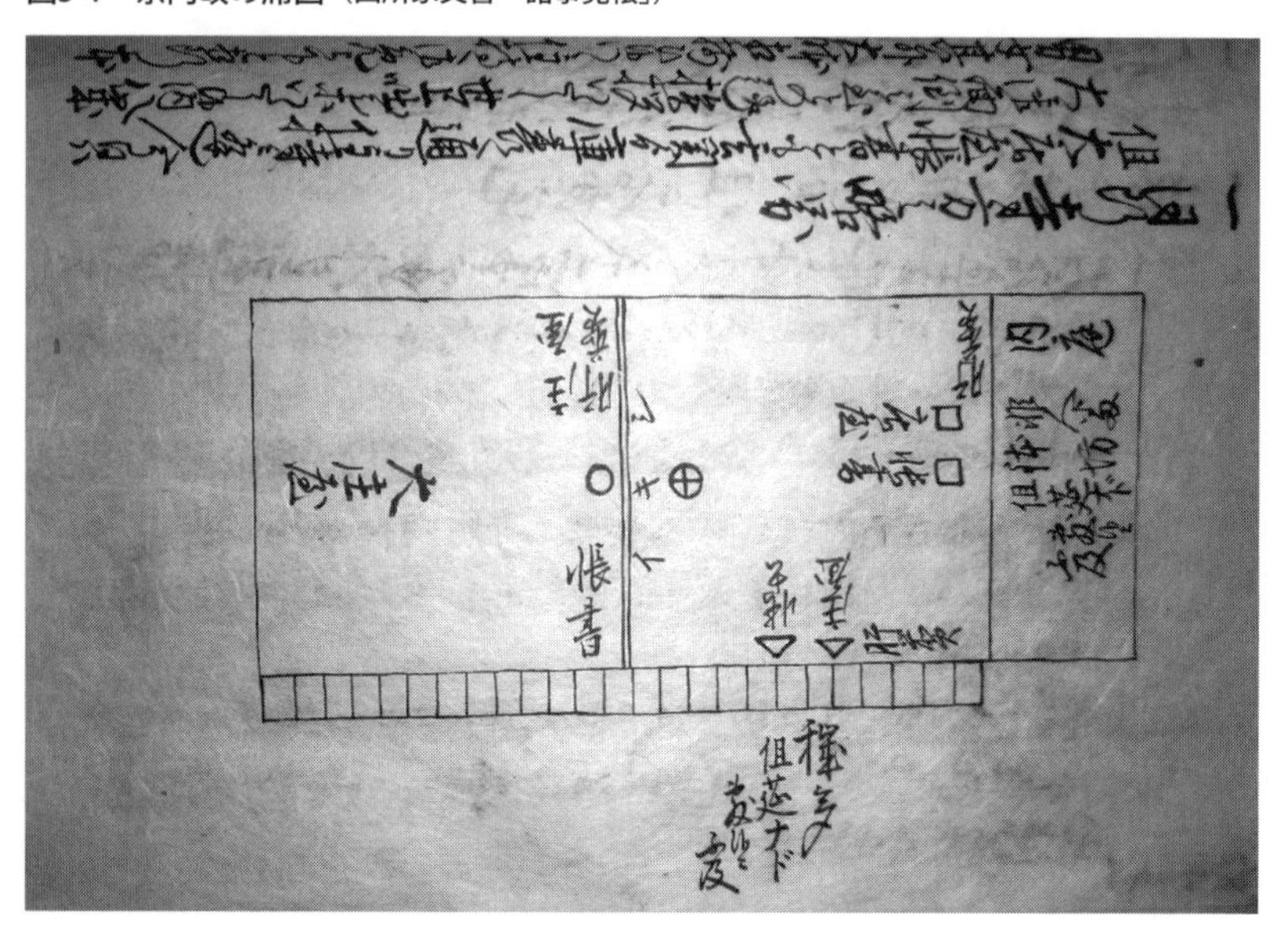

良、三番…鉢坊、四番…皮田、という順番が決められていた。

誓紙を読み聞かされ、宗門帳に押印する改めの席は、身分や格式によって細かく決められていた。

敷居を挟んで内側の一段高いところで改めを受けるのは、庄屋・肝煎や大庄屋が支配する帯刀人、苗字を名乗ることが許された医師・神主などであり、それぞれが実印を押した。ただし、敷居の内へ入ることができる神主は、湊村の蟻通宮（ありとおしのみや）神主など三人に限られ、町人や百姓で社守をしている者は、平百姓と同じく敷居をまたぐことはできなかった。次に、敷居の外で改めを受けるのは、①組頭、②百姓株筋の者、③その他一統、という順番が決められた平百姓であり、先年からは輪切りにした竹に墨をつけて押していた。以上のように、部屋の中で宗門改を受けることができるのは、平人である。夙は、法制上は百姓と同一の扱いを受けていたから、夙村である湊村枝郷の敷村の人びとは、同村の浄土真宗覚照寺の座敷で改めを受けた。

部屋の中で宗門改を受けることは許されないという、領主権力による意図的差別を強いられたのが、田辺領において制度的に賤民に位置づけられていた非人番・鉢坊・皮田である。このうち、非人番と鉢坊は、玄関をくぐることはできたが、草履を脱いで部屋へ上ることは認められず、内庭（土間）の中で部屋への上り口へ手をつき判を押した。また、皮田は、内庭へ入ることさえも認められず、椽(えん)先の外庭で這いつくばって判を押した。非人番・鉢坊・皮田が入るところには莚(むしろ)が敷かれることはなく、冷たい土の上で改めが行われている。非人についての規定がないのは、田辺組では非人が宗門改の対象になっていなかったからであろう。

毎年二月に実施される宗門改は、身分制に基づく待遇の序列を田辺領内の人びとへ定期的に広く刷り込ませるものであった。この時背負わされた被差別民の心の傷、とりわけ皮田が被った屈辱がいかばかりのものであったのか、想像に難くない。

田辺領の非人番と惣廻り

田辺領の史料の中で、非人番が初めて記載されるのは元禄八年（一六九五）であった（『史料編前近代2』Ⅲ-一-14）。この年の一二月八日、領内に多数来ている乞食には不審者も混じっているので、番太に身元調査をするよう命じられ、田辺の町方と江川浦では長次郎が改めた、というのである。すなわち、田辺町方の非人番（番太）を長次郎が務めていたことがわかる。また、田辺領における在方非人番についての初出史料は、享保一二年（一七二七）一一月、田辺城の浜屋敷の下で乞食が病死していたが、同所は湊村が支配していたので、その遺体は湊村の番太が片付けた、という記録である（『史料編前近代2』Ⅲ-一-15）。

非人改や行き倒れ乞食の片付け（土葬）のほか、非人番が担っていた役務には、盗賊の捕縛（『史料編前近代2』Ⅲ-一-16）、捨子の一時的養育（『田辺同和史』第三巻31頁）、田辺祭での巡回警護（同60頁）、非人狩（同104頁）などがあった。天明六年（一七八六）五月、役屋敷での入牢者の吟味の際に皮田の縄では緩めたり縮めたりはできないと秋津の番太が上申していること（『史料編前近代2』Ⅱ-四-9）や、安政三年（一八五六）四月、捕者召捕えに皮田が加勢する時には十手（じって）の房の色で皮田と見分けがつくよう非人番が願っていること（『田辺同和史』第三巻274頁）に象徴されるように、田辺領のかわた身分と非人番との間には、支配—被支配の関係はなかった。

非人番の居宅は、町方非人番の場合、町はずれにあたる秋津道の田地を町方が預かって番太の家を建てていたが、元文六年（一七四一）、紺屋町西端の荒田へ新たに家を建てて転居させている（『田辺同和史』第三巻33頁）。しかしながら、この場所は風当たりが強く浸水しやすかったので、安永七年（一七七八）、町番太は紺屋町の町人宅の西側へ屋敷替えを願ったが、町並びに番太の居宅を建てることは認めない、として紺屋町から拒絶された（同89頁）。文化一一年（一八一四）、町方非人番の給米一石八斗は城下町田辺を構成する八町が分担するとともに、非人番は毎月晦日と五節句には町と江川浦の家々を廻って米麦銭などを集める勧進を行っていた（同171頁）。また、在方非人番の場合、西ノ谷村の番太は寛政一三年（一八〇一）、升形の脇へ家屋の建築を願い出たが、目立つ場所であるという理由で郡奉行所はこの願いを却下している（『史料編前近代2』Ⅲ-一-39）。

居宅の普請に掛かる費用は、当該の非人番を抱えている町や村が負担した。天保一四年（一八四三）に建替えられた神子浜村非人番の居宅と雪隠には二二四匁九分八厘の経費が生じたので、神子浜村・新庄村・湊村が六四匁二分八厘ずつ、湊村枝郷の敷村が三二匁一分四厘を負担している（『史料編前近代2』Ⅲ‐一‐44）。

このような田辺領の在方非人番を統括する惣廻りは、宝暦一一年（一七六一）に設置された（芝英一「近世田辺領における身分制度と非人番（番太）」）。この時創設された惣廻りに就任したのは二人であり、彼らは田辺領役所の盗賊改方から職務上の支配を受けていた。この二人制では不備があると認識されたのか、翌宝暦一二年三月二八日には、貞享三年（一六八六）に設置された本藩領口六郡と同じように、大庄屋組ごとに大廻り（惣廻り）を配置するよう領内の大庄屋に内示されている。この時調査した田辺領の在方平番太の人数は二六人であり、在方の総村数九五（天保九年「田辺領郡村名書上帳」、『田辺市史』第五巻284頁）に対する非人番の設置率は二七・四％であった。ところが、四月一〇日には組ごとの設置は断念され、これまでの通り、田辺領の惣廻りは二人制で再出発している（『田辺同和史』第三巻54頁）。

二人の惣廻りは、会津（あいづ）川を境にして在方を二分し、東方惣廻りと西方惣廻りとしてその職掌を分担した（芝前掲論文）。その区域は、三栖（みす）・朝来・三番・富田の四組と、田辺組のうち湊・神子浜・新庄の三か村が東方に、芳養・秋津・南部・上ケ知南部・切目の五組と、田辺組のうち西ノ谷・糸田・伊作田の三か村が西方に、それぞれ分かれている。さらに、安永年間（一七七二～八一）には、東西の惣廻りを補佐する役職として、小頭が東西に一人ずつ設けられた（『史料編前近代2』Ⅲ‐一‐6）。それぞれの給米は、惣廻りが八斗、小頭が四斗と決められている。また、職務を全うできていない惣廻りが、役職を取り上げられて平非人番に降格することもあった（『史料編前近代2』Ⅲ - 一 - 7）。

このような在方の惣廻り・小頭とその配下の非人番を全体として指揮する者として、天明元年（一七八一）六月一六日、町番太の源六を領内惣触頭にするよう盗賊改方役人から願いが出された（『史料編前近代2』Ⅲ - 一 - 4）。この願書は聞き入れられ、翌一七日には郡奉行から大庄屋に宛てて非人番触頭の設置を通知しているが（『紀州田辺万代記』第六巻421頁）、領内惣触頭が常置されることはなかったようである。

のちに、享和二年（一八〇二）五月、田辺領では番太の呼称を非人番に改める通達が出された（『田辺同和史』第三巻132頁）。ただし、明和四年（一七六七）に田辺領の郡奉行から大庄屋に宛てて行倒者の片付けに非人番を動員するよう命じており（『史料編前近代2』Ⅲ - 一 - 19）、文化六年（一八〇九）には西ノ谷村で行き倒れた「癩病」の男を番太が土葬していることから（『田辺同和史』第三巻161頁）、番太と非人番の呼称は長期間並存していたことがわかる。したがって、番太から非人番への改称令を、領主権力による身分制の再編強化の動向とする説は成立しない。

なお、新宮領にも非人番はいた。その淵源は明らかでないが、安永二年（一七七三）の「佐野組大指出帳」（『新宮市史』史料編上巻298頁）によれば、佐野組六か村に非人番小屋が三軒建っていた。また、同年の「北山組大指出帳」（『和歌山県史』近世史料五16頁）には、大沼村に非人番小屋が一軒建っており、その小屋は北山組の七か村全体で掛け持ちしている、と記されている。本藩領の奥熊野にも非人番はおり、明和五年、奥熊野の非人番四人が盗賊を追いかけて田辺の町非人番へ尋ねにきている（『史料編前近代2』Ⅲ - 一 - 20）。

高野山寺領の刑事政策

二万石余の寺領を有し、全国からの参詣者が頻繁に訪れる高野山では、犯罪も少なからず発生してその対応に追われた。紀伊国内にありながら「自分仕置」（自領内で完結する刑事事件の捜査・事実認定・刑罰決定・科刑の自律的実施）を認められていた高野山は、独自かつ自前の組織や手続き—もちろんそこには紀州藩の影響も看取されるが—を整備してこれに対処した。

『史料編前近代1』収録の「金剛峯寺日並記」などからうかがう限り、各種事件の捜査に際して中心的に実働したのは堂守（世事法師のうち庵室留主居を命じられた者）であった。彼らは定期的あるいは臨時に開催される御集議（山内有力寺院による合議）の指示を適宜仰ぎつつ、谷之者や山之堂などを使役して各種職務を遂行した。堂守は必要に応じ、手形発給の上領外隣国にまで派遣され、捜査にあたることもあった。また、寺領内農村での捜査や吟味には、紀州藩と同様、村役人や惣廻り、非人番なども随時参加・協力した（『史料編前近代1』Ⅲ-二-102）。

召捕られた被疑者の吟味（取り調べ）も、幕府や藩のそれと同様、口書（自白の録取）の作成に重点が置かれた。尋問も堂守や谷之者（たにのもの）・山之堂らが主に担ったが、その過程においては拷問が頻繁かつ比較的安易に命じられ、実施された。その方法は紀州藩とは異なり、通常は「水責」であったが、時に「釣り責」が行われることもあった（『史料編前近代1』Ⅲ-二-101・102）。

高野山の地理的条件や巡礼地としての特殊性などから、一件が他領他支配へまたがることも多く、「掛合」「往復」（書面による交渉）が頻繁に行われた。また、同じ高野山領内であっても、学侶・行人・修理領間にまたがる場合には、やはり煩雑な「掛合」を要した点は複雑な支配関係を反映していると言えよう。録取された口書や堂守らによる進捗状況の報告をもとに、さらなる吟味の方向性は「御寄」「御集議」などと称する合議によって決定され、必要に応じ差紙による関係者の召喚（登山）なども行われた。こうした報告と合議の反復により機が熟すると、刑罰も同じく集議により決定された。

刑種の詳細やその時期的変遷、あるいは犯罪との対応関係などについては、現時点では判然とはしないが、高野山の刑罰はおおむね生命刑・追放刑・罰金刑（過料）・軟禁刑（閉戸）・名誉刑（叱り）などから構成されていた。前述の紀州藩と同様、一般予防的性格が強い刑罰体系であった。

生命刑については、「万丈倒（ばんじょうごかし）」（断崖からの突き落とし）、「掘埋」（生き埋め）という特徴的な二種を確認し得る。これらは「死」という語を忌避するため、「不帰様ニ追放」「極楽へ遣」「永ク不立帰様仕置」「奥院へ永追放」などと表現されたが、こうした特殊な執行方法には前近世的性格も看取しえよう（『史料編前近代1』Ⅲ-二-108など）。

追放刑にも「所追放」「居村追払」「寺領追放」など、いくつか軽重による種別を確認しうるが、寺領追放には「片鬢剃り」「髪を剃墨を入」など付加刑が科される場合があった（『史料編前近代1』Ⅲ-二-98・99）。

これら生命刑や追放刑の執行前には、しばしば紙幟を立てた「引回し」が実施されるとともに、追放刑の執行後には寺家・寺領に回文による周知も行われた。これらの執行にも堂守（山役人）・谷之者・山之堂などが中心的な役割を担ったが、寺領住民の処刑の際には彼らが現地へ派遣されて執行にあたることもあった。

処刑終了後には堂守から報告が行われ、捜査・吟味・科刑などを中心的に担った谷之者・山之堂などに対し、各種の名目（番料・縄取料・谷埋料・殺害料など）で手当が支給された（『史料編高野山文書』Ⅱ‐二‐59、『史料編前近代1』Ⅲ‐二‐49・100）。

高野山寺領の被差別民

高野山寺領には二か所の皮田村があり、紀州藩領と寺領の境界付近に位置する皮田村も存在した。高野山内におけるさまざまな規定を定めた正徳四年（一七一四）一〇月の「山林法度条々」には、「穢多共にわらじ売買の札拾枚許すべきの事」という規定が見える（『日本林制史資料』第二三巻16～20頁）。寺領内または周辺地域の皮田村の人びとが、山内で参詣客などを相手に草鞋を販売する権利を有していたのであろう。なお、高野山に近い伊都郡端場村（紀州藩領）の住民は、山上への荷物輸送業に携わっており、日常的に山内に出入りしていたと考えられる（『和歌山県同和運動史』史料編43頁、渡辺広『未解放部落の史的研究』349頁）。

高野山内や寺領のできごとを記録した「金剛峯寺日並記」にもしばしば皮田に関する記載が見られる。一八世紀半ばごろ、寺領慈尊院村の神主が、明神の祭礼に紀州藩領の「穢多」が入り込まないように対策してほしいと高野山に訴えている。かわた身分への生活規制を示す事例であろう（本章4節「紀伊国における生活・風俗規制と被差別民をめぐる状況」参照）。

文化八年（一八一一）七月、高野山寺領から「盗賊山伏」が追放され、残していった荷物（古着、銭、米のほか「袈裟　壱ツ」「輪袈裟　壱ツ」「小キ観音様」「観音経本　七冊」など）が伊都郡久木村に預けられた。三年後、村役人が領主の高野山学侶方に対し、預っていた荷物を村内の地蔵寺に下げ渡してほしい旨を願い出たが、高野山側は「不浄物」なので非人番か「穢多」に与えるのが筋であるとして、地蔵寺への下げ渡しは却下され、荷物は非人番へ下げ渡されることになった（『史料編前近代1』Ⅲ‐二‐8）。また、山内での普請中、紀州藩領岸上村の皮田（大工であろうか）が金堂の道具を使用したことに問題があるとして、取り調べるよう指示を出している。これらの事例から、寺院＝浄、皮田＝不浄としていた構図を見て取ることができる（『史料編前近代1』Ⅲ‐二‐11）。

山之堂は、山内への入り口にある女人堂の傍らに設けられた小屋に常駐し、女人堂に滞在する女性参詣者の世話などをしていた僧体・俗体の人びとを指す。『紀伊続風土記』高野山之部は山之堂を「山奴」の名称で紹介しており、「山上の非人番」を職掌としていたと説明している。「金剛峯寺日並記」の記事からも、寺家の用心番や盗賊などを寺領追放する際の付添い、非人の追い払いなど、村方の非人番の役務と共通する役務を担っていたことが確認できる。先にあげた「山林法度条々」によれば、山之堂は登山口一か所につき二人ずつ配置され（登山者が多い一心院・西院口には三人ずつ）、宗門手形は年預坊に提出していた。江戸時代の高野山は、寺院や参詣者からの施与などを目当てに多くの非人（野非人）の集まる場所でもあり、山之堂は毎月三日・一〇日・二三日に職務として「非人改払」を行っていた。そのほか、山内で見つかった死鹿の片付けも山之堂に命じられることがあった。なお、山之堂は寺領農村の惣廻り・非人番との間に人的なつながりがあったと想定されている（『史料編前近代1』Ⅲ‐二‐42、『高野町史』史料編239頁）。

紀州藩領では「皮田非人番」の存在が確認できるが（『史料編前近代2』Ⅱ‐五‐1）、安政三年（一八五六）、一心院の山之堂がかわた身分出身であるという風聞が流れた時には、事実かどうか確認している。かわた身分の人びとが山之堂になることはなかったようである（『史料編前近代1』Ⅲ-二-12）。

奥院の入り口付近の東谷と呼ばれる一画に居住していた谷之者（第二章2節「近世高野山寺領の成立と民衆支配」参照）は、奥院の骨堂の掃除や墓石の守護・修復を役負担として担っていた。骨堂の掃除は二、三年に一度、閏月がある年に行われ、骨堂に納骨された骨や歯を浚い、破損個所を修理した。納骨時に一緒に納められた銭（骨銭）は、慣習として谷之者が取得することが認められており、取得した銭は谷之者の居所にあった釈迦堂や集落内の道・橋、柴門の修繕、御用向きの諸道具や川浚いなどの経費に充てられた。享保一七年（一七三二）八月に骨堂を掃除した際には、銭六〇貫三三八文、銀小玉一二粒が得られたという記録が残っている（『史料編前近代1』Ⅲ-二-46）。

骨銭はいったん勧学院の宝蔵に納められたのち谷之者に下付されたが、滞ったり、額が少なかったりすることもあった。宝永七年（一七一〇）の骨堂掃除では三七貫文の骨銭が集まったにもかかわらず、谷之者への下付が滞ったため、正徳二年（一七一二）二月に銀六枚の上納と引き換えに骨銭の下付を願い出ている（『史料編高野山文書』Ⅲ-二-75）。谷之者は骨銭取得の正当性を主張する論理構造の中で、骨銭のことを「穢銭」や「骨之中よりさらへ出し申候穢銭」と表現している。死穢と深くかかわる銭を掠め取るな、という抗議の意味が込められているとともに、谷之者が穢れの観念を受容していることも示している。

ただし、谷之者は骨堂掃除そのものを穢れた役務として卑下していたのではない。骨銭を要求する谷之者の主張からは、自らを専門的な技能を有する「銘々道之者」であると自負し、その技能を発揮する骨堂掃除などに対して「穢銭」が給付されるのは当然である、という誇りに満ちた職業観を見ることができる。

慶長七年（一六〇二）七月の掟書により、山内の寺院で葬礼が行われた時は谷之者に料物が下付されるという決まりがあったが、後年葬礼に際して谷之者に何も与えられない事態に立ち至った。これに対して谷之者は、掟書に「器物持来可申事」とあることを持ち出し、葬儀を出した寺院が賄い物（米、酒、味噌、醤油など）を下行するように求めている。別器という習俗的差別を成文化した条項を逆手にとって、賄い物を取得する権利を主張するレトリックの構築に成功したと言えるだろう。また、谷之者の役務のひとつである犯罪者の捕縛や行刑にかかわる縄料の減少が命じられた際にも、役務に対する給付を保障するものとして慶長七年の掟書を持ち出している。谷之者は自らの権益を守る術として慶長七年の掟書を最大限活用したが、その代償として別器のような差別慣行を受け容れていたことも見逃せない事実であろう（藤井寿一「高野山『谷之者』の身分意識」）。

高野山の女人禁制

高野山では、開山以来女人禁制が守られ、江戸時代には高野山上への登拝口に「此内へ女人入へからす」と書かれた棟杭が立てられていた（『史料編前近代1』Ⅲ‐二‐93）。通常、男性の参詣者は山内の宿坊に宿泊したが、女性の参詣者は女人堂に宿泊し、そこから先に立ち入ることはできなかった。女人堂は七か所の登拝口（高野七口）に設けられており、女性は各女人堂を結ぶ女人道をたどって、轆轤（ろくろ）峠から山内の堂塔を遥拝した（『紀伊国名所図会』）。女人堂がいつごろ建てられたかは不明であるが、天正年間には「女人ノノボル所」があったことが確認できる（『史料編前近代1』Ⅱ‐一‐59）。

女人堂の滞在者の世話は山之堂がすることになっており（『紀伊続風土記』高野山之部）、男性の参詣者が死亡した場合は山内やその周辺に埋葬されたが、女性参詣者の場合は「女人堂之下之墓所」に埋葬された（『史料編前近代1』Ⅲ-二-89）。

明治五年（一八七二）三月に神社仏閣地の女人禁制の廃止を命じた太政官布告が出されるまで、高野山の女人禁制が制度的に解除されることはなかったが、現実には山内や奥院に女性参詣者が立ち入ることがあり、しばしば問題となっていた（『史料編前近代1』Ⅲ-二-87）。

道心僧などが密かに女性の入山を手引きすることもあったとされる（水原堯栄『女性と高野山』113〜122頁、日野西眞定「高野山の女人禁制に関する史料とその解説(一)」）。享保一九年（一七三四）三月二一日の弘法大師九〇〇回御忌には、特別に一日だけ女性も山内に入ることができるという風聞が大坂市中などで流れたようで、大坂南坊（生國魂神社の別当寺、真言宗）の境内や、高野山のふもとの慈尊院村に女人禁制を指示する制札が立てられた（『史料編前近代1』Ⅲ-二-88）。一〇〇〇年後の天保四年（一八三三）の御忌の時にも、寺領内の村々に同様の制札が立てられた（『史料編前近代1』Ⅲ-二-92、『野上町誌』口絵）。延享二年（一七四五）六月に奥院の弘法大師御廟の上棟が行われた際にも、「女人大勢登山」しようとしたために、山之堂に登拝口で押し止めるように命じている（『史料編前近代1』Ⅲ-二-90）。

3　皮田村の発展と生業構造

岡島村の住民構成

和歌山城下に隣接した岡島村は、城内・領主に対する御用への奉公を目的として整備された「城付かわた村」であり、政治的・経済的に都市的性格を有していた。岡島村の住民は、村政を担う特権的な階層である牢番頭仲間・庄屋・肝煎（役人層）と小前層に分かれており、牢番頭仲間と小前層は組子関係にあった。また、家持層と借家層という経済的な関係も存在した。江戸時代を通じて岡島村の人口は増加する傾向にあり、最末期には人口三〇〇〇人余り、家数は五〇〇軒余りとなっていた（第四章4節「皮田村の人口動態」参照）。人口の増加に伴って、村内の畑地は屋敷地へ転用され、村の景観は近世初期・前期に比べて大きく変化した。

村の中心には領主から拝領した屋敷地（年貢免許地）があり、牢番頭仲間や「十一人之穢多仲間」と称された「在所之者」（当初の住民）が居住していた。当初の免許地の面積は平均七五坪であったが、近世後期には屋敷地の細分化、密集化が強まる傾向にあり、一〇～二〇坪程度へ小規模化したと推測されている。牢番頭仲間は、地主として免許地・年貢地の土地を家持住民に貸し、屋敷地年貢（借地料）を徴収した。家持住民は小規模な借地に貸家を建てて借家人に貸与していた（藤本清二郎『近世身分社会の仲間構造』338頁）。

天明期（一七八一～八九）には家持層一七七戸に対し借家層は一一一一戸で、住民の四割近くを借屋層が占めていた。宗門改の際、牢番頭は家持層と借屋層を区別しており、岡島村の借屋層は吹上非人村の家持非人と同格に扱われていた。岡島村から町内へ乞食稼ぎに出ていたのは借屋層と見られ、実態において非人身分と大差がなかったものと考えられている（藤本前掲書263頁）。

岡島村の元文五年村方騒動

牢番役をはじめとするさまざまな役負担に小前層を手下として動員する必要から、岡島村の村政は頭仲間と組頭仲間で構成される村役人層に掌握されていた。正徳四年（一七一四）八月に牢番頭仲間の平兵衛が岡島村の庄屋に就任したが、一八世紀半ばになると、役負担をめぐって岡島村の役人層と小前層の対立が激化し、享保二〇年（一七三五）には小前三七人が役人層の不法を会所に訴えるという村方騒動に発展した。元文五年（一七四〇）一二月に出されたこの訴訟の裁許状によれば、小前側は、（A）村運営の費用・労働負担、（B）村内の諸営業仲間の統制・管理、（C）役負担に発する費用・労働と頭仲間の不正、（D）村役人と小前の私的関係に発する問題について、役人層の不法を一七か条にわたって訴えた（『生活』第三章19）。

（A）は、岡島村の運営にかかわる役人層の不正を訴えたものである。村入用の徴収に不明朗な点があることや、村人足を庄屋拝領地の葭刈りに使役することのほか、追放された頭仲間の立ち帰りを役人層が見逃していることなどを不正としている。（B）は、村の芸能者（祭文・謡・狂言師）、雪駄直し、猫皮買仲間、酒小売の営業仲間などの村民の生業にかかわる仲間に多額の運上や付加的貢納が課され、迷惑であるという訴えである。（C）は、町奉行管轄下の牢番頭の下で牢番役を賦課されていた岡島村の本質的な性格にかかわる問題である。岡島村の村民は、藩の公務である役人足（火の用心番や入牢者抱番、牢普請の人足など）の費用・労働を負担していたが、ここでは賃金の不払いや負担の増加、頭仲間による不正が問題とされている。

元文五年の村方騒動は、小前層が堂々と上位者である役人層の行為を「徒党」「非道」と批判し、全面対決となった点が注目されるが、審理の結果、小前層の訴えは「証拠無し」としてほぼ全面的に退けられた。頭取二人は追放、三五人には科料が課され、結果として小前層が抑え込まれることになった（藤本前掲書294～314頁）。

皮田高の引き分け

名草郡本渡村内の皮田は、もとは日方組岡田村から六人で移住してきたが、「御検地御入遊ばされ候節」には高四二石、家数一二軒に増えた。その後本村の潰百姓（年貢未進や負債の累積により破産した百姓）の田畑を買い求めるなどして、安永八年（一七七九）には田畑高一五〇石余、家数六七軒まで増加した。享保一五年（一七三〇）に本渡村皮田は本村からの分離を郡奉行に訴願して否定されたが、安永八年に大庄屋を通じて郡奉行に再び分村を願い出た（『史料編前近代2』Ⅳ-一-2）。紀州藩領内では享保～宝暦期（一七一六～六四）にかけて、少なくとも四つの皮田村が本村から皮田高を引き分けたことが確認できる（表3-2）。本渡村皮田はこれらの「古例」を根拠として皮田高の引き分け（皮田村の分村化・独立化）を主張したのである。

本村の百姓は、一五〇石余の所持高を抱える皮田百姓が分離しては立ち行かない状態になるとして反対した。結局分村は認められなかったが、大庄屋の内済により、大庄屋直支配の皮田庄屋を置くことが認められ、

表3-2　皮田高引き分けの事例

年　代	村　名	皮田の所持高
①享保2（1717）	広瀬皮田村（岡島村）	
②享保14（1729）	那賀郡・大垣内村皮田	106石3斗4升3合
③宝暦8（1758）	名草郡・鳴神村皮田	
④　〃	名草郡・上野村皮田	
⑤安永8（1779）	名草郡・本渡村皮田	150石余
⑥天明7（1787）	名草郡・弘西村皮田	215石5升5合1勺
⑦弘化元、2頃(1844·5)	伊都郡・佐野村皮田	272石8斗3合8升

①～⑤＝『史料編前近代2』Ⅳ－一－2、⑥＝渡辺広『未解放部落の形成と展開』、⑦＝『かつらぎ町史』近世史料編をもとに作成した。

年貢などの取り立ては本村役人と皮田庄屋が立ち会いで実施することになった。

ところが皮田側は翌年再び分村を願い出た。この訴願も天明元年（一七八一）に郡奉行によって却下されたが、その後も分村をめぐる紛争は複雑な経過をたどった。皮田側にも本村による支配を願う層があり、本村側にも村役人層に批判的な者がいて、「平人百姓」と「皮田百姓」の対立といった単純な図式では括りきれない紛争であった。

天明七～八年に至り、訴願は新たな段階に入った。それまでの妥協的・融和的な解決から、上級役所による正式な「裁許（判決）」に向けた方針転換がなされたと推測される。ただし、訴願の結果が判明する史料が見つかっておらず、分村願の可否や関係者の処分・処罰に関しては明らかではない。

本渡村で皮田高の引き分けが問題となっていたころ、名草郡弘西（ひろにし）村では皮田高の引き分けが認められ、本村と皮田村との間で皮田支配の年貢高などを確認する印形帳が作成された（渡辺広『未解放部落の形成と展開』310～319頁）。少し時代は下るが、伊都郡佐野（さや）村でも、弘化元、二年（一八四四、五）ごろに皮田が本村からの高引き分けを要求し、許可された。一九世紀後半には佐野村の本郷と枝郷（皮田村）の所持高比がほぼ二対一となっており、近世初期に比べて皮田の土地所持が進展していたことがわかる（『かつらぎ町史』通史編883～884頁）。

皮田の出作と移住

周辺村落への出作や、新田開発、荒廃田の復旧のために動員され、そのまま定住した皮田によって形成された皮田村も存在する。寛政七年（一七九五）、潰百姓が多く、田地の耕作に難渋していた杭ノ瀬村に入作した岡島村の皮田が定住して「岡島出村」が形成された。杭ノ瀬村が属した宮郷一帯は日前宮の氏子であったが、「岡島出村」の住民は「不浄の者共当宮氏下へ入込み居住致し候儀神慮恐れ入り申し候」として、日前宮の氏子から除外されていた（『官幣大社日前神宮国懸神宮本紀大略』）。

田畑を耕作するためには、用水や肥料、牛馬の飼料となる柴草を採取するための入会地を確保する必要があった。日高郡下志賀村の皮田は早くから農業に従事していたが、志賀五か村が共有する三河谷山への入会の権利からは排除されていた。近世中期以降、皮田の家数が増加するにつれて、柴草の需要も増加し、入会地を利用できないまま農業を営むことは困難な状況となっていた。明和三年（一七六六）の春ごろ、下志賀村皮田は三河谷山への入会を要求して代官所に出訴したが、結局認められなかった。約四〇年後の享和四年（一八〇四）二月、下志賀村の皮田三人が近隣の高家村川向の荒地を借り受けて耕作したいと願い出た。高家村は「往古より当村には不浄之者之なき事を幸い」としてきたとして皮田の出稼ぎに難色を示したが、最終的には、皮田側が子々孫々まで①高家・池田村の入会地の柴草を刈り取らないこと、②草刈りは指定された場所で行うこと、③のちのち高持となっても諸事控えめにして本村に対して無礼のないようにすることを厳守するという条件で高家村への出稼ぎが認められた（『日高郡誌』下巻1348頁、中西かつみ「皮田と土地―御坊周辺についての雑考」）。

享和元年三月には、田辺領の西ノ谷村皮田が下三栖（しもみす）村への出作を願い出ており、許可されている。下三栖村は元来人手不足で耕作がままならず、荒田・無主田が多くなり、過分の年貢未進を抱え難渋していたので、「穢多共六人」に、下三栖村百姓の失株（うせかぶ）（無主田）にあたる「三町四五反、高五拾石余」を耕作させることにした。ところが、三年が経過したところで再び年貢未進の状態に陥り、西ノ谷村皮田は出作の中止を願い出た。中止の理由について、西ノ谷村皮田の口上書には「指支出来」とあるだけで、詳しい事情はわからない（『田辺同和史』第三巻128、142、193頁）。

幕末の安政六年（一八五九）には、海士郡横浜浦から山間部の日高郡東村に移住した皮田と東村の百姓の間で用水をめぐる争論が発生している（『史料編前近代2』Ⅱ‐五‐9・10）。東村皮田のような山間部の皮田は、近世中期以降に荒廃田の再開発や農作物を荒らす猪・鹿などの獣類を駆除するために動員され、そのまま定住したものが多いと考えられている。

高野山寺領では、文化元年（一八〇四）六月、領主の高野山金剛峯寺が那賀郡猿川庄の荒廃田を復旧させるために調月（つかつき）村皮田の入作を指示している。入作の時期や移住する皮田も決まっていたが、直前に猿川庄側が「穢多村内へ差し置き候儀は難渋の趣」であるとして調月村皮田の入作に反対し、この計画は頓挫した（『史料編前近代1』Ⅲ‐二‐7）。

出作や移住だけでなく、皮田の居住地拡大に伴う周辺村落との紛争も見られた。伊都郡平沼田村（高野山寺領）では、村内の皮田の人数が増え、隣の寺尾村の人家に近いところまで皮田の住居が建つようになったが、寺尾村がこのことを不服として、文化一三年に高野山の総分役所に訴えた。平沼田・寺尾両村が示談した結果、平沼田村皮田が家を建てられる範囲が限定されることになった（『かつらぎ町史』近世史料編84〜85頁、同通史編877〜878頁）。

一九世紀前半の事例ではあるが、皮田が所持する土地を平人が買得しようとした事例も確認できる（『史料編前近代2』Ⅱ‐五‐4）。近世中期以降、皮田村の人びとは農業や土地取引などを通じてそれまで以上に村の外部とかかわっていくようになるが、その一方でかわた身分の人びとに対する規制や、平人の百姓・町人の差別意識も強まりつつあった（本章4節参照）。

皮田村と災害

伊都郡岸上村は、農業を生業の中心とする皮田村で、江戸時代を通じて村高はほぼ四〇〇石を維持していた。周辺の村落に比べて田方よりも畑方の割合が高く、田方は上々田・上田が多数を占めていた。耕地の中心部分は紀ノ川の氾濫原にあり、肥沃ではあったが、つねに洪水の被害を受ける恐れがあり、不安定な耕作条件の下で農業生産が行われていた（藤本清二郎『近世身分社会の仲間構造』28頁）。

和歌川右岸の岡島村も、たびたび風水害の被害を受けた。正徳四年（一七一四）八月の「百年来に覚えずと申大風」によって発生した「津浪」（台風などによって発生する暴風津波と考えられる）が和歌山城下を襲い、岡島村にも水が流れ込んだ。村内は五、六尺（約一五〇～一八〇センチ）も浸水し、一二八軒が全半壊し、六二七人が被災した。そのほとんどは無高の者であったという（『日記』297頁）。

嘉永元年（一八四八）八月一二日には大風雨による「前代未聞之大水」のため岡島村では床上まで浸水し、村民は寺院や高台に避難した。翌日には水が引き始め、避難していた人びとは皆一四日には村に帰った。被害は諸道具の流出や家屋・田畑への損害だけでなく、人命も失われた。被災後、牢番頭たちは、御救米の給付に加え、牢屋常番・加番、御用人足などの役負担に差し支えがあっても許容してほしいと役所に願い出ている。当時の牢番頭の日記には、「今後、洪水が発生した場合は、諸道具は残らず蔵の二階へ上げ、錠をおろすこと。小遣銭と夜具少々を抱え、車坂へ逃げること。早々に手回しして身体に水難が及ばないようにすること。また食物などに不自由しないようにすること。敷物を持ち運ぶことがあっても、家にはそれぞれ錠をおろすこと」と書き残されている（『日記』800頁）。

水害や旱天がもたらす凶作・飢饉も皮田村の生活に深刻な影響を及ぼした。城下などに物乞いに出ることもあったが、天保の飢饉時には、天保八年（一八三七）の弘西村皮田（『紀伊続風土記』によれば家数四六軒、人数一七一人）の死亡者のうち、三三人が病死人として記録されている。また、万延二年（一八六一）の「極難渋共御救米御下人別印形帳」には弘西村皮田として四八人の名前が見える。弘西村皮田は農業を中心としていたが、所持地が狭小で、小作地が多く、飢饉の影響が深刻であったと考えられる（渡辺広『未解放部落の形成と展開』306、321頁）。ほぼ同じ時期、日高郡薗浦では米価の高騰に加え、村内の皮田に疫病が流行したことから、庄屋らが困窮者への御救米の給付を願い出ている（『史料編前近代2』Ⅱ-五-50）。

地震が多く、周囲を海に囲まれた紀伊国は、江戸時代にも数度にわたって地震や津波に襲われた。宝永四年（一七〇七）一〇月四日に発生した宝永の大地震は津波による被害が大きく、田辺領の沿岸地域では多大な被害が発生した。田辺の町方では、津波による流失が一六四軒、潰家が一三八軒、大破した家が一一九軒、死者二四人という被害が出た。田辺領の西ノ谷村では皮田の家屋六軒と牛屋二軒が津波で流され、敷村では潰家一六軒、流失二〇軒、死者一人という被害が出た（『史料編前近代2』Ⅱ-五-51）。

嘉永七年（＝安政元年〈一八五四〉）一一月四、五日に発生した安政の大地震と津波による紀州藩領全体の被害は、津波により荒廃した田畑一六万八〇〇〇石余り、焼失・流失・潰家二万六六〇八軒、流死者六九九人に及び、大小の船や炭・材木・板が大量に流失した（『和歌山県誌』第二巻758～760頁）。西ノ谷村の本村は津波による流失の被害を受けなかったが、鉢坊分四軒、皮田分三軒が流失した（『田辺同和史』第一巻290頁）。西ノ谷村皮田の大半は農業と日稼ぎで生計を立てていたが、作付けした麦畑や備蓄していた麦・芋が津波で流されて生活基盤が破壊され、住民は出稼ぎに出ざるをえなくなった。地震後の地盤沈下により浜辺に居住することも困難となり、翌年四月に防波堤の築造とそのための扶持方米を願い出ている（『田辺同和史』第一巻290～291頁）。本藩領では、「稲むらの火」で知られる有田郡広村近辺の皮田村が津波の被害を受けた記録が残っている（『史料編前近代2』Ⅱ-五-54）。

紀伊国における皮革の生産・加工

紀伊国では、南北朝期に日高郡矢田庄で正平革が生産されていたことが確認できるが（新井白石「本朝軍器考」巻九）、近世前・中期の皮革生産については不明な点が多い。しかし、ほかの地域と同様、牛馬を解体し、原革・鞣皮（なめしがわ）に加工する仕事はかわた身分の人びとが担っていたことは明らかである。

江戸時代、生きた牛馬を屠畜する締め牛は禁止されており、皮革の原材料となったのは死牛馬が中心であった。貞享二年（一六八五）の生類憐みの令以降はいっそう締め牛への規制が厳しくなり、発覚した場合は厳重に処罰された（『日記』804頁）。延享二年（一七四五）二月、郡奉行が田辺領の村々に示達した落牛（死牛）の処理手続きによれば、落牛を最寄りの皮田に無償で引き渡す際は、締め牛ではないことを証明するために、庄屋が落牛の所有者の名前と落命した年月日、引渡先の皮田の名前を記した書付を作成する必要があった（『田辺同和史』第三巻39頁、『史料編前近代2』Ⅰ‐三‐2）。このような手続きが必要とされたのは、一七世紀末ごろから皮革の需要増大による締め牛や「忍びさばき」が増加したことによる。元禄期（一六八八〜一七〇四）には全国的に牛馬統制が強化されるようになるが、紀伊国内でも繰り返し締め牛の禁止が申し渡された（『史料編前近代2』Ⅱ‐三‐5〜7）。

岡島村では近世初期から皮鞣しが行われていた。牛皮だけではなく、特殊な需要と考えられる犬皮や三味線に使用する猫皮も生産されていた。岡島村で生産された原皮は村内で雪駄などの皮製品に加工された。

雪駄は底に皮が張られた履物で、高価であったため、底革や鼻緒を取り換えて履いた。岡島村では一七世紀末に雪駄直し仲間が形成されており、和歌山城下を廻って雪駄の修理を請け負っていた（『生活』第三章12）。正徳三年（一七一三）に作成されたと推測される「差上申一札之事」によれば、岡島村の雪駄直しを取り締まるために五人組が定められ、合計七七人の雪駄直しが署名している（『生活』第四章31、藤本清二郎『近世身分社会の仲間構造』361頁)。在方の皮田村でも作間稼ぎに草履作りや雪駄直しが行われており、名草郡平井村、岩橋（いわせ）村、那賀郡名手近辺の皮田も雪駄直しに携わっていた(『生活』第四章30、『史料編前近代1』Ⅲ-二-4)。

田辺領の場合は、朝来・富田両組の皮田が得た生革は、西ノ谷村の皮田頭のもとに集められた。享保一〇年(一七二五)六月、朝来・富田両組の皮田が西ノ谷村へ生革を運搬する際、田辺城下の町人町を通り抜けることが禁止され、城下町の外周を迂回する「穢多道」を通行するように指示されている(『史料編前近代2』Ⅱ-三-1、『田辺同和史』第一巻93頁)。

「十寸穂（ますほ）の薄」(『南紀徳川史』第一一冊637、648頁)には、日高・牟婁郡の産物として熊皮、獣皮があげられているが、猪や鹿、熊などの野生動物の解体・皮加工も皮田が担っていた。日高川中流域の山村地域では、一七～一八世紀初頭に海士郡横浜浦や有田郡湯浅村から移住してきた皮田が猟師から猪・鹿を買い取り、皮剝ぎを行っていた(前田正明「諸獣類取捌きとかわた身分」、同「近世後期、紀州における皮革生産・流通の特質」)。毛皮だけでなく、内臓や油も利用され、田辺領では西ノ谷村の皮田が山中で捕獲された熊を解体し、油を採取している(『史料編前近代2』Ⅱ-三-4)。皮田が自ら狩猟も行うこともあり、牟婁郡では「穢多金八」が捕獲した熊を売買していた事例が確認できる(「奥熊野志第二」『南紀徳川史』第一一冊419頁)。このほか、持ち主不明の捨牛馬や死牛馬の処理も皮田が担っていた(『史料編前近代2』Ⅱ-四-36～38、五-8、『田辺同和史』第三巻11頁)。

天明期の皮座争論

紀州藩では藩財政改善のため、元禄八年（一六九五）から、二代藩主光貞（みつさだ）の下で農政・地方行政の改革が進められた。元禄一〇年一二月に作成された「穢多仲間法式につき申渡覚」（『生活』第二章1）は、屠畜禁止を主眼とした蠟皮・博労の営業統制改であったが、これは改革の一環である年貢増徴を実現するために、農耕牛馬の確保が必要であったことによるとされる（藤本清二郎『近世身分社会の仲間構造』133頁）。

紀州藩では蠟皮の取り締まりは藩の在方役所にあった締方役所で行われ、口六郡の蠟皮取り締まりは岡島村の牢番頭が管轄し、蠟皮商売は「商人手形」を所持する者に限られていた（『生活』第四章2、本章1節「締方体制」参照）。伊都郡では蠟皮商売は特権的な「座」組織によって独占されており、手形は座中の皮田に限って発行されていた。座と座外（「座」に対し「平」と呼ばれた）の間には経済的な格差に加え、両者の間では日常的な交際や通婚がないといった厳然とした区別が存在していた。

ところが、皮革の需要が拡大し、その経済的価値が高まると、座外の皮田の中には無許可で蠟皮商売を行う者が現れるようになった。このことが原因で、紀北の皮田村では蠟皮商売をめぐって座と座外の対立が生じた事例も見られる。天明三年（一七八三）には伊都郡端場村で、座と座外の者の間で斃牛馬・猪鹿牛馬蠟皮商売・皮細工の権利をめぐる争論が発生した。この争論では、結果として座外の者の「皮商売、皮細工仕度」という願いは許可されなかったが、その後もたびたび座と座外の間で同様の争論が発生した（安藤精一『近世在方商業の研究』27～46頁、渡辺広『未解放部落の史的研究』329～350頁）。

農業経営の状況

ここでは、江戸中期、宝永元年（一七〇四）から寛政一二年（一八〇〇）までの皮田村の農業について述べる。第二章で触れたように江戸前期の多くの皮田村では、農業に積極的に従事しつづけていたが、中期においても同様である。たとえば伊都郡岸上村の村高は、宝暦一一年（一七六一）三九九石五斗一升に新田畑分一石七斗五升が加わっている（藤本清二郎『近世身分社会の仲間構造』29頁表1）。那賀郡井坂皮田村でも、延享元年（一七四四）六月の「田中組大指出帳」には、旧来の村高一九四石八斗九升に加えて新田畑分六石四斗七升五合が記されている。ただし、元禄一〇年（一六九七）、牛五四頭・馬四頭であったものが、牛四四頭、馬〇頭に減少している（『打田町史』第一巻893頁）。

この時期になると、日高郡や田辺領の皮田村の所持高の実態が明らかになってくる。天明三年（一七八三）一一月の「日高郡各村々明細書上」によれば、志賀組下志賀内皮田六〇石、入山組萩原村内皮田一〇石、天田組島村内皮田一〇石、江川組吉田村内皮田一〇石の記載が見られ、それぞれ農地を所持していたことが判明する（『史料編前近代2』Ⅱ-一-5）。

田辺領でも、田辺組の「西ノ谷穢多高」一六石が鍛冶・大工引六七石と並んで記載されている（『田辺同和史』第三巻22頁）。田辺領では、前述のように西ノ谷村の皮田六人が下三栖村への出作を大庄屋田所八郎左衛門に願い出、田所から領主方に伝達し、許可されている（同128頁）。

ところで、皮田村の人びとの中で田畑を抵当にして銀子を受け取る証文が残されているので、皮田村でも実際の土地売買や事実上の売買を通して農民層の階層分化が進行していったものと推量される。たとえば正徳四年（一七一四）四月、那賀郡狩宿村（皮田村）孫市が近村市場村に所持していた「新畑荒場」八畝九歩を抵当にして同村の次右衛門から銀二〇目を借りている（『史料編前近代2』Ⅱ‐二‐2）。宝暦四年（一七五四）一一月には同じく狩宿村の庄吉が新田八畝八歩を市場村の権太郎に銀一貫三二〇匁で売却している（同5）。寛政五年（一七九三）九月、同郡西之芝村の善兵衛が四筆の畑地一反九畝一二歩を抵当にして市場村の源右衛門から銀一貫八〇〇目を借りている（同6）。

なお、享保一二年（一七二七）六月付「小田新井掘継村々用水樋数幷水掛り高大概覚帳」には、那賀郡東国分村皮田および井坂皮田村が隣村と並んで記載されていて、用水の権利（水利権）を有していたことが示されている（『打田町史』第二巻56～67頁）。また、天和四年（一六八四）二月二四日付「名手庄・麻生津庄山論裁許状」によれば、那賀郡狩宿村（皮田村）が名手庄五か村のひとつとして麻生津山に対してほかの四か村とまったく同一の入会権を所持していたことが明らかである（『那賀町史』1018頁）。

4　地域社会の変貌と「賤民」排除

地域社会の変貌と幕府・諸藩の差別法令・風俗規制

江戸中期になってくると、新田開発は頭打ちになるものの、商業的農業が盛んとなり、諸産業もいっそう発達し、貨幣経済も浸透し、大坂周辺地域などでは資本主義的経済もめばえて、幕藩体制の矛盾が顕在化しはじめる。これらに対応するため享保の改革、寛政の改革が行われたが、もはや幕藩体制を立て直すことはできなかった。しかも、この時期には、享保の飢饉（一七三二年）、天明の飢饉（一七八三〜四年）などもあって、社会は大きく変貌を遂げていく。

天和三年（一六八三）九月、豊浦藩（とよら）（現在の山口県域の一部を支配）がかわた身分の人びとの服装を木綿に限るという服装規制を出したのをはじめとして、以降、各藩では皮田身分の風俗規制・差別法令を発している。幕府も、享保五年（一七二〇）に皮田の人びとが納める年貢米は「穢れたる物」ということで金納化を命じた（ただし、これは二年後撤回）。安永七年（一七七八）一〇月には、幕府は初めて全国の被差別民を対象とした取締令を発した。

紀伊国における生活・風俗規制と被差別民をめぐる状況

紀州藩では、本章1節で触れられているように元禄一〇年（一六九七）一二月に「穢多仲間法式」について申し渡して、締め牛（屠畜）の禁止を厳しくし、牛馬の扱いに統制を加え、仲間商人が牛の皮と蠟を買う時にはその村の組頭に届けるようにと規制を強めた（『生活』第二章1）。さらにその二年後の同一二年には、「御定書」が示され、いっそう詳細な規制がなされた（同第二章2）。牛馬の扱いや牛馬の蠟皮の扱いに関する規制を中心に、十分の一の芝銭の取り方についての指示や賭け勝負・在家方に対する不作法や喧嘩口論の禁止など細々と規定している。

その翌年の元禄一三年四月にも町奉行から岡島村に対して牛馬の扱いや牛馬の蠟皮の扱いに関する規制のほかにも日常生活にかかわる「御定」を申し渡されている。

日常生活にかかわる、主な条項は次の通りである（『生活』第三章12）。

・大酒飲んで往還で慮外悪口等言ってはいけない。
・芸をし、物貰いに出る時は、頭巾（ずきん）・襟・袖口などに絹を使ってはいけない。脇差（わきざし）をささず、雪駄を履いてはいけない。
・祝儀・法事の際の施し物を貰う時、わがままを言って欲張ってはならない。
・雪駄直したちは、夜までに町より帰るべきである。また、町を往来する時は二人、三人と引き連れてはいけない。村の者は夜に町内に留まっていてはいけない。

天明八年（一七八八）正月、岡島村では、こうした定書を受けて決められた、ほぼ同様の条項を内容とする村定を守るための請合判形帳が作成されている。その中で先の定書にない、日常生活にかかわる、主なものをあげると、次の通りである。

・秋春両度の落穂拾いはよいが、稲穂・麦穂を千切り取るようなことはしてはいけない。
・夏ごろに堤筋で相撲または遊び狂いをするような族は、村役人が見及べばきっと咎を申し付ける。

田辺領でも、正徳二年（一七一二）一二月、諸廻船破船の時には西ノ谷村の皮田は浦村へ立ち回ってはいけないと申し渡している（『田辺同和史』第三巻23頁）。前述のように享保一〇年（一七二五）六月、近年、皮田が田辺の町を生皮を荷って通行しているが、今後は古来よりの「穢多道」を通るように命じられている（『史料編前近代2』Ⅱ-三-1）。延享四年（一七四七）三月には、皮田が蠟皮類を船積みすることを禁止している（同Ⅱ-三-3）。宝暦一二年（一七六二）六月、田辺祭出役の際、皮田の裃着用を禁止している（『田辺同和史』第三巻55頁）。安永三年（一七七四）一二月、かねてから禁止している博打・締め牛をしているという風聞があるが、そのような行為があれば、厳しく処罰する、衣類などもみだりになってきているので、慎むべきである、との仰せがあり、庄屋より「ゑた頭」へ申し伝え、領内の皮田に周知するように申し渡した（同82頁）。

高野山寺領においても、たとえば元文二年（一七三七）一〇月、慈尊院明神社祭礼の時に皮田が徘徊するのは「気毒（きのどく）」（困ること、迷惑）なので、止めるように藩領大庄屋に依頼している。その三年後には、慈尊院神主が祭礼の折に皮田が神前に入り込み、中門にまで出て「散銭（賽銭）」を拾い、「神前を穢し」難儀しているので、皮田が「乱入」しないよう評定の上、使僧を下してほしいと、金剛峯寺へ願い出ている（『史料編前近代1』Ⅲ‐二‐1・2）。

藩領でも寺領でも、前述のようにかわた身分の人びとへの生活・風俗規制が強まってきたのは、社会の変貌によって身分秩序が弛緩してきたことに対する、領主側の身分引き締め政策の一環であったと考えられるが、かわた身分の人びとたちの活発な経済活動や社会行動が目立つようになり、それに対する百姓・町人たちの不平不満も反映していると見られる。いずれにせよ、こうした領主側の政策が、地域社会での差別意識を強める作用を及ぼしたに違いない。

天明五年一月、胡乱者の皮田二人が縄をかけられ町番太へ預けられたが、町方番人足も相詰めて火が入り乱れるので、二人の皮田の飯は西ノ谷村皮田より炊き出し、糞尿の世話も西ノ谷村の皮田が出てきてすべきであると達した（『田辺同和史』第三巻96～97頁）。皮田の人を穢れ多いとみて町人との同火を避けて別火とし、糞尿も別にしたのである。この措置なども、当時の地域社会の人びとの差別的な社会意識を反映したものであろう。

5　被差別民の信仰

近世の宗教統制

近世社会は、幕藩権力による宗教統制が積極的に行われた時代である。その中でも特に重要なものが本末制度であろう。本末制度とは、幕府が各宗派の本山に対して、末寺帳の作成、提出を命じることによって本山と末寺の関係を確定させた制度である。紀伊国の本願寺派に属する皮田寺はほとんどが摂津国富田本照寺の末寺となっている。ただし、中本山である摂津国富田本照寺と直接に本末関係が結ばれている場合もあれば、その間に手次寺（本山に下付物等を申請する際に、添状などを発給してくれる寺院）である小本山を持つ事例もあった。つまり本山（本願寺）・中本山（本照寺）・小本山・末寺といった重層的な本末関係が形成されていた。小本山の事例として、『紀伊続風土記』には、名草郡平井村の教願寺・善教寺、口須佐村の正行寺、海士郡木本村の浄福寺が、名草郡上野村の照福寺の末寺であり、同様に、鳴神村の正願寺、那賀郡沖野々村の願成寺、七山村の専念寺は、本渡村の西専寺の末寺であると記されている（『和歌山県同和運動史』通史編15頁）。そのほかにも、名草郡岡島村道場は、由緒書に那賀郡下井坂村蓮乗寺の末寺であったことが記載されているなど、小本山の存在がいくつか確認できる（『生活』第五章3）。

差別的な取り扱いの確立

近世中期は皮田寺に対する差別的な取り扱いが確立していく時期である。その中でも「穢寺帳（えじちょう）」の成立や「五割増」の規定がよく知られている。

浄土真宗と差別を考える上で、「穢寺帳」の存在は欠かせないであろう。「穢寺帳」とは近世本願寺教団が作成した末寺帳のうち、皮田寺・皮田道場のみが別帳として編纂されたものである。全部で六冊の存在が確認されているが、現在の所在は不明であり全容を確認することはできない。紀伊国の皮田寺が記載されている「穢寺帳」も、その存在が確認されている。紀伊国をはじめ、淡路、伊予、讃岐、土佐、播磨、備中、備後、石見、周防、長門、豊前、筑前の一三か国が一冊にまとめられたもので、紀伊国では、三四の寺院・道場が記載されている。そしてそのほとんどが富田本照寺を中本山としている（杉本昭典「本願寺末寺帳『穢寺帳』『穢寺下帳』について（2）」）。

「穢寺帳」の成立時期については、杉本昭典はその記述内容から文政から弘化ごろの江戸後期のことと推測したが、左右田昌幸はもう少し早い寛政四年（一七九二）と推測した。しかしその後の考察で、「穢寺帳」には大きく分類すると二系統のものが存在し、それぞれの成立の時期と編纂の目的が異なることを指摘した。一系統目は本願寺が寺社奉行に提出した末寺帳の控本で、享保二〇年（一七三五）ないしは元文五年（一七四〇）の末寺帳提出の際に初めて成立し、その後の末寺帳提出のたびに作成されたと考えられる。二系統目は、本願寺が自ら末寺の掌握のために作成した下寺帳で、その成立は天保一四年（一八四三）から弘化二年（一八四五）ごろであるとされる（左右田昌幸「『穢寺帳』ノート」）。

本願寺には、本山と各国の中本山や末寺との往復書簡をまとめた「諸国記」と呼ばれる大量の史料群が存在する。この「諸国記」には長御殿が所管するものと留役所が所管するものの二系統が存在しており、『紀伊国諸記』は、長御殿版が一八冊、留役所版が五〇冊現存している。『紀伊国諸記』一番帳（長御殿）の寛政元年（一七八九）一二月条には、「皮田村分の御末寺人別帳が後送される旨」の記述があり、その時点で別帳化された末寺帳が存在したことが確認できる。記載内容から考えると、左右田の言う一系統目の「穢寺帳」であろう。

「五割増」とは、本願寺から什物を下付される際に、皮田寺は五割上乗せの冥加金を支払わなければならないという規定である。本願寺の事務取り扱いの虎の巻である『諸事心得之記』には、「河原者から申物の願いがあった場合、御礼金銀は五割増で上納する事」とある。『大阪の部落史』第一巻には、寛文六年（一六六六）、太子七高祖（内陣の余間に掛ける聖徳太子と三国の七高僧の掛け軸）の下付に際する礼銀が、近江国野尻村安楽寺の場合銀二一五匁なのに対して皮田寺である摂津国下田村福恩寺の場合は銀三二二匁五分とされ、ちょうど「五割増」となっている史料が紹介されている（『大阪の部落史』第一巻485頁）。この史料から「五割増」の規定が実際に行われていたことが確認できるが、『紀伊国諸記』にはそういった史料は管見できない。前出の『諸事心得之記』には、「河原者へ自剃刀は御免、天明三年一〇月に初めて仰せ出された（中略）平僧の自剃刀五割増にて上納する様に申達する」とあり、その後に朱書にて「ただし、文化年中限りをもって五割増は免除し、別冥加を上納する」と記されている。すなわち「五割増」の規定が文化年中（一八〇四～一八）限りで廃止され、その代わりに「別冥加」が付加された。嘉永元年（一八四八）五月、日高郡財部村安養寺から「信明院様御影」（本如上人の肖像）、「自剃刀」「住持」の願書が提出された際に、「別冥加」が支払われている（『史料編前近代2』Ⅱ-六-32）。『諸事心得之記』の記述に則った手続きであるが、「別冥加」が皮田寺に対してのみの取り扱いであるかは判然としない。

本末関係の乱れ

　近世初頭から幕藩権力によって整備された重層的な本末制度は、近世中期以降に乱れが生じてくる。特徴的な動きとして、末寺の独立化、改宗、改派、離檀等があげられ、いずれも幕藩体制を基礎に整備された既成の秩序を崩そうとするものである。

　末寺の独立化とは、末寺が小本山支配から脱却して中本山直轄に、または中本山支配から脱却して、本山直末になろうとする動きである。この原因のひとつは近世中期以降の本山本願寺の財政状況にある。文政期に大根屋改革を断行せざるをえなかったことから考えると、それ以前の早い時期から財政状況は逼迫していたことが想定できる。この状況に対して本山は、末寺に対して執拗に金銭的な無心を行ったのである。それには皮田寺に対しての働きかけが顕著である傾向が見られる。少し時代は下るが嘉永五年（一八五二）に、大坂渡辺村徳浄寺が鷺森御坊の添達をもって紀伊国内の皮田村で勧財を行っている（『下津町史』史料編上768頁）。この目的は判然としないが、徳浄寺といえば本山に莫大な金額の献上金を上納したことで知られる。また、本願寺教団内での教義をめぐる争いの中でも最大の三業惑乱も、その原因のひとつと想定できるであろう（三業惑乱については第四章5節「三業惑乱」で後述する）。

藤原豊はこれらの動向について、「経済的にも、宗教的にも求心力が低下した本願寺に対して、教団の内部では固定化されていた既成の枠組みを打破しようとする動きが顕著になる。その多くは当然のごとく、自らをより良い立場に引き上げようとするものである。その具体的な動きは、寺号・宗判権を獲得しようと画策したり、中本山からの離末を画策したり、寺格上昇のために改派を画策したり、場合によっては『穢寺』では無いと主張しはじめることもあった」と述べている（藤原豊「近世後期の本願寺派部落寺院の動向について」）。

近世中期以降、末寺独立化の動きは各地で顕著になる。『五畿内穢寺下帳』にも、早いもので宝暦一一年（一七六一）に摂津国片岡村如来寺が金福寺下勝福寺から離末したと記載されている。

紀伊国においても近世中期ごろから本末関係についての争論が発生しはじめる。元禄八年（一六九五）一二月には、那賀郡西之芝村の六兵衛と狩宿村の光明寺との出入りが発生し、その際西之芝村の道場がどこの末寺であるかが不分明になっているために鷺森輪番が富田本照寺に問い合わせている。その結果、西之芝村の道場が光明寺の支配であることが確認された（『史料編前近代2』Ⅱ‐六‐1）。

以下、近世後期が中心となるが、具体的な事例を『紀伊国諸記』の記述から拾い上げてみたい。

文政一三年（一八三〇）八月に富田本照寺から本山に「名草郡宮村皮田正願寺一件」が報告されている。正願寺から富田本照寺に対して、老僧が病死したので役僧を派遣して焼香してほしいとの願いが出された。その際、上寺である本渡村西専寺からの願いが必要であると返答したが、葬儀当日になっても西専寺からの願いはなかった。岡島村善行寺を仲介として双方に取り調べたところ、上寺西専寺と不和であることや正願寺の改派計画が露見したのであった（『史料編前近代2』Ⅱ‐六‐8）。

弘化三年（一八四六）七月には海士郡木本村浄福寺が上寺である名草郡上野村照福寺の支配から逃れようとする動きが発覚している。照福寺からの訴えによると、浄福寺は上寺照福寺の添状なしに蓮如上人の御影を願い出て、本山や富田本照寺を欺く形で下付を受けている。照福寺から富田本照寺への口上書には、他寺での御遠忌法要の際、浄福寺が余間に着座し、上寺である照福寺が外陣（げじん）に着座することがあったことや、木本村の人びとが、各所にて「照福寺を切り抜けて申物を願い出て、蓮如上人の御影の裏書が富田本照寺の直末となっていることは心地よいことである」などと吹聴していることが述べられている（『史料編前近代2』Ⅱ-六-13）。

また、本末関係の乱れに伴う現象として、本山に下付物を願い出る際に正式な手続きを行わない事例もある。寛政五年（一七九三）三月に那賀郡古和田村光円寺が蓮如上人と法如上人の御影を願い出た際、住持が病気という理由により門徒のみで願い出ている。このことが不埒であるとして問題となっている（『史料編前近代2』Ⅱ-六-4）。

次に離檀に関する事例であるが、文化六年（一八〇九）五月に、那賀郡狩宿村光明寺の門徒一〇〇軒余りが光明寺との出入りの結果離檀している。一時的に東国分村浄願寺に預けられるが、その後願い出により下井坂村蓮乗寺に預けられ、宗判を始め諸法事が蓮乗寺により勤められている（『史料編前近代2』Ⅱ-六-6）。

天保三年（一八三二）一一月には那賀郡調月村皮田の門徒が、旦那寺である教了寺から離檀し、新寺建立を企てている（『史料編前近代2』Ⅱ-六-10）。光明寺文書には、同年一二月に調月村皮田又太郎ほか七人の連名で、狩宿村光明寺に対して、旦那寺に背いたことを悔い改め、帰檀し寺法を遵守する旨の一札が残されている（『史料編前近代2』Ⅱ-六-11）。

改派に関してだが、皮田寺の中本山である富田本照寺は宝暦一一年に東本願寺への改派を企てている。その際本山は、大和国の有力寺院に「本照寺末の皮田寺が改派しないように説得すること」と、「皮田寺について詳しい情報がないので、寺号を書き上げて提出すること」を命じている。鷺森御坊に対しても寺号書上の提出を命じている。最終的に富田本照寺の改派は実現しなかったが、富田本照寺下の皮田寺の動向に少なからず影響を与えたに違いない。

富田本照寺と鷺森御坊

近世の寺院統制政策には本末制度と並んで触頭（ふれがしら）制度が存在した。触頭制度とは、録所（ろくしょ）ともいい幕藩法令や本山布達の伝達を主たる機能とし、本山への願い出に添簡を付したり不法を取り締まったりする権限を持っていた（『真宗新辞典』）。ただし「本願寺律令」には「尤も録所は重く、触頭は軽く候」と記されており、本願寺教団では録所と触頭には格の違いがあったようである（『真宗史料集成』第九巻77頁）。

つまり近世本願寺教団において、紀伊国の皮田寺には本末制度の手次寺である中本山富田本照寺と触頭制度における手次寺である録所鷺森御坊が存在し、ある意味二重支配が行われていたと言える。このことがさまざまな問題を発生させる契機となった。

真宗信仰と夙寺

江戸時代の紀伊国にあった夙村九か村のうち、八か村には浄土真宗本願寺派の寺院が建立されていた。このうち、伊都郡の上夙村・下夙村、那賀郡の山村小名夙・丸栖村小名夙、名草郡の夙村、有田郡の夙村、牟婁郡の湊村枝郷敷村には海士郡の和歌浦性応寺の末寺がある。『紀伊続風土記』巻二二によれば、性応寺は南北朝期に天台宗の寺院として開基し、のちに真宗に改宗し、天文一九年（一五五〇）には寺号を性応寺に改めた。江戸時代には西本願寺の傍に建つ興正寺の末寺になっており、五九か寺と三つの道場を末寺として持っていた。このうち、七か寺が夙村の寺院であったから、道場を除く末寺中に占める夙寺の比率はおよそ一二％であり、多いとは言えない。

　性応寺末寺の夙寺のうち、伊都郡上夙村の慈願寺と同郡下夙村の極楽寺は、「京都端坊」と性応寺の両寺が本寺となっていた。このように二つの寺院を本寺に持って二重の本末関係にある寺のことを、真宗史の研究では立合寺院と呼んでいる。性応寺の末寺では、平人寺院である有田郡小豆島（あずしま）村の法正寺も立合寺院であったから、立合寺院の形態が真宗夙寺の特徴的な本末関係であったとはみなせない。

　また、伊都郡の上夙村には、性応寺の末寺である慈願寺とともに、大和国高市郡曾我村にある浄土真宗光専寺の末寺である極楽寺が並立していた（『紀伊続風土記』巻四六）。名草郡の夙村では、性応寺の末寺である元正寺とともに、西本願寺の直末である極楽寺が建っていた（同巻一六）。日高郡山内村の枝郷夙浦には、元禄一三年（一七〇〇）に寺号を獲得した光願寺が建っていた。この光願寺は、文明元年（一四六九）に建立されたという平人寺院の同郡南道（みなみどう）村勝専寺（西本願寺直末）の末寺である（同巻六八）。勝専寺は平人百姓とともに、日高郡芝村皮田と牟婁郡芳養芋村皮田を檀家に持っていた。

敷村複檀家制の実態

田辺領の牟婁郡湊村枝郷敷村は、慶長年間に夙浦から敷浦に改称した漁村である。この敷村には、浄土真宗和歌浦性応寺の末寺で天文一五年（一五四六）に建立された覚照寺と、浄土宗西山派の日高郡筋村超世寺の末寺で天正元年（一五七三）に建立された超願寺が並立していた。二つの寺院と敷村民との寺檀関係において特徴的に認められるのが、複檀家（半檀家ともいう）の存在である。

複檀家制とは、ひとつの家はひとつの寺院の檀家であるという江戸時代の一般的な寺檀関係（一家一寺制）とは異なり、ひとつの家の中で個人ごとに檀家が分かれている寺檀関係のことを指す。現存する安政六年（一八五九）の「田辺組切支丹改帳」（『史料編前近代2』Ⅱ‐一‐4）を用いて、敷村の構成員を檀那寺別に概観したのが表3‐3である。これによれば、敷村全体の家数・人数は七六軒・三六〇人（男一七七・女一八三）で、一軒あたりの平均家族数は四・七四人となる。檀那寺別の家数・人数を見ると、覚照寺檀家は三一軒・一一八人、超願寺檀家は一四軒・八一人、複檀家は三一軒・一六一人である。覚照寺檀家の単身者六軒を除けば、複檀家が家数全体の四四・三％を占めることになる。家族数を檀那寺別に見ると、覚照寺檀家は三・八一人、超願寺檀家は五・七九人、複檀家は五・一九人となっている。

次に、複檀家の三一軒に限定して男女別・檀那寺別の人数を示したのが表3‐4である。これを見てわかるように、複檀家の三一軒は、男女の檀那寺が完全に分離している二二軒と、男性の檀那寺は同一であるが女性の中で檀那寺が分かれている九軒とに大別できる。この二つの集団のうち、女性の檀那寺が両寺にまたがっている後者の九軒は、さらに、戸主と女房の檀那寺が異なる1仙右衛門家・2庄三郎家・3伝兵衛家と、戸主と

表3-3　敷村の檀那寺別の家数・人数・一軒あたり家族数

	覚照寺	超願寺	複檀那寺	計
家　数	31軒	14軒	31軒	76軒
人　口	118人	81人	161人	360人
男	64人	39人	74人	177人
女	54人	42人	87人	183人
一軒あたり	3.81人	5.79人	5.19人	4.74人

安政6年「田辺組切支丹改帳」をもとに作成した。

女房が同一の寺と寺檀関係を持っている13庄蔵家・14要助家・16丁兵衛家・18勘四郎家・22庄五郎家・25伝助家という、二つのタイプに区分することができる。この二つのタイプには、複数の娘の檀那寺が両寺に分かれている家が一軒ずつ含まれている（仙右衛門家と勘四郎家）。

このように敷村の複檀家三一軒の寺檀関係は複雑な様相を呈しているのであるが、概括して類型化を試みるならば、以下のようになろう。

A　男性と女性の檀那寺が完全に分離している集団……二二軒

B　男性の檀那寺は同一であるが、女性の中で檀那寺が分かれている集団……九軒

α　戸主と女房が別の檀那寺……三軒

β　戸主と女房が同一の檀那寺……六軒

※αβともに複数の娘の檀那寺が分かれている一軒を含む

敷村複檀家制の特質

敷村では寺檀関係をめぐって、明和八年（一七七一）と安永四～五年（一七七五～七六）の二度にわたって、超願寺が争論を引き起こしている（『史料編前近代2』Ⅲ-二-3・4・6～8）。そのうちの後者の争論からは、敷村にお

表3-4　敷村複檀家の檀那寺別人数

No.	戸主名	人　数	覚照寺	超願寺	類　型
		男：女	男：女	男：女	
1	仙右衛門	1：3	：2	1：1	B-α
2	庄三郎	1：5	1：4	：1	B-α
3	伝兵衛	3：4	3：1	：3	B-α
4	橘兵衛	2：3	2：	：3	A
5	平兵衛	5：4	5：	：4	A
6	伴橘	5：1	5：	：1	A
7	惣太夫	3：2	3：	：2	A
8	惣左衛門	1：1	1：	：1	A
9	要蔵	4：3	：3	4：	A
10	与八	1：2	：2	1：	A
11	太郎兵衛後家	1：6	1：	：6	A
12	与助	2：2	：2	2：	A
13	庄蔵	5：3	5：1	：2	B-β
14	要助	2：3	：1	2：2	B-β
15	橘助	2：2	：2	2：	A
16	丁兵衛	1：3	：1	1：2	B-β
17	庄左衛門	1：1	：1	1：	A
18	勘四郎	5：5	5：2	：3	B-β
19	次右衛門	4：3	4：	：3	A
20	橘右衛門	2：1	：1	2：	A
21	橘十郎後家	1：5	：5	1：	A
22	庄五郎	3：5	3：2	：3	B-β
23	初五郎	3：4	：4	3：	A
24	仙三郎	3：1	：1	3：	A
25	伝助	3：5	：4	3：1	B-β
26	文橘	1：1	1：	：1	A
27	矢兵衛	2：4	：4	2：	A
28	橘蔵	2：1	：1	2：	A
29	三蔵	3：1	：1	3：	A
30	弥七	1：1	1：	：1	A
31	惣助	1：2	：2	1：	A
合　計		74：87	40：47	34：40	

安政6年「田辺組切支丹改帳」をもとに作成した。

ける複檀家制の特質が浮かび上がってくる。

㈠　複檀家制成立の要因……「敷浦ハ家数少所ニ候得ハ、弐ヶ寺有之事故先年より家内之人数を分平合候」（『史料編前近代2』Ⅲ-二-8）というように、家数の少ない敷村で覚照寺と超願寺の共存を図るためには、家族を両寺に振り分けることによって両寺の檀那数の均衡を保とうとしたのである。これは、敷村で複檀家制が生み出される背景を端的に示している。

(二)　檀那振り分けの方法……「是ハ八歳ニ入候節本人幷村役人之計イニて見合、先年より付ケ分来申候」(『史料編前近代2』Ⅲ-二-7)というように、倅や娘が八歳になって宗門改を受ける時に、本人と村役人が相談して檀那寺を決めるというのである。八歳の子どもに檀那寺の選択権をゆだねていたのか疑問であり、実際には子どもの保護養育者である父母などが同席して村役人と交渉する例が多かったのではなかろうか。いずれにしても、檀那寺決定の一義的な選択権は本人と村役人にあり、領主権力や寺院の介入を想定していないのである。これは、江戸幕府が寛文五年(一六六五)に発した「諸宗寺院法度」(『御触書寛保集成』一一七四-二)の第四条が規定している「檀越之輩雖為何寺、可任其心、従僧侶方不可相争事」と合致する。

(三)　養子縁組の原則……田辺領の郡奉行所が認定しているように、「実子無之養子致候得ハ、養家之宗旨ニ改勿論、養家之寺之一札へ書加へ申事」(『史料編前近代2』Ⅲ-二-8)、つまり養子は養家の檀那寺の檀家になるのが通例である。

(四)　嫁入りの場合……倅に嫁を迎えて婚姻が成立する時に、「養子と違ひ自分之宗旨ニて居候義有之」(『史料編前近代2』Ⅲ-二-8)というように、嫁は実家にいた時の宗旨を変更することなく、嫁ぎ先の宗旨に改宗しない事例を郡奉行所は容認している。先に試みた複檀家の類型化によるならば、Aの中で戸主と女房が別の檀那寺である家と、Bのαがこれに相当する(藤井寿一「近世夙村の複檀家制」)。

なお、江戸時代の紀伊国において複檀家制が確認されるのは、被差別民の集落であった牟婁郡湊村枝郷敷村に限られるわけではない。本藩領の名草郡鳥居浦の楠大夫家（和歌山県立文書館編『紀の国へのいざない』16頁）や牟婁郡西向浦で地士を務めていた小山家（『紀州小山家文書』85頁）、田辺領の牟婁郡岩田村の羽山家（『上富田町史』史料編上197頁）でも複檀家制が成立していた。これらは平人の事例であるから、複檀家制が被差別民の夙にのみ広がっていた習俗ではないことは明らかである。

祭礼と被差別民

紀伊国の皮田村には、文禄二年（一五九三）ごろには鎮守社を祀っていたという牟婁郡十九淵村皮田（『白浜町同和史』9頁）を除けば、神社はなかった。けれども、河原者と呼ばれた中世後期の段階から、かわた身分の人びとは神社の祭礼と深いかかわりを持っていた（第一章2節「中世被差別民と祭礼」参照）。

那賀郡鞆淵庄鞆淵八幡神社の遷宮記録を考察した黒田弘子によれば、天文一九年（一五五〇）の遷宮記録（『史料編前近代1』一-Ⅱ-53）では中世の宿非人である「坂ノ者」二〇人が警固を務め、国名を名乗る「坂ノ者」三人に祝儀として銭と酒樽が支給され、坂の代表機関の者である「坂惣分」にも多額の銭が下行された（黒田弘子「戦国〜近世初期の賤民と祭礼」）。ところが、慶長一七年（一六一二）の遷宮記録（黒田弘子『中世惣村史の構造』310頁）では「坂ノ者」三人への支給額は減少し、「坂惣分」が消えることに象徴されるように、「坂ノ者」（近世の夙身分）の勢力は後退している。これに対して、天文一九年には河原者に対する下行物は銭三〇〇文に限られていたのが、慶長一七年になると二人の皮田へ銭とともに酒樽も与えられるようになった。

さらに、天和四年（一六八四）の「上遷宮下遷宮覚帳」（『粉河町史』第三巻956頁）では、「名手しば（芝）ノ者」への下行物や布施は記載されているものの、夙についてはまったく記されないようになる。この「名手しばノ者」とは那賀郡狩宿村の村民のことであり、のちに鞆淵八幡神社の祭礼では先払いを担うようになった（渡辺広『未解放部落の史的研究』40頁）。

慶長一四年に行われた那賀郡長谷丹生神社の「遷宮入用記」（『かつらぎ町史』近世史料編979頁）には、大工・桶屋・鍛冶への祝儀とともに、河原者へ銭と酒小樽が支給されているが、夙については記載されていない。慶長一六年に実施された伊都郡教良寺（きょうらじ）村氏神の遷宮記録（同983頁）では、鐚（びた）銭の支給額は夙者が一〇〇文、同郡丁ノ町（ちょのまち）村市原の皮田が五〇〇文で、皮田の方が夙よりも多額であった。

那賀郡毛原（けばら）庄大明神の場合、寛永一五年（一六三八）の遷宮では、河原者一五人に銀五〇目、夙者二人に銀一〇匁がそれぞれ支給されており、河原者（皮田）の方が夙よりも人数・金額ともに多かった。さらに、天和二年の遷宮では、皮田二一人に銀五〇目や鍋・櫃（ひつ）・桶・酒などが下行されたものの、夙への支給はまったく見られなくなる（『美里町誌』史料編Ⅰ220～222頁）。

祭礼とのかかわりの場面で見られる夙と皮田の逆転現象は、紀北の事例と比べてやや時期がずれるが、紀南の牟婁郡湊村に鎮座する新熊野（いまくまの）権現社の夏祭りである田辺祭においても確認される。田辺祭では住矢（すみや）・笠鉾の曳廻りが行われるが、住矢は杉若無心が牟婁郡西ノ谷村小名（こな）古町に城下町を築いた天正一八年（一五九〇）から浅野左衛門佐が湊村に田辺城を築いた慶長一一年までの時期に起源がさかのぼるのに対して、笠鉾は寛永一九年（一六四二）になってようやく制作されたものである。近世後期に成立した「雞合宮祭礼古記」（『田辺市史』第六巻34頁）によれば、浅野期（一六〇〇～一九）には流鏑馬（やぶさめ）の神事に際して住矢の先払いをする

図3-2　田辺祭の「住矢」

敷（夙）浦に酒一斗が支給されていた。ところが、享保一一年（一七二六）になると敷浦は笠鉾の殿警固の位置に後退している（『田辺同和史』第三巻27頁）。敷浦に代わって、住矢・笠鉾の先払いを担うようになったのは牟婁郡西ノ谷村の皮田であった（藤井寿一「神事祭礼と被差別民」）。このような事態は、被差別民社会の内部で主流が宿非人から皮田へ交代したこと（渡辺広『未解放部落の源流と変遷』70頁）を反映しているのであろう。

田辺祭への皮田のかかわりは先払いにとどまらない。羽柴秀吉の軍勢が紀南に侵攻した天正一三年よりも以前から始まっていたと推定される流鏑馬では、的を仕上げるとともに、乗り子が袴の上に着る行縢に用いる鹿皮六枚を調達することも皮田が担っていた。

神社祭礼において皮田が弓矢の的を設えた事例は少なくない。「蓮専寺記録壱」（『由良町誌』史（資）料編815頁）によれば、海士郡横浜浦皮田の先祖で草分けの彦五郎から数えて三代目の重五郎は、永仁五年（一二九七）に宇佐八幡神社の祭礼が初めて行われた時に的方を担当していた。また、狩宿村の者は、那賀郡猪垣村の産土神社での正月射初式に際して鹿皮を持参して松の枝に掛けて的をこしらえるとともに（『紀伊続風土記』巻三三）、伊都郡御所（ごせ）村の正月日出的射では「牛頬に耳を剥たる皮」と草履三五足を持参することが慣例となっていた（『かつらぎ町史』近世史料編1066頁）。

6 多様な被差別民

吹上非人村の階層構成

宝永三年（一七〇六）の「家持非人三人明王院より御返し願覚」（『生活』第六章1）によれば、吹上非人村を構成する人びとは「古非人より新非人迄三段」に分かれていた。藤本清二郎は、この三段階の非人を以下のように説明している（藤本清二郎『城下町世界の生活史』329〜340頁）。

㈠ 座非人……吹上非人村が創設されたころから一六三〇年代までに定着した根本住民の筋で、本来の「家持」である。正徳五年（一七一五）には、家持非人一一二軒のうち座非人は五〇軒程であった。一七世紀の後末期以降は約五〇軒に固定し、座的な集団構成を持ち、家筋＝株も代々継承されていった。

㈡ 平の家持非人……一七世紀後半の約五〇年間に、飢饉などによって在所を離れて吹上非人村へ来住、定着した者で、家＝小屋を与えられて「家持」と呼ばれるようになった。

一七世紀末から一八世紀初めにかけての吹上非人村の家数は一一二軒で異動なく、「村家持」や「浜家持」などと呼ばれる家持層の株数は固定されている。これは㈠と㈡を合わせた数値であり、両者ともに家族を持つ吹上非人村の正式な構成員であった。一七世紀前半では生存のための行為であった勧進は、一八世紀には特権化し、座非人は「浜之籠持」と称された。一方、平の家持非人も勧進に出たが、彼らは浜の「袋持」と呼ばれ、両者の区別は権利の内容にとどまらず、外見上も顕然としていた。

㈢　小屋非人……元禄一〇年（一六九七）一〇月、藩庫からの支出によって、吹上非人村のうちに一・五間×五間の御救小屋が初めて建てられ、「御城下出生之非人」二八人が収容された。元禄一二年にも同規模の御救小屋が建てられたが、享保一七〜一八年（一七三二〜三三）の飢饉によって、うなぎ上りに増加する小屋非人を二軒の御救小屋では収容しきれなくなった。そこで、享保一八年一一月、二間×五間の新たな御救小屋が設置され、町の無宿非人が非人村に引き取られ、三か所の御救小屋には一八三人の非人が収容されることになった。このような小屋非人は「御救」のみの対象であり、基本的には家族の再生産をすることができない存在である。

「穢れ」への忌避意識

皮田や非人、あるいはそれ以外の被差別民に対する差別については、幕府や領主による法規制に見ることが可能である（本章4節など）。また、民間にあって芸能や宗教、葬送などに携わった人びとの中には、百姓・町人の暮らしに深くかかわりながらも、時として厳しい賤視や差別の対象となった人びとが存在した。当時の記録や古文書をひもとくと、民衆の生活の中に根付いていた差別の実態を知ることができる。その背景には、「穢れ」に対する忌避意識があったことは言うまでもない。

江戸時代には制度的な差別とは別に、別火・別器のような習俗的な差別が存在していた。「穢れ」を持つと見なされた者と煮炊きの火を別にすることを別火、飲食などの席で同席しないことを別座、同じ器を使用しな

図3-3　貴志の猿まわし（国立国会図書館所蔵「紀州和歌浦東照大権現祭礼絵巻」より）

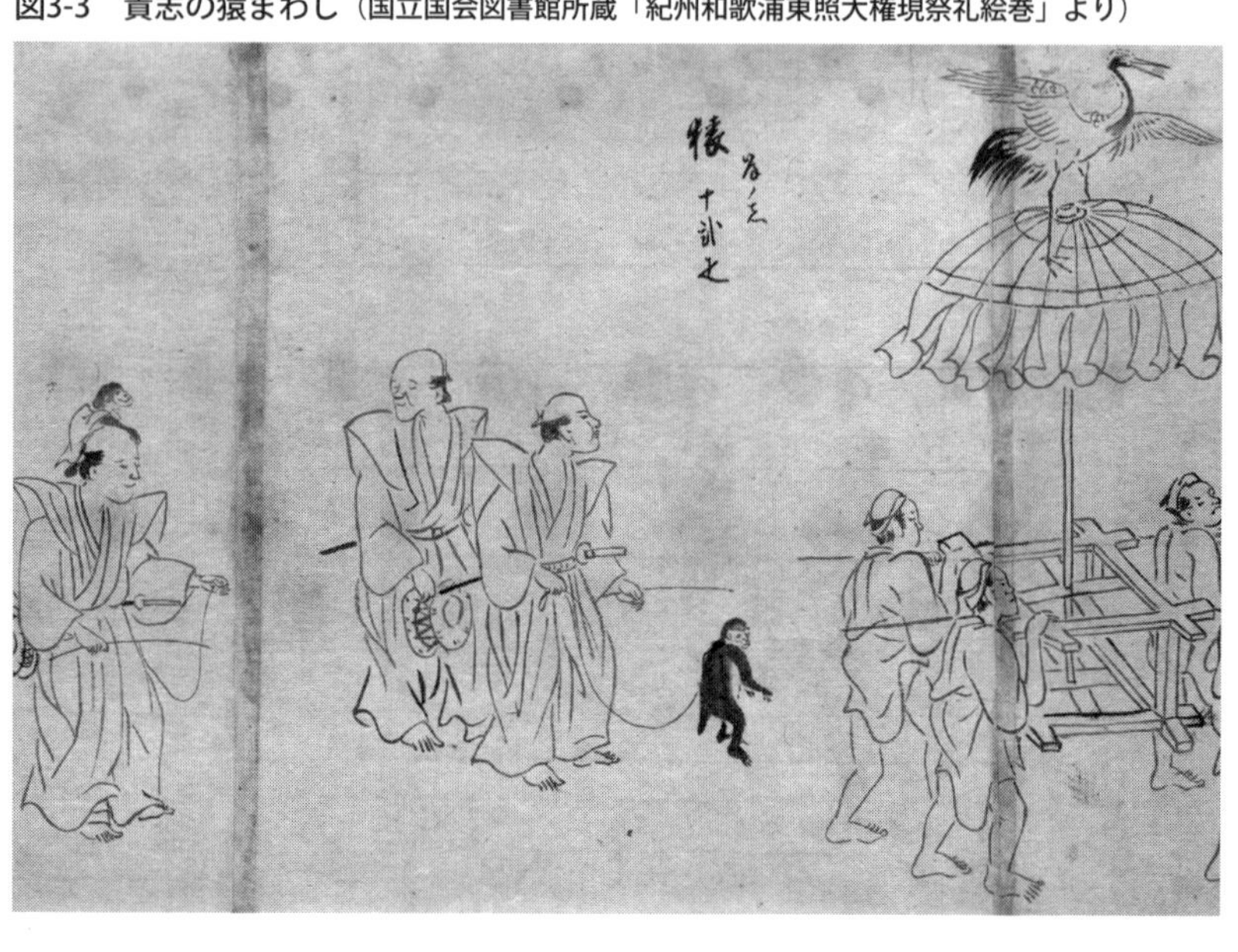

いことを別器と言う。前近代における差別のひとつの形態である。幕末の高野山では、谷之者（三昧聖）と飲食を共にした僧侶が「衆僧之威光相立ち申さず（衆僧の威光にかかわる）」として叱責されている（『史料編前近代1』Ⅲ-二-80）。これも習俗的差別の一例と言えるだろう。

貴志の猿まわし

名草郡梅原村と那賀郡上田井（こうだい）村には猿まわしが住んでいた。梅原村の猿まわしは「貴志の猿まわし」とも呼ばれ、慶長年間に牟婁郡高山村から移住してきたという。貴志の猿まわしの初代「貴志の甚兵衛」は高名な猿まわしで、『紀伊国名所図会』によれば、浅野幸長（よしなが）が紀伊国を支配していた時代に「日本猿引の棟梁」として国中の猿まわしを配下にしたという由緒を持ち、和歌浦東照宮の祭礼である和歌祭の行列にも貴志の猿まわしが供奉していた（図3-3）。上田井村の猿まわしにも由緒書が伝来していたという（『史料編前近代2』Ⅲ‐二‐50、逸木盛照「紀州民俗誌」）。

享保元年（一七一六）ごろには、梅原村には弟子を合わせて一五人ほどの猿まわしが居住していた（『日記』392頁）。猿まわしたちは、日常的には城下などで活動し、田辺などの遠方へは通常六、七人で出かけていたようである（『田辺同和史』第三巻90、107頁）。

猿まわしたちは由緒と誇りを自負していたにもかかわらず、しばしば周囲から不当な取り扱いを受けることがあった。享和四年（一八〇四）三月、田辺町内に滞在していた貴志の猿まわしの甚兵衛と長崎の巡礼が口論となった。巡礼は甚兵衛に対し安値で芸を強要し、断ると猿を打擲するなどしたので、甚兵衛は「紀州様御用も相勤候猿いかがなされ候や」と反論したが、巡礼の方は「御用等と申し立て候ても猿引に訳の有る物にてはこれなし」といって聞き入れようとしなかった（『田辺同和史』第三巻140～142頁）。巡礼の言動には猿まわしに対する一種の蔑みが感じられよう。『紀伊続風土記』の上田井村の項には、「此村の北の端に猿屋垣内といふ家あり、家数二十軒許、皆猿牽を業とす、平民これと婚を通ぜず」と記載されており、通婚の忌避という習俗的な差別の対象となっていた。

芸能と被差別民

和歌山城下や周辺の村々では、さまざまな芸能者や民間宗教者が活動していた。寺社の開帳には芝居や見世物が出てにぎわったが、けんかや巾着切（きんちゃくきり）（スリ）などの犯罪がしばしば発生した。出店や芸能興行が行われる場所の治安・警備は、牢番頭やその場所を芝地（支配地）とする皮田が担っており、代償として興行元の寺社や村から芝銭を受け取る権利を持っていた。先に述べた貴志の猿まわし甚兵衛も、寛文一〇年（一六七〇）二月に名草郡下和佐村にあった「下わさ観音」の開帳で芝居を興行するにあたり、近隣の皮田に一日につき三〇〇文を渡している（『和歌山市史』第六巻672頁）。

芝銭は中世の被差別民が持っていた権利（旦那場・勧進場）に由来する権利と考えられているが、皮田と興行元・村の間で芝銭をめぐる紛争がしばしば発生した（『生活』第四章44〜46）。一七世紀中ごろの日高郡では、道成寺の境内で行われた会式や開帳への皮田の「入込」をめぐり、皮田と道成寺・村の間で長年にわたる訴訟が発生している（藤本清二郎『近世身分社会の仲間構造』177〜204頁）

皮田が自ら芸能・宗教活動を行うこともあった。節季候とは、頭に羊歯の葉を付けた編笠をかぶり、赤い布で顔を覆って「せきぞろ」と唱えながら年末に無病息災・家内安全を言祝ぐ芸能の一種である。大坂やその周辺地域では非人や非人番がこの芸能に従事したが、紀伊国内では岡島村の住民が節季候仲間を形成していた（『生活』第四章39・42）。節季候のほか、和歌山城下では鳥追い・大黒舞も皮田によって担われる芸能であった（藤本清二郎『城下町世界の生活史』206〜212頁）。門付けのほか、皮田による辻打芝居も行われていた。文政四年（一八二一）には、岡島村の子供芝居が田辺の松原で「辻打物真似」を興行している（『田辺同和史』第三巻178〜179頁）

座頭は、本来当道座（江戸時代、盲人によって組織された座）の最下位を指す名称であるが、盲人全般を指す場合にも使用された。一方、盲僧は天台宗の青蓮院門跡の支配下にあった盲人の集団で、琵琶を弾きながら地神経を読み、竈祓いや祈禱を行っていた（『史料編前近代2』Ⅲ-二-39）。女性の場合は、集団で三味線の弾き語りをして門付を行う瞽女と呼ばれる盲目の芸能者が存在した。当道座の祖神とされる天夜尊は、仁明天皇第四皇子の人康親王（光孝天皇の異母弟）のこととされ、熊野本宮にある大智庵は天夜尊の旧跡であるという伝承が残っている（広瀬浩一郎『障害者の宗教民俗学』172～175頁）

江戸時代の盲人は鍼灸・按摩のほか、琵琶・三味線などの芸能に従事することが多く、田辺では座頭仲間が形成されており、組頭が置かれていた（『史料編前近代2』Ⅲ‐二‐37・45）。一八世紀半ばの伊都郡慈尊院村には、しばしば「地神経座頭」が勤行のために来訪しており、祈禱なども行っていたようである（『改訂九度山町史』史料編別冊(一)）。また、旅稼ぎや勧化のため村々を渡り歩き、領国を越えて移動する座頭・盲人も少なからず存在し、「田辺万代記」には東北の座頭が田辺を訪れていたことが記録されている（『史料編前近代2』Ⅱ‐二‐35）。

座頭は吉事・凶事の際に各家から祝儀・施物を受け取る権利が認められており（『和歌山県誌』第一巻682頁）、高野山でも法要が行われる際に、和歌山座頭と当山（高野山）座頭が施物の給付を願い出ている（『史料編高野山文書』Ⅱ‐三‐1、『史料編前近代2』Ⅲ‐二‐83～86）。当時の人びとは、座頭が祝儀・施物を受けることは当然の権利であるという認識を持ちつつも、度重なる負担に困惑することもあった（中川みゆき「座頭祝銭に関する研究ノート――座頭と寺院の争論」）。

なお、被差別民は当道座に入ることが拒否されており、江戸時代後期になると座頭仲間の取り決めに「穢多・夙・三昧聖」の祝儀・施物を受け取らないという規定が見られるようになる（『大阪の部落史』第九巻361～363頁）。

江戸時代の「癩者」

癩病（ハンセン病のほか重い皮膚疾患を含む病名）は古代から認識されていた病気で、「癩者」は非常に忌避された存在であった。江戸時代においてもその状況は変わることなく、時には町や村（共同体）を追われることもあった。人が集まりやすい寺社の門前などでは物乞いをする「癩者」の姿が見られ、病気の快癒を祈る巡礼の途中で行き倒れる者も少なくなかった（『史料編前近代1』Ⅲ-二-80・82）。

疱瘡（天然痘）のような感染力の強い病気も恐れられ、患者は村から離れた場所に隔離されることもあった（第二章5節「夙村の人びと」参照）。ただし、病者や困窮者がまったく放置されていたのではない。ある程度は領主や町・村による救恤が行われており、たとえば日高郡では、岩内村の医師鈴木立庵が、先祖の追善供養のため、嘉永七年（一八五四）三月から翌年三月にかけて「癩病療治」の施薬を行っている（『史料編前近代2』Ⅲ-二-34）。実際の救護には、被差別民が担った役割も大きく、和歌山城下では、癩病にかかって動けなくなった野非人（乞食）が吹上非人村に収容され、治療・扶養を受けている（藤本清二郎『城下町世界の生活史』263〜266頁）。田辺領では、巡礼中に発病した者や病気を理由に共同体から疎外された「癩者」、身寄りのない病人が、番太や鉢坊の在所に引き取られて看護を受けた事例が確認できる（『史料編前近代2』Ⅲ-二-18、『田辺同和史』第三巻233頁）。

江戸時代の「癩者」の集団としては京都の物吉村がよく知られているが、高野山においては禿法師という「癩者」の集団が形成されていた。『紀伊続風土記』高野山之部は、もとは大和・紀伊国境の待乳峠に居住していた二人の「癩者」のうちの一人に弘法大師が膏薬の製法を伝え、もう一人は高野山に連れてきて金剛草履を売って暮らすように命じたのが禿法師のはじまりであるとしている。鎌倉時代には高野山で蓮花三昧院を開創した明遍の支配を受けるようになったとも伝えられるが、詳細は明らかではない。

禿法師は季節にかかわらず四角形の頭巾をかぶり、禅衣を着用し、阿弥号を名乗っていた。一老（﨟）・二老の位階があり、明和年間ごろに組織化が進んだと考えられている。正保三年（一六四六）に作成された「高野山内絵図」（『史料編高野山文書』口絵）には、弘法大師廟がある奥院の入り口付近の通称・東谷付近に、「とくほうし」と書かれた一画が見える。彼らは東谷の阿弥陀堂周辺に居住し、その住居は「癩病庵」と呼ばれていた（『史料編前近代2』Ⅲ‐二‐32）。禿法師は、朝夕に本尊の阿弥陀如来に病気の平癒を祈りながら、山内の寺院から供物を施与されたり、参詣者に草履を売ったりして生活しており、大晦日には除夜の鐘が鳴る間に「禿法師」と声高に叫びながら寺院を廻り、酒・餅などを施与されたという（『紀伊続風土記』高野山之部、日野西眞定「奥院石塔を中心とする高野山信仰の諸問題（其の一）」）。なお禿法師とは別に、周辺の参詣道や山内で物乞いをしていた人びとや、高野山への巡礼者の中にも「癩者」の姿が見られ、動けなくなった巡礼の「癩者」を谷之者が介抱した事例も確認することができる（『史料編前近代2』Ⅲ‐二‐32）。

有馬、城崎、草津などの温泉地には病者のために無料の「非人湯」が設置されていたことが判明しているが、小栗判官の伝承に登場する牟婁郡の湯の峰にも「非人湯」が設けられており、「乞食・難渋人の類ひ」が入浴していたという。その中には、「癩者」も含まれていたのであろう（『史料編前近代2』Ⅲ‐二‐33）。

第四章　近世封建社会の動揺と被差別民の動向

1　一九世紀における紀州本藩および田辺領の皮田・非人統制

近世社会の動揺と紀伊国

文政六年（一八二三）六月、水争いを端緒として紀ノ川筋で大規模な百姓一揆が勃発した。約五万人が集まったとされる一揆勢は、藩と癒着し、小百姓層を収奪していた商人や村役人を打ちこわしながら和歌山城下の北新町に接する地蔵の辻まで押し寄せ、「国中惣百姓」の名で貢租に関する願書を提出した。この一揆には伊都・那賀郡の皮田村の人びとも参加していたが、一揆の鎮圧部隊として岡島村の牢番頭や惣廻り・非人番が動員された。また、伊都郡上夙村や紀ノ川筋の皮田村は一揆による打ちこわしを受けた。一揆勢は三三人の刑死者（うち四人はかわた身分、一人は虚無僧）を出したものの、一揆の要求はほぼ認められ、紀州藩は政策転換を突きつけられることになった（『史料編前近代2』Ⅳ-二-1・2、『和歌山県史』近世史料三789頁）。一揆の翌年に藩主の徳川治宝（はるとみ）が隠居し、将軍家斉の六男斉順（なりゆき）が第一一代藩主となった。治宝は隠居後も藩政に影響力を持ち続け、藩政改革が続行された。

和歌山城下の周辺農村では、天保期から幕末にかけて、小前百姓らが庄屋の恣意的な行政に反発し、庄屋の排斥要求が頻発していた。天保四年（一八三三）以後、慢性的な飢饉状態が続く中、同年六月には領内の米を確保するために越米禁止令を出し、他領への食糧の流出防止を大庄屋・胡乱者改（うろんものあらため）らに命じた。さらに、他領から流入する人びとを領内から追い払うように指示し、惣廻り・非人番に取り締まりの徹底を命じた。和歌山城下では、困窮者を救済するために粥施行や施薬を実施する一方で、城下を流れる内川を浚渫（しゅんせつ）する仕事を窮民に与え、日銭を稼がせようとした。幕府・各藩によりさまざまな対策が取られたが、米価は高騰を続け、民衆の不満が高まっていた。天保八年二月一九日には大坂で大塩平八郎が挙兵し（大塩平八郎の乱）、紀州藩へも大塩父子らの探索が要請された。

紀州藩では正徳期（一七一一〜一六）以来、海防組織として浦組が編成されていたが、嘉永六年（一八五三）のペリー来航以後、異国船渡来に備えるために本格的に浦組が強化された。また、ペリーの来航を受けて紀州藩でも海防論が盛んになり、海士郡代官の仁井田源一郎が「海防議」「海防雑策」を藩に建議している。

文久三年（一八六三）八月、尊王攘夷の天誅組が大和国の五條代官所を襲撃し、占拠するという事件が発生した（天誅組の変）。紀州藩を含む周辺諸藩に天誅組追討の命令が下された。紀州藩からは正規軍のほか、津田正臣の農兵隊や僧北畠道龍の法福寺隊が鎮圧に参加し、約一〇〇〇人の皮田も動員された（『田辺同和史』第三巻318〜320頁）。

元治元年（一八六四）七月には禁門の変で敗北した長州藩を幕府が攻撃し（幕長戦争）、紀州藩も少人数ながら派兵を命じられた。長州藩では同年八月の四国艦隊の下関砲撃事件後は保守派が台頭し、幕府に恭順の意を表したため、幕府軍は一二月に撤兵した。その後、長州藩の高杉晋作らが保守派を追放し、慶応元年（一八六五）に幕府は長州再征の方針を打ち出した。慶応元年の派兵には紀州藩の軍事力が総動員され、藩士だけでなく多くの領民が運搬要員の在夫や大工諸職人として徴発された。翌年六月に戦闘が始まると、長州藩出陣中に大坂城で病死した一四代将軍家茂の後を継いだ徳川慶喜が九月に休戦を協定し、幕府軍は撤退した。第二次幕長戦争の軍事支出と失敗は、紀州藩全体に深刻な負担を与えることになり、領民の不満が高まっていった。本章では、社会全体が大きく変容しつつあった一九世紀において、被差別民に対する支配や規制のあり方、あるいはくらしの様子がどのように変化していったのかを見ることとする。

文化六・七年の岡島村村定

一九世紀における岡島村の村定として、その作成年が判明するものには文化六年（一八〇九）および翌七年の二種がある（『生活』第三章12・13）が、これらは第三章第1節に述べた天明・寛政度のそれとは異なる特徴をいくつか有している。たとえば、文化六年「村定請合判形帳」の冒頭には「町御奉行所様より被為仰出候御定」と題し、元禄一三年（一七〇〇）の「村之法度」が掲げられているほか、前述元文五年（一七四〇）の村方騒動時（第三章2節「岡島村の元文五年村方騒動」参照）の裁許の一節あるいは「この箇条は藩役所からの仰せである」と記された附箋が貼付されている。また、翌七年の村定には、表紙の「岡島村皮田村・西浜非人村之奴共へ申渡し写」という差別的表記とともに、冒頭にはやはり元禄期の法度が掲げられ、さらに末尾には町奉行所からの命として、「村役人を含め村民は牢番頭の手下であって、穢多は頭、非人は長吏を信用してその命に従うべき（違反者は町奉行所で厳科に処す）」旨や、「以後、村定は毎年、頭・長吏から両村の『奴共』へ申し渡す形式に変更する」旨などが記されている。

これらは文化六年に実施された岡島村庄屋役の廃止により、村政への直接的関与の断絶を余儀なくされた頭仲間―および各種業務を「頭―手下の構造」に大きく依存する町奉行所―による、村定を利用した対抗措置（引締め策）の一環として捉えることもできよう（本章5節「維新期の牢番頭仲間」参照）。

天保一二年の身分統制令

天保一二年（一八四一）一一月には町奉行から町触という形式で、和歌山城下に対し「岡島皮田幷今福非人共取締」を目的とした全一〇か条からなるいわゆる身分統制令が出された（『かつらぎ町史』近世史料編129～131頁）。穢多・非人と他身分とのすれ違い時の作法（邪魔にならぬよう隅に寄る）、今福（吹上）非人および女穢多・女非人の物貰い規制（ねだり言の禁止など）、町家軒下の雨落より内側への立入禁止、穢多・非人の不作法禁止、穢多・非人の夕七つ半時（午後五時ごろ）以降の城下立入禁止、城下酒屋・煮売屋での酒肴飲食の禁止、村外外出時の下駄・重ね草履・雪駄・頭巾・ほおかむりの禁止、城下での買物時の町家店先敷居内への立入禁止、在家の者に紛れての鷺森（さぎのもり）輪番所参詣や同所座敷へ上がることとの禁止、などからなるこれらの規制は、違反に対しては処罰で臨むと記された厳しいものであった。彼らに対する呼称の変化も含め、日常生活の細部にまで立ち入り差別的対応を強制するものであったが、これら箇条の大半に「前々より申付候通り」「毎々申聞有之候処」「不相成筈堅申付有之候所」などと散見されるごとく、この時期に新規に設けられたものではなく、従前―少なくとも一八世紀後半以降（とりわけ文化七年）―の村定などにも見られるような各種規制の再確認・強化といった性格を有するものであった。

また、同年同月には勘定奉行衆から「在中穢多幷非人共取締」を目的とした全七か条からなる身分統制令が、本藩領の村々（「五組・和州大庄屋アテ」）に対して示されている（『かつらぎ町史』近世史料編129頁）。規制の内容自体は、右に記した「岡島皮田幷今福非人」を対象としたものとほぼ同旨（ただし文言などは郡部に適合するように変更が加えられている）であって、この天保期の身分統制令が本藩領全体（および後述するように少なくとも田辺領も）を対象とするものであったことがうかがわれる。すなわち、岡島村・今福非人村において、城下に隣接するがゆえに先行実施されてきた詳細な各種規制が、天保期に至り身分引き締め政策の一種のモデルとして全藩に拡大されたものと現時点においては解釈しておきたい。

田辺領における享和期の博労禁止および死牛処理統制令

田辺領では享和三年（一八〇三）に独自の統制令が出されているが、「在中一統へ」（全一六か条）および「組々ゑた共へ」（前文・後文と一一か条）と、それぞれ宛名（領内各村々向け）が異なる二つの部分から構成されているのが特徴的である（『田辺同和史』第三巻134〜139頁）。このうち前者（領内各村々向け）には、①穢多による締め牛および博労の禁止の徹底、②穢多居宅への納屋・垣などの設置禁止、③村々への牛番設置と監視強化、④穢多持ち牛の通路限定、⑤牛牽博労の宿泊禁止、⑥夜間の牛牽禁止、⑦博労からの牛預かり禁止、⑧飼牛死亡・処理時の庄屋への届出義務化と死牛の穢多村持ち込みの禁止（川原などでの処理強制）、⑨穢多持ち牛死亡・処理時の庄屋への届出義務化、⑩穢多持牛数および持ち主の庄屋帳面への登記と牛番による巡回調査、⑫穢多持ち牛売買時の村役人発行切手（証明書）所持義務化（不携帯時の牛没収）、⑬百姓による博労の兼業禁止、⑭村々博労の登録と新規博労の禁止、などが規定されている。またこれに伴い、田辺組に七か所、朝来組に五か所、富田（とんだ）組に六か所、南部（みなべ）組に七か所、芳養（はや）組に四か所、三栖（みす）組に四か所、三番組・秋津組・切目組に各一か所ずつ、の計三六か所の牛番が置かれ、怪しい牛の監視・没収・風聞調査などを命じる旨が定められた。

他方、後者（領内各組の「ゑた」向け）では前文において「ゑた」による締め牛および博労の処罰事例とその厳禁とが改めて宣せられた後、上記①・④・⑧（斃牛処理時における）・⑨・⑫・②（既所持分および新設分の村役人による見分義務化）などが規定されるとともに、「血深・南部芝村ゑた」所持牛の通路限定、および朝来上村三郎坂を通行する牛の没収が定められた。また、後文には「以後は締め牛の風聞のみでも『ゑた共頭立候者共』を召捕り・入牢申し付ける」旨が示されている。

紀州本藩の場合、一九世紀に入ると牢番頭を通じた「締方」体制による統制が行われ（第三章1節「締方体制」参照）、いわゆる「かわた博労」も免許制により営業を認められたが、田辺領では領主役所自らが統制に乗り出し、締め牛とともに博労営業をも厳禁した点に特徴が見られる。もちろん締め牛は田辺領においても早くから禁じられ、たとえば延享二年（一七四五）には、在中死牛を穢多に遣わす際に庄屋印形の証拠書付を交付すべき旨を再確認する触が出されている（『田辺同和史』第三巻39頁）し、「かわた博労」も一八世紀末には禁止されていた旨の記事が見える（同111頁）。享和期の統制令はこれらを「牛番の整備」や「斃牛処理の可視化」などの施策によりいっそう強化した点に特色を見ることができよう。

なお、前述のごとく、天保一二年（一八四二）一一月に本藩において「在中穢多并非人共取締」を目的に出された身分統制令は、数日を経た翌月初めに田辺領村々にも廻状にて通達され、その徹底が図られた（『田辺同和史』第三巻231〜229頁)。

明治二年和歌山藩の身分統制令

明治になってからも和歌山藩では、全六か条からなる、いわゆる身分統制令が出されている(『和歌山県誌』第一巻752頁)。明治二年(一八六九)一二月に触れ出されたそれは、「皮田奴どもの不作法は前々から規制してきたが、とかく弛緩しがちである。厳科に処すべきところ今回は容赦するが、以後は当該規定の違反者は厳しく処置するので、奴どもへ篤と申し聞かせるように」との旨の前文に続き、①市中・在中通行時は片寄り往来人に無礼なきよう、②物貰い・雪駄直しの節の町家軒下雨落より内への立入禁止、③日の出から日の入り以外の時間帯における市中・町端の徘徊禁止、在中の夜分のみだりな往来禁止(ただし、一二月三〇日に雪駄売りなどに出た際は夜九つ(一二時ごろ)限り、年越しの夜は五つ(七時ごろ)限り、の例外あり)、④町内での喫食禁止、⑤雨天時以外の笠・かむり物の禁止、⑥草鞋(わらじ)以外の履物着用禁止、が掲げられている。一見して明らかなように、この明治初年の身分統制は天保期(あるいはそれ以前の)のそれを継承したものであり、かわた身分に対しては変わることのない差別的対応が強制された。

なお『和歌山県誌』にはこの統制令に続き、明治三年三月に岡島村皮田の雪駄直しが、上記①・⑤・⑥違反により「片鬢・片眉剃落し、笞刑五十」の刑に処せられた旨の記事が掲載されており、規制が実効性を有していたことをうかがわせる。

2　皮田の多様な生業

皮革販売業の発展

江戸後期に入っても、皮田の人びとの生業は、多様であった。たとえば明治二年（一八六九）一二月のものと推定される「岡島皮田村の家数・人数・職書き出し」（『生活』第三章2）によれば、家数七〇〇軒余のうち、六〇軒余が「百姓（農民）」、三〇軒余が「皮類職」、一五〇軒余が「農作日雇稼」、五〇〇軒余が「雪駄細工人」となっている。「雪駄細工人」（雪駄造りと直し）が圧倒的に多いのが注目される。江戸後期の状況を反映していると見て、間違いないであろう。

以下、江戸後期における多様な生業を具体的に見ていこう。

死牛馬の蠟皮および獣皮の需要は、依然として存在していた。天保二年（一八三一）一二月、「伊都・那賀郡皮田村々御締方承知印形帳」（『生活』第二章22）には、蠟皮商人について、自分の落牛馬蠟皮・獣皮類売買手形を他人に使わせてはいけないことや手形を所持していない者は「毛付之類」の売買は一切してはいけないことなどが記されている。同一四年六月、「御領分皮田村々締り方役頭取」釘貫専左衛門・同糸若・同吉右衛門三人が、名草郡本渡村忠兵衛に対して落牛馬蠟皮・獣皮類売買手形を発行している（『生活』第四章12）。同様の手形が、有田郡の者にも発行されている（『生活』第四章15）。嘉永六年（一八五三）一二月には、日高郡高家（たいえ）村源助が、猪・鹿諸獣類売買手形下付願を提出している（『生活』第四章13）。

弘化五年（一八四八）一月の時点で、岡島村には「蠟皮商人」が五三人、同村から杭ノ瀬村への出村商人が三人、同博労が一人存在していた（『生活』第二章23）。慶応元年（一八六五）一二月の時点での日高・有田・海士・名草四郡皮田村蠟皮商人および博労の数は表４‐１の通りである。

四郡内の二四か所の皮田村に二一六人もの蠟皮商人が存在していたのである。この人数には、岡島村が含まれていないので、さらに五〇人余増えることになる。

表4-1　日高・有田・海士・名草四郡皮田村蠟皮商人および博労数

郡	村名	蠟皮商人	博労	商人
日高	下志賀村	16	3	1
	高家川村	2	2	0
	財部村	4	8	1
	島村	8	1	0
	薗村	11	8	0
	南谷村	19	5	0
	野口村	14	2	0
	吉田村	10	3	0
	小新田村	2	0	0
	富安村	9	2	0
	萩原村	14	1	0
海士	横浜村	7	3	0
	椒村	9	6	1
	方村	1	3	0
有田	宇田村	22	9	0
	湯浅磯脇村	10	2	0
	天満村	2	2	1
	小嶋村	3	1	0
	長田村	6	0	0
	庄村	24	13	0
	徳田村	2	1	0
	須谷村	3	2	0
	砂浜村	3	0	0
名草	本渡村	15	0	0
合計		216	77	4

慶応元年12月「有田・日高・海士・名草御定請書判形帳」をもとに作成した。

こうした蠟皮商人は、那賀・伊都郡内の皮田村にも存在していた（『生活』第二章42・44・46・47など）。田辺領での、廻船問屋江川勝助の原皮積み出しの状況（文化元年八月〜文政五年一月〈一八〇四〜二二〉）について見ると、牛皮が三俵・二枚、病死皮一五枚、重皮六枚、荒の皮三〇枚、馬皮九枚（以上が牛馬皮）に加えて猪皮三〇二枚、鹿皮三四四枚、狸皮三二枚、猫皮三七枚であった（芝英一「近世田辺領における皮革類流通・皮座株・口前所運上制について」）。猪・鹿の皮の数が圧倒的に多いことが注目される。紀南地域の山間部の皮田村の場合、諸獣の皮生産が盛んだったのである。

日高川下流の下野口村皮田は、天保期（一八三〇〜四四）、鹿皮の鞣し（なめし）と加工を行っていた。日高郡では、皮田が郡中の鹿皮だけでは不足するとして熊野あたりからも買い集めていたという。それらの皮を鞣して皮袴や農業用・山稼ぎ用の要具を作っていた（前田正明「諸獣類取捌きとかわた身分」）。

奥熊野の北山地方では、皮田自身が銃猟も行っていたという（前田前掲論文）。

慶応期に和歌山と南紀の周参見（すさみ）浦に紀州藩皮方役所が設置されたが、周参見浦の皮方役所は、諸獣皮類の一手買い集めを目的としていたという（前田前掲論文）。

下野口村皮田商人惣代らは、慶応三年（一八六七）一二月、「締方御役所」に対して、従来自分たちは、「年中出稼ニ奥山家へ入込ミ、鹿猪買入、又ハ他国より鹿皮多分ニ買集メ、晒皮等仕、上方へ売捌」いてきたので、革類他国売買を以前のように認めてほしいという嘆願書を提出している（『生活』第二章48）。翌年四月にも、同様の嘆願をしている（『生活』第二章50）。

紀伊国では、文化一〇年（一八一三）五月までには死あしかの取り捌きは皮田がすることになっていた（『史料編前近代2』Ⅱ-三-9)。たとえば海士郡横浜浦の皮田は、沖合の海鹿島周辺に集まるあしかの取捌きを行っていた(前田前掲論文)。天保一三年(一八四二)八月、田辺領でもあしかの皮剝ぎ御用を領内の西ノ谷村の皮田に課している(『史料編前近代2』Ⅱ-三-17)。

博労の活躍

次に牛馬など家畜の売買に従事した博労業について見ると、天保二年(一八三二)一二月までに口六郡の皮田博労は博労手形を所持していないと処罰されることになっていた(『生活』第二章22)。前掲表4-1のように日高・有田・海士・名草郡内皮田村には、ほとんどの村に博労が存在し、有田郡庄村の皮田村になると一三人もの博労がいて、四郡合わせると七七人にも達していた。

雪駄細工・雪駄直しの動向

雪駄直し業も、江戸中期以降も、行われていた。寛政九年(一七九七)正月にも、前掲の「村定請合判形帳」(『生活』第三章11)により雪駄直しの者は、籠に札を付けないで仕事をしてはいけないこと、また雪駄直し仲間に入っていない者は町や村に出てはいけないこと、もし見つけたならば諸道具を取り上げ、咎銭を申し付けることなどの規制を受けていた。天保三年(一八三二)三月の記事によれば、城下の本町一丁目に「雪駄店」の記載が見え(『日記』764頁)、また、嘉永元年(一八四八)の史料にも本町一丁目中ほど東側に「皮田雪踏店」があったことがわかる(藤本清二郎『近世身分社会の仲間構造』360頁)。

同年、岡島村の又右衛門・新吉は、天保一五年七月に広瀬八百屋町辻屋清兵衛に草履と雪駄を売った代金の相当部分が勘定約束期限が過ぎているのに払わないので、清兵衛を召し出して払うように命じてほしいと願い出ている（『日記』791〜793頁）が、それによれば二人の売上代金は、合せて約銭四五〇貫文（銀四貫三〇〇目余≒八六両）である。同史料に銭六六貫八七二文が雪駄二三一足分とあるので、四五〇貫文は、雪駄約一五〇〇足分となる勘定である。かなりの雪駄・草履を売っていたわけである。ちなみに一足、三〇〇文ということになる。これを今の金額に直すのは難しいが、仮に四貫文＝一両が一〇万円相当とすると、七五〇〇円程度となる。かなり高価なものである。

前述のように明治二年（一八六九）一二月のものと推定される「岡島皮田村の家数・人数・職書き出し」では、同村の「雪駄細工人」が五〇〇軒余となっていて、村全体の七割ほども占めていた。同村においては、雪駄細工が、最も重要な産業であったのである。

太鼓の製造販売

紀伊国の皮田村でも、太鼓の製造販売が行われていた。文化元年（一八〇四）九月、那賀郡井坂皮田村藤兵衛は、広田明神の太鼓を張り替え、二五年間の保証書を渡している（『生活』第四章32）。天保一二年（一八四一）九月には、同郡東国分村皮田の太鼓屋善次郎・細工人善四郎は、荒見村役人に対して一〇年間の保証書を出している（『史料編前近代2』Ⅱ-三-27）。

牛馬骨販売

紀州藩領内でも、薩摩藩向けの牛馬骨の販売が行われていた。薩摩半島の台地はシラス台地と呼ばれる火山灰土壌で覆われている。シラス台地の三大作物はサツマイモ・大豆・菜種と言われているが、このうち菜種は獣骨肥料を施すことで栽培が可能となったとされる。そのため薩摩藩は、紀伊国からも牛馬骨を買い集めていたのである（ミュージアム知覧『獣骨を運んだ仲覚兵衛と薩南の浦々』）。嘉永四年（一八五一）七月、紀州藩では、薩摩藩向け牛馬骨について、伊都郡は岸上村源右衛門に、那賀・名草・海士・有田・日高五郡は名草郡岩橋（いわせ）村皮田七兵衛の両人のみに一手買い集めを命じた（『史料編前近代2』Ⅱ-三-20）。文久元年（一八六一）五月の時点では、集められた牛馬骨の積み出しは、御鉄砲代師矢田儀平治に引き受けさせていた（『史料編前近代2』Ⅱ-三-22）。同様の措置は、紀州藩松坂領でもとられている（『松阪の部落史』第一巻104頁）。

農業経営の発展

江戸前期・中期に引き続き、紀伊国の皮田の人びとは、農業にも積極的に携わっていた。たとえば伊都郡岸上村は、江戸中期の安永二年（一七七三）の村高は、四〇一石余であったが、天保一〇年（一八三九）約四一五石と、一四石ほど増やし、明治二年（一八六九）も同額であった（藤本清二郎『近世身分社会の仲間構造』29頁）。那賀郡井坂皮田村も、江戸中期の延享元年（一七四四）の村高一九四石余を明治二年村高二〇一石余と、七石ほど増やしていた（『旧高旧領取調帳』近畿編449頁）。皮田の人びととの農業経営は、近世初頭以来確認される近村への出作だけでなく、小作もあった。たとえば、海士郡木本村皮田の人びとの中で、幕末期、本村の助左衛門家の小作をしていた人が七人いたが、その小作米合計は約一八石であった。ちなみに、明治二年の記録によれば、七人のうちの弥兵衛は約一四石、五郎作は約一一石、三郎兵衛は五石弱の所持地を有していた（廣本満「維新期近郊農村の階層構成――和歌山近郊の木本村の場合」）。

日高郡の皮田村について見ると、天保八年（一八三七）一一月の時点で、天田組で「穢多引高」が下富安村で一〇石、財部（たから）村で二〇石、島村で一〇石あった（『史料編前近代2』Ⅱ-一-7）。

万延元年（一八六〇）一一月に日高郡下富安村皮田二〇人が本村百姓一三人とともに瀬戸又次郎に麦作のための肥料代銀貸し渡しを願い出ているから（『史料編前近代2』Ⅱ-三-30）、百姓とともに増産のため肥料を積極的に投入しようとしていたことがわかる。岡島村の牢番頭家でも、元治元年（一八六四）、干鰯（ほしか）（肥料）を村内の者だけではなく、近隣の皮田村の者に売っている（『生活』第四章41）。

前掲の木本村皮田一七人は、弘化三年（一八四六）、助左衛門家に木綿（実綿）三四八九斤余を、翌年には、二五人が四七二八斤を売り渡している。人数においても、売却量においても、木本村本村および近村の榎原村・梅原村を大きく引き離している（廣本前掲論文）。皮田の人びとも、商業的農業を活発に展開していたのである。

なお、皮田の人びとの水利権について言及しておくと、那賀郡狩宿村は、年代は確定できないが名手市場村大池普請の不正について市場村・馬宿村とともに連名で訴え出ているので、大池の水利権を有していたと考えられる（『史料編前近代2』Ⅱ-三-31）。那賀郡井坂皮田村・同郡東国分村皮田の人びとが、江戸中期の時点で水利権を有していたことは、第三章3節「農業経営の状況」で述べた通りである。

3　多様な被差別民とその生業

夙村の村況

天保五年（一八三四）の「紀伊国郷帳」で一八六石余の村高が記されている伊都郡の下夙村は、慶安三年（一六五〇）の「笠田庄絵図」（『かつらぎ町史』近世史料編口絵）に「井せき夙村瀬ノ山村」と記されているように、穴伏川の左岸から背ノ山村に向かって延びている三ノ井(ゆ)が耕地を潤していた。その灌漑面積は、安永七年（一七七八）の調査では二町五反三畝一歩である（『紀伊国名手荘・静川荘地域調査』166頁）。ただし、この用水では水量が不足しがちで毎年のように旱損が発生するので、文久二年（一八六二）、下夙村の村領内に新池を築造することが認められている（同163頁）。

下夙村の農民は、天保九年（一八三八）に那賀郡名手市場村の源右衛門家が所持する田地四枚を一〇年間小作する下作手形を提出しているように（『史料編前近代2』Ⅲ-二-11）、小作経営に携わる者もいた。一方、那賀郡穴伏(あなぶし)村の地士である名出家は、下夙村領内で一七世紀末ごろから文政二年（一八一九）まで一三〇年以上にわたって米搗水車を営んでいた（『かつらぎ町史』近世史料編1136頁）。

また、田辺湾に面している牟婁郡湊村枝郷敷村では、享保一三年（一七二八）、廻船二艘・生魚船三艘・漁船一二艘・磯船三艘、計二〇艘の船が就航していた（『紀州田辺万代記』第二巻456頁）。安永二年の「敷村指出」

（『史料編前近代2』Ⅲ‐二‐5）によれば、家職は「漁稼幷田畑作迄ニ御座候得とも、其内船手稼仕候者」がいると記されている。漁業や廻船を営むのに不可欠の船は一九艘あり、その内訳は、漁船一〇・いさば船三・まかせ船二・磯船二・廻船二であった。網は二一帖を数えており、その内訳は、飛魚網七・小鰹網四・はまち網三・四艘張網二・地引網二・しばり網二・中高網一であった。

このように漁村として発展していた敷村で漁業に従事することは、平人にとって魅力的であったようで、宝暦五年（一七五五）、牟婁郡内ノ川村の百姓は敷村に引っ越して漁稼ぎをすることを願い出て認められている（『史料編前近代2』Ⅲ‐二‐2）。漁業とともに敷村の生業として重要な船の漕ぎ手について、宝暦二年の「田辺組日用船手稼願書帳」（田所家文書）によれば、敷村からは大坂船手稼ぎを二七人、日高郡の比井浦船手稼ぎを一五人、地船稼ぎを二一人、それぞれ願い出ている。その合計六三人は、田辺組の六か村全体で願い出ている一五九人の三九・六％を占めており、村別では第一位であった。

なお、南部湾に面している日高郡山内村枝郷夙浦も漁業村落であった。宝暦一〇年の「御上ケ知南部組大指出帳」（『田辺市史』第七巻330頁）によれば、夙浦は船二〇艘（廻船一・小廻し船一・漁船三・磯船一五）と飛魚網六〇把・海老網二〇〇把・地引網四帖・はまち網三帖・磯まかせ網二帖・大魚網二帖・四艘張網二帖を持っている。家職は「漁事ニ御座候、尤田畑少々所持仕候者も御座候」と記され、敷村とよく似た生業構造にあったことがわかる。

『紀伊続風土記』と『賤者考』

近世中期以降、山鹿素行・荻生徂徠・海保青陵などの知識人によって、被差別民の起源や身分秩序が論じられるようになる。紀伊国の被差別民について記録・考察したものには『紀伊続風土記』と『賤者考』がある。

全一二九巻からなる『紀伊続風土記』は、紀州藩主が儒学者の仁井田好古（にいだよしふる）に命じて編纂させた紀伊国の地誌で、天保一〇年（一八三九）に完成した。地誌とは、特定の地域の地名・産物・風俗・歴史などに関する記録のことで、江戸時代後期には日本各地で多くの地誌が編纂された。実地調査と文献に基づいて編纂された『紀伊続風土記』は、江戸時代末期の紀伊国に関する基本的な文献であり、被差別民に関する記述も豊富である。皮田・夙村に関しては、天保期に存在した村（集落）の位置・家数・人数がほぼ網羅されている。

弘化四年（一八四七）に脱稿した『賤者考』は、紀州藩に仕え、『紀伊続風土記』の編纂にも携わった国学者の本居内遠（もとおりうちとお）が、『紀伊続風土記』編纂時の調査をもとに、被差別民に関する事項を再整理した未定稿と考えられている（渡辺広『未解放部落の史的研究』205〜215頁）。『賤者考』は、かわた身分や非人身分など、五二の身分・職業・集団の起源や存在形態について論じており、猿まわしなどの芸能者や民間宗教者（陰陽師、巫女など）、座頭、遊女といった、制度上は被差別民ではなかったが、卑賤視を受けていた人びとに関する記述も見られる。

『紀伊続風土記』と『賤者考』については、現代の研究水準からは誤りが指摘さ

表4-2 『賤者考』の項目

夙、散所、陰陽師、梓巫女、神事舞、田楽法師、猿楽、放下師、白拍子、遊女、傾城夜発、傀儡女、越後獅子、願人僧、俳優、浄瑠璃芝居、踊、観物師、舌耕、術者、弦売僧、高野聖、事触、偽造師、狙公、堂免、俑具師、刑殺人、青楼、肝入、勧進比丘尼、犬神、男色、結髪、伯楽、盲目、放免、浄瑠璃語、妖曲歌、浮浪、行乞、乞食、伎丐、丐頭、番太、穢多、革細工

れている記述もあるが、紀伊国の被差別民を知る上で重要な史料であるという評価に変わりはない。

忌避と交流

内遠は、別火・別器や通婚の忌避のような習俗的差別として表れる「穢れ」の問題に注目し、「賤者」とされた人びとには「平民より同火同婚せざる者と、火は忌まずして婚のみ通ぜぬ者と、火もしひては忌まねど等並におもはざる者」がいるとしている。

生業・職務として「死」にかかわっていた人びとに対する忌避・卑賤視については前述したが（第三章6節「『穢れ』への忌避意識」参照）、獣肉に対する「穢れ」意識も根強かった。山間部では農作物への獣害対策として猪・鹿の駆除が行われていたが、獣を捕獲しても「屠者に与えへて其代をうるのみ」であったという（伊達千広「竜神出湯日記」）。別火や肉食＝穢れとする考え方を批判した中井履軒、岡本保孝のような知識人も存在したが、触穢観念をともなう習俗的差別は近代以降も容易に解消されなかった。たとえば、那賀郡名手市場村の堀正珍が、隣接する被差別部落の小作人と初めて食事を共にしたのは、明治二六年（一八九三）一〇月一〇日のことであった（『史料編近現代2』Ⅰ-一-23、第五章2節「地主の知人としての被差別民」参照）。

ところで、『賤者考』では「乞食」に関する項目のあとに、捨子について次のような対策が提案されている。まず国ごとに二、三か所の「捨子村」を作り、はじめのうちは「賤者」から乳母を選んで養育させるが、成長後は捨子同士で結婚させて村に住まわせ、職役として新たに村に送られてきた捨子を養育させるという仕組みである。「捨子村」の住民には、新田や離島の開発、道路・橋の普請、非常時の軽卒（身分の低い兵士）など、「常人のや、労苦を難しとする所」を担わせるべきだとしている。さらに内遠は、捨子の中に「穢人皮田やうの裔交らむ事」がありうるという理由から、「夙などとひとしく賤民とさだめて良民に混ぜ」ないようにし、「他の穢多・煟房は勿論乞食・夙などとも、婚は禁ずべく、もし密婚あらば、男女とも其方へ引わたす定として、此種の戸を除く」べきであるが、「良民よりは、他の賤とひとしく、火はへだてずして婚を禁ずべし」として、捨子村の住民は、平人とも皮田・隠坊などの被差別民とも婚姻を禁止すべきだとしている。

捨子についての内遠の見解は、平人と被差別民を厳格に区別しようという秩序意識に基づいていたと考えられるが、『賤者考』が作成された一九世紀後半は、近世的な身分秩序が動揺しつつあった時期でもある。このころ、紀州藩は、城下の貧民層の中に「穢多非人」と「馴寄」る者があると指摘し、道路工事や修理・整備、夜番人として雇い入れることを禁止している（『和歌山市史』第二巻675頁）。安政六年（一八五九）に、海士郡横浜浦の皮田林平（林兵衛）が身分を隠して大坂木津灘屋の平養子になった事件では、林平に加担した門前村の地士由良弥太次（守応）に郡追放が申し渡されている（『史料編前近代2』Ⅱ-五-40）。このほか、皮田と平人の間で土地の売買や金銭・米の借用が行われており、皮田との日常的な交流は貧民層に限られたものではなかった（『史料編前近代2』Ⅱ-五-4・11）

描かれた被差別民

中世から近世にかけて、さまざまな職業の人びとの様子を描いた「職人尽絵」が作成された。中世社会における職人は特殊な技能を持つ人びとの総称であり、手工業者だけではなく、さまざまな芸能者や宗教者、遊女なども職人に含まれていた。被差別民が描かれた「職人尽絵」もあり、各時代の被差別民の姿を視覚的に知ることができる。

「職人尽絵」に近いものに、天保期（一八三〇～一八四四）の和歌山城下の風俗を描いたとされる「天保年代物売集」と「天保年代物貰集」（和歌山県立図書館所蔵）がある。ともに和歌山城下の商人（駿河町の糸屋「糸源」、秋香軒と号した）によって描かれたもので、後者には一一八点の「ものもらい」の姿が描かれている。その多くは芸能や宗教行為で興味を引き、金銭を受け取っていた（三尾八朔『天保年代物貰集』）。「物貰集」に描かれた人びとは、願人僧や越後獅子、猿まわし、乞食など、『賤者考』の記述と重複するものも多い。和歌山城下には、城下町の住民や、周辺村落や大坂周辺からの来訪者による勧進のほか、皮田村の住民による節季候（せきぞろ）や鳥追い・大黒舞（だいこくまい）の姿が見られ、「物貰集」でその姿を知ることができる（藤本清二郎『城下町世界の生活史』189～192頁）。

4　被差別民の人口動態

全国の人口動態とかわた身分の人口動態の特徴

江戸時代における日本全体の人口変動は、一七世紀初頭から一八世紀初頭まで順調に増え続け（約三倍）、一七二一～一七九二年まで四・五％の減少傾向（年率〇・〇七％減）、一七九二～一八四六年は八・五％の増加傾向（年率〇・一五％増）となり、近代に入って再び大幅な人口増加傾向を示す（鬼頭宏『日本二千年の人口史』68～69頁）。

ところが、かわた身分の人口について言えば、一七世紀初頭から増加傾向にあり、一七二一～一七九二年ごろも順調に増え続け、一七九二年以降、全体の増加率を上回る勢いで増加しているケースが多い。もちろん、地域によっては例外もあった（寺木伸明「大阪地域における近世部落の人口動態と背景――河内国更池村内の近世部落を中心として」）。

紀伊国の人口動態

では、紀伊国全体の人口動態はどうだったのだろうか。人口調査がなされた享保六年（一七二一）～明治五年（一八七二）の人口動態（紀伊国の場合、七歳以下は含まれない）を示したものが表4‐3である。

紀伊国においてもだいたい日本全体の人口動態と同じ傾向を示している。

皮田村の人口動態

紀州藩領全体における皮田の人数変動は、史料がないためわからないので、皮田村ごとの人口変動（家数も含む）を見ていこう。

伊都郡岸上村の場合、表4-4に見られるように、家数は、慶長六年（一六〇一）より天保一〇年（一八三九）に至るまで、延宝五年（一六七七）を例外として一貫して増加傾向にあり、五二戸から二四一戸へと、四・六倍に増えている。人口については、データが少なくて詳細にはわからないが、寛永一八年（一六四一）一七九人であったのが延宝五年（一六七七）には四二〇人まで増加していて、全国および紀伊国の人口変動と同様に増えている（二・三倍）。天保一〇年（一八三九）九〇〇人に達していて、延宝五年の人数の二・一四倍増加している。平均家族数は、寛永八年二・九人であったものが徐々に増えて延宝五年には七・一人となる。天保一〇年には三・七人と半減している。このように家族数の変動が大きいので、家数で人口動態を推測することは難しいが、おそらく

表4-3　紀伊国の人口動態

年　代	人　数	指　数
享保6（1721）	519,022	100
寛延3（1750）	503,174	97
宝暦6（1756）	512,898	99
天明6（1786）	500,621	96
寛政10（1798）	473,609	91
文化元（1804）	477,361	92
文政5（1822）	508,112	98
〃 11（1828）	516,478	100
天保5（1834）	520,902	100
弘化3（1846）	499,826	96
明治5（1872）	613,925	118

関山直太郎『近世日本の人口構造』139頁をもとに作成した。

この間、家数が増加傾向にあったから人口も増加傾向にあったものと推測される。

和歌山城下に接する岡島村の場合は、表4‐5に見られるように、元禄一六年（一七〇三）一三一五人から天明八年（一七八八）一四七五人へと、元文二年（一七三七）と宝暦八年（一七五八）を除いて増え続けている。天明八年から天保九年（一八三八）にかけては、一・五六倍に増えている。紀伊国全体では天明六年から天保五年までの増加率は四・一％であった。ちなみに、この時期の全国の増加率は、前に触れたように八・五％であったから、紀伊国の増加率は全国のそれの二分の一になる。ところが、岡島村の増加率は五七・六％であったから、紀伊国の増加率はもちろん、全国の増加率よりもはるかに高かった。

表4-4　伊都郡岸上村の人口動態

年　代	戸　数	人　数	平　均 家族数
慶長6（1601）	52（100）		
寛永18（1641）	61（117）	179（100）	2.9
万治3（1660）	81（156）	338（189）	4.2
寛文7（1667）	84（161）	385（215）	4.6
延宝5（1677）	59（113）	420（235）	7.1
元禄10（1697）	104（200）		
宝暦11（1761）	137（263）		
〃　14（1764）	141（271）		
明和3（1766）	145（279）		
天保10（1839）	241（463）	900（503）	3.7

1. 藤本清二郎『近世身分社会の仲間構造』33頁表5をもとに作成した。
2. （　）内は指数を表す。

海士郡木本村皮田については、江戸後期、家数しかわからないが、本村百姓との比較が可能である。本村は、天保期（一八三〇～四四）一六四戸が明治二年（一八六九）一六六戸とわずかに二戸増えたにすぎないのに比して、村内の皮田は天保期二五戸であったのが明治二年七二戸と二・九倍に増えているのである（廣本満「維新期近郊農村の階層構成――和歌山近郊の木本村の場合」）。

享和三年（一八〇三）三月の「北海士・西名草各組人

別書上」（『史料編前近代2』Ⅱ‐一‐6）によれば、皮田以外の各組村々村民五万三三九六人で前年に比べて二四九人増で、年増加率は〇・五％であったのに対して、各組皮田は二七四六人で前年に比べて七九人増で、年増加率は三・〇％であった。この時点での人口増加率は、百姓のそれの六倍に達している。

田辺領町方・村方総人口および領内皮田の人口動態はどうだったのだろうか。田辺領町方・村方総人口の変動を示したものが表4‐6である。

享保八年（一七二三）の田辺領町方・村方総人口三万八六〇九人を一〇〇とすると、明治四年（一八七一）の人口六万一〇六六人は、一五八となる（紀伊国全体では、享保六年を一〇〇とすると明治五年は一一八）。この間の人口変動は、弘化二年（一八四五）までは紀伊国全体の人口変動傾向とほぼ同じであるが、それ以降明治四年までの増加率は田辺領の方がかなり高い。

田辺領皮田村について見ると、江戸中期以降、どの地区もほぼ一貫して増え続けている。切目組内皮田の場合、宝暦一〇年（一七六〇）から安政六年（一八五九）の間に二・八一倍（田辺領全体ではこのころ一・四七倍）、南部組内皮田では、同じ

表4-5　岡島村の人口動態

年　代	戸　数	人　数	平均家族数
元禄 8（1695）		1504（100）	
〃 16（1703）		1315　（87）	
元文 2（1737）		864　（57）	
宝暦 8（1758）		1260　（84）	
〃　9（1759）		1320　（88）	
明和 2（1765）		1440　（96）	
天明 8（1788）	295（100）	1475　（98）	5.0
享和 3（1803）*		1521（101）	
天保 6（1835）	540（183）	2509（167）	4.6
〃　9（1838）	537（182）	2324（154）	4.3
嘉永元（1848）	580（197）		

1. 藤本清二郎『近世身分社会の仲間構造』262頁表1をもとに作成した。
2. ＊は享和3年「北海士・西名草各組人別書上」による。
3. 戸数・人数の（　）内は指数を表す。

期間に二・〇七倍増えている。田辺組内皮田は、寛政三年（一七九一）から明治二年（一八六九）までの七八年間に三・三三倍（田辺領全体ではこのころ一・六七倍）、朝来組内皮田は、天保一〇年（一八三九）から安政六年（一八五九）までの二〇年間に一・六八倍（田辺領全体ではこのころ一・一八倍）、富田組内皮田は、文政一三年（一八三〇）から慶応四年（一八六八）までの三八年間に一・四六倍（田辺領全体ではこのころ一・三六倍）の増加である。いずれの地区も、田辺領全体人口の増加率を上回っている。特に切目組内皮田・南部組内皮田・田辺組内皮田の増加率が高いことが注目される（表4‐7参照）。

次に寺領人口と寺領内皮田人口の動態を見ておこう。

安永九年（一七八〇）高野山修理領伊都郡二か村・那賀郡八か村総人数（皮田を含まない）は、四〇六二人（指数一〇〇）、天明六年（一七八六）三八五六人（指数九五）、寛政四年（一七九二）三七七九人（指数九三）と漸減傾向にあったが、安政五年四二六八人（指数一〇五）にはやや増えている。

表4-6　田辺領町方・村方総人口の動態

年　代	人　口
享保8（1723）	38,609（100）
〃16（1731）	39,399（102）
宝暦7（1757）	35,583　（92）
〃13（1763）	36,020　（93）
明和5（1768）	36,492　（95）
安永元（1772）	36,459　（94）
文化2（1805）	39,911（103）
〃　7（1810）	41,399（107）
〃12（1815）	42,637（110）
文政3（1820）	43,031（112）
〃　8（1825）	44,234（115）
天保元（1830）	45,037（117）
〃　5（1834）	45,262（117）
〃11（1840）	44,182（114）
弘化2（1845）	45,525（118）
嘉永3（1850）	47,097（122）
安政2（1855）	50,778（132）
万延元（1860）	52,205（135）
慶応元（1865）	51,202（133）
明治4（1871）	61,066（158）

1.『田辺同和史』第1巻140頁をもとに作成した。
2.（　）内は指数を表す。

一方、皮田人口は安永九年一五二人（指数一〇〇）、天明六年二二五人（指数一四八）と増え、寛政四年一八一人（指数一一九）とかなり減ったが、安政五年には三七八人（指数二四九）と再び大幅に増えている。寺領でも、総人口の増加率をはるかに上回る形で皮田人口が増えていた（『史料編高野山文書』Ⅱ-二-143・144、『高野町史』史料編95頁）。

以上見てきたように、紀伊国においても皮田人口は、一八世紀の、日本全人口の減少期においても増加傾向にあり、かつ、一九世紀の増加期には総人口あるいは地域の百姓の増加率を上回る率をもって増えたと言える。もちろん皮田村ごとの増加率に違いはあったが。

こうした皮田の人口増は、今までの紀伊国以外の地域での研究により、流入による社会増ではなく、出産による自然増であり、それを支えたのが皮田村の、多彩な再生産構造であり、積極的な経済活動であったとされているが（高市光男「近世部落の人口動態とその背景――和泉国泉郡南王子村の場合」、寺木伸明「大阪地域における近世部落の人口動態と背景――河内国更池村内の近世部落を中心として」）、田辺領でも皮田の人口増加は自然増と考えられている。領内皮田村では、特に女子の新生児の間引きがなかったことが、増加要因のひとつにあげられている。また皮革産業の発展や荷役などの必要に伴う労働力の需要増が人口増加を支える要因になったということも指摘されている（芝英一「近世田辺領における人口問題―皮田人口を中心として―」）。今後、紀伊国における皮田村ごとの人口増加の原因（特に各皮田村の再生産構造）の究明が俟たれるところである。

養	田辺		朝来		富田	
人数	戸数	人数	戸数	人数	戸数	人数
	5 (33)					
	15 (100)		16 (100)		4 (100)	
		64 (100)				
	15 (100)					
						214 (100)
					28 (700)	232 (108)
					28 (700)	236 (110)
	23 (153)	113 (177)	92 (575)	487 (100)	28 (700)	206 (96)
					28 (700)	206 (96)
					28 (700)	216 (101)
						262 (122)
74 (100)	23 (153)	155 (242)	92 (575)	818 (168)	28 (700)	313 (146)
						313 (146)
	23 (153)	208 (325)				313 (146)
	52 (347)	213 (333)				

表4-7　田辺領皮田人口の動態

年代＼組	切目		南部		芳
	戸数	人数	戸数	人数	戸数
慶長18（1613）					1（50）
元和5（1619）	8（ 50）				
慶安2（1649）					
元禄10（1697）	9（ 56）		20（105）		2（100）
宝暦10（1760）	16（100）	142（100）	19（100）	186（100）	
寛政3（1791）					
〃 4（1792）					
〃 7（1795）					
文政13（1830）					
天保6（1835）					
〃 7（1836）					
〃 10（1839）	20（125）	268（189）			
〃 11（1840）					
〃 14（1843）					
嘉永7（1854）					
安政6（1859）	81（506）	399（281）	35（184）	388（207）	7（350）
安政7（1860）					
慶応4（1868）					
明治2（1869）					

1. 芝英一『近世身分制と被差別の民―田辺領の場合』292頁をもとに作成した。
2. 戸数・人口の（　）内は指数を表す。

非人村の人口動態

次に、非人身分の人びとの人口動態について見ておこう。

家数・人数を知ることのできる史料が元禄一〇年（一六九七）から明和二年（一七六五）までに限られているために、江戸後期も含めた、ほかの身分の人びとの人口動態との比較をすることができないので、この時期だけの比較をしてみる（表4‐8参照）。

吹上非人村は、和歌山城下に隣接する場所にあって、江戸後期には今福非人村と称していた。非人村は家持の非人と小屋非人で構成されていた。家持の戸数は、元禄一二年から宝暦七年（一七五七）の約六〇年の間、一一二戸から一〇六戸と、六戸減っただけで、大きな変化はなかったと言えよう。人数は、正徳五年（一七一五）四四三人が宝暦七年六月五〇三人で、六〇人増えている（一・一四倍）。微増である。ところが、小屋非人は、元禄一〇年二八人が享保一八年（一七三三）には一八三人となり、六・五四倍増え、その後減少傾向が見られ、宝暦七年七月には一二四人になっている。

両者合計人数は、元禄一六年五八〇人が明和二年六一七人と三七人増えている。微増である。ところが、岡島村は、前掲表4‐5に見られるように元禄八年一五〇四人が明和二年一四四〇人となり、微減している。ここに、この時期における両者の人口動態に多少の違いを見ることができる。

鉢坊の人口動態

田辺領の鉢坊の、江戸中期から近代初頭までの人口動態を示したものが表4‐9である。

表4-8　吹上非人村の人口動態

年代＼区分	家持		小屋非人	人数合計
	家数	人数		
元禄10（1697）10月			28（100）	
〃12（1699）　2月	112（100）		60（214）	
〃13（1700）　3月			85（304）	
〃16（1703）　1月				580（100）
〃　3月			140（500）	
宝永8（1711）　3月			114（407）	
正徳5（1715）12月	112（100）	443（100）	91（325）	534（92）
享保元（1716）　3月			157（561）	
〃　11月	112（100）	500程（113）	88（314）	588程（101）
〃 2（1717）　3月		347（ 78）	141（504）	488（ 84）
〃17（1732）　8月				503（ 87）
〃18（1733）12月			183（654）	
元文元（1736）11月	120（107）	500程（113）	150（536）	650程（112）
〃　2（1737）5月				665（115）
〃　8月				672（116）
宝暦4（1754）　5月				503（ 87）
〃　9月				514（ 89）
〃　7（1757）6月	106（ 95）	503（114）	105（375）	608（105）
〃　7月			124（443）	
〃　8（1758）5月				605（104）
〃　9（1759）5月				621（107）
〃　6月				623（107）
明和2（1765）				617（106）

1. 藤本清二郎『城下町世界の生活史』340〜341頁表1をもとに作成した。
2. 各区分の（　）内の数字は指数を示す。

表4-9　田辺領鉢坊の人口動態

年　代 ＼ 組	切目組 西ノ地村	田辺組 西ノ谷村
宝暦10（1760）	8（100）	
寛政3（1791）		60（100）
天保10（1839）	19（238）	92（153）
安政6（1859）	14（175）	122（203）
慶応4（1868）		119（198）
明治2（1869）		124（207）

1. 芝英一「近世田辺領における人口問題―皮田人口を中心として―」の表をもとに作成した。
2.（　）内の数字は指数を示す。

切目組西ノ地村の鉢坊は、宝暦一〇年（一七六〇）八人で、天保一〇年（一八三九）一九人に増え、安政六年（一八五九）一四人に減っている。それでも、宝暦一〇年より一・七五倍に増えている。田辺組西ノ谷村の鉢坊は、寛政三年（一七九一）六〇人が安政六年一二二人と約二倍になって、明治二年（一八六九）一二四人となっている。

ただし、三栖組下万呂村や朝来組岡村の鉢坊の人口については、宝暦一〇年から安政六年にかけて前者が一・六倍、後者が一・四倍となっていて、同時期の田辺領町方・村方総人口の増加率（一・四倍）とあまり変わらない。各鉢坊集落の生業などの違いによる類型が存在することが推定されている（藤井寿一「田辺地域における『鉢坊』（おんぼう）の存在形態」）。

5　江戸後期・維新期の被差別民の信仰

三業惑乱

近世期の本願寺教団では、教義にかかわる論争が何度か発生しているが、その最大のものが三業惑乱(さんごうわくらん)である。三業惑乱は紀伊国でも論争が繰り広げられ、皮田寺もその影響を受けている。三業惑乱の概況は次の通りである。

本願寺学林(がくりん)（教義についての学問所）の第六代能化(のうけ)（学問僧の最高職）である功存が宝暦一二年（一七六二）、越前の浄願寺竜養が唱えた無帰命安心(むきみょうあんじん)（仏に頼まなくても信心が定まること）の邪義を批判して『願正帰命弁』を著した。そこには「三業帰命説」が説かれていたため、教学上の問題へと発展した。「三業帰命説」とは、心に浄土に生まれようと願う以上は、必ず身・口の二業にも同様の願いが現れるはずであるから、帰命とは意に阿弥陀仏をたのむと同時に、身に敬礼し、口に称名することであると説くものである。

これに対して東本願寺宝厳(ほうごん)が『興復記』『帰命本願訣』を、本願寺派の大瀛(だいえい)が『横超直道金剛錍』を著して非難した。さらに本願寺派大麟・興正寺門主法高なども批判したため、学林側の僧侶がこれに応酬した。寛政九年（一七九七）に智洞が能化となり「三業帰命説」を説いたので、大瀛を中心とする備後・安芸の学僧がこれに反対した。この反学林派を古義派、学林派を新義派と呼ぶようになった。

この対立は、中間派の河内国の道隠が智洞と対談することにより一度は和解したが、学林派が道隠の安心を不正義と判定したため、道隠をおす古義派との対立が再燃した。

享和二年（一八〇二）の正月、本山に訴えた大垣の霊譚が投獄されたため美濃の古義派が蜂起し、藩主が幕府に報告することにより、幕府が介入することとなった。翌年三月、二条奉行は両派の関係者を取り調べ、さらに翌文化元年（一八〇四）には江戸幕府において審議が行われた。その結果、宗意安心の基準は宗門が決定するものであるとされ、同三年に両派首謀者、本山役人が罰せられ、西本願寺・興正寺両門主も逼塞（謹慎刑、門を閉じて昼間の出入りを禁じたもの）を命じられた。審議中、智洞・大瀛ともに病没した。本山は同年一一月四日、宗主の「御裁断御書」を末寺・門徒に示し、古義派を正義として宗意を統一した（『総合仏教大辞典』、『真宗新辞典』の記述を参考にした）。

以上が三業惑乱の概況である。三業惑乱は全国規模の宗論となり、各地で新義派、古義派に分かれて争っている。『紀伊国諸記』の記述にもこの宗論にかかわる記述が散見でき、皮田村とのかかわりも推定できる。

三業惑乱と「穢多一件」

「穢多一件」とは、文化二年（一八〇五）、文化三年の両度に、鷺森御坊役僧桃善寺、衣番一源寺、火番奥野長蔵が、下井坂村皮田蓮乗寺にて止宿し、穢火を同じくしたことが問題となった事件である。

この事件の背景には、前述の三業惑乱が関係している。三業惑乱に際して、本山は古義派が正当であるとすることで宗意を統一したが、新義派の勢力が強い地域では、その決定は不服であった。紀伊国は、そういった新義派が多い地域であった。本山による御書の差し向けを拒否する勢力が、国内を混乱させるために紀伊国録所である鷺森御坊に対してある種の言い掛かりをつけたのであった。

管見できる最初の訴えは、文化三年九月に内原村光徳寺から寺社奉行宛に提出されている（『史料編前近代2』Ⅱ-六-23）。その後、本願寺派の多数の寺院が連印をもって国役所へ訴え出たため、公儀の役人が多人数、紀伊国に入り込む事態となった。これを受けて鷺森御坊前輪番の宏山寺からは穢火混同の事実がなかった旨の口上書が提出され、三人に対しては数度にわたり国役所の吟味が行われた。この間、文化一〇年一月までに、国内の末寺・門徒から提出された願書は、日高郡を最後にすべて取り下げられ、翌二月に三人に対して処分の申し渡しが行われた。訴えを受けて謹慎となっていた桃善寺など三人は、願書が取り下げられたことにより謹慎が解かれた。また、多くの寺院が連印で願書を寺社奉行に提出することに賛同したが、名草郡山口藤田村妙道寺は同調しなかった。その功績が評価され、永代国絹袈裟（くにきぬけさ）が許されている（『史料編前近代2』Ⅱ-六-24・25）。

こうした三業惑乱をめぐる騒動には、紀伊国内の多くの皮田寺が関係していたとされる。文化一一年の春に、紀伊国に本山から御書の差し向けが行われる予定であった。本来本山の家来衆が現地に赴くのであるが、皮田村に対しては皮田寺の中本山、「四ヶ之本寺」のひとつである金福寺を差し向けることとなった。その理由は、紀伊国内では多くの皮田寺が新義派に与（くみ）していたため、本山からの御書差し下げに支障をきたすことを回避するため、皮田寺の事情に詳しい金福寺に白羽の矢が立ったと考えられる。なお、派遣された金福寺は、各所にて規定外の衣躰を着用するなど不遜な態度があったことが報告されている（『史料編前近代2』Ⅱ-六-

27)。

尼知海の異安心問題

嘉永二年（一八四九）と慶応元年（一八六五）の二回、牟婁郡十九淵村の尼知海が、異安心（誤った教義の解釈）の咎で弾圧されている。この事件は、すでに芝英一の論考（芝英一「幕末・維新期、田辺領における宗教弾圧―富田尼僧智海と信徒集団の受難―」）や『田辺同和史』でも取り上げられている。『紀伊国諸記』には、嘉永二年の一回目の弾圧について詳しく記されている。本願寺にとっては、真宗寺院を舞台に多数の信者を集める、怪しげな尼僧の存在に関心があったに違いない（『史料編前近代2』Ⅱ‐六‐14）。

尼知海は「穢多」である兵五郎の母で、嘉永二年時点で年齢が六三、四であり、永年にわたり御法義相続に熱心であったという。嘉永元年の一二月に早起きして仏前に拝礼していたところ、御真影（親鸞聖人の肖像）から「あなたは日ごろから御法義相続に熱心であるから極楽往生は間違いない。しかし、ほかの者は不信心であるのでこのままでは必ず地獄に墜ちる。なぜ教化しないのか」という御告げを受けた。当初は口外しなかったが、翌年正月に、御告げのことが顕わとなり、村内の者が教化を受けるようになった。その後、知海が不思議な能力をそなえ持っているという風聞が広まり、遠近より数多くの人びとが訪ね来るようになった。知海の教化は、浄土真宗の教化、すなわち門徒が一斉に法話を聴聞する形態とは異なり、毎回一人ずつ別間に連行して教化するというものであった。

知海による怪しげな教化に対して、田辺領の代官所は知海の取り調べを行おうとするが持病があり出頭できないという理由で実現しなかった。また知海に対して教化禁止を命じるが、かえって裏口から参詣者が入り込み、昼夜問わずに増え続けるという状況であった。当初穏便に処理しようとしていた代官所は、嘉永二年三月に、関係者を召捕らえた。知海ほか三人が入牢、肥後出身の旅僧が囲番附（身柄を拘束し、番人に監視させる刑罰）、俗人六人が在所にて番附（番人に監視される刑罰）となった。嘉永二年閏四月には処分が言い渡され、知海、恵得、善四郎、兵五郎、五兵衛、猪右衛門が追放刑となっている（『史料編前近代2』Ⅱ‐六‐15）。

本願寺ではこれらの動きに対応して、尼知海と交流のあった皮田寺や皮田身分を門徒に持つ寺院を厳しく取り調べ、異安心ではないことを確認している。そこでは勝浦正念寺、田辺浄行寺、切目善福寺、財部（たから）安養寺など、計一〇か寺が列記されている（『史料編前近代2』Ⅱ‐六‐16）。

芝は知海の教化は「踊り念仏」であると推測し、知海弾圧を近世幕藩権力による分裂政策によるものであり、知海らはその受難者であると主張している。しかし、筆者は知海の教化は秘事法門（ひじほうもん）すなわち隠し念仏の一種ではないかと推測している。別間にて一人ずつ教化するという形態は、隠し念仏の「オトリアゲ」の儀式に通ずるものがあるからである。また、知海らの処罰に関しても、教化活動自体が邪義であるとされたのであれば、追放刑は当然至極であり、かわた身分ゆえの弾圧とは言い難い。

皮田寺の認識についての問題

ある寺院が皮田寺であるかどうかという認識は必ずしも固定化されたものではない。近世の本願寺教団においては、前述の通り「穢寺帳」が編纂されてはいたものの、その内容は不十分であり、本山にとって現地の実態を把握することは困難であった。また「四ヶ之本寺」である金福寺が、皮田寺との本末関係を結ぶことにより、金福寺自体が皮田寺と認識されるようになったとする見解もあり、時代によって認識も変化すると考えられる（左右田昌幸「『四ヶ之本寺』ノート」、和田幸司「『四ヶ之本寺』金福寺についての一考察―北播磨金福寺末寺院の展開を視野にいれて―」）。

紀州藩領においても、皮田寺であるか否かが問題となっている事例がある。松坂領大黒田村善覚寺の事例が有名である。『紀伊国諸記』九番帳（長御殿）の文化一一年（一八一四）六月条には、善覚寺が皮田寺であるかが不明確であるため、御書の巡回をどうすべきかが問題となっている（『史料編前近代2』Ⅱ‐六‐28）。その後、天保一二年（一八四一）一〇月にも、善覚寺が余間昇進を願い出た際に、善覚寺が皮田寺であるか否かが問題となっているが、本山は善覚寺を皮田寺であると認識はしていなかった（左右田昌幸「近世後期西本願寺教団における部落寺院について―伊勢国松坂善覚寺を中心に―」）。

財部村安養寺に関しても同様の問題が生じている。『紀伊国諸記』一八番帳（長御殿）の嘉永元年（一八四八）四月条には、菊桐御紋の提灯が許されていることに対して、安養寺が皮田寺であるか否かが問題となっている（『史料編前近代2』Ⅱ‐六‐31）。

このように皮田寺であるどうかについては、統一された認識はなく、その時々の状況において判断されているのが現実である。そういった状況で、他国では自身が皮田寺ではないと訴え出る事例もある。摂津国川辺郡火打（ひうち）村勝福寺は、天保一二年に皮田寺ではないと本山に訴え出ている。その際も、幕藩権力と本山、在地の認識が異なっている（藤原豊「近世後期の部落寺院について―摂津国川辺郡火打村勝福寺取り扱い一件を中心に―」）。

勧化迅雷鈔

「紀州藩牢番頭家文書」に「勧化迅雷鈔（かんげじんらいしょう）」という文書が残されている（『生活』第五章32）。これは、布教使の説教が不当であると被差別民の側から主張され、それに対する回答書として残されたものである。幕末、「勧化僧」（布教使）による差別的な説教が、各地で問題を起こしていたということも記されている。

ことの発端は、以下の通りである。すなわち、本史料の回答者である布教使が、最近法話をした際に、「聖徳太子は貧しい者、賤しい者どもを守護せよと願をかけられて仏像を彫刻された。このように仏法は貧しいお前たちのためにあるのだから、少欲知足の教えに従い、何事も前世の因縁と諦めて際限の無い欲を起こすべきでない。分相応の家業を営んで、食事にありつけるのなら、『穢多』・乞食の身上からすれば、まずは安楽な境遇である」と聴聞させたところ、たまたま被差別身分の者がいて、怒り出し、翌日には、さまざまな難問を出してきたというのである。

その難問のひとつは「このように身分を落とされているということは、往生できないということか」であった。この布教使の論理は特別なものではなく、当時は普通に行われていた布教であったと思われる。というのも、「横川法語」の一節と同じだからである。

　まづ三悪道をはなれて人間に生るること、おほきなるよろこびなり。身はいやしくとも畜生におとらんや。家はまづしくとも餓鬼にまさるべし。心におもふことかなはずとも地獄の苦にくらぶべからず。世の住み憂きはいとふたよりなり。このゆゑに人間に生れたることをよろこぶべし。

（『浄土真宗聖典（註釈版）』1425頁）

これは、人間に生まれ、仏法と出会った喜びを説いたものであるが、実際には、逆向きに使われた。つまり、上を見たらきりがないので、巧妙に比較の基準を下降させ、現実社会への不満を個人の内面的問題（少欲知足）にすりかえ、人間に生まれたことで満足させようとしているのである。また、人間としてさまざまに感じる不満にも社会矛盾に原因を持つものがあるが、それらを個人の責任にとどめ、社会問題として浮かび上がらせないようにしているのである。『仏説無量寿経』巻上の「眷属荘厳」が引かれ、過去世の業（行い）が良いからそれを因として現世に果が現れるとし、自業自得の因果応報を説くのも同じ論理である。

もちろん、これは被差別民に限った教化内容ではなく、一般的にすべての人びとにこのように説かれたのである。民衆教化の標準であると考えられる。それぞれの前世の業の果としての現世の分相応に弁えることが説かれたというわけである。そもそも、この事件の布教対象が被差別民ではなく、貧しい人びとであった。

ところで、この問いは、往生ができないことという形をとってはいるが、これは、身分差別と往生がセットになっている主張である。宗教的平等をどのように考えるかが大きな課題である。現世の身分差別を前世の業の結果として諦めさせる教えに対して、前世の業にかかわらず浄土往生が平等なら、現世における序列はその救済の本願によって相対化されるのではないかというのである。仏教にとって本質的な問題提起が被差別民の側からなされたのである。それは近世幕藩体制下の身分制を根底から揺るがし、秩序維持の民衆教化をしている西本願寺にとってはゆゆしき事態となる。それゆえに、この「回答書」とも言うべき文書が残されたのである。

この問いに対して、当の布教使は、言下に否定し、「穢多」が往生しなかったという例は見たことがないといい、すべてが法の同行であるとまで述べるのである。ところが、このような救済の平等は、現世における平等を意味しないと付け足すことを忘れないのである。すなわち、西本願寺には王法（世俗の法あるいは慣習）を表とせよとの御教えが数々あり、仏法の上においてはこのようにお前たちを隔てる（差別する）ことはないけれど、神国である以上、「穢れ」を避けるのは王法であるから、お前たちが分限を弁えないのは王法を軽んじ、法度をやぶることであると、いうのである。

現世において王法を相対化するべき仏法は、この論理によって、仏法による解放という現世的意義を否定され、世俗の論理を補完する役割を果たすことになる。これは、輪廻からの解脱をその目的とすることで、現世の価値・秩序を相対化させるという仏法本来の意義を喪失させてしまうものである。「勧化迅雷鈔」に代表される民衆教化によって、被差別民をはじめすべての人びとが自らの境遇をこれらの論理によって受け入れていたのである。

ところで、呼称について、被差別民側からの主張に、興味深いものがある。すなわち、世間では「癩者」に対して「癩」といわないように、「穢多」に対して「穢多」とは言わないはずであるというものである。たしかに、「穢多」という呼称は紀州藩では、藩から下される行政文書に記載されるものであるが、たとえば、「紀州藩牢番頭家文書」では自分たちのことを「穢多」とは書かずに「皮田」と記載している事例が見受けられる。

また、以下の事例もある（『日記』134頁）。牢番頭たちが町廻りの最中に、町の肝煎が、彼らに対して「穢多どもが人がましく」廻っていると悪口を言った一件である。ここでは、御上の御用を遂行中に悪口を言われたので、その場で叩いて処分したのである。その報告も役人に行い悪口を言った町人たちが「不届者」と認められている。しかし、この一件は、あとで当該の町人たちを呼び出したところ、そのような悪口は申していないということになり、結局牢番頭たちが役人から叱られ、手沓（てぐつ）・閉門を申し付けられている。

「勧化迅雷鈔」の身分呼称の主張がすでに牢番頭たちの意識として形成されていたとするなら、牢番頭たちのこの行為は御上の御用という意識だけではなく、「穢多」という呼称そのものへの異議申し立てを行ったということになろう（小笠原正仁「『勧化迅雷鈔』に見られる布教の問題」、同「真宗信仰とアイデンティティ」）。

空也堂による鉢屋の組織化

田辺領の鉢坊（隠坊）身分の者は、先祖は平安時代に関東で反乱を起こした平将門（たいらのまさかど）の群臣で、追討されるはずであったが、空也（くうや）上人の助命嘆願によって救われたので、上人の教えを受けて有髪僧形の門下として永く末派に位置づけられた者である、という由緒を持っていた（『史料編前近代2』Ⅲ‐二‐31）。このような由緒は、近畿北部・山陰地方の鉢屋や山陽地方の茶筅（ちゃせん）と共通するものである。ただし、田辺領内の鉢坊は、末派の本山である空也堂へ文政・天保年間（一八一八〜四四）までは参詣していたが（『紀州田辺御用留』第一七巻122頁）、その後は久しく拝礼することなく、先祖からの恩義を忘却したので身上を崩した、と述べている（『史料編前近代2』Ⅲ‐二‐29）。

一方、京都の極楽院空也堂は、禁裏から菊紋使用の特権を与えられており、代々の天皇が崩御した時には焼香のために泉涌寺や般舟院へ参向し、諸国の末派の者も順番でこれに供奉することが慣わしとなっていた（菅根幸裕「明治新政府の宗教政策と『聖』の対応」）。慶応二年（一八六六）一二月には孝明天皇が死没したが、その焼香の供奉は紀伊国の末派が当番にあたっていたので、空也堂としては紀伊国の末派の者を一人でも多く動員することを望んでいた。さらに、末派の者が空也上人への報恩として毎年初穂の米麦を供えるとともに、空也上人の九〇〇回遠忌が近づいているので、本堂の再建が具体化するならば末派の者は手伝ってほしい（『史料編前近代2』Ⅲ‐二‐30）、というのが空也堂の願うところであった。

慶応三年、空也堂の使僧である浄心は田辺領内へ出向き、領内の鉢坊（鉢家）が手続きを経て本山と本末関係にあることを確認する書類を整えることを伝えた。翌四年三月上旬、明治維新によって立藩した田辺藩の京都留守居役から田辺領内役所へ、王政復古に伴って領内の末派鉢家を取り調べるため、空也堂の役人である田村民部が出向く旨の廻達が届いている。田村民部は浄心を随伴して四月一日に京都を出発、六日に田辺へ到着し、七日には西ノ谷村の庄屋を通して、田辺領内の末派で頭立の者を一九人（一一か村）呼び出した。この場において、田村民部は、田辺領内の末派取り締まりに功績をあげていた西ノ谷村の太郎右衛門・長四郎・太右衛門を末派触頭役に申し付けるとともに、芳養浦松原と下秋津村青木の末派の者を加勢役に任命している。

同じ七日、田村民部は表領（和歌山藩領）口熊野の大辺路筋に位置する牟婁郡田野井村・大野村・日置浦・周参見浦にいる末派鉢家に本山の御用向きを申し付けるため、四か村の頭立の者が西ノ谷村の末派方へ参上することを求める通達を四か村の庄屋に宛てて出した。さらに、同九日には、新宮領の牟婁郡有馬村にいる末派に宛てて、田村民部の宿泊所へ参上するよう書状を送りつけている。その結果、表領の四か村のうち、田野井村・大野村・日置浦の末派は本山の要請を受け入れたが、周参見浦の末派は同意しなかったので、田村民部は西ノ谷村庄屋の添書とともに浄心を周参見浦に派遣して説得に努めた。それでも周参見浦の末派は納得しなかったので、四月二一日、田村民部は周参見浦の庄屋に宛てて書状を送り、末派を理解させるよう依頼している。また、有馬村の末派は田村民部の要請を黙殺したようである。

　四月二二日、田村民部は田辺を出発して日高郡に入り、表領の印南(いなみ)浦に宿泊して、表領の印南浦・島田村と田辺領の西ノ地村の末派の者に御用を申し付けることを、西ノ谷村庄屋を通して各本村庄屋に通達した。さらに、田村民部は末派が居住している村々に順達し、表領の小松原村に到着して、表領の鐘巻(かねまき)村・門前(もんぜん)村・吉田村・和田浦・志賀村の末派に御用を申し付け、「紀州末派連印帳」（『史料編前近代2』Ⅲ-二-31）へ調印させることに成功している。これら表領の七か村のうち、六か村の末派の祖先は延宝六年（一六七八）に作成された

表4-10　「紀州末派連印帳」に調印した鉢家の村名と人数

田辺領			表領		
郡名	村名	人数	郡名	村名	人数
牟婁	西ノ谷村	28	牟婁	田野井村	4
	下秋津村青木	5		大野村	5
	芳養浦松原	7		日置浦	5
	下万呂村小泉	6		周参見浦	7
	下三栖村	2	日高	島田村	3
	岡村	8		印南浦	5
	岩田村	3		吉田村	3
	大内谷村	12		鐘巻村	4
	才野村	14		和田浦	1
日高	北道村	9		萩原村東光寺	1
	西ノ地村	1		志賀村	1
			海士	門前村	1

慶応4年「紀州末派連印帳」をもとに作成した。

図4-1　空也堂

「日高鑑」では「ひじり（聖）」として把握された人びとであった（第二章5節「葬送の担い手」参照）。

その後、田村民部は郡境を越えて表領の有田郡湯浅浦へ出かけて、湯浅浦と同郡栖原（すはら）村の末派の者を呼び出すが、不都合な事情があって「紀州末派連印帳」へ調印させることはできなかった。

以上のような経過をたどって、田村民部は、西ノ谷村の三人を触頭、芳養浦松原と下秋津村青木の者を加勢役とする体制を整え、紀伊国の末派鉢家を組織化することに一定の成果を収めた。その組織化の範囲を示すのが表4-10である。

これを見てわかるように、空也堂を本山として組織化されたのは、田辺領の一一か所にとどまらず、表領の口熊野に属する牟妻郡大辺路筋の四か所、さらには表領の口六郡に属する日高郡七か所と海士郡一か所に及んでいる。ただし、表領での組織化は田辺領のようにはスムーズに進展できなかった。その辺りの事情について、六月一八日付で空也堂から西ノ谷村庄屋に宛てて遣わされた書状には、「表領之分ハ、其御領内末派とハ少々身元筋違之筋も難計」（『史料編前近代2』Ⅲ-二-30）と、表領の末派が本山に結集する由緒を必ずしも伝えてはいない実態を吐露している。また、田辺領の鉢坊集落の一三か所のうち、牟婁郡の十九淵村と日高郡の西岩代村は組織化の対象とされていなかった点も見逃せないであろう（藤井寿一「紀伊国『鉢坊』の人たちと空也堂」）。

6　江戸後期・維新期の被差別民をめぐる動向

頭支配の動揺

一九世紀に入ると岡島村は、四〇〇戸・二〇〇〇人規模にまで拡大した。幕末には戸数・人口ともにさらにおおよそ倍増したものと推測される。こうした傾向の中、文化六年（一八〇九）には岡島村庄屋役廃止（本村である岡町村庄屋が兼帯、岡島村組頭中から選任された肝煎がこれを補佐する）により、頭仲間の村政への直接的関与が断ち切られた。その背景には、本村庄屋—肝煎・組頭体制の構築により村方統制の強化をもくろむ勘定奉行側の意向と、頭仲間と対立する組頭層との思惑の一致があったとも考えられる。頭仲間は（村民を手下として使役する）諸役遂行に支障が生ずることを理由に、措置撤回を嘆願したが、翌年、藩の評定所は庄屋役復活を却下する判断を下した（ただし幕末には頭仲間から肝煎を選任する形で調整が図られた）。

役負担の変化—召捕り・内聞御用

一九世紀には頭仲間の役負担にも変化が見られた。警察業務については、文政初年（一八二〇年代初頭）ごろ、頭に対し「町方密事風聞」収集が命じられ、文政期末（一八三〇年前後）ごろには頭からの出願により、この「内聞御用」が口六郡在方にまで拡大されることとなった。また、ほぼ同時期に勘定奉行所からの命を受け、頭たちが日高郡や牟婁郡にまで召捕り業務に赴く事例が見られるようになる。この警察業務に関する頭仲間の権限拡大は、従来の在方における大庄屋―胡乱者改―惣廻り―非人番体制では対応困難な状況が増加したことに対し、藩が講じた施策と位置づけることができよう。しかし、これら「内聞御用」と「召捕り」業務は、天保一二年（一八四一）には双方ともいったん廃止された。頭たちは役の減少を自らの衰退と捉え、藩に召捕り役復活の請願を繰り返した結果、弘化二年（一八四五）に無宿者および在方皮田に限定して召捕りが許可された。次いで安政元年（一八五四）には在家無宿者、翌二年には在家（有宿百姓・町人）の召捕りが許可され、以後、在家召捕りについては一年ごとの許可更新という形で復活が認められた。

見干し才領

また、前述（第三章1節「刑吏としての牢番頭たち」参照）した追放刑執行時の頭たちによる「見干し」業務も同じく天保一二年に廃止され、以後は町奉行所同心や惣廻り・非人番がこれを担当することとされた（『海南市史』第四巻776頁）。頭たちはこれに対しても復活請願を繰り返した結果、正確な時期は未詳（安政期ごろか）ではあるが、町・勘定両奉行所の意向もあって皮田の「見干し」に限定して復活が認められた（『史料編前近代2』I-四-35）。このような天保期における相次ぐ役の廃止は、同時期における「穢多非人」身分への風俗統制強化の一環とも考えられるが、後年のその復活は、専門性を要する警察・行刑業務に対する頭仲間への藩の依存度の高さを表しているとも言えよう。

牢番役

牢番役についても同様の変化が見られた。一九世紀に入ると、従来は在方の牢に収容されていた被疑者も過半は城下の牢へ送られるようになり、入牢者増による牢番役の増加が顕著になった。この牢の管理・運営に携わる頭の補助として、従来は岡島村民に対し無報酬の「牢屋加番（人足）」が賦課されていたが、これも天保一三年（一八四二）に近在の皮田村への課役へと変更された。「頭―手下（村民）」の構造の根幹とも言うべき牢番役に関するこの変更に対し、頭たちは原状回復を嘆願した結果、三年後の天保一五年に岡島村の加番復活が認められた。ただし、無報酬での加番維持は困難であったと考えられ、嘉永期（一八四八～五四）には頭仲間により藩に対して扶助要請が行われている（「紀州藩牢番頭家文書」、ただし結果については現時点では不明）。

慶応年間（一八六五～六八）には岡島村小前たちによる、頭を相手取った訴願がしばしば藩役所に提起されたが（『生活』第三章20・21）、このような村政や役負担における頭支配の影響力の低下が、その一因をなしていると考えることもできよう。

維新期の牢番頭仲間

明治二年（一八六九）二月、和歌山藩は大規模な藩政改革を実施し、これに伴い従来の町奉行所に代わって刑法局が設置された。同年四月には藩独自に「徒刑之法」（『南紀徳川史』第一七冊1105頁以下）を制定し、特別予防（矯正・社会復帰）を目的とする新たな刑罰「徒刑」を導入した。この刑法局の下で頭仲間とその配下たちは徒刑人の管理や召捕り業務に従事したことが明治初年の「紀州藩牢番頭家文書」からはうかがわれるが、その詳細や変遷、あるいは時期的下限―近代的警察への移行時期とその過程―については依然不明な点が多く、新史料の発掘や研究の進展が俟たれる（藤本清二郎「『城付かわた村』体制の解体過程」）。

第五章　「解放令」と差別構造の変化

1 「解放令」をめぐる動向

明治維新と三藩並立

一八六八年（慶応四）一月、王政復古によって成立した明治新政府は、紀州藩主徳川家の付家老である安藤家と水野家を朝廷の藩屏に列し、田辺藩と新宮藩の独立を認めた。このようにして、高野山寺領を除く紀伊国では和歌山藩・田辺藩・新宮藩の三藩並立が、一八六九年（明治二）六月の版籍奉還を挟んで一八七一年七月の廃藩置県まで続くことになる。

和歌山藩は一八六八年一一月、津田出（いずる）を登用して藩政改革に乗り出すこととなった。この改革は、禄制・職制の改革や殖産興業とともに、兵制の改革が大きな柱となる。藩政事府は一八六九年一〇月、常備軍と共に、農工商の独身男子を徴集する交代兵の制度を創設するために「交代兵要領」を布達する。同時に津田は、プロシア式の兵制を採用することを決断し、教師としてカール・カッペンをはじめとする軍事教官を招聘した。

さらに、一八七〇年一月、和歌山藩は「兵賦略則」を公布し、士農工商の別なく二〇歳に達した男子を検査し、合格した者から必要人員を「交代戍兵（じゅへい）」の軍務につかせることとした。もっとも、一八七一年二月、伊都郡東村が隠坊（おんぼう）は平民外であるから交代兵の兵役を免除してもよいか伺いを立てたのに対して、伊都出庁は免役を認める旨の回答をしている（『かつらぎ町史』近代史料編27～28頁）。身分を問わず四民合一で徴兵するという原則が、地方行政の末端にまでは浸透しきっていなかったのであろう。

カッペンが指導するプロシア式の軍事教練を実施するために、多くの銃器や火薬が使用され、洋服や靴など軍装品の需要も生まれた。和歌山藩はこれに応えようと、プロシアから火工師・革鞣師・製靴師を雇い入れた。のちに和歌山の地場産業となる皮革工業は、軍靴の生産から始まったのである。このような和歌山藩の兵制改革には、一八六九年二月に兵庫県知事を辞職して和歌山に帰郷し、藩政改革に参画していた陸奥宗光の尽力に負うところも大きかった。

兵制改革を推進するかたわら、一八七〇年五月、和歌山藩は乞食非人を取り締まる方法を定め、和歌山市中と在方へ布達した（府県史料「和歌山県史」）。その趣旨は、有籍の非人乞食には鑑札を下げ渡して一組限りで回らせ、他所者が回ってきた時にはその出生地へ改籍させ、無鑑札の非人などを見かけた場合は留め置いて申し出るように、というものである。ただし、岡島村皮田と宇治下の「河原者」は多人数であるから、市中の四組を割り当てて回らせる、と別記している。

その後、一八七一年三月、田辺藩も乞食を取り締まる布達を出した（『田辺同和史』第三巻381〜382頁）。この中で、田辺藩は乞食救育所を設置しており、有籍の乞食は本籍へ返し、無籍の乞食は牟婁郡糸田村の高山寺の裏手に小屋を営み住まわせているが、その者たちには「卑人何番部屋　当番」と記された札印を持参させて、田辺市中と市中に隣接する在方の一部を打ち回らせるように、と述べている。さらに、高山寺の裏手に作られた「卑人小屋」は、一番から三番まで三部屋に分かれて受場が区画されており、それぞれの部屋から三人ずつ交番で朝夕に受場へ回り、貰い物を持ち帰って配分することを定めるとともに、江戸時代から小屋を営んで「河原者」と唱えている者（『史料編前近代2』Ⅲ-一-38）には乞食をさせないように、とも命じていた。

なお、三藩が並立していた一八七〇年、田辺藩の鉢坊を除けば、多様な被差別民や惣廻り・非人番を対象にしていないという不十分さを内包してはいるものの、表5-1のように各藩の賤民人数が把握された。前年の六九年戸口調査は、和歌山藩では「穢多」と乞食が合算され、田辺藩では「穢多」と鉢坊が合算されており、より不正確な数値しか知ることができない（府県史料「和歌山県史」）。

表5-1　1870年の被差別民人口

藩　名	穢　多	非　人	鉢　坊
和歌山	26,464	136	
田　辺	2,402	21	427
新　宮	896	242	

和歌山藩：府県史料「和歌山県史」、田辺藩：「田辺藩の戸口」（『田辺同和史』第三巻）、新宮藩：「新宮藩史」（『新宮市史』史料編上巻）をもとに作成した。

斃牛馬の勝手売り捌き

一八六九年（明治二）一一月、和歌山藩は、草場の中で落命した牛馬を特定の皮田が無償で引き取る権利（斃牛馬処理権）を否定し、「畢竟相当とみ有之品を皮田共におゐて無代にて可貰受条理は有之間敷儀に付、向後落牛馬は銘々勝手に売捌せ候筈」（「塩津浦御用留」、『下津町史』史料編下552頁）という布令を藩領内に下した。斃牛馬を持ち主が勝手に売り捌くとしても、農村社会の中では皮田を除けば斃牛馬を解体処理できる技能を誰も所持していないのであるから、斃牛馬は皮田が有償で引き取ることになる。このように中世以来培われてきた身分的権利を一方的に剥奪されることに対して、一八七〇年一月、垂仁天皇から褒美として斃牛馬を頂戴したという由緒を主張する「河原巻物」の記述内容を楯にとって、斃牛馬勝手売り捌き令の取り下げと無償引き取り慣行の復活を求める「皮田者共」の嘆願書が提出された（『和歌山県同和運動史』史料編35〜36頁）。

紀伊国のかわた身分の人びとが、和歌山藩が打ち出した斃牛馬勝手売り捌き措置に反対する運動をどのように繰り広げていたのかは明らかでない。けれども、この動きは国境を越えて、和泉・河内・大和の皮田にも広がっていった。一八七〇年閏一〇月、多くの皮田を呼び集めて入札を行い、高値を付けた者に斃牛馬を売り渡している和歌山藩の政事は「比類なき非道之御取計」である、このような方法が三か国に波及すれば難渋することは必至であるとして、三か国の皮田一同は、和歌山藩の斃牛馬勝手売り捌き措置を撤回させるよう嘆願している（『奥田家文書』第一二巻473〜474頁）。

和歌山藩領や和泉・河内・大和の皮田が反対をしていたのにもかかわらず、藩領内では斃牛馬の勝手売り捌きが続けられた。一八七〇年一一月、日高郡津久野浦の次助が預かっていた牛が落命したので入札にかけられた結果、同郡下野口村の皮田便太夫が銭一一貫文で落札している（『塩崎家文書』第二巻94頁）。この入札には、津久野浦へ相対的に近い、日高郡下志賀村・萩原村や海士郡横浜浦などの皮田も参加したのであろうが、結果は日高川の左岸側に位置する下野口村皮田が最高値を付けて落札したのである。

和歌山藩の勝手売り捌き令から一年半後の一八七一年三月、太政官は「自今牛馬は勿論外獣類たりとも、総じて持主之勝手に処置致すべき事」という斃牛馬勝手処理令を布告した。これによって、紀伊国内全域においてのみならず、全国的に斃牛馬処理権は完全に否定されることとなった。

「解放令」の布達

一八七一年（明治四）七月一四日、明治政府は廃藩置県を断行し、和歌山藩・田辺藩・新宮藩はそれぞれ、和歌山県・田辺県・新宮県となった。新しい県政が発足して間もない八月七日、吹上非人村の一同が乞食をやめて「尋常之産業」を営むことを願い出たので、彼らを「非人籍」から除くという和歌山県の布告が出ている（『和歌山市史』第七巻42頁）。これは、同年四月五日に公布された戸籍法の第三二則が「穢多非人等平民と戸籍を同ふせざるもの、如きは其最寄の区にて其戸長へ名前書を出させ」ると規定し、同法の戸籍表では「穢多」と非人を臣民一般から除外して別記していることを念頭において、乞食をやめようとする吹上非人村の者を「非人籍」から除いて臣民一般へ編入させる、という趣旨である。

一八七一年八月二八日、一般向けに「穢多非人等之称廃せられ候条、自今身分職業共平民同様たるへき事」、府県向けに「穢多非人等之称廃せられ候条、一般民籍に編入し、身分職業共すべて同一に相成候様可取扱、尤地租其外除蠲之仕来も有之候は丶、引直し方見込取調、大蔵省へ伺い出すべき事」という、二つの太政官布告が一対のものとして公布された。その法的内容は、賤民制度総体の廃止を宣言し、近代的身分として臣民一般の中へ「穢多非人等」を制度的に統合したものであるが（上杉聰『明治維新と賤民廃止令』241～275頁）、一般にはこの一対の太政官布告のことを「解放令」と呼んでいる。

それでは、「解放令」は県内ではいつ伝達されたのであろうか。名草郡の郷長（江戸時代の大庄屋から一八六九年二月に改称）を務めていた桑山林兵衛は、「辛未九月十四日出る」と書きとめ、和歌山市中の町役人を務めていた山崎与助は、九月一四日に「町役人一統出頭御申聞」と備忘記に書いていることから（『和歌山市史』第七巻42、74頁)、和歌山市中とその近辺において「解放令」が伝達されたのは九月一四日であったことがわかる。日高郡でも、「解放令」は九月一四日に津久野浦の庄屋へ伝えられた(『塩崎家文書』第二巻162頁)。田辺県では、東京から「解放令」など政府の達書五点が「九月六日夜五つ時到来」した、と同県の「未六月より十月迄御布令扣」(田辺市立図書館保管「安藤家文書」)は朱筆しているが、田辺県内の人びとに伝達されたのは九月六日よりも数日後になってからであろう。

なお、戸籍法の寄留表と職分表の記載について、七月四日に田辺藩が民部省へ伺書を提出したのに対して、八月二八日、「書面、奉公人は他管轄より傭い入れ候分にて、烟亡は平民、寄留之穢多は雑業、医は工へ入れ申すべし、其余伺いの通りたるべきこと」という回答が、政府から田辺県へ寄せられた(『田辺同和史』第三巻382〜383頁)。これは、六月五日に同様の伺いを立てた常陸国の下妻藩に対して、「穢多」を雑業の部に加えるよう命じた太政官の指示と同種のものであり(岩井忠熊「明治初期国家と部落問題」)、その日付は偶然にも「解放令」の公布日と同一になった。このような太政官の指示は、「解放令」の布達、ならびに戸籍法の改正を示した一八七二年一月一三日の太政官達によって消滅することとなる。

「解放令」への対応

「解放令」の布達を人びとはどのように受けとめたのであろうか。

一八七一年(明治四)一〇月九日、海士郡横浜浦の元皮田の人びとは、「解放令」の趣旨はありがたいが、急速に平民と同一になると不都合なこともあるから、当村の者だけは従来通り据え置いてほしいと、本郷である横浜浦の村役人へ嘆願している。これを受け取った村役人は、浦々の庄屋に宛て、「解放令」の布告は迷惑の至りではあるが、その趣意だけは受けとめて「何様付て寄せさるニしかず」という態度をとる申し合わせを再確認した上、前記の嘆願内容を紹介した（谷口幸男編『御坊市における部落の歴史と解放へのあゆみ』36〜37頁）。牟婁郡西向浦の元皮田の人びとは九月二六日、「解放令」の布達はありがたいが、地士であった小山家の指図にこれまでと変わりなく従うことを誓っている（『紀州小山家文書』186〜188頁）。日高郡財部（たから）村の人物が、「解放令」が布達されてから三か月を経た一二月になっても、自らの肩書に「皮田」を用いている本銭返し証文が残っている（和歌山県立文書館『収蔵資料目録四　移管資料目録』42頁）。

一方、田辺県では、一八七一年一〇月から一一月牟婁郡十九淵村と同郡朝来村にある旧皮田村の名前を改称させるとともに、牟婁郡湊村枝郷敷村と日高郡山内村枝郷夙浦の名称も変更させた（『田辺同和史』第三巻390〜391頁、『史料編近現代2』Ⅰ‐一‐2）。一一月二二日に田辺県・新宮県・和歌山県が廃止されて新たに和歌山県が発足してから間もない一二月二〇、二一の両日、田辺の大浜において、旧「穢多」に対する「みそぎ」の儀式が実施された（『田辺同和史』第三巻391〜392頁）。一八七二年一〇月、那賀郡の旧皮田村二か所の村名変更が実施されている（『史料編近現代2』Ⅰ‐一‐6）。

名草郡川辺庄中村の人びとも、一八七二年三月に氏神の氏子に入ることを願ったが、庄内の村々に拒絶されたように（『史料編近現代2』Ⅰ‐一‐5）、穢れ観に基づく旧平人社会の差別意識は根強かった。

2　近代的差別構造の形成

村民から見た「解放令」

那賀郡名手市場村の地主であり、村政にも大きな影響力を発揮した堀正玲（正珍とも記す）とその子正寿はそれぞれ膨大な日記を残している（小田直寿「堀家文書の魅力――部落問題を中心に」）。彼らの住居した隣村には狩宿・西之芝という大きな部落があり、両者の日記にはその両村および両村住民とのやりとりがさまざまに記されている。

堀正玲は一八七二年（明治五）の覚書として、要旨、次のような文章を残している（「明治五申八月太政官ヨリ御祓御ケニ相成候訳并素皮田へモ同様訳之事　覚書」、『史料編近現代2』Ⅰ-一-8。読みやすくするため原文の表記を一部改めた）。

これまで皮田村の者ども、在中交りは勿論、火など遣り取り決して致し申さざるところ、…（中略）…王政御一新に相成り候。就いては日毎御政事変革致し、下方一統迷惑の折柄、明治四年辛未九月二十七日太政官より仰せ出られ、穢多号廃止、平民同一に相心得候様とのご布告につき、元皮田之者どもがはなはだ重高（嵩）に相成り、諸民まことに相難事申し候ところ（「相難事」は困ったとも解釈できるし、布告を非難したとも解釈できる）、またぞろ、明治五年壬申八月一日、この御祓を太政官より各国一般、右穢多どもへも相下げ、その価として家別に百文より一貫文まで上納致させ申し候。…（中略）…しかるに、同年同月二十六七日のころ、氏子中へ六社明神神官、切畑村林梅麻呂より守札と相唱え、その人生れ月日を相記し候札、一人に一枚ずつ御宮御供所にて相渡し、一枚につき四匁ずつ神納致させ申し候。…（中略）…この守札、九月十七日狩宿村もと皮田の者どもへも相下げ申し候（この一件、諸国の皮多へも同様取り計らいのこと）。右狩宿村より酒肴相調え、神献申し、その上玉垣の外にて一統相揃い、御神酒神主林梅麻呂戴かせ候様子、当檀安養寺弟子智円坊、この時応神山金剛院へ大般若経庄内御祈禱として相詰め居り候につき、見受申し候様、十八日朝我等方へ仏参之上承智申し候。はたまた元皮田共祓い致し遣わし、持参の火縄へ火移し遣し候様、智円咄し居り申し候。これは定めて元穢多仲間の村々へ談事の上、身を清め、万事交り等、在町とも違背申させまじき下繕いと相見へ申し候。誠に穢れの者と同一との御布達、難渋申すべき様これなく候。

ここで着目しておきたいのは、太政官が「穢多号廃止、平民同一に相心得候様とのご布告」を出した上、さらに一般の村人と被差別部落民との差別的関係の維持において重要な、神事からの排除、ならびに同火の拒絶を止めさせるため、各地の神主にお祓いを実施させたこと、そのことを堀正玲は、強く非難していたことである。「誠に穢の者同一との御布達、難渋申すべき様これなく候」との決めつけは、村の人びとの一般的な感情でもあったという書き方となっている。

地主の知人としての被差別民

では、堀正玲はそれから一五年ぐらい経った後、近隣の被差別民に対しどのように接していたのだろうか。一八八九年（明治二二）六月一八日は大雨であった。堀正玲は、名手川洪水を点検して見回る時、自分の小作人である狩宿村の某氏に手伝ってもらったことを感謝の気持ちを込めてその日の日記に記している（「日誌」明治二六年一〇月一〇日条〈旧暦。正玲の日記に関しては以下同じ〉。『史料編近現代2』Ⅰ‐一‐23）。また翌年一二月二三日の記述においては、四重ねの重箱を六五銭の代金で購入し、同じく狩宿村だが、自分の小作人たちを束ねている別の知り合いに贈ろうとしている。その行為において見られるのは親愛の情である（同前）。

さて、一八九三年一〇月一〇日、堀正玲は先ほどの後者の某氏に対し、飯櫃その他一切を新調し、昼食を与えるという行動に出た。堀正玲はその行動に対し、要旨次のように説明している（同前。ただし本書では個人名は「某」あるいは「何々」と表記し、会話文と思われる箇所には「 」をつけた）。

狩宿村某、当家小作世話致させたる所、午前十時同村何々と云ふ小作人伴ひ来り、本年干害、用捨要助ありたしとの事、某取り次ぎに付、別帳の如く引米致し遣わすに付、某曰く、「御用捨下されし上は只今小作米庭付け致すべし、我等御当家に相待ちおる」と何々へ申し聞け、帰らす所、もはや中飯頃に相成るなれば、同人へ中飯致さすに付、食櫃その他器具悉皆新調にて食事進めるも、同人厚く断り、喰わず。当家へ二十余年の出入なるに、本日まで食事させず、よって本日大いに強いる故、終に喫食す。

同人に限らず、狩宿村ならびに西之芝村その他数ヶ村穢多と称し、明治八年まで平民とは大いに異なり、官の扱い振りも真に粗暴なり。よって平民と縁談はなおさら、飲食等致さす事なし。さりながら、彼奴共自器持参すれば食物与える事ありし次第なれば、平民の者あり、彼等を喚ふときは誰彼と名を一口に差し、大いに軽蔑し来るに、明治一新後、八年九月、政府より平民同一と布告の上、姓氏迄免ぜられしに付、右穢多ども、平民同一の仰せ蒙りし上は、飲食店にて食事する事少しも憚らず。さりながら我々においては、往昔よりの習慣なれは、彼等と自宅にて食事且つ火など吸い合わす事決してなし。しかし、当家は地所の義に付、狩宿・西之芝に関係あれは、彼奴どもに与える火鋏み元より一個あるも、食器与えしは本日初めてなり。依って、某も前の如く大に斟酌せり。

ここで堀正玲が述べている「明治八年九月」というのは「解放令」発布の年月として記憶違いであるとしても、「さりながら我々（一般村人側においてはという意味だろう）においては、往昔よりの習慣なれは彼等と自宅にて食事かつ火など吸い合す事決してなし」という記述も、そのような意識と行為が明治も半ばを過ぎるころにおいてなお生き残っていることを示す記述として興味深い。堀正玲も狩宿・西之芝の人びとを「彼奴（きゃつ）」などと表記して差別意識をあらわに示している。しかし、堀正玲の意識には、すでに変革が起こっていたことも示されたのである。すなわち、それが「食櫃その他器具悉皆新調にて食事進める」という行動であった。堀正玲はこの行為について、「しかし、当家は地所の義に付、狩宿・西之芝に関係あれば」として、地主―小作関係のある某に対しては、自らそうした差別慣習を部分的に撤廃したのである。驚いたのはむしろ某の方で、堀正玲が勧めてもなかなか手を出さず、強いてようやく箸に手をのばしたという。

堀正玲が狩宿村の小作人某に対してとった態度の基底には、信頼感とともに親愛の情が大きく存在していたと言っていいだろう。これは通常の意識・感情となっていたようで、翌年四月一日、この某が一五円という金額の借用を願い出た時には、証書なしでその金を貸与しているほどであった。

堀正玲が対応したこれらの事実を見る時、近代の地主制が部落差別を温存したというよりも、むしろ逆に、地主制の進展が地主―小作人という人格的関係の日常的な深まりを通して部落差別を緩和したさまが浮かび上がってくるのではなかろうか。まだ一般化するには史料が不足しているが、ひとつの問題提起にはなると考えられる。ただ、少なくとも現代に至る差別への展開には、実際に地主制は複雑な作用を果したのであって、それとは別に改めて他の要素も見ていく必要があるのではないか、ということにもなってくるだろう。

「新平民の住居」という認識

堀正玲の息子堀正寿は、和仏法律学校の生徒として東京に仮寓していたころ、千葉県行徳町から川蒸気で新大橋まで旅したことがあった。一八九一年(明治二四)一二月三〇日のことである。彼はその日の日記に、その時目に見た風景を評して、「民家の粗末なる、宛も我故国の新平民の住居の如し」「これを我郷同に比すれはその劣ること幾層なるを知らず」と記している(『史料編近現代2』I-一-24)。「我故国の新平民の住居」とは、一九世紀最後のころの狩宿や西之芝の民家のことである。当時、それらの家屋がいかに粗末であったか、すなわち一般村民の住居に比べて何倍も粗末なものであったという認識が、はしなくも示されているというべきであろう。部落を差別する表象として住居の粗末さが浮かび上がってきていたのである。なお、堀正寿は、その粗末さを蔑視しても、それを問題にする意識は示していない。

飯盛山の所有権をめぐる争いと被差別部落

一九世紀の終わりから二〇世紀にかけて、那賀郡名手庄村々と紀ノ川を隔てた向こう側の同郡麻生津庄村々との間で飯盛山の所有権をめぐる問題が持ち上がる。そもそも名手庄・麻生津庄の係争地であった同山は、一八八〇年（明治一三）五月一一日、官有地に編入された。それ以来、名手・麻生津両庄の村々はいくどとなく奪還運動を行い、一八九一年八月四日、農商務大臣陸奥宗光の尽力により民有地第一種に編入されたものであった（『那賀町史』334〜337頁）。

一九〇〇年三月、具体的な内容は現時点では不明であるが、「分配金」に関する何らかの決議が行われ、名手庄側はすぐさま「不法決議」として訴願運動を開始した。この訴訟に狩宿村は旧来からの共同体的な存在であった「村」としてかかわっているのである。同年三月二六日〜二八日の堀正寿の日記には狩宿村の人びとの行動や意見が出てくる。すなわち、二六日の記事には、狩宿村より三人の者が名手市場村役場に村長である堀正寿を訪ねて、南共有山共有金分配不法決議について質問し、前日とこの日の景況、すなわち訴願準備中であることを聞いている。二八日には名手市場村役場から訴願準備ができたので共同で提出するよう提案を受けたこともわかる。ただし、この時になって狩宿村側では、「村議一変」したのでその提案を断るという返事をしている（『史料編近現代2』Ⅰ‐一‐24）。

狩宿村の「村議一変」というのがどんな事情で生じ、どんな内容だったのかは不詳であるが、ここで興味深いのは、名手市場村が狩宿村と共同歩調を取ろうとしていることである。近世村にかかわっては、被差別部落は、林野からしばしば締め出されたと言われているが（渡辺広『未解放部落の源流と変遷』363頁）、ここにきて様相は変化しはじめていたのである。被差別部落とそうでない村の出身者とが共同で講を行うこともあった（堀正寿「日記」一九一二年五月一一日。『史料編近現代2』Ⅰ－一－24）。一般村と被差別部落の独立村のそれぞれの上層ではつながりが持たれ続けていたということだったのかもしれないが、近代になって被差別部落とそうでない村とのかかわりが変化しはじめていたことには注目しておかねばならない。

行政村の確立と被差別部落の疎外

一八八九年（明治二二）の大日本帝国憲法およびそれに先立つ一八八八年の市制町村制によって、地方行政の枠組みがおおむね安定的に確定される。この時、「有力ノ町村ヲ造成スル」ことを目的とする「町村合併標準」が示されるが、そこにおいては「旧穢多村ニシテ他町村ト平和ノ合併ヲ為シ得サルモノ」（第二項丙）とする差別通達も出されていた。

さて、市制町村制に基づき、地域行政の構造が明確化してくるにつれて、そうした行政面的な事務において次第に被差別部落の疎外が強まってゆく。それは被差別部落との合併案が出た時によく見える。その論理は、「予想外の不利」とか、「口舌にて諒解を得ることかた」きもの、つまり被差別部落関係との合併において理屈にはならない何らかの不利――おそらくは、近隣町村から被差別部落と同格の印象で扱われることへの恐怖――を、差別する側としては理由とするものだった。以下、堀正寿の日記から二、三の事例を示してみよう（『史料編近現代2』Ⅰ-一-24、および小田前掲論文）。

一九一八年（大正七）五月から六月にかけて王子・狩宿・名手市場の三村で合同の小学校建築が那賀郡役所から示された。経費上その他諸種の利益があるとの理由が挙げられていた。しかし、名手市場村長の堀正寿は、「この事たる重大問題なれは、容易に決心はならぬとのことを以て答へ、なおこの外にも、算盤上は利益かもしれぬが、予想外の不利の出来も図られす、先ず好き中に恒せよと云ふこともありと告たり」と述べて、断っている。

一九二三年九月から一〇月にかけては名手市場村と狩宿村の合併が那賀郡長から打診され、狩宿村は賛成しているが、名手市場村は反対した。その理由について村長の堀正寿は、「それは口舌にて諒解を得ることかたし」と郡長に語り、郡長もまた「如何にも」と同意を示して、これで話を打ち切っている。ここでは、堀正寿の「それは口舌にて諒解を得ることかたし」という言葉に対して、郡長が「如何にもと得心された」というやりとりが問題である。現代の差別においては、差別することそのものは何らの正当性も持たないが、それにもかかわらず差別が続行しているというところに特徴がある。その論理の形式がここで登場していることが注目されるのである。つまり、近代的差別が形成されるひとつのきっかけが、この行政村との関係の裡に見えるのではなかろうか、ということである。

「解放令」前後の、藩政秩序の崩壊から地主制や民権運動の展開を経て帝国憲法下で行政村が具体化してゆく数十年間の大きな動態において、それに対応する形で、「『共同体＝庄』からの疎外」から「『共同体＝行政区画』からの疎外」とでも言うべき事態が起こっているのではなかろうか。つまり差別構造の近代化である。さらに、市制町村制の具体化が行政村からの疎外という近代的差別の一側面を決定づけたという見方を採る時、ひいては明治憲法体制の成立が、近代的差別構造の大前提として存在するのではないか、という仮説にも到達することになる。

3　差別批判のめざめ

差別批判のめばえ

明治初年、維新の事業を推進させる中、和歌山藩でも、また太政官でも、人びとの能力発揮を阻害し分断させてきた近世的な身分制度の廃止を強力に推し進めた。四民の力を動員して「強兵富国」の実現を図ろうとする時勢の前には、身分制廃止の流れは必然的なものであった。旧来「人外の者」「人交わりせぬ者」等々として位置づけられてきた「穢多」・「非人」などの身分についても、これは例外ではなかった。たとえば和歌山藩の交代兵制度を見てみよう。そこでは制度上徴兵される者が「穢多」であれ「非人」であれ、まったくその身分の区別は問うていないのである。

もちろん、身分制度とともに差別・排除することになじんできた多くの人びとには、これとともに多大な困惑状況がもたらされた。現場では建前を否定する差別行為がいたるところで広がり始めていた。だが、こうした身分制度の廃止を、さらに進んで人間としての差別の廃止と結び付け、身分制度が廃止されたのならば、そのような差別の存続は不当だとして問題視する意識が、「人外の者」等々として差別されていた者たちの中から生み出され、その解消を要求してさまざまに働きかけを行うようになっていったことも事実である。とりあえず、現在残されている古い記録や文書の中にそれを探してみよう。

まず、一八六九年（明治二）一一月、和歌山藩は、藩の兵制改革にとって不可欠な皮革の大量確保のため落牛馬の勝手売り捌きを指示した。これに対し、翌年正月「皮田者共」（居住地等不詳）と署名した者が、代官所に向けて、「そのようになさるのであれば、黒白の別なりともご赦免なしくだされたい」と嘆願している（『和歌山県同和運動史』史料編35～36頁）。ここでは落牛馬の勝手売り捌き権は「穢れある」仕事に対するご褒美であるとの論を立て、そのご褒美をなくすのであれば、基になった「黒白の別」（身分的差別）をなくしてほしいと迫っているところに注目すべきであろう（本章1節「斃牛馬の勝手売り捌き」参照）。

次に、「解放令」の発布を受けて、一八七一年一〇月二一日、旧かわた身分であっても学者として権力者から一目置かれていた中尾純（靖軒）が建白書を差し出している（提出先はおそらく和歌山県の名草出庁）。中尾純は、「解放令」以後も「各方の平民がいまなお故俗に安んじて令に従わない」状況を克服する法を求められ、まず、それは従来「穢多」や「非人」だけを除外して、彼らに教養を与えてこなかったところに問題があると指摘し、今後は彼らにも公平に、信賞必罰で臨むことを強調する。そして、第二に政令の趣旨を勝手に曲解する俗吏の存在を問題視し、「穢多」や「非人」（出身）の里正（村長など）を置くこと、郷議に彼らを参画させるべきことを主張した（『打田町史』第二巻585頁）。差別の原因は被差別側にではなく、差別する側にあることとして、それを解決するための具体策を提案しているのである。

「解放令」発布や、氏子札配付、苗字付与などの歴史的経過において、きよめの儀式などを実施し（あるいは実施させられ）、差別や排除される根拠をなくし、平民化できる条件を手に入れようとする部落は県内各地に見られた（『史料編近現代2』Ⅰ-一-4・5・8）。ここには、身分制度の廃止という歴史的な衝撃を受けて、もはや差別されまいとする被差別側の人間の強い思いと行動を見て取ることができる。だが、このような行動の一方では、差別を受けていた者の中に、いま見たような、差別する側のあり方自体に問題点を見出していこうとする意識も形成されはじめていたことを見ておきたいのである。

近代的部落差別の形成と岡本弥

一八八〇年代半ばから、部落差別の存在を、問題として本格的に表に出し、その不当性を追及し、その存在根拠を解明し、その解消を実現しようとした人びとが生まれてくる。その中心に岡本弥（わたる）の活動がある。

岡本弥は、一八七六年（明治九）一二月一五日、伊都郡端場（はば）村に生まれた。村では門閥で財産家だった（父善之助は一八九七年郡制実施に際し大地主議員に選ばれている）。彼は尋常小学校卒業後郡内唯一の橋本高等小学校に進学しようとするのだが、「校舎狭隘（きょうあい）」を理由に入学を拒否された。おそらく一八八八年ごろのことである。

岡本弥が入学を拒否された数年前の一八八四年から翌年にかけて、海草郡では「世俗新平民」の調査を密かに戸長役場に指示しており（『史料編近現代2』I‐二‐1～6）、また、その前年には民間でも「新平民」という言葉を使って平民側との結婚話を新聞が報じるなどのことがあった（『史料編近現代1』I‐一‐3）。またさらに少し前だが、大阪で「自由平権」を唱え急進的な自由民権家として知られた松木正守が『弱山（わかやま）絵入新聞』を発行し、困窮する農民らの中に働きかけており、その中に被差別部落の人びとの生活向上を目指す運動への働きかけもあった（『史料編近現代1』I‐五‐1）。岡本弥に対する差別は、このような社会的思想状況の中で行われたのである。

要するに、このころ部落をめぐる生活環境と意識は近代的なそれへと大きく転回しようとしはじめていたのである。すなわち、部落民の中に近代的な個人としての地位向上や人間的成長を求める人びとが各地で生じはじめたこと、そしてそれは当然旧来の差別的な多くの束縛からの脱却を課題とするとともに、旧来の差別を維持しようとする人びとがそれをよしとせず、その結果摩擦や確執がさまざまな場面で表面化する時代を迎えていたということである。そのような中、自己の出自を隠し通そうとした人びとも、もちろん多数出たと思われるが、なかにはそれと立ち向かう者も出始めていたことをここでは見ておきたいのである。

岡本弥は、一八九三年には端場村内に青年進徳会を結成したと述べている（ただし、一八九二年との説もある。いずれも会の内容については不詳）。村内の同じような若者が協力して自己研鑽を重ねようというねらいがあったのだろう。一八九六年一二月には徴兵されて軍隊に入ったが、負傷のためすぐに除隊となり、その送別会の時日本民族の研究と融和運動への精進を誓っている（岡本弥『融和運動の回顧』27〜29頁）。差別の不当性を思い、自己の向上を願う岡本弥にとって部落差別は、対決すべき生涯のテーマとして認識されはじめていたと言ってよい。

一八九七年六月には、京都に「小法師」（近世に禁裏御所の清掃などに従事した被差別民）の調査に行き、差別を許さない人力車夫の心意気に感動し、さらに当地に発行する新聞（『京わらべ』）に掲載された差別記事の糾弾運動に立ち上がった京都の仲間とともに同社に同道して、謝罪広告の掲載を勝ち取った。そして、この経験は一八九八年五月三日、伊都郡役所で日本赤十字社の郡委員会が開かれた時、席上、出席した医師が「新平民にも入社を勧誘してはどうか」と述べたことを追及、謝罪させることにつながった。いまこの事件に関する他の史料がないので、確定的には言えないが、岡本弥はこの追及を「私が発した糾弾の第一声であった」とのちに述べている（岡本弥『融和運動の回顧』25〜27頁）。もちろん、これが事実とすれば、和歌山県内で見ても、差別糾弾の第一声であったと言ってよい。

岡本弥は、一八九九年四月、奈良県田原本町（たわらもと）浄證寺（浄照寺）で蓮如上人四〇〇回忌法要において部落寺院の僧侶に座席が与えられなかったという差別に対し、奈良県内の部落寺院の住職と檀徒有志が立ち上がって対策を協議した時、県外から一人参加し、六月に結成を見る大和同心会の創立にも大きくかかわった。部落民の人間的成長と地位の向上、差別の解消が岡本弥の目指すべき課題としていよいよ明確になったと言ってよい。

西本願寺巡教使差別事件

一九〇二年（明治三五）九月五日、西本願寺の事業である大日本仏教慈善会財団への募金のため和歌山県に派遣され、各地を巡回中の巡教使龍華（りゅうげ）智秀が、有田郡石垣村教念寺で「穢多を御堂に昇らせては寺院の穢れ」とか「虫けら同然の穢多においてすら多額の寄付申し込みがあり」などと発言した。有田郡御霊（ごりょう）村の医師岡本繁は龍華智秀を詰問すると同時に、このことを岡本弥にすぐに連絡した。

岡本繁は、もともとは日高郡川上村熊野川で代々医を家業としていた家に生まれたが、一八八九年八月の大洪水で田畑・家などが流されると、一家ともに母の生家のある御霊村庄に移り、一八九三年には京都府立医学校を卒業、一時は東京の順天堂病院にも勤務していたが、帰村し医療に従事していたものである。

岡本弥は『紀伊毎日新聞』に檄文を掲載し(『史料編近現代1』I-五-2)、天皇が「穢多」の汚名を廃止した時代の中では、「これ実に人道の惨事にして又国家の汚辱」と決めつけた。さらに「獣を屠り、皮を製する者を疎外しついに穢多と名付けたのは仏教盲信の余弊」であって、本願寺は自らその誤りを正すべきであるとも述べた。岡本弥のこの主張は『大阪朝日新聞』『大阪毎日新聞』にも受け入れられ、両新聞とも西本願寺を攻撃した。

この事件は岡本弥・岡本繁以外にも、辻岡三郎・永坂陸之助・浦岡清蔵・小林栄次郎ら県内の有力者による徹底追及となり、さらには大阪・京都・滋賀、また山陽・四国・九州の部落に呼びかけ、その非を鳴らすとともに、大日本仏教慈善会への寄付予約の取り消し、世話係の辞任を求めるところにまで発展した。西本願寺と岡本弥らとの交渉は一一月まで続き、ついに同月二八日西本願寺は公文を発して「彼此(ひし)の差を立てず学階を授け、堂班を許し布教員に任ずるなど、差別しない」との意思を全国的に通達して決着した。西本願寺という大きな組織が公文を発して部落問題を認めたという点で画期的だというのが、岡本弥がのちに下した評価であった(岡本弥『融和運動の回顧』60~66頁)。

西本願寺巡教使差別事件の糾弾活動は、全国的な部落民の結合に道を開いた。岡山県で備作平民会を結成した三好伊平次、大阪府泉北郡南王子村村長中野三憲それに岡本弥が中心となって一九〇三年六月二五日大阪浜寺公園川芳楼で大日本同胞融和会の発起人会が開かれ、それは同年七月二六日大阪土佐堀青年会館で創立大会を開くことにつながった。創立大会には、東は東京・愛知・三重、近畿地方の各府県そして西は九州・中国・四国から三〇〇人にわたる参加者があり、現代にあるまじき不合理な差別に対し悲憤慷慨の気にあふれた青壮年・部落民による初めての全国的な組織となったのである。創立大会では、大日本同胞融和会は外に向かっての解放機関とすべきか、内における向上活動を中心とするかで論争し、結局後者の方向をとることに決した。だが、このこともあったからか、また広く日本国民の心を奪った日露戦争開始もあってからか、この会はこの後の活動を続けることができなかった。

一方、西本願寺巡教使差別事件の糾弾活動の展開と、それをきっかけとする大日本同胞融和会結成への動きは、県内外の言論界にも大きな反響を呼び起こした。すでに、一八九八年一一月一二日付で『紀伊毎日新聞』が「新平民」の語を使うことに対し、「奇怪の至り」と書いていたが、事件進行中には『大阪朝日新聞』『大阪毎日新聞』さらには『中外日報』などがその経過を告発者側に立って報じ、さらに『紀伊毎日新聞』一九〇二年一〇月一二日付の紙面には、「希望するのは族籍廃止だ、四海平等ならば平等になりたい」といった趣旨の読者からの投書を掲載している。

また、『牟婁新報』でも、部落差別の不当を強調する新聞論説が展開された。一九〇二年五月二七日付には「新平民」に対する差別の不当性を正面から論じ、一九〇五年六月一五日付では室井𣆀洲が「噫、新平民諸君」と題する論説を掲載している。一方、一九〇七年に至っては児玉充次郎が『紀伊毎日新聞』九月二七・二八日の両日にわたって「日本人の一大汚辱」と題する長文の論説を発表して部落問題の重大性を訴えた。

部落の現状改善への試み

部落民の人間的成長あるいは地位向上の必要性を自ら確認し、ともに協力してその実現を図ろうとする動きは、差別を解消させたいという気持ち、そして差別を批判する意識の形成と深く関係するものである。そうした動きは全国的に見ると一八八七年（明治二〇）ごろから目につくようになったと言われている。和歌山県では一八八八年七月に発会した海草郡岡町村の矯風会（会長広中増吉）がその早い現れとして注目される。岡町村矯風会は、「今日の人民ハ二十年前の人民にあらず、開明の雨に浴し、文化の風に梳らざるべからず」として「相奮ひ、風俗改良の目的」をもって活動を開始したという（『和歌山県同和運動史』史料編79頁）。次に、一八九三年には岡本弥が青年進徳会を端場村に組織したことも、この流れの中に入れるべきだろう（本節「近代的部落差別の形成と岡本弥」参照）。

岡本繁もまた一八九六年ごろからふるさと御霊村庄部落の劣悪さを見て、改善に取り組んでいる。彼は、まず教育に目をつけ、庄の守先分教場と西御霊小学校の御霊小学校への統合を実現、寄付金も重ねる一方、優秀な青年に進学を勧め、一九一二年（大正元）ごろには医学専門学校卒業者二人、商業学校卒業者一人、士官学校卒業生一人、中学校に通学する者四人を数えるに至らせている。また、勤倹貯蓄を勧め、衛生環境の改善にも尽力した（『和歌山県同和運動史』史料編132～135頁）。

一九〇一年はじめには、那賀郡田中村西井坂で有志が大字規約を作り、「職業なき者の就業奨励、悪漢無頼の徒の排斥、貧困救助、従来の風習の矯正をはかり、もって品格を保持する」ことを申し合わせたという記事が『紀伊毎日新聞』一月二七日付に掲載されている。また、一九〇二年には岡本弥が自宅に陋習矯正期成同盟を設置している（ただし、これは西本願寺巡教師差別事件のさなかであり、差別糾弾の運動組織だった可能性もある）。さらに、『紀伊毎日新聞』一九〇五年一二月一三日付には端場村村長辻岡三郎が村民の善導、就学の督励、倹約事項の実行を勧め、なかでも就学率については一八九六年の就任時男児六〇%、女児一三%にすぎなかったものを、一九〇二年以降には就学免除者一人を除いて全員の就学を実現したことなどを報じている。

これらの動きを見た時、部落民の間から生じる部落の現状改善という意思はこの時期以降後戻りしない強さを示しはじめたことは間違いない。その中でも、「独立」「自活」に意を注ぐ岡本繁が少しのちの和歌山県部落改善事業において黒沢精一改善主任巡査部長の講演をはねつけたように、官製のお仕着せに批判的であった流れも存在した。しかし、そこには上から、あるいは先覚者(多くは地域の有力者あるいはその子弟)からの強制という側面も多分に見られることも事実であった。これを善意に基づく指導と見るか、強制と見るか、いずれにしても部落内の下から盛り上がった運動とまではなっていなかったことも押さえておくべきであろう。また、差別する側の持つ問題性への認識を育てる点において弱さを持っている事例も多々見られた。

このような動きの中、新宮で展開された虚心会の活動は、その中心が明治末年に大逆事件に連座して無期懲役の刑の宣告を受け、のち監獄で自死した真宗大谷派浄泉寺の僧侶高木顕明(けんみょう)であったこと、また判事・中学校教師さらには沖野岩三郎とその影響下にあるキリスト教徒など、当時の地域におけるインテリゲンチャであって、しかも部落以外の人間であったことなど、注目しておかなければならない。虚心会の創設時期も解散時期も明瞭ではないが、『紀伊毎日新聞』一九〇七年五月一〇日付の「世俗『新平民の状態』調査」の記事中には、「近来新宮町一部の人民は旧習打破の一策として時々彼等と懇切懇親会的の挙をなすものあり」と記述されており(『史料編近現代1』I‐一‐10)、また、新宮の教育者で郷土史家小野芳彦の明治四一年日記(この時は「撃雨亭日誌」)一月三日の条には、「虚心会」と題して、詳しく当夜の内容を記している(『新宮市史』史料編下巻870頁)。

すなわち、「撃雨亭日誌」には、「浄泉寺高木顕明君、玉置酉久君等の呈唱により一種下等階級の種族と世間卑まれ居る長町(永山)新平民の会とうち混して茶話懇談の会を開きて之を虚心会と称し、いはれなき世間の悪習慣を打破せんことを企図せられつゝありとの事は新聞紙上にて聞知て居りしが」と述べた上で、今日がその第三回目、浄泉寺で開かれたので小野も参加したとしてその様子を詳しく記している。それによれば、この日参加したのは、中原判事・沖野(岩三郎)牧師・玉置酉久・成江秀治・榎本・小倉・広里らキリスト教信徒、中学校の田中教諭、浄泉寺檀徒の数人、それに永山から小林・松根・中野・菅谷など七~八人であった。ドクトル大石(誠之助)は風邪のため不参で、金五〇銭を寄付したという。話題となったのは、「この階級的陋習」のことで、中学校教諭の田中、沖野牧師、中原判事、高木顕明、それに小野自身らが、一種隔ての幕を打破するためには、「諸君の側」においても各自互いに相戒めて品性を高めることに努力すべきこと、児女に教育を受けさせること、もし夜学を開校するのであれば、われらにおいても出席教授の労をとると述べ、永山の人びとも大いに感謝の意を表したとある。

部落についての調査と考察の開始

岡本弥は県の警部長青木定謙に和歌山県域の全体的な部落の現状調査を依頼していたところ、青木の後任樋脇盛苗もその必要を認め、一九〇〇年(明治三三)六月以降七、八か月の日数を費やして完成し、同人にそれを渡した。岡本弥はそれを社会学研究会の機関誌『社会』に掲載を依頼したところ、帝大総長で社会学研究会会長の加藤弘之はこれを紹介し、その結果翌年三月・四月の『社会』第三巻三・四号に統計学者天口の辛口な批評付きで掲載されることとなった。「年齢別人口構成」「年次別出生数の推移」「入送籍状況」「廃疾不具者」「納税金額戸数・人口」「財産状況」「主要生産物の数量・金高」「不就学児童の状況及びその原因」「教育程度表」「新聞雑誌の購読者」「兵役」「品行」「官公吏その他医師・教員・教導職など」「帯勲者」「職業」「貧民原因」それに「犯罪状況」が数字を挙げて示されている。

統計学者天口はこの調査の不十分性にいちいち辛口のコメントをつけており、それはそれで大変有益であるが、要はこうした実態調査が民間の人物の求めで警察が協力して作成されたということに注目しておくべきではなかろうか。同じころ、岡本弥は高野山開基の弘法大師伝説に注目し、そこに部落発生の歴史を探ろうとしているのも、部落の実態を実証的に知ろうとする意識の発生を物語っていた。

第六章　差別の批判へ

1　部落改善事業

行政と部落差別

部落差別に対する批判が強まってくると、行政の物言いもまた変化してくる。一九〇七年（明治四〇）ごろから顕著になる「部落改善」の声は、部落民側から進められていた差別の糾弾や自己研鑽等の流れと微妙に絡み合いながら、また、あれこれの事件において示される差別当事者らの直接的で下品な物言いを批判しながら、行政の側から上げられてきた。

一九〇七年二月四日付で海草郡役所から西和佐村に宛てて「世俗『新平民』ニ対スル調査ノ件通牒」と題する公文書が発せられている。趣旨を述べた文末に「その筋からの通牒の次第もあり」と書かれているので、海草郡役所ではなく、さらにその上からの通牒であることは明らかである（和歌山県かあるいはその上の内務省か）。調査事項は、「戸数」「人口」「職業種別およびその状況」「各種副業の種類または講習の現況」「風俗改良の状況」「浴場設置の有無」「学齢児童数（就学・不就学数）」「一般人民の嫌忌すべき主なる原因」「社交上一般人民との障壁を撤廃せしむる方法」「生業なきものに対し授産の方法」「衛生上において一般住民と異なる弊害あらば列記しそのこれを矯正するの方法」「同部落における官公吏の員数および顕著なる商人富者の員数」「公共事業の成績」というように、多岐にわたっていた（『近代部落史資料集成』第四巻267頁）。

この通牒作成者は、この調査を通してどのような成果を期待していたのだろうか。通牒には、まず「町村のある部落に対し、いまなお『新平民』の称呼を用い、一般に交通を嫌悪するの風を有し、互いに融和しないものがあるのは町村の発展上阻碍が少なくない」と述べており、また、「彼らの品性を修養するとともに智徳を啓発し、これを善導し、一般人民に比しあえて軒輊（上下の隔てなど）なく社交上の障壁を撤廃させることは最も必要なこと」とも述べている。要するに、被差別者側が「社交上の障壁」を築いていることが「町村の発展を阻碍」しているというのであり、その「障壁」を撤廃させることを目標としているというわけである。

では、「町村の発展」とは何か。ここで、日露戦争後における日本の帝国主義的軍事力強化路線とそれを支えるために地方行政として内務省が全力を挙げて取り組んだ地方改良事業との関係が見えてくるのである。地方改良事業とは、一九〇八年一〇月一三日発布の戊申詔書において思想的に示されているところであるが、帝国主義的な国家目標の推進のため、国民の一致協力を求め、地方自治体としての市町村の財政基盤を確立させるため、それを伝統的な共同体になぞらえて、そこを中心に国民個々の享楽主義などを批判するとともに、勤倹力行の実を挙げ、さらに進んで増税実施後の徴税やその他の国家収入を確実なものにし、他方では社会に対する国民の批判的言動を抑え込んでいこうという政策であった。

つまり、このような国家的目的を果たすために部落と一般社会との「障壁」をなくしていくことが求められていたということであった。調査の目的は、市町村の発展（労働力の増大、徴税等の確保等々）であり、その手段として「社交上の障壁」撤廃、あるいは「部落改善」が位置づけられ、それをめぐる状況把握が求められたのである。

「岡町村事件」の衝撃

一九〇八年（明治四一）七月二一日、和歌山市に隣接し、部落として県内最大の戸数・人口を有する海草郡岡町村で、病気で死んだ幼児の便の検案をめぐって、「伝染病である」との判定を恐れた多数の部落民衆が検疫に来た医師・巡査を取り囲み、陳情する中で、同伴した巡査にけがを負わせるという事件が起きた。警察は直ちに五〇人の巡査を非常呼集して岡町村に向かわせ、さらに数日にわたって次々と住民を検挙し、そのうち三四人を兇徒聚集（きょうとしゅうしゅう）の罪で裁判所に送った。その人びとの職業は、俳優一人のほか、屠牛業・牛肉商・仲仕業・青物商・履物直し職・農業・土方・靴商・雑商・人力車夫・皮革製造職・無職などがそれぞれ複数存在しているように、不安定な労働や生業に従事する庶民が大部分であった。

警察が彼らを「兇徒」と決めつけたのに呼応するかのように、『和歌山新報』も『紀伊毎日新聞』も事件を紙面いっぱいに使って「残忍の行為」「徒党を組み」「一命危ふし」とか「加害者逮捕の大活動」などセンセーショナルに報じ、その後も経過報告の都度「岡町の暴民」「頑迷無知」「雷同性」等々の言葉を頻出させて、部落民に対する非難を続けた。いわゆる「岡町村事件」の勃発である（『史料編近現代1』Ⅰ-四-1〜3）。

「岡町村事件」は、部落に対する県民の、また行政の偏見を最大限に助長した。日ごろ部落に対し理解ある姿勢を見せていた『紀伊毎日新聞』も、「事件」報道の初めにあたって「記者は憤慨の涙を揮（ふる）って特種部落の名を岡町村の上に冠する、亦止（またや）むを得ざるに出でたるなり」と記し、その名の根拠あることを論じている（一九〇八年七月二三日）。『和歌山新報』はさらに厳しく、「統一し難き村民」「制御し易からざる特種部落」など決めつけている（同年七月二五日）。

「事件」の真相は、裁判自体が偏見に満ちていた中で行われた可能性が大きく、必ずしも明瞭とはならないが、部落民の多数が「暴民」でも「兇徒」でもなかったことだけははっきりしている。実際、新聞の記事を冷静に読めば、それはすぐにわかる。事件の起きた当日、彼らが検疫官に願望したのは、幼児の死因が往診の医師が断定しているように「伝染病」ではないことを宣言し、埋葬許可証をすぐに発してほしいというささやかなことであった。それは少し前の岡町村での経験に照らしたものであった。すなわち、赤痢菌などの「法定伝染病」と断定された場合、和歌山市との交通遮断措置などを受けるのであって、そうなった場合の彼らの生活が間違いなく困窮することを真剣に恐れたからであった。

判決は一一月一四日言い渡され、懲役六年が二人、軽懲役六年が一人、重禁固三年が三人、同じく二年六か月が一人、同じく二年が四人、罰金一五円が一五人、同じく一〇円が三人、無罪が四人であった（一人不明、『史料編近現代1』Ⅰ－三－5）。

「事件」は、部落に対する差別意識・偏見が生み出した差別事件であったが、当時、警察や裁判所の対応あるいは新聞の言説などを冷静に分析し、そこを指摘する主張はなされることがなかった。『紀伊毎日新聞』七月二五日付に掲載された斎藤松州の「岡町村民の暴挙」は、事件の背後に日ごろの部落民に対する不当な差別があることを指摘し、「社会もまたその責任を負わねばならない」と指摘するなど、注目に値する論陣を張っているが、事実関係の認識を警察の発表と新聞報道などに任せてしまったため、「事件」そのものの差別性という一番肝心の批判からは遠いものにとどまらざるをえなかった。

部落改善事業の開始

和歌山県は、「岡町村事件」を大いに利用することとなった。部落民の一般社会への受け入れは、「部落の改善」なくしてありえないという認識が急速に打ち出されていくこととなったのである。問題の一番深い根は部落側にあり、それは治安に属する課題でもあるというのである。「事件」を受けての新聞の論調もまたその考え方を助長した。

一九〇九年（明治四二）五月一日付で発せられた伊沢多喜男県知事からの訓達には前年一〇月発布の戊申詔書奉戴（ほうたい）について記され、その中に「部落の改善についても同様一層の努力を要す」との項目が入れられた。県では、これを期に部落改善事業に本格的に取り組むこととなったのである。もちろん、治安的側面が強いとしてそれは警察の一業務として位置づけられることとなった。和歌山警察署長吉田穰は早速、当時部落改善事業の先進県と目されていた三重県と奈良県を視察し、同月中に「改善の主旨方針」をまとめあげ、決定した（『和歌山県政史』第一巻602頁）。

吉田穰署長のまとめた「改善の主旨方針」は六項目からなっていた。要点を述べると、「第一に戊申詔書を奉戴すること、第二に、社会に厭忌（えんき）せられ擯斥（ひんせき）せられつつあるその危険と汚醜との弊害を改善し、社会の信用を得させ、世人より同部落民に対し業を授け、需用する途を開拓し、彼らを社会経済発達の労力事業に活動させること、第三に、業を授け、衣食を足らしめ、礼節を知らしめ、各々自営共済の途を立てさせ、もって犯罪を減少させ、遊民をなくすこと、第四に、部落民に服行させる道を知らせ、実質的行政の実績を挙げ、さらに進んで保安・風俗・衛生・増福・その他遺棄行政事務を補助伸長させること、第五に、彼らを訓育矯風し、日に不良状態を醸成しつつある一切の危険状態を除去すること、そして、第六に、以上各項を遂行する団体を組織させ、分担実行員を設け、共同制裁力をもって互いに相戒め、規約の実行を督励すること」である。

部落改善事業には基本的な目的が二つあったことは明らかであろう。ひとつは、部落民を社会の労働力として広く組み込むこと、そのために部落民の生活を安定させ、犯罪を減少させ、道徳を実行させ、風俗・衛生等の改良を図ること、そしてもうひとつは部落民の思想を教化し、国家的な道徳に同調させ、「反社会的」行為を防ぐということである。

県がこうした部落改善事業の実施を強く打ち出した背景には、県内各地で広がりつつあった差別糾弾闘争などがあり、それが「岡町村事件」のように、ややもすれば社会不安を醸し出す可能性を有しているという認識があった。もちろん、県が全体としての部落と部落民、そして個々の部落と部落民の実態をどこまで具体的に把握していたのかは大いに疑問である。むしろ偏見を基礎にしていたと言うべきであろう。そして、そうした主観的な現状認識を基にし、行政側から見た種々の「改善」課題が列記されたのである。和歌山県警察部では、八月、三重県で部落改善事業に実績を挙げたとされる黒沢精一を改善主任巡査部長に任命し、行動に移った。

なお、各部落に推進団体を組織するという方針は、三重県や奈良県の事例を参考にしたものと考えられるが、和歌山県においても、第五章3節で述べたように、各地先覚者の努力でさまざまな活動・組織が作られて実績を挙げはじめていたのであって、そのリーダーたちとの調整も問われていくこととなった。

部落改善団体の叢生と活動

部落改善事業はそれぞれの地域ごとに実行組織が作られ、その組織を中心に推進されていった。組織の名称には「自彊(じきょう)」「矯風」「信義」「公益」「報徳」「醇厚(じゅんこう)」「就実」など、当時国家が推奨した徳目を冠したものが多かった(表6 - 1)。また、一九〇九年(明治四二)九月一〇日発会式が開かれた岡町村自彊社で、総裁が吉田穣和歌山警察署長、会長が松本平三郎前村長(元警察官)の就任というように、警察および行政の主導性は明らかであった。その基金創設において、経済界が結成を支援したところもあった。

部落改善団体は、『和歌山実業新聞』の記事(一九一一年一月二七日から二月二八日まで断続的に一四回にわたって連載された)によれば、一九一〇年六月までに四八団体、その戸数五七五一戸、人口二万九三六七人、共済貯金は合計六一四万円、青年会貯金が五五万一七三五円に上ったとされている。ただし、これらの数字は共済貯金額の異常な高額さから見てもわかるように、にわかには信じられないところも多い。それにしても行政的な立場からすれば、その成果には大きいものがあったと評価されている。

その主なものを列記してみよう。「耕作地の水利妨害や畦畔の豆植え溝堤破壊などの絶滅」「租税滞納の減少」「消防尽力による一般の感謝」「労働に関する観念の変化と怠惰の風習改善」「起臥就業時刻のラッパによる合図」「雇用の増加による収入増」「無駄使いの減少」「貯蓄の増加」「浴場の新設による衛生上の向上」「便所の改善」「飲食店の衛生管理の向上」「道路の修繕」「飲料水の衛生」「補習教育機関の設置」「新聞雑誌閲覧所の新設」等々、実にこまごまと書き上げられている。

表6-1　部落改善団体一覧

郡	町村・団体名	設立時期	備　考	出　典
海草	宮前村　自彊会	1909年9月4日		①Ⅰ-二-7
	岡町村　自彊社*	〃　9月10日		②139頁
	紀伊村　善風会	〃　11月1日		①Ⅰ-二-11
	山口村　改善会	〃　11月6日		①Ⅰ-二-12
	西和佐村　誠義会*	〃　11月21日		①Ⅰ-二-14
	鳴神村　善風会*	〃　11月		⑥
	西山東村　矯風会*	1910年8月1日		⑥
那賀	池田村　矯風会	1909年8月		②147頁
	〃　醇厚社*	1910年2月27日		③648頁
	狩宿村　公益社*	〃　10月1日	米騒動後復活	①Ⅰ-二-22
	田中村　蓮瑞会	不明		⑥
伊都	橋本町　矯風会*	1909年1月		⑥
	岸上村　矯風会	1910年2月頃		①Ⅰ-一-17
有田	湯浅町　興風会	1909年10月26日		①Ⅰ-二-10
	田殿村　矯風会	1910年2月2日		①Ⅰ-二-17
	宮原村　矯風会	不明		②171頁
	広村　自清社	不明		②164頁
日高	御坊町島　共進社	1909年7月15日		①Ⅰ-一-13
	御坊町薗　矯風会*	不明		⑥
	野口村　矯風会	不明		⑥
	藤田村　矯風会	1910年4月1日		⑤1193頁
	湯川村西村　矯風会	1910年1月		〃
	〃　出島　矯風会	〃		〃
	〃　財部　矯風会	〃		〃
	切目村　信義会	1910年8月24日		①Ⅰ-二-21②149頁
	由良村　矯風会	不明		②171頁
	南部町　同志会	不明		②171頁
西牟婁	西ノ谷村　自彊社	1909年10月	1912年2月再建	④413頁
	湊村　就実社	不明		紀毎1912年7月17日
	三舞村	1910年1月10日	団体名不明	①Ⅰ-二-15
	下芳養村　自彊社	〃　1月		④425頁
	東富田村　日新社*	〃　2月12日		①Ⅰ-二-16
	周参見村　更成社	〃　2月21日		①Ⅰ-二-19
	朝来村　自彊社*	〃　2月26日		③648頁
	和深村　興人会	〃　6月1日		③648頁
東牟婁	西向村　自成会*	1909年9月		②184頁
	本宮村　同友会	1909年6月1日		紀毎1909年6月8日

1. 出典の略記号は、①＝『和歌山の部落史　史料編近現代1』、②＝『和歌山県同和運動史』史料編、③＝『田辺同和史』第2巻、④＝『田辺同和史』第3巻、⑤＝『御坊市史』第1巻、⑥＝和歌山県警察部保安課『矯風事績概要』（1920年）、紀毎＝紀伊毎日新聞を表す。
2. 戸主会・青年団・婦人会が改善事業を担った場合もあるが省略した。
3. 『矯風事蹟概要』等により1920年の時点で活動が確認できる団体に*を付した。

部落改善事業に挺身した人物も現れてきた。『和歌山県同和運動史』史料編には、西牟婁郡の田辺尋常高等小学校訓導玉置喜代作、日高郡御坊町の小学校訓導三木森一、海草郡岡町村の小学校教師中野富楠・阪上経章、那賀郡田中村の駐在巡査吉田勇、那賀郡小倉村の駐在巡査藤本正龍、日高郡南部町の南部分署巡査藤木菊太郎と妻秋子（「秋野」「アキノ」との記載もある）、そして牟婁郡新宮町の巡査久保広太郎と妻（『警察官吏消防官吏功労記章受領者功績概要（一九二七年）』によれば「楢枝」）の活動に関する新聞記事が掲載されている。なかでも藤木巡査夫妻と久保巡査夫妻の活動については詳細を極め、両夫妻とも部落に入り、長い年月部落民と生活を共にする中で、苦労を苦労とせずに努力を重ね、部落民の信頼を勝ち取っていった様子が描かれている。部落改善事業は、このような篤志家も生み出したのである。彼ら自身の書き残した記録、あるいはまた、彼らとかかわった部落の人びとによる記録の発掘とそれに基づく研究が求められていると言えよう。

岡本弥と岡本繁の批判

警察主導で実施された部落改善事業を評価する上で、岡本弥と岡本繁の意見を検討しておくことは重要だと思われる。

岡本弥は、一九一二年（大正元）一一月、平田東助内務大臣に宛てて「部落改善に関する私案」を文書で提出している（岡本弥『融和運動の回顧』137〜141頁）。彼は、最初皮革などの臭気ある工場は人家から離して設置させるべきことや、住居の採光・煙り出し・便所等の設備改造のことなど五点にわたって要望するが、そのあとは、「部落民の自覚を障害しているものは一般民の差別行為である」として官公署や工場で部落民を雇用していないこと、部落民の就学をこれが阻害していること、また学校内における差別行為の撤廃が就学心を向上させること、新聞雑誌に「旧名」を掲載することが多いが、これが部落民を擯斥することにつながっていること、「新平民」などの特別名もこれと同様のこと、一八七一年（明治四）に廃止された旧名を公然使用する者には処罰すべき法規を制定すること、神社や寺院の差別も撤廃することなどを書き上げている。そして、「部落の改善はつまり富の向上を図ることである。部落民なるがゆえに営業上にまた農民の小作上において不利の立場におかれている例は少なくない。これらの差別的行為の除去に努力してほしい」、「他市町村への移住も部落民改善の一大要件である。戸籍の取り扱いに適当の方法を考慮してほしい」などと訴えている。岡本弥の主張は、官製の部落改善事業が思いもよらなかった一般社会側の対応を迫ることこそが改善事業の要点であり、問題を解決するカギだと述べていたのである。

次に岡本繁の意見を見てみよう。岡本繁は大和同志会の機関誌『明治之光』一九一三年一月号に「我所見」と題して、警察主導の部落改善事業が実質を伴わないものであることを厳しく批判している。

岡本繁は、一八九六年以降の部落改良に関する自己の活動と総括を踏まえ、「僕は思ふに、吾社会の人びとは依頼心に富むにあらざるか。独立とか自活とか精神に乏しく、悪しく言えば、乞食根性を失せざる者かと愚考す」と述べる。すなわち、「当字（注—御霊村庄）も海草郡岡町村の如く付近村の寄付を得て字の発達をなしては如何」と得意然として述べる人がいたのに対し「大いに立腹し、その不可なるを極言」したと述べている。彼が重要と考えていたのは「独立」・「自立」そして「乞食根性の撤廃」であり、現に推進されている官製の部落改善事業にはその精神がないということであった。

彼は身の回りにいる人びとに対し、現状では「独立心や自立心に欠ける」等々、厳しい認識を示していた。このような部落に対する実情認識は、岡本繁の長年にわたる部落改良の努力があって初めて到達しえた境地であったことが大事である。彼は、この状況を踏まえ、克服することこそ部落の改良を保証するものであると論じたのである。

米騒動と部落改善事業

一九一八年（大正七）七月から八月にかけて、第一次世界大戦下での全般的な物価上昇、なかでもシベリア出兵をきっかけとする米価の急騰に対する民衆の自然発生的な行動、すなわち米騒動が全国的に広がった。明治になってから最も大規模、かつ激しい民衆騒動で、その後の社会運動の大きな画期となる歴史的なできごとであった。和歌山県でも騒動は、八月三日の西牟婁郡串本町を皮切りに、八日には有田郡湯浅町に移り、その後は海岸線に沿って北上を続け、一三日からは和歌山市、そして紀ノ川流域に広がっていった。関係した市町村は三〇を超えた。和歌山県でも騒動鎮圧のため軍隊が出動し、その数は延べ五一五五人となっている。

この激しい米騒動に対し、和歌山県で部落が関係したのは、伊都郡岸上村・那賀郡狩宿村・同郡王子村西之芝そして海草郡安原村本渡の計四地区にとどまった。激しい騒動となった和歌山市のすぐ東側に隣接する海草郡岡町村でも、新宮町の永山地区でも、部落住民は騒動が地区に及ばないよう積極的に防衛した（『史料編近現代1』Ⅰ-五-8・11）。まさしく、社会に騒動を引き起こさせないという部落改善事業が成果を発揮したと言えよう。にもかかわらず、和歌山県では米騒動は部落民が中心になったとの言説が急速に広められた。事件が部落に対する偏見を助長し、それが捜査において差別を生み出したのである。

騒動と部落がともかくも結び付けられ、騒動後の捜査もそうした線によって行われた（『史料編近現代1』Ⅰ-五-12）。岸上村・狩宿村そして安原村における検挙は、同様な規模の騒動を起こした他の地区に比べはるかに人数も多く、予断と偏見に基づくものであった。またその裁判における判決も厳しく、なかでも岸上村において殴打致死事件が発生し、その犯人と目された二人に控訴審が死刑を宣告したことは衝撃的で、「凶暴」・「凶悪」といった部落民に対する偏見を増幅・再生産するものとなった（『史料編近現代1』Ⅰ-五-7・16）。

警察は、このような事件が生じた時、日ごろの「部落改善の成果」を評価せず、「岡町村事件」に見られたごとき旧来の差別意識と差別捜査を復活させたのである。これは、部落改善事業の美辞麗句を自ら否定するものであったと言わなければならない。

このような中、この年の九月一四日付『紀伊毎日新聞』に筆者名「なみ生」の「俺等は穢多だ」が掲載され、「俺等は先づ平等な人格的存在権、平等な生存権を社会に向って要求するのだ。俺等は今日まで奪はれてゐたものを奪ひ返さねばならないのだ。暴動がいけないのなら他の正当な方法を聞かせてくれ。正当な方法による要求を容れてくれ」と主張した（『史料編近現代1』Ⅰ-五-13）。次いで、三日後の一七日には「一平民生」が「俺も穢多だ」と語った上、「大体社会改良家とか官憲とかが、俺等の部落の改善に世話してくれることのそれは、俺等を人間として、平等な人格をもった『人』としての取扱ではなくて、まるで牛馬を飼育したり、猛犬を馴養したりするかのやうなつもりで行ってくれてゐる。俺たちの求むるところは牛馬でも犬猫でもない、『人間』だ、平等な『人格』だ」と主張した（『史料編近現代1』Ⅰ-五-14）。官製の部落改善事業に対するまったく厳しい反論が新聞に展開されるようになったのである。

2　和歌山県水平社の創立と展開

荊冠旗の謎

和歌山県水平社運動史の先行研究には、部落問題研究所編『水平運動史の研究』全六巻（和歌山県関係は、第一巻年表編、第六巻研究編所収の「和歌山県水平運動史」）、和歌山県同和委員会編『和歌山県同和運動史』史料編、通史編などがあり、また二〇一〇年と二〇一二年には、和歌山の部落史編纂会が『和歌山の部落史 史料編近現代1』と『史料編近現代2』を発刊し、各地域で研究された成果とも合わせ豊富な内容となっている。

しかし、それらを突き合わせてみると、差別事件や地域水平社創立年月日の異同が少なからず確認されたし、また根拠となる出典資料が提示されないまま伝聞という形で重要なできごとが「確定」されていることもあった。

たとえば、「和歌山県水平運動史」も『和歌山県同和運動史』通史編も根拠となる出典資料を示さないまま、一九二三年（大正一二）二月二六日に惹起された日高郡藤田村小学校差別事件で、三月一日、藤田村吉田水平社が荊冠旗を先頭に藤田村小学校に押し寄せたと言及している。全国水平社（以降、全水）の旗印である荊冠旗は、一九二三年一月下旬に全水第二回大会の準備のために最高幹部が協議し、荊冠旗の作製と各地水平社への販売を決定し、二月一七日の大会準備委員会に参加した各地水平社に購入を依頼したという経緯を経て、三月三日、全水第二回大会の壇上に登場したのである（朝治武「荊冠旗と水平運動」）。二月一七日の大会準備委員会に和歌山県の代表者が参加したかどうかも確認できないし、この時点で和歌山県水平社（以降、県水平社）は創立されておらず、藤田村吉田水平社の創立も史料的に確認されていないのである。

このように先行研究は一定の質と量を持ちながらも、滋賀県を除く近畿の他府県水平社が全水創立年に創立されたのに比して、なぜ県水平社創立は、一九二三年五月まで待たねばならなかったのかという基本的な疑問の究明や、前述したような年月日の異同等の問題については手つかずのまま、多くの史実確認や課題が残されているのが県水平運動史研究の現状である。

和歌山県水平運動前史

県水平社創立の機が熟しだす一九二〇年（大正九）ごろまでの部落解放をめぐる動向を見ることとする。

先行研究によれば、岡本弥らが強硬に抗議することとなった一九〇二年（明治三五）、有田郡で惹起した西本願寺巡教師、龍華智秀の差別発言事件（第五章3節「西本願寺巡教使差別事件」参照）を皮切りに、一九二〇年までの差別事件は一四件で、海草郡西和佐小学校差別事件（『史料編近現代1』Ⅰ-四-6）など教育現場での差別事件は三件確認されている。なかでも一九一七年、海草郡宮前尋常高等小学校差別事件では杭ノ瀬部落の児童が同盟休校を闘った（『史料編近現代1』Ⅰ-四-7）。

「岡町村事件」、米騒動を経て、全国の部落解放運動に大きな影響を与えた一九一八年、『紀伊毎日新聞』に掲載された「何でも来い　俺等は穢多だ」、「何でも来い　俺も穢多だ」（『史料編近現代1』Ⅰ‐五‐13・14）や「問（穢多の行くべき道）」（『丁酉倫理会倫理講演集』第一九輯）などの部落問題に関する主張は六件あり、一九〇四年前後には東牟婁郡本宮村苔部落同友会、一九一四年に伊都郡岸上村の巽英賢主唱による紀伊報徳会、岡町村青年会などの部落改善団体の活動があった（『史料編近現代1』Ⅰ‐五‐5・6）。

一九二一年から全水創立までの部落解放をめぐる動向

一九二一年（大正一〇）に入ると、三月に栗須七郎の影響で有田郡御霊村で庄直行会が結成され、会が行った辻説法に対する差別事件や有田郡糸我（いとが）村得生寺会式参加者の差別事件に抗議、糾弾したり（『水平運動史の研究』第六巻320頁）、八月には雑誌『民族と歴史』が那賀郡池田村古和田について偏見に満ちた論文を掲載したことについて古和田住民が著者に直接抗議したが（『史料編近現代1』Ⅰ‐四‐9）、秋に惹起した伊都郡橋本高等女学校教員差別発言事件は県内の部落解放運動に火を付ける結果となった。一〇月には那賀郡狩宿村でこの差別事件に怒った部落民大会が六〇〇人を結集して開催された。部落民大会という集団的示威運動が県内で初めて差別事件に対する抵抗として展開されたことは特筆すべきであろう（『史料編近現代1』Ⅰ‐四‐10〜13）。

岡町村小学校の訓導、刀禰静子は一九二一年に『婦人公論』へ二度にわたり、「穢多村の娘に生まれて」と「お、呪はれたる穢多村よ」を発表し、部落女性としての苦悩を世に問うた（『和歌山県同和運動史』史料編230〜243頁）。また、この年には岡町村で静子の父、刀禰信重が至誠青年倶楽部を結成し、のち、県水平社執行委員長に就任する高橋善応が中心となり活動した（『水平運動史の研究』第六巻322頁）。

全水創立年の一九二二年一月に刀禰静子は同胞差別撤廃大会の発起人会に出席し、差別撤廃を訴え（『史料編近現代1』Ⅰ - 五 - 18）、有田郡広村での同胞差別撤廃演説会には岡町村自彊社員の梅本香村と高橋善応が参加した（『大阪朝日新聞』紀伊版一九二二年二月一日）。また、広瀬、岡町村など和歌山市内外の青年会が差別撤廃を唱え市内を行進し、演説を行った（『大阪朝日新聞』紀伊版、一九二二年二月八日）。全水創立の宣伝場となった二月二一日の大阪での同胞差別撤廃大会には、庄直行会や至誠青年倶楽部が参加し、県内でもこれまでの融和運動とは一線を画した部落解放運動が芽吹きはじめたのである。

全水創立から県水平社創立まで

一九二二年（大正一一）三月三日の全水創立大会には、庄直行会員や至誠青年倶楽部の人びとが参加したと伝えられ、全水創立は当然県内の各部落に伝達され、県水平社創立までに、御霊村庄、日高郡藤田村吉田、御坊町の薗と島に水平社が創立されたという。差別事件は一一件を数え、六件が小学校で惹起し、藤田村小学校や那賀郡調月小学校差別事件では同盟休校が展開され、調月小学校差別事件では高橋善応らが抗議を口実に検挙されている（『史料編近現代1』Ⅰ - 四 - 23～25）。また藤田村小学校差別事件や西和佐小学校差別事件（『史料編近現代1』Ⅰ - 四 - 15・17・18）では差別糾弾演説会が開催され、伊都郡応其（おうご）村村長差別事件でも同郡端場（はば）村で村民大会や差別撤廃講演会が開催された（『史料編近現代1』Ⅰ - 四 - 19～21）。

全水創立後、三月には岡町村自彊社が差別撤廃村民有志大会や差別撤廃演説会を開催し（『大阪朝日新聞』紀伊版一九二二年三月一〇日）、五月には県内で初の水平社宣伝演説会が岡町村で道浦若八の発起で開かれ、西光万吉、平野小剣らが演説した（『紀伊毎日新聞』一九二二年五月二八日）。八月には庄水平社、一九二三年に入り二月に西和佐村、藤田村で全水幹部の講演、演説を中心に水平社宣伝演説会や水平運動講演会が持たれた（『史料編近現代1』I‐五‐22、『水平運動史の研究』第六巻321頁）。

同年四月に橋本高等女学校教員差別発言事件当時、同校の女子生徒であった岡本弥の娘が、「山村澤子」の名で『主婦之友』五月号に「女学校で排斥された部落民の娘の悲しき告白」を投稿し、残酷を極めたK教員の差別言動を詳らかにするとともに差別を受けた屈辱を訴えた（『補遺編』II‐二‐4、岡本弥『融和運動の回顧』292～294頁）。

一九二二年の四月には八割が部落民で構成される車夫組合の伊都郡労働協会と高野山自動車株式会社との紛争が起こり（『史料編近現代1』I‐六‐9）、翌年の一月には狩宿村村民が、那賀郡名手町那賀製糸女工差別事件に抗議し、会社に部落民の採用を要求し実現するという闘いがあった（『紀伊毎日新聞』一九二二年一月四日）。

改善団体も岡町村の青年有志が三盟府を自彊社内に設置し、同村には壬戌会も結成され（『史料編近現代1』I‐五‐20・21）、県は一九二三年二月に差別的陋習に対し告諭を発し（『史料編近現代1』I‐二‐60）、差別事件の多発を受け四月には郡市視学会議が差別撤廃を協議し、翌月には知事も出席し部落代表者とともに差別撤廃懇談会を開催した（『史料編近現代1』I‐二‐63）。こうした融和運動や県行政の対応は全水創立と地域水平社の創立、多発する差別事件、糾弾闘争を受けた行動ではあったが、県水平社創立をもはや止めることはできなかった。

県水平社の創立と活動

近畿圏内では京都府水平社創立から遅れること約一年が経過し、紀州徳川家が主催した和歌浦東照宮の祭礼「和歌祭」が行われた一九二三年（大正一二）五月一七日、ついに県水平社が創立された（『史料編近現代1』I-五-27・28）。県水平社創立に先立つ同年三月の全水第二回大会終了間近に庄直行会の森田良四郎が、のちの県水平社運動の主要テーマとなる「徳川一門ニ対スル抗議ノ件」を緊急議案として提案し、「本案ハ本部員ニ於テ、後日適当ノ方法ニヨリ弾劾ヲ為スコトニ決ス」として可決された（栗須七郎『水平の行者』285頁、『水平運動史の研究』第六巻321頁）。県水平社大会は一九二八年まで六回を数え、すべての大会で県水平社活動の主要課題であった徳川一門に対する批判が提案され、可決された。

県水平社の活動を先行研究を前提として、地域水平社支部の創立や差別事件を軸に概観してみよう。

地域水平社の創立

県水平社創立までに、庄、吉田、薗、島に支部が創立されたと言われているが、一九二三年の県水平社創立後には、海草郡楠見村、那賀郡狩宿村・王子村聯合、東牟婁本宮村苔の三支部が創設された。翌年には、西牟婁郡、日高郡御坊町、切目村、志賀村、湯川村、日高郡内六村、県水平社青年連盟、県少年少女水平社の一三にのぼる地域あるいは青年や少年少女の水平社が創立されている。

表6-2　和歌山県内の地域水平社

年	創立日・名称（郡名）	出　典
1922	3月以降　御霊村庄水平社（日高）	⑤320頁
1923	3月　西ノ谷村水平社	④544頁
	4月下旬？　御坊町島水平社（日高）	③251頁
	5.17　和歌山県水平社	①Ⅰ-五-27・28
	6.1　楠見村水平社（海草）	①Ⅰ-五-30・31
	7月　王子村・狩宿村聯合水平社（那賀）	①Ⅰ-五-33
	8.24　本宮村苔水平社（東牟婁）	③261頁
1924	2.14　西牟婁郡水平社	④511頁
	2.18？　御坊町水平社（日高）	③262頁
	2.19　志賀村水平社（　〃　）	〃
	2.20　湯川村水平社（　〃　）	〃
	2.16　切目村水平社（　〃　）	①Ⅰ-五-35
	9.15　県少年少女水平社	①Ⅰ-五-39
1925	1.2　日高郡水平社	①Ⅰ-五-42、②Ⅰ-四-12
	1.14　県水平社日高地区協議会	⑥110頁
	2.7　御霊村少年少女水平社（有田）	⑤354頁
	7.14　西和佐村少年少女水平社（海草）	①Ⅰ-五-45
1926	8.13　田辺町末広水平社（西牟婁）	④541頁
1931	5.16　日置町坂本支部（西牟婁）	⑥270頁
時期不明	御坊町島水平社（日高） 〃　薗水平社（　〃　） 藤田村吉田水平社（　〃　） 岡町水平社（海草） 西和佐村岩橋水平社（　〃　）	②Ⅰ-四-35

1. 出典の略記号は①＝『和歌山の部落史　史料編近現代1』、②＝『和歌山の部落史　史料編近現代2』、③＝『和歌山県同和運動史』史料編、④＝『田辺同和史』第3巻、⑤＝『水平運動史の研究』第6巻、⑥＝『水平運動史の研究』第1巻、を示す。
2. 藤田村吉田水平社と御坊町薗水平社は、和歌山県水平社創立以前に結成されていたと考えられる。
3. 『西浜水平新聞』1925年8月15付は、切目村水平社の創立大会を1925年7月28日とする。

一九二五年になると、日高郡水平社、日高地区協議会、御霊村少年少女水平社、西和佐村少年少女水平社の四水平社が創立されたが、県内地域水平社の創立はこの年までがピークで、残りは一九二六年の西牟婁郡田辺町末広と一九三一年の西牟婁郡日置(ひき)町坂本の二支部の創設にとどまる。

先行研究を総合すれば、地域水平社の創立は二七を数えるが、一九二三年ごろに内務省が調査、作製したと思われる『水平社幹部調』の「和歌山県」の項には、岡町水平社と西和佐村岩橋水平社が記載されており(『史料編近現代2』I-四-35)、これを加えて県内地域水平社は二九支部ということになる。

差別事件と官憲の介入

県水平社創立後、一九三八年(昭和一三)までに発生した差別事件は四二件で、一九二五年(大正一四)の一一件が最も多い。交際・交流に端を発した差別事件が一六件、教育現場での差別事件が一一件、代議士や弁護士、県会議員などの著名人による差別事件、軍隊関係で引き起こされた差別事件がそれぞれ三件、会社での差別事件が二件、祭礼と火葬場をめぐる差別事件、青年会と書籍での差別事件がそれぞれ一件、内容が不明である差別事件が三件という内訳になっている。

差別事件が発生すれば、水平社は当然、差別糾弾闘争に立ち上がる。その際差別事件を引き起こした当事者や官憲との軋轢(あつれき)は避けられない場合が多くあるが、県水平社の差別糾弾闘争で官憲の介入を招いた事例は一〇件と先に示した差別事件件数から考えても決して少なくない。

華族会館差別事件に端を発した一九二四年の田淵豊吉代議士殴打事件では、栗須や小林三郎ら十数人が検挙され（『史料編近現代1』Ⅰ-四-22〜23・26〜28・30、『史料編近現代2』Ⅰ-四-3〜8）、一九二五年二月には御霊村少年少女水平社創立大会演説会で警官と乱闘になり五人が逮捕された（『部落問題・水平運動資料集成』第一巻303頁）。七月には御坊町での自転車商差別発言を糾弾した島水平社同人が警察署に召喚された（『史料編近現代1』Ⅰ-五-46・47）。また同年九月の伊都郡高野口町・神野々（このの）・浄土寺村差別事件の糾弾闘争では脅迫、傷害罪で一六人が検挙された（岡本弥『融和運動の回顧』327〜337頁）。一九二六年では、六月に日高郡印南町住民の差別発言に対し、謝罪広告掲載を要求した切目村住民に御坊警察署が脅迫罪を適用し（『史料編近現代1』Ⅰ-四-41〜44・47・48）、切目村小学校差別事件でも脅迫罪で三人が検挙された。同年八月の海草郡沖野々事件では栗須が和歌山刑務所に収監された（『史料編近現代1』Ⅰ-四-49〜55、『史料編近現代2』Ⅰ-四-20）。一九二七年六月には日高郡南部町の文房具店員の差別発言にかかわり南部町芝崎住民を南部警察署が検挙した。この事件は栗須らが徹底糾弾を展開し、無罪判決で決着した（『史料編近現代1』Ⅰ-四-56・57）。

水平社同人の主張

差別事件に対し県水平社は基本的に徹底糾弾で対抗したが、新聞紙上などで水平社同人は言論でも対抗した。水平社運動や部落問題を取り上げた県内の新聞社は、『紀伊新報』『牟婁新報』『紀伊毎日新聞』『紀南新聞』『和歌山日日新聞』などだが、大阪では栗須や山岡喜一郎が『大阪毎日新聞』『西浜水平新聞』『関西水平新聞』（『史料編近現代2』Ⅰ-四-25・26）、『民衆の中へ』（同23）、『うめ草』（同20）、『啓明』（同28）などで、部落差別からの解放と不当性を訴えた。また、県水平社と交流のあった奈良県五條町の水平社員、亀田富雄

表6-3　県内の新聞に掲載された水平運動論（1923~24年）

年代	表　題（署　名）	出　典
1923	社説　水平社と国粋会	紀伊新報4.10
	水平運動を一般化せよ（白葉生）	紀伊新報6.17
	水平運動（雑賀生）	牟婁新報6.21
	同民族の差別的意識　水平運動は起るのが当然	紀伊毎日新聞8.14
	水平運動についての所感（御坊△△生）	紀伊新報8.17～19
	水平運動　社会問題としての部落改善事業	紀伊毎日新聞8.22
	俺達の目標　解放への勇者よ奮然と起て（吉田水平社同人均水生）	紀伊新報8.31
	水平運動に就て（富士夫）	紀伊新報10.1
	水平運動に就て　誤解せる富士夫君に（日高郡吉田水平社　杉田春光）	紀伊新報10.25
	水平への道　片手落の同和会員募集	紀伊新報12.19
1924	縦横論壇　荊冠旗の栄光（K生）	紀伊新報2.22
	少数同胞の結束を理解せよ（佐本一法園）	紀伊新報4.12～13
	水平運動感　青年も婦人も目醒めよ	紀南新聞4.22

は県同和会機関誌『同和』が主張する差別事件の分析について、『新聖潮』で批判を展開した（『新聖潮』一九二六年二月一日）。

こうした主張は県水平社が創立された一九二三年（大正一二）に集中しているが、吉田水平社社員は、『紀伊新報』紙上に八月、「吉田水平社同人均水生」の署名入りで「俺達の目標」を発表し、一〇月には「吉田水平社同人　杉本春光」が「水平運動に就て　誤解せる富士夫君に」を発表した。また翌年には無署名だが『紀南新聞』に「水平運動感　青年も婦人も目醒めよ」が掲載されたが、内容から考えて明らかに水平社同人かそれに近い人物の文章と考えられる。署名入りや実名で部落民の主張を展開した吉田水平社同人は、一九二五年に吉田水平社機関誌『友愛』を創刊したことも付記しておく（『紀伊新報』一九二五年六月六日）。

栗須七郎の活動

先行研究では、一九三〇年（昭和五）四月の全水中央委員会で栗須とその一派が全水総本部の統制に従わず、大阪府水平社を名乗って独自の行動をしているのは組織を攪乱し、水平運動を妨害するものであるとの非難が起こり、除名処分にまで論議が進んだという。しかし、それよりも早く、一九二八年八月に栗須は和歌山市公会堂で興国青年会の後援のもと水平社夏期大学講座の開催を予定し、全水総本部とは異なった独自展開を始めていた（『和歌山日日新聞』一九二八年八月二八日）。

栗須の活動が全水総本部とは異なるとはいえ、県内の高松差別裁判糾弾闘争や新宮町を中心とした紀南地域での差別糾弾闘争（『史料編近現代1』I‐四‐67）は初期県水平社の中軸を担った高橋や道浦若八、筒井貞三らによってではなく栗須の指導で闘われたのもまた事実であった。

図6-1　栗須七郎翁顕彰之碑（1951年建立、田辺市）

研究の成果と課題

本節の冒頭でも言及したが、県水平社運動史の先行研究には差別事件や地域水平社創立年月日の異同が少なからずあり、また基本的な課題の解明も手つかずのままである。

たとえば、県水平社創立がなぜ、全水第二回大会の後にずれ込んだのかという疑問に対して、先行研究は融和運動の厚い壁を理由に挙げている。しかし、融和運動の存在はあくまで外在的要因であり、他府県にも同じ事情は存在した。県水平社創立後、中心的活動家を輩出した岡町村で、全水創立年の一一月に岡町村水平社ではなく、岡町村壬戌会が結成される。先行研究はこの壬戌会結成を報じた『名古屋新聞』の「水平社の別働隊」を鵜呑みにし、評価しているが、「陛下の赤子」、「融和親善の実を挙げ国運の発展に努力」などの壬戌会「宣言」を見れば、明らかに壬戌会は融和運動の枠を一歩も超えていないことがわかる。県水平社創立の遅さの内在的要因はある意味、「和歌山県水平運動の三羽烏」と呼ばれた、岡町村の高橋、道浦、筒井の思想性とかかわり合うのではないか。

さらに基本的な要因としてL字型の和歌山県の地勢（紀北、紀中、紀南）と当時の交通網や手段が被差別部落間の連絡を難しくさせ、いっそう県水平社創立を遅らせたのでないか。県に現在のＪＲ線が初めて入るのが、一八九八年（明治三一）、奈良県五條と和歌山県橋本間である。その後、地域を短く結ぶ路線はいくらか開通するが、和歌山県を横断する紀勢線の登場は、県水平社創立一年後の和歌山―箕島間が開通した一九二四年（大正一三）まで待たねばならなかった。

水平社運動の活動家として今後の調査・研究が俟たれるのは、和歌山県出身と言われ、大阪の新堂水平社で活躍した山岡喜一郎である。山岡は、一九二六年四月三日に大鉄電車の中で発生した在郷軍人会川上村分会差別事件を糾弾した一人であるが、事件を目撃・通報したことがきっかけとなって軍隊を辞め、水平運動に参加するに至った経緯を明らかにする史料が発見されている（『補遺編』Ⅱ-二-5、河内水平社創立六十周年記念誌編集委員会編『最後のひとりの立場に―河内水平社の歴史』123～130頁）。

県水平社は一九二八年（昭和三）の第六回大会で、「徳川家に対し反省を促す件」と「治安維持法反対の件」のわずか二件しか採択できず、実質上、この大会をもって県水平社の活動は停止したと考えられている（『史料編近現代1』Ⅰ‐五‐57）。

その原因には、水平社運動・差別糾弾闘争への官憲の介入があり、また道浦、筒井ら指導部の政界への転身がある。一九二七年に道浦は立憲民政党から立候補し、県会議員選挙で落選するが（『史料編近現代2』Ⅰ‐四‐18・19）、一九三〇年には岡町村村長に就任し、翌年には再び立憲民政党から立候補し、県会議員選挙で当選する。筒井は一九三一年の県会議員選挙に民政党から立候補するが落選する。高橋を含む「和歌山県水平運動の三羽烏」は、水平社運動の進め方でもさまざまな意見の相違を持ち、指導部としては不統一であったとも言われている。

さらに和歌山県では農業に従事する部落や仲仕、貝ボタン、人力車夫労働にかかわる部落が多く、小作争議や労働争議が起こり、昭和恐慌で生活が圧迫されれば、直接生活の糧とは結びつかない水平社運動は社会運動の前面から退き、農民運動や労働運動にその主役の座を譲ったのである。

3　和歌山県同和会の設立と活動

同和会設立の経緯

米騒動後、帝国公道会の同情融和路線が批判され、各地で自主的融和団体（岡山県協和会、信濃同仁会、広島県共鳴会など）が設立されるようになり、一九二一年（大正一〇）五月には有馬頼寧を会長とする同愛会が結成された。水平運動を支持し、提携を求めようとする同愛会の方針は各地の融和団体に浸透し、一九二五年には全国融和連盟が結成された。一方内務省は、一九二一年に中央社会事業協会に地方改善部（一九二五年九月に廃止、中央融和事業協会が設置される）を設置し、各府県に融和団体を設立して水平運動に対抗しようとした。和歌山県では、一九二〇年に新設された社会課の担当者が中心となって社会事業や民力涵養問題について議論する中で、部落改善に関する件が議題となっており、全国水平社設立前後から県が主導する官民合同の融和団体設立の必要性が説かれるようになっていた。

一九二二年一二月に皇太子（摂政宮、のちの昭和天皇）が来県した折、実務教育や社会事業の功労者に対し種々の下問がなされた。『和歌山新報』は「御下問の光栄者」のうち、地方改善功労者として新宮町の小森定市、西牟婁郡朝来村の村長宮本啓三郎、山本弥市、北条喜久丸、東富田村の村長柏木市郎、榎本藤松のほか、巡査久保広太郎、柳本義晴、天野春吉、元新宮町尋常小学校長の川島万次郎、県嘱託の竹葉寅市郎の名前を挙げている（『補遺編』Ⅱ－一－17）。このできごとを受け、翌年二月に小原新三知事が「陋習を打破し、溝渠を撤廃し以て速に県民同和の実を挙げ」ることを目指して告諭を発した（『史料編近現代1』Ⅰ－二－60）。さらに、県は三月一日の民力涵養日を「諧和共済デー」と定め、各地で差別的待遇の打破を宣伝するとともに、県内に波及しつつあった水平運動の影響を問題視し、「不幸なる同胞の為め自暴自棄に陥らざるやう注意」したという（『史料編近現代1』Ⅰ－二－61）。五月八、九日に県庁で開催された部落代表者との差別撤廃懇談会中に、小原知事は差別撤廃のために「同和会を組織すべし」と提案し、参加者の賛成を得た（『史料編近現代1』Ⅰ－二－63・64）。その後も同和会の設立に向けて協議・懇談会を重ね、一九二四年三月一六日に和歌山市内の県会議事堂で第一回総会が開催された。

活動を担った人びと

同和会の設置を提案した小原知事は、部落問題への関心が強かったらしく、明治末年の奈良県内務部長時代には『国家学会雑誌』に「奈良県下ニ於ケル特殊民部落改善ノ方針」という論文を寄稿している（『和歌山県同和運動史』通史編254～255頁）。

小原知事に中間団体としての融和団体の設立を勧めたのが伊都郡端場村の岡本弥である。岡本は一九二一年（大正一〇）の第四十二帝国議会に「部落改善ニ関スル請願」を提出したり、小原知事の前任の池松時和知事の時代に県師範学校の入学拒否事件に抗議し、被差別部落出身者の官吏登用を陳情したりするなど、国・県に積極的に部落改善に関する働きかけを続けていた。「官僚式の指導方法」に不満を持っていた岡本は、小原知事に対しても融和団体の設置を勧め、同和会の創設に大きくかかわった（『史料編近現代1』Ⅰ-二-47、岡本弥『融和運動の回顧』291頁）。岡本弥の影響を受け、戦前・戦後に部落問題にかかわって活躍した人物には、次に述べる藤範晃誠（ふじのりこうせい）のほか、和歌山県出身で京都府親和会で活動した坂口真道、兵庫県清和会で活動した西本一郎らがいる。岡本弥が構築した人的ネットワークは県内外に広がっていたと言えよう。

藤範晃誠は、伊都郡応其村の被差別部落にある浄土真宗の寺院に生まれ、僧籍を持ち、監獄教誨師をしていたこともあった。同和会の幹部となったのは、縁戚関係にあった岡本弥によるものであろう。藤範は同和会の専従職員として運動理論を確立し、活動の中心的な役割を担った。のちに、中央融和事業協会でも活躍するようになると、全国的な融和運動の指導者として、特に融和教育の確立・普及において大きな役割を果たすようになった。戦後も和歌山県民生部長として同和行政に携わり、一九六五年の同和対策審議会答申作成時には専門委員として関与した（『和歌山県同和運動史』通史編259～260頁、伊藤悦子「戦前における藤範晃誠の活動と融和教育の創造」）。

藤範とともに同和会発足時から活動の中心を担った人物に貴志二彦がいる。海草郡貴志村出身の貴志は、京都帝国大学で哲学と社会学を専攻し、卒業後は『大阪新報』の記者を経て、『和歌山新報』の主筆を務めていた。一九二一年に海草郡の社会教育主事となった直後、県社会課の嘱託に転じた。貴志は県社会課長として、社会事業全般にも携わりながら藤範とともに同和会の活動を牽引し、社会課長退職後も同和会副会長を務めるなど、同和会との関係は続いた（『和歌山県同和運動史』通史編256～259頁）。

同和会が運動を進めていくにあたって、宗教・教育関係者への期待も大きかった。伊都・那賀郡の真宗僧侶によって一九二二年二月に結成された自励会（東・西支部）は、地方改善運動を目的としており、とりわけ宗門内に存在する宗教的差別感情の除去に努めようとした。自励会を結成した年に橋本高女差別事件が発覚し（本章2節「一九二二年から全水創立までの部落解放をめぐる動向」参照）、東・西支部長の宇多徹誠や刀禰信重らが県庁に抗議し、すみやかな解決を要求したが、期待した回答が得られなかったので、和歌山市の鷺森（さぎのもり）別院で臨時総会を開催し、県や本山と交渉を重ねた（『中外日報』一九二二年一一月一一日）。

西本願寺は一九二四年一〇月に一如会を設立し、教団として融和運動を進めていた。一九二五年に同和会と一如会の協同で、紀北の真宗寺院で女性を対象にした「愛の光講習会」と呼ばれる精神講話、作法、料理、音楽などの講習を開催している（『同和』第三号、一九二五年五月一〇日など）。のちには一如会和歌山支部（一九二七年八月発会）と共同で、真宗僧侶を集めて融和問題研究会を主催している（『紀南新聞』一九三五年六月九日）。

児童の差別意識や小学校における差別事件を解決するため、県同和会は教育関係者とともに児童に対する融和教育に取り組んだ。西牟婁郡朝来村の浄土真宗本願寺派の僧侶で、同和会の評議員も務めた北条鉄心は、とりわけ児童融和教育の普及・実践に力を注いだ（池田孝雄「平生成業─意志と情の人北条鐵心」）。

同和会の活動方針

同和会の運営組織は、会長・副会長・幹事（幹事長・主任幹事・幹事嘱託）・評議員からなり、実質的な運営は会長・副会長・幹事が担った。会長には県知事が就任するという規定があったが、副会長については規定がなく、部落内と部落外から一人ずつ起用される慣行が確立していた。他府県の融和団体の場合、副会長は県の幹部（内務部長・学務部長・警察部長など）が占めていることが多く、それに比して同和会の性格は「民間」的であったとされる。同和会の特徴のひとつは、遅れた部落に「同情」して救済しようという、日露戦争後の「部落改善運動」との断絶が意識されたことである。このことは、同和会が警察から距離を置いた活動を展開したことにも表れている。同和会の参与に警察署長が形式的に名前を連ねることはあったが、下部組織（支会）の設置や、差別事件の解決・調停にあたって同和会が警察と協力関係にあったという事例は見当たらないという（『和歌山県同和運動史』通史編261〜265頁）。

第四回総会（一九二七年）の「会務報告書」によれば、同和会の事業は（一）会報発行、講演・懇談・協議会などの宣伝、（二）講習会、（三）奨学、（四）職業紹介、（五）生業資金貸付が報告されている（『史料編近現代2』Ⅰ-二-11）。これらの事業のうち、藤範晃誠が中心となって編集した会報『同和』の発行には特に力が入れられた。会報『同和』の特徴は、啓発的な内容の戯曲・歌・短歌などの文芸作品や、読者からの投稿が多数掲載されたという点にあり、地方融和団体の会報の中では発行頻度が高く、発行部数も多かった。特に藤範は演劇を通した啓発を重視していたようで、会報『同和』に自作の戯曲を掲載したこともある。講演会は、郡支会幹部を対象とした研究会のほか、実業家との懇談会や紡績工場などで部落問題に関する講演が行われた。

（二）の講習会は、青年会や処女会、婦人会の会員を対象に「体験的融和」を目的として一〜四日かけて開催されたもので、同和会の幹事や嘱託が講師を務めた。

青少年の育成という面から、（三）の奨学事業も重視されており、毎年五〇〜六〇人に奨学金が支給されていた。同和会による奨学事業は高知県と並んで大規模なもので、それなりに救済の実質を持っていたと考えられる。しかし、奨学金が必要なすべての人に行きわたるには不十分なものであった。

（四）の生業資金貸付事業は、商・工・農業資金、機械・器具・原料の購入費を一戸につき一〇〇円以内で貸付するもので、借入後三年以内に利子一分で返還することになっていた。同和会発足当初から生業資金の予算が計上されていたが、実際の決算額は小さく、必ずしも有効に利用されうる状態ではなかったようである。西牟婁郡町村長会では、償還の見込みがない場合でも貸付していることが問題となっている（『史料編近現代1』Ⅰ-二-80）。生業資金の予算・決算額は年々減少し、昭和恐慌の時期には産業奨励資金の支出はほとんどゼロの状態になっており、一九三一年（昭和六）には、「到底現下ノ切迫セル経済状態ニ対応」できないとして、中央融和事業協会からの貸付を利用できるように規定の一部を改定している（『史料編近現代2』Ⅰ-二-14）。一九三三年以降は同和会独自の産業奨励に関する支出はなくなり、中央融和事業協会の産業奨励助成交付金を斡旋するだけになっていた（『和歌山県同和運動史』通史編288〜290、297〜299頁）

同和会は自らを「精神的即ち倫理運動団体」と規定していた（『同和』第一号、一九二五年三月一〇日）。当初の活動では、差別を許さない倫理（精神）と、差別をしていたことについての反省＝「懺悔」を重視していた。そのため、同和会の活動は精神運動に傾斜しがちで、経済的な苦境に陥っている部落の救済に役立っていない、あるいは同和会の掲げる理想や理論は差別が繰り返される現実からかけ離れているといった批判を受け、水平運動側からは差別事件への対応が生ぬるいといった批判が繰り返された。

運動の行き詰まりを打開するため、一九二七年には差別解消のために「内部」（被差別部落）の人間性への目覚めを特に重視する「内部自覚運動」が同和会の運動方針に加えられた。また、青年や女性による運動にいっそう力を入れるようになり、青年による真生同朋団と、女性による光の朋団がそれぞれ一九二六年と二七年に結成された。二つの団体の名称には浄土真宗の教えの「御同朋御同行」の影響が感じられ、宗教を重視した同和会の方針が反映されている。

真生同朋団員と水平社の末端の活動家が重なっている場合があり、日高郡第二回中堅青年講習会員の石田才太郎は「水平社同人」として『同和』に寄稿し、水平運動と融和運動の相互補完関係を説いている（『同和』第二五号、一九二七年七月一〇日）。ほかには御坊の中岡嘉助や福居栄太郎などがいた（『和歌山県同和運動史』通史編286〜287頁）

支会の活動

会員からの支会設置の要望を受け、第二回総会で支会の導入が決定された（『史料編近現代1』I‐二‐78）。一九二七年（昭和二）の段階では合計一六の支会が設置されており、県の補助金や町村分担金によって運営されていた。

このうち、西牟婁郡内の支会（二支会六区）については比較的活動状況がよくわかる。西牟婁郡第一支会は、一九二六年二月一日に創立総会を開催し、支会長に湊村長の佐山伝右衛門を選出した。一九二六年度の予算は六五〇〇円（県同和会からの交付金一〇〇円、各町村分担金による補助金五二〇円など）で、調査連絡・宣伝講演・融和促進・相談紹介の各機関を設置したが、予算の大部分を宣伝・講習費が占めていた（『田辺同和史』第一巻594頁)。

西牟婁郡第二支会は一九二八年度の事業計画として、①各地で同和問題に関する講演会を開催、②第一・二支会合同で青年講習会を開催し青年幹部の養成を図る、③本会と連絡し、失業者・求職者への紹介事業に尽力する、④差別問題に関する調査および調停、をあげている(『史料編近現代2』I-二-12)。少し時代は下るが、一九三六年の西牟婁郡第一支会の活動をまとめると表6-4のようになる。この時期になると、講演会や研究会のほか、支会長・幹事によって「融和事業完成十箇年計画」(第七章2節「『融和事業完成十箇年計画』と地方改善事業」参照)にかかわる陳情も行われるようになっていた。

西牟婁郡支会の青年で構成された真生同朋団は、一九二八年二月に行われた第一回普通選挙において、「融和問題の解決には国策確立の要あり」とする選挙区の衆議員候補者に部落問題に関する政見を問う質問状を送付した。最も共鳴する政見を持つ候補者を極力応援するという方針で、候補者からは比較的積極的な回答が寄せられ、各回答は『紀南新聞』と『紀伊新報』に掲載された(『史料編近現代1』I-二-92・93、『和歌山県同和運動史』通史編314~315頁)。

西牟婁郡湊村で製靴店を経営していた中岡兵四郎は、同和会設立以前から朝来村の北条鉄心らと行動を共にし、郡内で自発的に差別撤廃の宣伝活動を展開していた。一九二三年七月には、東西牟婁郡と日高郡で岡本弥や北条鉄心、当時朝来小学校訓導の田中邦太郎らとともに社会教化を目的とした巡回講演会を開催し、「同胞愛護運動」を展開している(『田辺同和史』第三巻504、507~508頁)。同和会の支会活動にも積極的に関与し、重要な役割を果たした。中岡は本宮村の被差別部落出身で、学校や軍隊で受けた差別体験から「同胞相愛運動」に

表6-4　同和会西牟婁郡第一支会の会務概要（1936年）

月　日	場　所	活動内容	参加者内訳と人数
1月15日	下芳養村	内部自覚研究会	青壮年30人
1月17日	田辺町	内部経済更生に関する協議研究会	青壮年45人
2月4日	田辺町元郡会議事堂	代議員会	
3月14日	田辺中学校	同和会第12回総会開催につき庶務	
5月26・27日	田辺中学校	融和教育内部自覚研究会	西牟婁・日高郡の部落出身教職員8人
6月8日	朝来村	内部自覚講座	青壮年45人
6月9日	下芳養村	経済更生に関する研究会	青壮年30人
7月4日	栗栖川小学校	第三部融和教育研究会総会	部内教員35人
7月11日	田辺女学校	融和教育に関する研究会	同校職員20人
7月12日	田辺中学校	融和教育に関する研究会	同校職員20人
7月13日	和深村	内部自覚講座	青壮年30人
7月14日	周参見町	内部自覚講座	青壮年30人
7月15日	周参見町	内部自覚講座	青壮年15人
7月16日	日置町	内部自覚講座	青壮年24人
7月17日	三舞村	内部自覚講座	青壮年30人
7月18日	東富田村	内部自覚講座	青壮年40人
7月27日	田辺町	融和事業10ヵ年計画事業に関する打合協議会	支会長・幹事
7月29日	和歌山市	融和事業10ヵ年計画事業県費増額 県当局に陳情	支会長・幹事
8月9日	和歌山市	同上県会議員諸氏に陳情	支会長・幹事
9月9～11日	稲成村高山寺	融和教育講習会	紀南女子教職員60人
9月28日	和歌山市教育会館	県下支会役員会	支会長・幹事
11月10日	田辺中学校	中等学校における融和教育に関する研究会	同校職員

1937年「和歌山県同和会西牟婁郡第一支会総会会議案」（『田辺同和史』第3巻627～632頁）をもとに作成した。

取り組むことを決意し、その経験を講演会で語ったり、『紀伊新報』などに部落解放に関する意見を投稿したりしている（『田辺同和史』第一巻599〜600頁）。

中岡兵四郎のような地域の活動家を運動に取り込んだり、「融和盆踊り」（海草郡第二支会）など独自の催しを企画したりした支会もあったが、すべての支会がうまく機能したかどうかはよくわかっていない。藤範晃誠ら同和会の幹部や嘱託が頻繁に県内を巡回して講演などを行っているが、支会の活動を促す目的もあったのかもしれない。

女性重視の姿勢

同和会は早い段階から、融和運動を進める上で女性を重視する姿勢を示していた。会報『同和』創刊号には婦人欄が設けられており、第一八号は「女性と融和運動号」として、県内の全婦人会や女学校などへ一万枚が配布された。同号の冒頭では、「婦人問題は男子専制の弊よりして来る人格差別を中心とし、融和問題は錯誤より出発せる人格拒否を中心にしてゐる点に於て、最も第一義的共通点を持つ」と主張されている（『同和』第一八号、一九二六年一〇月一七日）。

光の朋団の創立年は一九二七年（昭和二）であるが、全国的に女性に対する融和事業が展開されるようになるのは昭和恐慌下の一九三一年のことであり、同和会は他府県にさきがけて女性を組織化することに着手していたと言える。この年の六月に中央融和事業協会の主導で第一回婦人融和事業指導者講習会が開催され、この講習会の受講生によって全国婦人融和連盟が結成され、各地の融和団体も「婦人部」を設置していった。

女性に対する融和運動が必要とされたのは、「女性は差別観念が強い→女性は家庭で子供を教育する→故に女性に対して融和運動が必要である」という論理による（北野裕子「西本願寺の婦人融和事業再考」）。真生同朋団と光の朋団の基本的なあり方は変わらなかったが、光の朋団の信条には、女性の生命の本質は「母性愛」にあるとして、極めて母性を尊重する傾向が見られる。藤範晃誠は「差別感染の経路とその対策」という論文で、児童が差別観念に「感染」する場所は家庭が最も多く、家庭内の女性、とりわけ母親から差別について教えられることが多いという調査結果を示している。その上で、差別観念を除去するためには「家庭に注意を払はなければならぬこと、特に女性への運動が重要である」として、婦人融和運動の徹底を強調している（『同和』第一一号、一九三一年六月一〇日）。同和会は、女性会員を対象とした融和問題講演でも、藤範が「社会の欠陥と婦人の使命」と題した講演を行い、差別除去について女性の力の大きさを力説している（『同和』第五三号、一九三〇年九月一〇日）。

光の朋団の活動は、(一) 毎月例会を開催すること、(二) 共同作業により実際的な愛の団結を固めること、(三)「光の朋の歌」をさかんに歌うこと、(四) パンフレット「光の朋運動」の研究、(五)「団の日記」を備えること、(六) 団の消息を本会へ通知すること、(七) 会報『同和』を十分利用することであった（『同和』第五二号、一九三〇年七月一〇日）。会報『同和』には「光の朋通信」欄があり、団員の消息や詩・短歌が掲載され、会員相互の交流の場となった。光の朋団の幹部には、国民融和日に外部に講師・指導者を求めず、自分たちだけで話し合いができるよう「光の朋講話資料」が提供されており、団員による自発的な活動も期待されていた（『同和』第四八号、一九三〇年三月一〇日）。

このほかに、光の朋団の活動としては、端場村の光の朋団員と村・婦人会が共同で一九三〇年から運営していた農繁期託児所が確認できる。預けられていたのは団員の弟妹が多く、交替で五〇人近い子どもたちを世話したという（『史料編近現代1』Ⅰ-二-104、『同和』第五二号、一九三〇年七月一〇日）。

青年・女性の組織化に一定の成果を挙げた同和会は、さらに若い世代＝児童を対象とした融和運動に取り組みはじめる。融和教育の普及と並行して児童の組織化が進められ、一九三五年には同朋少年少女団の結成に着手しようとしたが、戦時色が濃厚になっていた時期でもあり、全県的な広がりを持つことはなかった（『和歌山県同和運動史』通史編287～288頁）。

第七章　戦争の時代へ

1　無産運動と生活闘争

被差別部落と労農運動

多くの被差別部落は不安定な生活・労働条件のもとにあったが、和歌山県内の被差別部落では大正～昭和初期にかけて、労農運動や生活闘争が展開された。

伊都郡の被差別部落には、高野山への参詣客を相手に人力車夫・駕籠夫の仕事をしていた人びとが多く、大正期には一五〇〇人が従事していたという。ところが、一九一九年（大正八）に高野口―大門間を運行する高野登山自動車株式会社の設立があって、人力車夫・駕籠夫が失業する恐れが出てきた。人力車夫・駕籠夫側は端場(はば)村の岡本弥(わたる)を会長として伊都郡労働協会を設立し、自動車台数の制限などを求めて自動車会社側と交渉を重ねていった（『史料編近現代1』Ⅰ-六-2～4）。

日高郡や西牟婁郡の被差別部落では、港湾で貨物の陸揚げ・運搬に従事する仲仕として働く人の割合が高く、御坊町や田辺町では仲仕組合が結成されていた。昭和初期になるとトラック輸送の導入や鉄道の延伸、海運ルートの変更により仲仕の仕事が減少したため、仲仕組合は解決を求めて、運送会社との交渉や、県・町当局への陳情を繰り返した（『史料編近現代1』Ⅰ-七-19～23・25）。

日本農民組合（日農）は一九二二年四月に結成された初の全国的な農民組合で、一九二四年一一月に徳川家所有地売却問題にかかわって有田郡御霊村に日農庄支部が結成されている。支部長は庄直行会の森田正三郎で、県水平社創立大会で綱領・宣言を朗読した岡本鶴繁など、庄水平社のメンバーが加入していた（『史料編近現代2』Ⅰ-五-1、『和歌山県同和運動史』通史編200～202頁）。庄支部以外にも、県内の被差別部落で結成された農民組合の支部をいくつか確認することができるが、奈良県に近い伊都郡の農民運動には水平運動の影響が見られたという（『史料編近現代1』Ⅰ-六-18）。

日高小作争議

日農は分裂と再統一を経て、一九二八年（昭和三）五月に全国農民組合（全農）が結成され、和歌山県内にも全農和歌山県聯合会が成立した。執行委員長兼争議部長に全国水平社の創立者のひとりである奈良の米田富が就任し、県内各地で小作争議を指導した（『史料編近現代2』Ⅰ-五-4・16・17・19・21）。なかでも、一九二九年から一九三五年にかけて全国農民組合日高同盟会（委員長は大島岩吉）によって闘われた日高小作争議は、被差別部落の人びとが参加した小作争議としてよく知られているものである。日高郡に全農の支部が結成されたのは一九二九年二月で、一二月二八日に全農日高同盟会第一回大会が御坊町老松座で開催された（『史料編近現代1』Ⅰ-七-2、『史料編近現代2』Ⅰ-五-8～10）。日高同盟会を構成した九支部のうち、組合員の九五％が被差別部落の小作農民であった。日高小作争議に関する当時の資料は、争議の背景には、被差別部落の小作農民に対する地主の「差別観念ノ存在」があると分析している（和歌山県『和歌山県地主協会対全農日高同盟会ノ小作争議状況』）

一九二九年の争議は地主が小作地を鉄道・県道の新設用地として売却しようしたことが発端となったもので、翌年一月に始まった争議では、日高同盟会側は前年の凶作を理由に小作料の減額を要求した（『史料編近現代2』Ⅰ‐五‐5〜7・11）。日高同盟会の組合員は、地主の糾弾会やメーデーの行進を敢行し、地主側の小作地への立ち入り禁止措置などには実力行使で対抗したが、警察の介入を招くことになり、逮捕・起訴された組合員も少なくなかった（『史料編近現代1』Ⅰ‐七‐8〜12など）。

第一次日高小作争議は、一九三二年に地裁による和解が成立し、日高同盟会側は一九二九〜三一年度分の小作料の軽減を勝ち取ることができたが、根本問題であった小作料については改定されなかった（『史料編近現代1』Ⅰ‐七‐31・33、『史料編近現代2』Ⅰ‐五‐26）。そのため、日高同盟会側は一九三二年度分の小作料の軽減を要求したものの地主側は受け入れず、小作料未納を理由に一九三三年二月から小作地への大規模な立ち入り禁止を執行したことにより、第二次争議に突入した。四月に立ち入り禁止が執行された志賀村では処分に抵抗する小作人が押し寄せ、執達吏、警官ともみ合いになり、支部員八人に懲役刑の判決が出された（『史料編近現代1』Ⅰ‐七‐39・42）。五月五日には立ち入り禁止処分の解除を陳情するために、大島委員長を先頭に組合員一三〇余人が田辺区裁判所まで夜間の飢餓行進を実施し、立ち入り禁止解除まで組合員の児童を同盟休校させた。同盟休校中は湯川村の安養寺で「日高農民学校」が開設され、全農総本部や全農婦人部日高地区委員の女性たちが児童の指導にあたることになった。なお、日高小作争議には、被差別部落の女性も多数参加しており、一九三一年八月に無産婦人同盟和歌山県聯合会日高支部の結成大会が開催されている（『史料編近現代2』Ⅰ‐五‐18・20）。

全農和歌山県聯合会は全労組との共同闘争委員会の設立を決議するなどして争議を発展させようとした。しかし、全農県聯合会の弱体化や、戦時体制下に移行しつつあったことに加え、相次ぐ立ち入り禁止と弾圧に日高同盟会の組合員は疲弊していた。争議は難航を続けていたが、一九三四年四月に結成された皇国農民同盟傘下の日高地区協議会に日高同盟会の組合員が一斉に加入し、調停が成立した。一九三五年には再調停が成立し、日高小作争議は終結した（『史料編近現代1』Ｉ-七-48・49、『水平運動史の研究』第六巻383〜394頁）。

田辺貝ボタン争議

明治末から田辺地方で盛んになった貝ボタン産業は、製造の過程において田辺町の被差別部落の人びと—特に女性—によって支えられる部分が大きかった。一九三〇年（昭和五）五月、製造業者が不況を理由に工場従業員の賃下げを求めたことがきっかけで田辺貝ボタン争議が始まるが、争議団の主力となったのは貝ボタン製造に従事する被差別部落の人びとであった。この年の第一次田辺貝ボタン争議は労働者側の大きな勝利で解決し、七月には田辺貝釦（ぼたん）工組合が結成された。

翌三一年五月一日に田辺町で初めて挙行されたメーデー後、田辺貝釦工組合は製造業者に対し、「馘（かく）首、賃銀値下、休業絶対反対」など四項目の要求書を提出したが、業者側が拒否したので七日からストライキに突入した（第二次田辺貝ボタン争議）。この争議は深刻化し、五月一三日に湊青年会館で開催された工場主弾劾大演説会終了後、争議団員と応援の浜仲仕組合青年部による示威行動が暴徒化し、翌日には争議団首脳部を含む三十数人の組合員が検挙された。その後、一七日に県警察部により和解が勧告され、翌日争議団が「一、馘首、賃銀引下げ、休業は当分これを行はざること、二、取調事件関係者に対しては出来得る限り仕事を与へること、三、その他の要求条項は追つてこれを考慮すること」という解決条件を承認したことにより、ストライキが一〇日間に及んだ第二次貝ボタン争議は終結した（『史料編近現代1』I‐六‐26〜28、『田辺同和史』第一巻628〜648頁）。

御坊祭礼騒擾事件と天神原の祭礼闘争

日高郡御坊町の東薗地区は、一八七一年（明治四）七月四日に発布された郷社氏子制から疎外され、長年にわたって地域の氏神である小竹八幡神社との関係を持っていなかったので、毎年一〇月五日に執行される小竹八幡神社の祭礼に参加することはできなかった。そのような差別の障壁を打ち破ろうと、一九一七年（大正六）、祭礼への参加を求めて東薗地区の青年たちが立ち上がることになる。四か月の交渉を経て、一〇月一日付で、東薗地区の総代、青年会長、日高仲仕組合長を含む九人が連署し、小竹八幡神社神職、御坊町内各区長、氏子総代、各祭礼組行司に宛てて誓約証を提出して、ようやく祭礼への参加が認められた（谷口幸男編『御坊市における部落の歴史と解放へのあゆみ』39、65〜67頁）。

ただし、二三条からなるこの誓約証は、祭典当日における東薗地区の順番は神輿の渡御・還御ともに最後とし（第二条）、小竹八幡神社所有の物件に対して東薗地区民は共有の権利を認めない（第一二条）等々、部落外一般地区による東薗地区に対する差別的取り扱いの実行を祭礼参加の条件とするものであった。そこで、一九一九年九月、被差別部落への偏見を捨て、東薗地区民にも各字と同等の権利を与えて、渡御式の列順は抽籤によって定めよ、という要求を東薗地区が突きつけた。これに対して、一般地区側は東薗地区を最後列にすることを当然視し、東薗地区が抽籤による列順決定の採用論に固執するならば、祭礼をボイコットすると息巻いている（『和歌山県同和運動史』史料編224〜225頁）。

東薗地区の要求は認められなかったのであろう。一九三五年（昭和一〇）一〇月五日、御坊祭の例祭日に大規模な騒擾事件が発生することになる。祭礼のヤマ場、渡河の神事で最後尾になっていた東薗組の四ツ太鼓は河中に転落破損し、御旅所に着けなかった。午後五時ごろ、東薗地区の二人の青年が浜ノ瀬組の四ツ太鼓に接近し、行列の中へ入った。これに対して浜ノ瀬区民三〇人は「天幕に触った、穢れる」と激昂、二人を殴打して怪我を負わせた。これをきっかけにして、東薗・浜ノ瀬両区民の乱闘がはじまり、余興の神事は中止されたが、東薗の区長や青年団長らが現場に駆けつけ、その場はおさまった。ところが、事態解決のために東薗区の祭典役員会を開催中に非常召集用のラッパが吹き鳴らされ、興奮した東薗区民が浜ノ瀬区に突入し、同区の役員宅等で器物を損壊して暴行に及んだ。

その後、警察の取り調べが開始されるが、祭礼慣行の差別性はまったく考慮されることなく東薗区の三〇人が騒擾罪で起訴された。一九三六年七月九日、和歌山地方裁判所田辺支部は、証拠不十分で無罪の一人を除き、二九人に有罪判決を下した（『紀南新聞』一九三六年七月一〇日）。同年六月二四日には、「怨恨を残すことなく相携へて敬神の道を守」ることを誓う和解調書が交わされている（谷口幸男編『御坊市における部落の歴史と解放へのあゆみ』113〜115頁）。

御坊の秋祭りで騒擾事件が起こった一九三五年一〇月、西牟婁郡田辺町の天神原地区でも祭礼への平等参加を求める闘いが繰り広げられている（『田辺同和史』第三巻639〜672頁）。天神原では、明治維新のころから西郷・益穂（ますほ）の両字とともに、西郷の西八王子神社で氏神の祭礼を行ってきたが、天神原は神社の境内と祭宿に一本ずつの幟（のぼり）を立て、祭宿で酒を飲むことしか許されなかった。一九〇九年一二月に西八王子神社が八立稲（やたちね）神社に合祀されてからも、このような差別状況に変わりはなかったので、天神原にも宮総代を設置して正式の祭礼を行いたいという議論が、一九二八年ごろから例祭日の一〇月一〇日が近づくと毎年のように持ち上がるようになった。

一九三五年、天神原青年会は、宮総代を設けて正式の祭礼ができないならば祭礼の準備等は一切しない、と決議した。これを受けて、天神原の有力者は、旧西八王子社跡の遥拝所に御供え物をそなえ、宮総代に代わる代表者の参列を認めるよう西郷の宮総代等と交渉を重ねたが、合意には至らなかった。一〇月一〇日の祭礼当日には天神原の男性住民が旧西八王子社の境内に集結し、不測の事態に備えて多数の警察官が出動した。そこで、地域新聞である『熊野太陽』『牟婁新聞』『田辺夕刊新聞』の三社長が仲裁に入り、天神原の要求が受け入れられた結果、日付が一一日に替わってから神事が執り行われた。

その後、天神原の有力者は田辺町の那須孫次郎町長・山下美里助役に宮総代設置についての尽力を依頼し、一〇月一五日の宮総代会では天神原に普通総代を一人置くことで合意した。しかしながら、天神原の住民は西郷と同様に正式総代二人と普通総代一人の設置を求めていたので、大阪水平社の栗須七郎と有本敏和を招き、宮総代設置運動への力添えを得ることになった。そのころ、学校問題と結びつけて児童の同盟休校を模索する動きも表面化している。一〇月二五日になって正式総代一人のみの設置を認める回答がなされたのに対し、栗須と有本は正式総代と普通総代を一人ずつ認めるよう提案し、一〇月二七日の宮総代会でこれが了承された。この時、普通総代が一人のみ設置されていた益穂にも、正式総代を一人増員することが認められている（藤井寿一「ファシズム成熟期における被差別部落住民の祭礼闘争」）。

雄イタチ捕獲禁止反対運動

一九三〇年代になって、農林省は乱獲によって減少してきたタヌキ・テン・キツネ・イタチの保護に乗り出し、五年間の捕獲禁止措置を検討しはじめ、和歌山県では一九三五年（昭和一〇）九月一六日から禁猟が実施された。さらに、一九三六年秋には近畿の他府県でも五年間の禁猟が施行される気配になった。

これに対して、製皮業者や狩猟者は生活権を脅かす死活問題であるとして対策に乗り出し、同年七月二〇日、大阪で近府県の毛皮商が同業者大会を開催し、禁猟延期嘆願運動を起こすとともに、各府県から代表者を出して狩猟禁止反対の陳情をすることに決定した。和歌山県では、田辺町天神原地区の毛皮商で田辺町会議員を務めていた宮本伝次が代表に就任し、禁猟解除を求める運動を牽引することになる。田辺付近のイタチだけでも年産約一万円の収入を上げていたので、宮本個人にとっても利害に深くかかわる問題であった。

三重県を含む近畿二府五県の皮革業者は、共同戦線を張って大阪の雌イタチ保護会に本部を置き、和歌山県では捕獲許可を求め、他府県では禁猟反対の運動を展開し、嘆願書を政府と関係各府県に提出することになった。宮本は一五〇人の嘆願署名を携えて雌イタチ保護会の本部に持ち込み、他府県分が出揃った八月二七日、第一次嘆願書は農林省に提出された。さらに、雄イタチに加えてテン・タヌキの三種を対象とする禁猟反対の第二次嘆願が提起され、宮本を含む近畿二府五県の代表者は、九月一四日に上京して農林省参与官に事情を説明した。翌一五日には同省農事試験場の技師を訪ねて、狩猟者と毛皮商を合わせて約二二〇〇人が署名した第二次嘆願書を提出するとともに、本省の山林局長や管理課長にも嘆願した。その結果、一〇月一七日に開催された全国狩猟官会議において、雄イタチの禁猟措置は当分延期されることが決定した。和歌山県では一年前から禁猟措置が実施されていたので、宮本や海草郡の藤本藤之助はその解除を求めて県庁の寺沢武兵衛保安課長に陳情している（『田辺同和史』第三巻616〜622、625〜626頁）。

近代和歌山のハンセン病問題

東牟婁郡四村（よむら）の湯の峰温泉には、小栗判官の湯治伝承もあって前近代からハンセン病患者が治療のために訪れていたが、一九〇三年（明治三六）の大火を経て温泉施設の再建計画が進行する中で、ハンセン病患者の隔離が図られる（『史料編近現代1』Ⅰ‐八‐1）。その後、一九一〇年代後半から三〇年代初めにかけて、ハンセン病患者用の宿泊施設である「緑館」がキリスト教徒の患者によって経営されていた。また、一九二八年（昭和三）一一月には、「浮浪らい」の収容を目的として、元四村村長の玉置喜代作が「癩病患者収容所」の建設を計画した（『史料編近現代1』Ⅰ‐八‐18）。

この玉置喜代作は一九〇九年、田辺小学校の訓導としての勤務を終えた後、西牟婁郡湊村梅畑地区の公会堂を毎夜訪れ、不就学者に読書・算術・習字等を教えていた（『田辺同和史』第三巻411〜412頁）。一九一〇年七月、西牟婁郡の日置（ひき）小学校への転任が決まった玉置に、梅畑地区を啓発した慰労として、湊村から物品が贈呈されている（同441～442頁）。一九二〇年（大正九）以降、玉置は日高郡社会主事として部落改善事業に携わっていた。このように部落問題と向き合ってきた玉置喜代作が、湯の峰温泉に「癩病患者収容所」の建設を計画したことは注目されるべきであろう。

一九二九年三月、「癩予防法ニ関スル件」が改正され、一九三〇年一一月には岡山県に国立療養所長島愛生園が開設された。一九三一年四月、「癩予防法ニ関スル件」が大改正され、「癩予防法」が成立し、すべてのハンセン病患者が隔離の対象となった。このようなハンセン病隔離政策の遂行と前後して、一九三〇年四月、湯の峰温泉ではハンセン病患者が利用していた下湯が廃止されるとともに（『史料編近現代1』Ⅰ-八-28）、一九三一年七月には「緑館」の廃止が強行され、患者は地域から排除されていった（矢野治世美「ハンセン病問題と和歌山県―近代の湯の峰温泉をめぐって―」）。

湯の峰温泉とともに、和歌山県内で多くのハンセン病患者が集住していたのは高野山である。一九〇〇年に開通した紀和鉄道の高野口駅と女人堂を結ぶ新高野街道が発展するとともに、増加した高野山への参詣客を目当てに物乞いをする人びとが新高野街道に集まるようになった。その中にハンセン病患者が含まれていたのである。このようなハンセン病患者に対して、一九二〇年代、警察はたびたび「癩患者狩り」を実施し、拘束した患者を大阪の外島保養院へ送っている（『史料編近現代1』Ⅰ-八-5・7・8）。

その後、一九二九年に高野山電気鉄道が営業を開始し、翌三〇年には極楽橋・高野山間のケーブルカーが開通したことにより、九度山と女人堂の間の山道を歩く参詣客が激減したので、「浮浪徘徊ノ癩患者」は山内の入り口にあたる女人堂付近に集まって乞食をするようになった。ここに集結するようになったハンセン病患者を一時的に収容するために、一九三一年四月、高野山の転軸山麓に間口六間奥行割間の収容所が設置されたが（『史料編近現代1』Ⅰ-八-32）、これも「癩予防法」の成立に象徴されるハンセン病隔離政策と連動しているものである（矢野治世美「高野山とハンセン病―近代を中心に」）。

被差別部落と朝鮮人

一九一〇年（明治四三）の韓国併合以降、土地調査事業など日本帝国主義の朝鮮半島に対する植民地支配によって、多くの朝鮮人は生活の基盤を失うことになった。そのような朝鮮人が、一九一〇年代の半ばごろから日本へ仕事を求めて渡航するようになり、和歌山県にも来住した。

一九一九年（大正八）二月、日高郡中山路（なかさんじ）村柳瀬の日高川第二水力発電所建設工事の現場で、朝鮮人の土木作業員約一八〇人が、御坊町やその周辺の被差別部落出身の土木作業員約六〇人が詰めている川崎組の小屋を襲撃し、両者が大乱闘を起こしている（『史料編近現代1』Ⅰ-八-3・4）。川崎組と朝鮮人労働者が対立した原因としては、被差別部落民として差別されていた川崎組の作業員の憤りが朝鮮人に向けられたことが発端であったのかもしれないが、それ以上に植民地の被支配者としての朝鮮人に対する日本人の思い上がりと、それに対する朝鮮人の憤りが対立を先鋭化させたのであろう（池田孝雄「柳瀬発電所建設と日朝労働者の対立」）。

一九二七年（昭和二）四月、海草郡岡町村で、朝鮮人団体の愛保会の会員が交平会の会員宅を襲い、その場に居合わせていた高橋善応を含む日本人・朝鮮人五、六人を袋叩きにした（『史料編近現代1』Ⅰ-八-15）。高橋は、和歌山県水平社の三羽烏の一人と称される人物であり、同年三月、彼の肝いりで済州島出身者のみを対象とする交平会が組織された。これに対して、一九二六年一月に設立された愛保会は、交平会に会員を奪われて快く思っていなかったことが対立の原因である。

朝鮮人と部落民がいつも対立していたわけではない。一九三一年六月、田辺町内の自転車店に勤める少年店員が、末広地区に居住している朝鮮人に向かって部落を侮蔑する差別発言をしたので、当該の朝鮮人は帰宅後、直ちに隣人へその旨を通報した。これを聞いた隣人は少年を連行して事実関係を問いただした結果、事実が明白になったので、末広区民は仏教会館で区民大会を開き徹底的糾弾を行っている（『田辺同和史』第三巻591頁）。

また、慶尚北道安東郡で生まれた鄭承博（チョンスンバク）は、一九三三年、九歳で渡日し、紀伊山地の山奥にあった朝鮮人作業員の飯場で働いていたが、三年後の一九三六年、田辺町天神原地区で宮本伝次家の奉公人となる。翌三七年夏、鄭は天神原の説教所である千京山で栗須七郎と出会い、これを契機として大阪の栗須宅「水平道舎」の書生となった（鄭承博『水平の人　栗須七郎先生と私』11〜35頁）。

戦時体制下になると、朝鮮人が戦争遂行に「協力」している事例が盛んに喧伝されるようになる。和歌山市の芦原地区で廃品回収業や自転車修復業に携わっていた朝鮮人は、全国にさきがけて軍用機「協和号」の献納運動を呼びかけた（『毎日新聞』和歌山版、一九四〇年八月一四日）。那賀郡麻生津村の飯盛鉱山は、同郡狩宿村や王子村西之芝の部落民が労働者の多数を占めていたが、一九四一年三月、朝鮮人七〇人が飯盛鉱山と光永鉱業所の「労力の応援隊」として移住してきた（『史料編近現代1』Ⅰ‐九‐30）。戦局が悪化した一九四四年二月、飯盛鉱山で働く朝鮮人坑夫五二人は、各自五〇銭から一円を拠出し、計五〇円を国防献金として粉河署へ寄託した（『史料編近現代1』Ⅰ-九-50）。

2　地方改善事業と部落経済更生運動

地方改善応急施設の実施

一九二九年（昭和四）一〇月、アメリカに始まった大恐慌は、日本経済にも大きな打撃を与え、とりわけ農山漁村の疲弊にははなはだしいものがあった。そこで政府は、一九三二年、道路工事などの土木事業により農山漁村民に現金収入の機会を与える時局匡救事業を、三年間の期間限定で実施することを決定した。時局匡救事業の実施に際し、部落に対しては特別の対策が実施されることとなった。当時、部落の経済力は一般地域の三分の一以下であり、部落民は窮乏の極にあると見られていたからである。こうして着手されたのが、地方改善応急施設と呼ばれた一連の事業である。時局匡救事業は予定通り一九三四年度で打ち切られたが、地方改善応急施設は三五年度まで実施された。

地方改善応急施設の目的は、「部落民ニ対シ労働ノ機会ヲ附与シテ生活ノ安定ヲ期セシムルコト」であり、事業の種類は、「道路下水ノ新設改修、小地区ノ整理等」の土木事業に限るとされたが、適当な土木事業がない場合は「地区ノ生活困窮者ノ救済ヲ目的トスル共同作業場」などの「産業経済施設」でもよいとされた（内務省社会局「地方改善応急施設ニ関スル通牒」、一九三二年八月二七日）。地方改善応急施設に対しては、従来の地方改善費を大きく上回る国家予算が投じられ、一九三二年度における内務省の地方改善予算は約一九七万円と

図7-1　和歌山県への地方改善関係国庫交付額

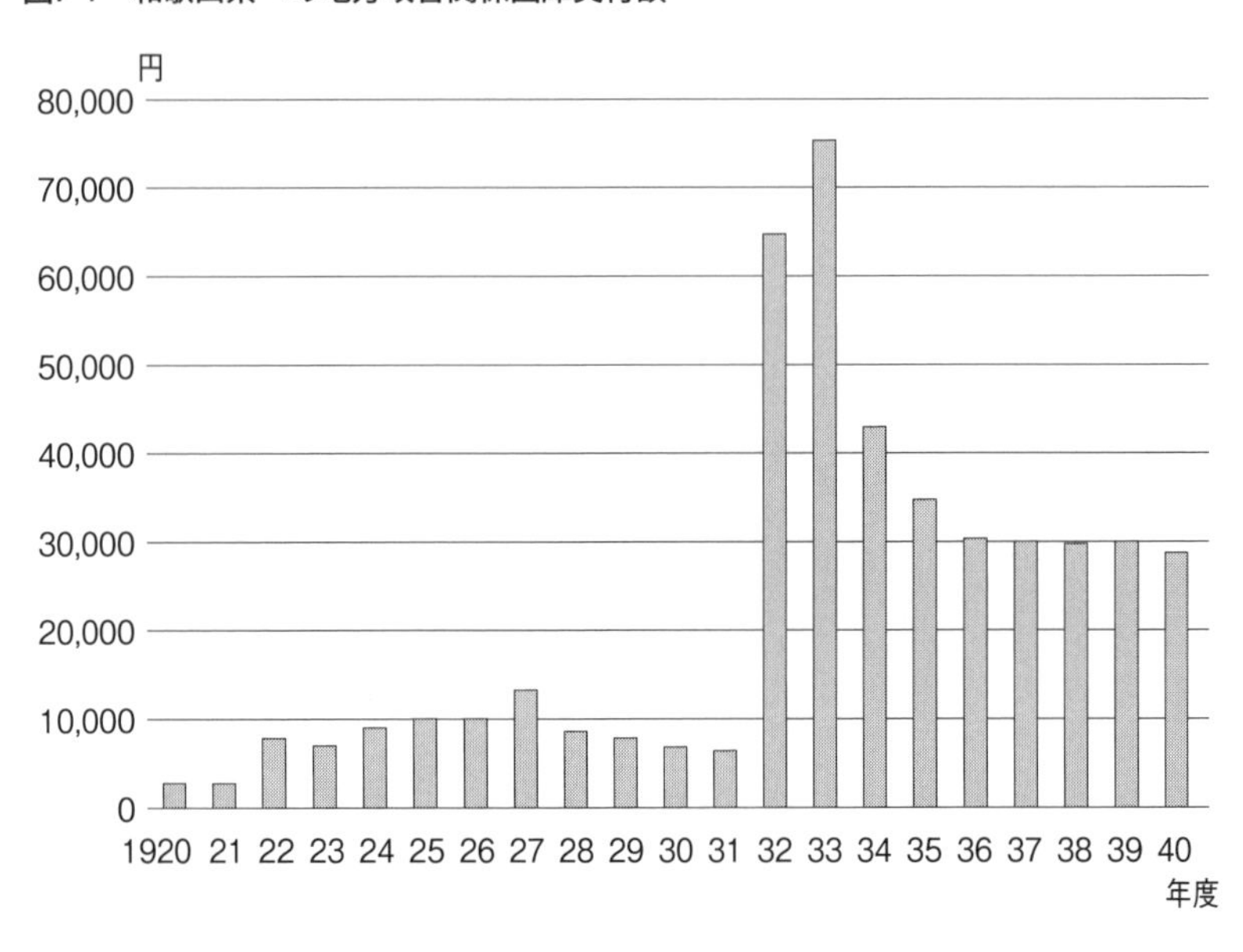

なった（前年度の三・八倍）。和歌山県の場合、地方改善事業に対する国庫補助額は、一九二二年度から三一年度に至る一〇年間の平均は九〇〇〇円弱であったが、三二年度には地方改善応急施設費五万九〇〇〇円を加えて約六万五〇〇〇円、三三年度には同じく七万円を加えて約七万五〇〇〇円に達した（図7‐1）。地方改善応急施設は、こうした国家予算に県と市町村の支出金を加えて行われ、和歌山県では表7‐1のような事業が実施された。

　就労機会の創出を主眼とした地方改善応急施設とは別に、従来からの地方改善事業も引き続き行われた。和歌山県では、内務省の第一次地区整理十ヶ年計画により実施されてきた海草郡岡町村（一九三三年和歌山市に合併）の地区整理事業（一九二三～三二年、道路・下水道の新設・改修、家屋移転、総経費六万一〇〇〇円）が、三三年度からの第二次計画でも継続され、三四年度に完成した（総経費四万六四九五円）。また国・県の

表7-1　和歌山県における地方改善応急施設

	1932年度		1933年度		1934年度		1935年度	
道路新設・改修	41	62,099 円	39	72,989 円	50	36,900 円	49	32,318 円
下水新設・改修	5	7,058	4	5,261	4	3,863	2	2,313
用排水路新設・改修	1	478	1	456	6	3,574	2	758
飲料水設備	4	4,581	5	5,170	2	1,174	3	1,091
橋梁架設		—	2	2,138	1	599	1	730
共同作業場設置	1	1,507	2	2,449	2	2,551	3	3,081
その他の経済施設		—	3	2,384		—		—
合　計	52	75,723	56	90,846	65	48,662	60	40,290
うち国庫交付金額		59,000		70,000		38,000		30,700
補助率		77.9%		77.1%		78.1%		76.2%
うち労力費		41,434		40,272		20,245		15,731
就労者延人員		40,881 人		40,070 人		20,545 人		15,467 人

『融和事業年鑑』をもとに作成した。

補助による地方改善事業も、表7-2のように、毎年三〇件前後実施された。

「融和事業完成十箇年計画」と地方改善事業

時局匡救事業の一環として開始された地方改善応急施設は、一九三五年度をもって打ち切られることとなった。しかし多額の国家予算で実施されたこの事業に対しては、継続を求める声が強く、そのため三五年には全国の融和運動関係者の協議を経て、「融和事業の総合的進展に関する要綱」およびその実施計画である「融和事業完成十箇年計画」が作成され、同年六月の全国融和事業協議会において決定された。これらは融和事業の内訳を、①自覚更生施設（産業経済施設・教育文化施設・環境整備施設）、②教育教化施設、③融和事業機関に大別して、それぞれの整備拡充を目指したものであり、その実現のために全国で四九八〇万円（うち八〇％が自覚更生施設費）、和歌山県で二三七万円

表7-2　和歌山県における地方改善事業

(1)

	1932年度		1933年度		1934年度		1935年度	
産業経済施設			2	1,349 円	7	8,448 円	6	8,410 円
教育文化施設	35	71,744 円	22	89,677	7	22,654	8	5,338
環境整備施設					16	76,367	17	40,914
合　計	35	71,744	24	91,026	30	107,469	31	54,662
うち国・県補助	13,770		15,598		14,288		9,230	
（国庫補助）	(5,826)		(5,371)		(4,982)		(3,515)	
補助率	19.2%		17.1%		13.3%		16.9%	

『融和事業年鑑』をもとに作成した。岡町村地区整理事業を含む。

(2)

	1936年度		1937年度		1938年度		1939年度		1940年度	
産業経済施設	45	17,440 円	39	19,339 円	27	20,070 円	28	19,443 円	27	22,040 円
教育教化施設	7	1,470	6	1,374	2	1,343	5	1,538	8	1,519
環境改善施設	10	13,094	10	13,149	14	13,022	13	14,999	12	14,212
市町村融和機関設置	12	580	15	?	15	750	15	750	15	600
その他施設	50	41,593	65	42,923	64	40,751	58	40,448	60	45,976
合　計	124	74,177	135	?	122	75,936	119	77,178	122	84,347
うち国・県補助	38,294		?		38,077		38,769		36,950	
（国庫補助）	(29,081)		?		(28,634)		(29,006)		(28,795)	
補助率	51.6%		?		50.1%		50.2%		43.8%	

1. 『融和事業年鑑』をもとに作成した。
2. 1937年度の数値には明らかな誤りが見られるため「？」とした。

（うち八五％が自覚更生施設費）という多額の経費が見込まれていた。

融和運動関係者の総意として決定された「融和事業の総合的進展に関する要綱」・「融和事業完成十箇年計画」は、これ以後の融和運動・地方改善事業を規定する枠組みとなった。その一方、十箇年計画の初年度とされた一九三六年度における地方改善事業費（総事業費）は約二三〇万円（うち内務省予算一二四万円）であり、十箇年計画が掲げる約六〇〇万円の四割程度にとどまるものであったが、その水準は、地方改善応急施設の最終年である三五年度に相当するものであった。和歌山県の場合、一九三六年度以降も、三五年度の地方改善応急施設費に準じる国庫補助額を得ていたこと、そのため三六年度以前に比べると、地方改善事業に対する補助率が大きく上昇していたことが確認できる（表7-2）。「融和事業完成十箇年計画」は、地方改善応急施設の打ち切りに伴う地方改善費の削減を食い止めるという面では、大きな意味があったのである。

部落経済更生運動の展開

昭和恐慌下における農山漁村の危機的状況に対処するため、政府は一九三二年（昭和七）より時局匡救事業を実施する一方で、「自力更生」を旗印とした農山漁村経済更生運動を開始した。中央融和事業協会はこの運動に呼応して、一九三三年より農村部落を対象とした部落経済更生運動に乗り出した。この運動の展開に際し、中央融和事業協会は関係府県に計四八の経済更生指定地区を設定し、和歌山県では那賀郡王子村西之芝地区と日高郡藤田村下吉田地区が指定を受けた。和歌山県同和会もまた、独自に経済更生地区を設定し、一九三三年度に西牟婁郡周参見町石橋と和歌山市杭ノ瀬、三四年度に伊都郡大谷村西大谷と有田郡宮原村元河原、三五年度に東牟婁郡本宮村苔と海草郡西山東村口須佐の六地区を指定した。これらのほか、伊都郡端場村のように、一般の経済更生村として指定され、運動に取り組んだところもある。

これらの地区では、経済更生（委員）会が組織され、経済更生計画が作成された。これを端場村（三三年度指定）の事例について見ると、その計画は①生産統制計画、②経済改善統制計画、③生活改善計画、④社会教化計画、⑤団体活動計画の五部からなり、①では米麦の増産、園芸作物栽培・畜産の振興、肥料の自給化、養蚕の改善、②では共同販売のための出荷組合、負債整理組合の組織化、③では冠婚葬祭費の節約、自家用醤油の製造、④では青年団・婦人会の活動督励、村民精神の更生、農業補習学校の充実、⑤では農事実行組合の整備が挙げられている（『融和時報』同和会版、一九三四年九月）。

このような運動の中で、優良事例として知られたのが藤田村下吉田地区である。同地区では、中井浅吉らが中心となって棕櫚（しゅろ）加工組合を設立し、箒（ほうき）などの生産で成果を挙げた。この成功により中井は県内各地区で棕櫚加工の指導にあたるようになり、一九三五年には中央融和事業協会の「経済更生優良者」に選ばれ、助成金を贈呈されている（『更生』第五号、一九三五年一一月）。

また下吉田地区と同時に中央融和事業協会の経済更生指定地区となった王子村西之芝地区の場合では、負債整理組合による事業が進捗する一方、養豚・養鶏の振興に取り組み、一九三七年ごろには貧窮地区であった「昔日の面目を一新」するに至ったという（『更生』第一九号、一九三八年二月）。

「融和事業完成十箇年計画」と部落経済更生運動

一九三五年（昭和一〇）の「融和事業完成十箇年計画」は、和歌山県における部落経済更生運動の拡大を促した。和歌山県同和会幹事の藤範晃誠によれば、「十箇年計画」作成当時、「県下関係地区百十三中、戸数其の他の関係から、特に経済更生を行はねばならない地区数は六十八」であったが、そのうち二地区は中央融和事業協会の指定地区、ほかの六地区は和歌山県同和会の指定地区となっているので、「問題は残る六十地区を、如何に更生せしむべきか」という点にあった。そこで藤範はこの六〇地区について、①一九三六年度から毎年一〇地区ずつ、六年間で全地区を指定する、②指定地区では、第一年度に更生会などの組織化と事業計画の立案・実施、第二年度からは「地方経済更生事業費の特別助成並びに一般地方改善事業費の助成による事業実施」、第四・五年度には「一般地方改善事業費の重点主義による事業実施」を行い、一〇か年で全事業を完了する計画を立てたという（『更生』第三三号、一九四〇年九月）。

右の構想に基づく地区指定は、一九三六年度、三七年度は予定通りなされたが、日中戦争下の物価高騰のため、三八年度は六地区、三九年度は五地区、四〇年度は八地区の指定にとどまった。こうして一〇か年で経済更生事業を完成する計画は、挫折することとなった。そして一九四〇年には、部落経済更生運動そのものも、地区住民を満州移民や時局産業へと動員することを目指す資源調整事業へと変質することになる。

3　戦時体制と部落

戦時体制と融和運動

一九三七年（昭和一二）七月七日、北京郊外の盧溝橋で発生した日中両軍の衝突は、やがて華北から華南へ拡大し、八月になると日本と中国は全面戦争状態となった。同年一二月、日本軍は中国の首都南京を占領したが、中国の指導者蔣介石は、首都を奥地の重慶に移して抗戦の構えを崩さず、日中戦争は解決の目途が立たない泥沼の長期戦となった。一九三八年には国家総動員法が成立し、政府は国家総動員の必要に応じて、あらゆる人的・物的資源を統制・動員することが可能となった。一九三九年からは、物資・労働・交通・電力・貿易・資金などに関する国家総動員実施計画が策定されるようになり、国家による本格的な経済統制が始まった。

日中戦争が全面戦争化した一九三七年九月、政府は国民精神総動員運動に着手し、国民に挙国一致の団結と戦争への協力を求めた。融和運動の全国団体である中央融和事業協会は、同年一〇月に緊急全国融和事業協議会を開き、国民精神総動員運動への参加を決定した。全国水平社も、戦争への協力を表明した。戦時体制の下で、それまで対立関係にあった水平運動と融和運動は接近するようになり、同年一一月に全国水平社主催で開かれた国民融和懇談会には、各府県の融和運動団体代表者も多数出席した。ただし和歌山県の場合、県水平社はすでに昭和初期の段階で消滅状態となっており、部落差別解消への取り組みは、主として融和運動団体である和歌山県同和会が担うようになっていた（『和歌山県同和運動史』通史編418頁）。

融和運動の戦争協力には、戦争が部落差別の解消を促進するという期待が伴っていた。中央融和事業協会の機関誌『融和時報』（一九三八年一月）の巻頭論文は、「期せずして国民一体の実が挙り渾然融合の空気が馴致せられつゝある」今こそ、「残存せる差別観念を一挙芟除すべき好機」であり、「此の機会を看過したならば恐らく問題解決の前途は頗る遼遠となるであろう」と論じている。藤範晃誠もまた、挙国一致が叫ばれる戦時下こそは、「同胞差別の事実解消運動のよき時」であり、「此の秋こそ、全く、一大飛躍を行ふべきであるのだ」と、部落中堅青年の「内部自覚」を促した（『更生』第一九号、一九三八年二月）。

しかし融和運動が戦時下に直面したのは、差別事象の増大という現実であった。一九三八年になると、差別事象の多発は融和「事業始まつて以来」と言われる状況となった（『融和時報』同和会版、一九三八年七月）。実際、同年中に和歌山県同和会が取り扱った差別事件は、一九三六年の一五件、三七年の一七件に対して、三八件という「驚くべき数字」となった（『融和時報』同和会版、一九三九年二月）。その原因としては、①「所謂徹底的糾弾の手がゆるんだ」こと、②同和会の支会・分会や傘下団体メンバーが問題を重要視して連絡を密にするようになったことに加え、③戦時体制の下で一般との接触面が拡大したことが指摘されている（同前）。こうした事態を前にした同和会は、一九三九年一月、「挙国一致ノ戦時体制下ニ於テ猶差別事件ノ発生ヲ見ルハ遺憾ノ極ミ」であるとして、「同朋融和ノ徹底ニ関スル件」を同和会支会・分会長に通達し、和歌山県も同趣旨の通達を学務部長・警察部長名で、警察署長・市町村長・学校長などに通達している（『融和時報』同和会版、一九三九年二月)。

差別事象が増大する一方、同和会の運動は低調となった。同和会は、自主的運動団体としての色彩の強い融和団体であったが、その主要な基盤は真生同朋団や光の朋団に参加した青年男女にあった。ところがこれら青年運動は、一九三〇年代半ばごろからその不振が指摘されるようになり、日中戦争下になると「今日では真生同朋団運動も過去のものとなつてしまつた」とまで評されるようになる(『融和時報』同和会版、一九三九年九月)。その理由については、①かつて運動を担った青年たちが壮年期に入ったこと、②「内部青年」層の関心が、経済更生方面に向けられるようになったこと、③青年層の多くが兵士として応召されたり時局産業方面へと進出したことなどが挙げられている。

運動の不振を反映して同和会総会への参加者も減少した。多い時には一〇〇〇人以上、少ない時でも七〇〇人程度の参加者があった同和会総会は、日中戦争開始以後、「同和会史上稀に見る出席者の減少」を来たし(『融和時報』同和会版、一九四〇年二月)、一九三九年三月の総会参加者に至っては「わづかに二百七八十名といふ淋しい状態」となった(『融和時報』同和会版、一九三九年一二月)。一九三九年の同和会の活動を回顧した藤範晃誠によれば、同年の同和会は「支会、分会等の事業も、あまりふるつたとは思はれ」ず、「まさに一葉の秋といふ、らくばくさを感ぜしめられた」と述べている(同前)。同和会の運動は日中戦争下に行き詰まりつつあり、従来の組織と運動方針の転換が求められるようになっていた。

同和奉公会の成立

一九四〇年（昭和一五）六月、ドイツが西ヨーロッパ諸国を降伏させると、日中戦争解決の目途を失っていた日本では、近衛文麿を中心に、「高度国防国家」の確立を目指す新体制運動が台頭した。同年七月には第二次近衛内閣が成立し、ドイツ・イタリアと軍事同盟を結ぶ一方、北部仏印に軍隊を進駐させた。このことがアメリカとの関係を悪化させ、以後、日本は一九四一年一二月のアジア・太平洋戦争への道を進むこととなった。

また一九四〇年一〇月には、近衛を総裁とする大政翼賛会が発足した。その過程で政党は解党し、日本には政党が存在しなくなった。労働組合や農民組合も、一九四〇年から四一年にかけて解散に追い込まれ、アジア・太平洋戦争開戦後には全国水平社も消滅した（一九四二年一月）。

融和運動関係者は、新体制運動へ参加することによって、運動の拡大強化を図ろうとした。その具体的方策は、一九四〇年一一月開催の紀元二千六百年奉祝全国融和団体連合大会での議論を踏まえて、四一年一月から二月にかけて検討され、「融和事業新体制案」としてまとめられた。この構想に基づき、一九四一年六月、中央融和事業協会は「同和奉公会」に改組された。同和奉公会の目的は、「肇国の大義に基き、旧来の陋習を改め、国民一体の実を挙ぐる」ことにあり、また関係官庁とは表裏一体の関係、大政翼賛会とは本質を同じくする「一環の関係」にある組織とされた（『同和国民運動』、一九四一年七月）。

同和奉公会の発足に引き続き、府県同和運動団体の系統化が進められ、同和会は九月一六日の第一八回総会で、同和奉公会和歌山県本部への改組を決定した。同和会は全国で唯一、「同和」の文字を用いる融和運動団体であったが、その意味は「同胞融和」の略と考えられている。それに対し、同和奉公会の「同和」は、昭和天皇即位の際の「朝見ノ儀ニ於ケル勅語」（「人心惟レ同シク、民風惟レ和シ、汎ク一視同仁ノ化ヲ宣ヘ、永ク四海同胞ノ誼ヲ敦クセン」）からとられたものであった。

同和奉公会の組織活動

同和奉公会和歌山県本部の組織系統には、郡市に置かれる支会、支会の下に置かれる町村分会（和歌山市の場合は学区単位）があった。このうち支会のあり方には、同和会からの改組に伴う変化があった。一九三〇年代半ばの同和会では、七つの郡（各二支会）および和歌山市に合計一五の支会が置かれていたが、一九三六年（昭和一一）に有田、三七年に伊都・西牟婁の支会が統合されたため一二支会となっていた。しかし同和奉公会の支会は全国的に市郡単位とされたため、和歌山県本部の支会は和歌山市、海草郡、那賀郡、伊都郡、有田郡、日高郡、西牟婁郡、東牟婁郡の八支会となった。なお同和会の支会は専任職員を持たなかったが、同和奉公会和歌山県本部は支会の活動を促進するため、一九四二年度に専任職員を設置した。

他方、分会は、「融和事業完成十箇年計画」が市町村に府県融和団体の支部などを設ける方針を示したことを受けて、設置されるようになったもので、和歌山県では一九三六年度に一二、三七〜四〇年度にそれぞれ一五の分会が設けられ、四〇年末の時点で七二の分会ができていた。こうして分会の整備が進むと、それまでの同和会組織は分会中心に再編成されることとなった。一九四〇年までの同和会組織には、支会と分会のほか、地区の経済更生会、真生同朋団、光の朋団、同朋少年少女団といった補助組織がそれぞれ独立して同和会

図7-2　組織図

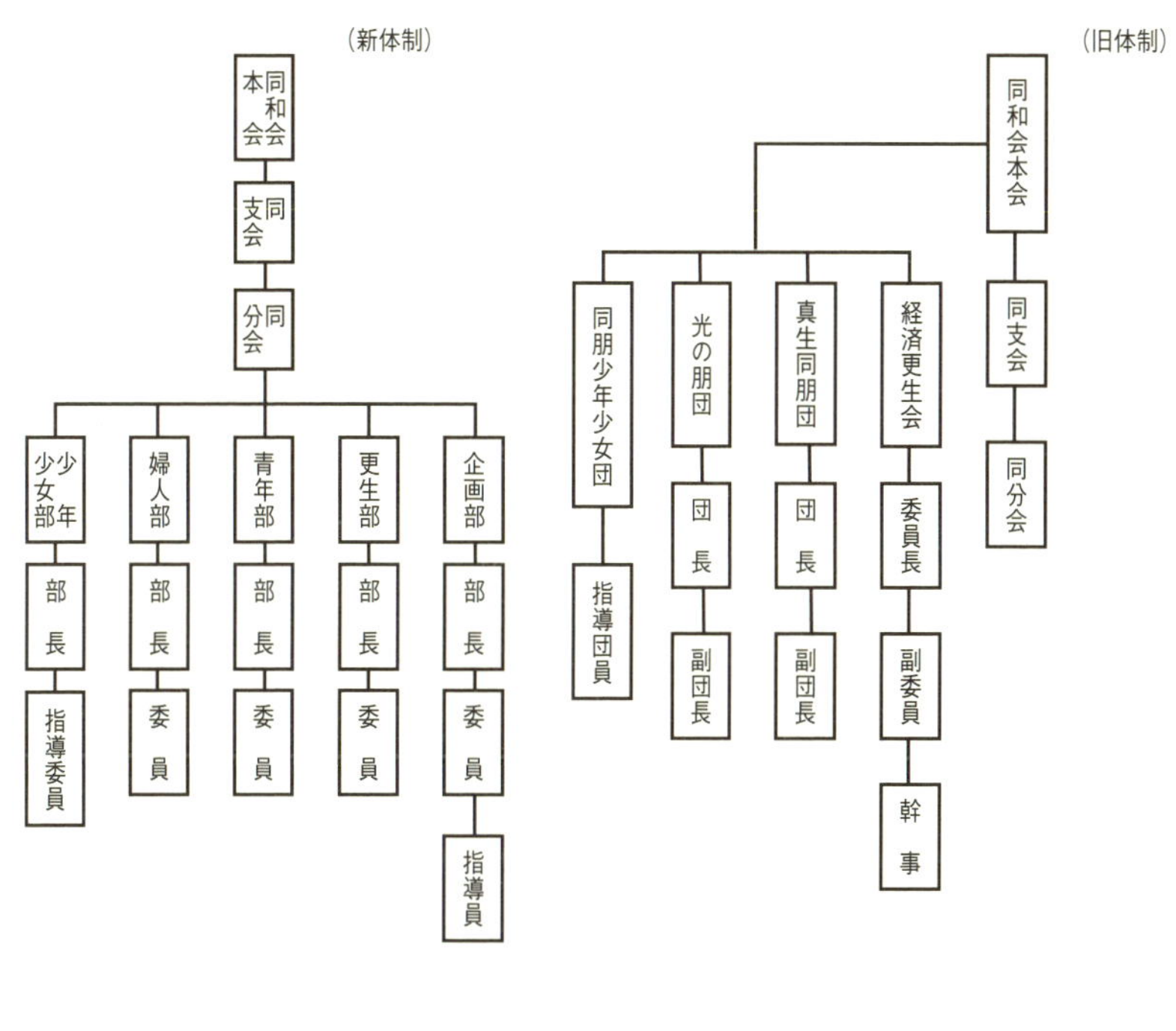

（本会）に直属していた。同和会はこのような組織の分立が、運動不振の一因であるとし、各団体を分会に統合して分会に更生部・青年部・婦人部・少年少女部および企画部の五部を設けることで、町村単位の運動を強化しようとした（図7-2、『融和時報』同和会版、一九四〇年一〇月）。分会を地域における運動の中核に位置づける組織形態は、同和奉公会和歌山県本部にそのまま継承された。

分会は融和（同和）運動を全県民の運動として展開することを目的に、一般地区にも設立が図られ、一九四一年には二〇（合計九二）、四二年には一八（同一一〇）、四三年には二〇（同一三〇）の分会が新設、将来的には全市町村に分会が設置される予定であった。和歌山県本部はこれら町村分会の活動モデルとすべく、一九四一年一一月より各郡一分会を指定して特別指導を行い、模範分会の育成を図った。

しかし、一九四三年の活動を回顧した藤範晃誠によれば、第一に「批判さるべきは町村分会」で、「開店休業がその九十％」を占め、「模範分会の設置に躍起になつたり企画部、青年部、婦人部、少年少女部、厚生部等の部長、副部長、指導員の研究会等を引きりなしに開催はしたけれども、猶、分会は活発な働きを開始し始めたとは思へない」状況であった（『同和国民運動』和歌山県版、一九四三年一二月）。同和奉公会の中核的組織として期待された市町村分会は、量的には整備が進んだものの、融和（同和）運動組織としての内実を伴うものではなかったと言えよう。

満州移民と職業転換

満州事変を引き起こした関東軍は、一九三二年（昭和七）三月、傀儡国家「満州国」を「建国」した。一九三〇年代半ばになると、この「満州国」に農業移民を送り込むことによって、日本の「満州国」支配を強化すると同時に、「過剰人口」を抱える日本農村の立て直しを図るという構想が台頭し、一九三六年八月には満州大量移民を国策として推進することが決定された。このような中で、被差別部落に対しても満州への移民が働きかけられるようになった。

和歌山県の被差別部落からの満州移民が確認できるのも、一九三六年からであり、『融和時報』によれば、同和会では「数年前より関係地区出身者にして、南米ブラヂル、満洲国其他海外に移住する者に対して奨励金の交付」を行っていたが、一九三六年度に「ブラヂル移住の四家族、満洲国農業移住者一家族」、三七年度にはすでに「ブラヂル移住二家族、満洲移住者五家族に対して夫々（それぞれ）奨励金を交付」したと述べられている（『融和時報』同和会版、一九三七年九月）。

しかし同和会が、満州移民に本格的に取り組むようになるのは、中央融和事業協会が満州移民推進に乗り出した一九三八年のことである。同年五月に開催された昭和一三年度支会長会議では、「関係地区の人口を緩和し経済更生の一方途として満洲移住を奨励し救護を要する家族に対しては特に支会及び分会に於て適切に指導し本会と連絡の上その実を挙げんとす」という方針が決定された（『融和時報』同和会版、一九三八年六月）。またやはり三八年五月には、中央融和事業協会が組織した融和事業関係者による満州移住地事情視察団（七人）の一員として藤範晃誠が参加し、帰国した藤範は、「満洲国」では「内地の陋習の如き同胞差別の観念」はまったく問題にならないと論じた（『融和時報』同和会版、一九三八年八月）。こうして満州移民は、物資統制の下で要請されるようになった地区民の職業転換とともに、同和会の二大事業として位置づけられ、その推進のための講演会が県内各地区で開催されるようになった。

こうした動向に積極的に対応したのが、和歌山県融和運動の長老である岡本弥であった。岡本は自らが村長を務める端場村（約二〇〇戸）の満州への分村を構想し、一九三九年、満州拓殖公社を通じて「吉林省に於いて、土地数百町歩と満人家屋三十余戸を買収」し、第一陣として一四戸・三〇余名の入植を実施した。岡本の構想は、この入植地に三年間で約五〇戸を移住させるというものであり、彼はこの取り組みを、「和歌山県に於ける分郷実施のトップであり、又全国の地区民でのトップを切つたもの」と自賛している（『融和時報』、一九四〇年二月）。

表7-3　地区就業者の転業・転職の状況（1939年3月末）

	営業主の転業せる者	うち地区外へ転出	従業者又は営業主等の転職せる者	うち地区外へ転出	満州に移住したる者	合　計
群馬県	351	53	1,544	276	17	1,912
大阪府	408	4	1,411	30	13	1,832
和歌山県	405	62	1,181	268	63	1,649
鳥取県	864	9	630	470	19	1,513
徳島県	588	172	672	423	17	1,277
長野県	436	46	696	696	58	1,190
高知県	139	18	1,003	74	4	1,146
山口県	660	49	425	85	7	1,092
京都府	201	92	823	73	12	1,036

1939年『融和事業関係地区産業並びに職業転換状況』をもとに作成した。

中央融和事業協会が一九三九年三月末でまとめた『融和事業関係地区産業並びに職業転換状況』（一九三九年、『部落問題・水平運動資料集成』第三巻573〜591頁）によると、三一府県中、「営業主等の転業せる者」「従業者又は営業主等の転職せる者」「満州に移住したる者」の合計が一〇〇〇人を超えるのは九府県、和歌山県は一六四九人で第三位であるが、満州移民について見ると六三人（うち男三一、女三二）で第一位となっている（表7-3）。そのうち六〇人については、満蒙開拓青少年義勇軍三一人、集団農業移民一五人、自由移民一四人であると報じられている（『史料編近現代1』Ⅰ-九-18）。戦時下の和歌山県は、満州移民への取り組みにおける「先進県」だったのである。

資源調整事業

一九四〇年（昭和一五）六月、中央融和事業協会主催で開催された全国融和事業協議会は、「資源調整事業」の実施を決定した。この資源調整事業とは、「地区の人口と資源、産業を調査して資源開発の合理化を図り、必要以外の人口を可及的に時局産業および大陸に送出」しようというものであった（『史料編近現代1』Ⅰ‐九‐28）。このような事業が登場した背景には、満州移民事業の停滞があった。前述のように、和歌山県は一九三九年三月までに六三人の満州移民を送り出していたが、その後の移民は時局産業への流出が増加したこともあって不振であり、一九四〇年半ばの時点での総数は六五人にとどまっていた（同前）。資源調整事業は、時局産業への転業・転職と満州移民の双方を強力に推進すべく、着手された事業であった。

資源調整事業の展開過程では、モデル村として資源調整事業特別指導地区が指定され、和歌山県では一九四〇年末に、海草郡安原村本渡地区が指定を受けた。同地区に対しては、同和会・同和奉公会による集中的指導が行われ、一九四一年には三人が満蒙開拓青少年義勇軍として、一人が牡丹江省寧安県太平溝和歌山村開拓団として満州へ渡ったことが報じられている（『同和国民運動』和歌山県版、一九四一年一一月）。和歌山県の資源調整事業特別指導地区には、一九四一年になって、有田郡御霊村字庄が追加された。

ところで資源調整事業では、地区の「資源」に対して「過剰」な人口を「調整」することにより、地区の経済状況を改善することが目標に掲げられていた。しかしながら、戦局が悪化した一九四三年になると、資源調整事業の目的は「あくまでも同和事業関係地区のすべてをして戦力増強の線に奮起せしめる事」であって、「資源と人口の按配によつて関係地区の安定を図らうなどの如き、個人利己理念を寸毫でも帯びてゐる運動であるならば国家に対し申訳ない」「本運動は単なる同和事業完成の小我的事業ではな」いなどと、同和事業としての自己否定とも言うべき新理念が提唱されるようになった（『同和国民運動』和歌山県版、一九四三年八月）。こうした新理念の下に改めて資源調整事業の強化に乗り出した同和奉公会和歌山県本部は、重点的指導により資源調整事業の「挺身地区ともいふべきものを作り全般の事業を推進しやう」という企図の下に、那賀郡狩宿村、伊都郡岸上村、日高郡志賀村、西牟婁郡和深村、東牟婁郡那智町の五町村を指導町村に指定している（同前）。また同年七月には、上記五町村に日高郡湯川村、西牟婁郡朝来村を加えた七町村において、資源調整事業協議会が開催、大陸進出・職業転換・青少年義勇軍などについての懇談がなされている（『同和国民運動』和歌山県版、一九四三年九月）。

地区の生活向上までもが否定される風潮の中で、和歌山市芦原地区では、明治末以来、四〇年にわたって同地区の生活改善事業を行ってきた自彊社を解散し、同会経営の浴場、火葬場、会館の売却金などで戦闘機を献納することを決定している（『史料編近現代1』Ⅰ‐九‐18）。戦争末期における同和事業は、もはや地区の改善ではなく、戦争遂行に向けてひたすら地区民を動員することに主眼が置かれるようになっていたのである。

第八章　戦後の部落問題

1　戦後初期の部落問題

部落の実態

一九四五年（昭和二〇）八月一五日、多くの日本国民は、正午からの天皇の放送、いわゆる「玉音放送」で日本がアジア・太平洋戦争に敗北したことを知った。日本政府は、すでに前日に戦争の相手国である連合国にポツダム宣言を受諾することを通知していたが、「玉音放送」が人びとに与えた衝撃は大きかった。日本政府は九月二日、アメリカの戦艦ミズリー号で降伏文書に調印し、国際法上で正式に敗戦となった。その後、日本各地に連合国軍が展開するが、和歌山県には高島屋に軍政部が置かれた（『和歌山県史』近現代二633〜637頁）。以後、一九五二年四月まで、日本は連合国軍による占領統治を受ける。

敗戦を迎えた当時、県内の被差別部落を取りまく状況は、どのようなものだったのか。県が一九五二年に戦後初めて行った調査によれば、県が把握していた同和地区は九六地区、一万九二五世帯・四万九四二五人だった（表8-1）。

また、一九五一年に民間の学術団体である日本人文科学会が、海草郡のある被差別部落（H部落）の調査を行った。それによれば、九七人の調査対象のうち、農業の二六人を上回って無職が三六人を占めていた。また支持政党別では保守政党である自由党・民主党の支持者がほぼ半数の四八人を占め、革新政党である社会党支持者は一二人のみ、共産党支持者はゼロ。尊敬する人物として昭和天皇（八人）・明治天皇（三人）を挙げる人が多いなど、全体として保守的な空気が支配していた（『補遺編』Ⅱ-二-10）。

したがって、被差別部落を基盤として当選した戦後の県議会議員・市町村議会議員にも保守政党の議員が多かった。

日本国憲法の施行

一九四七年（昭和二二）五月三日、新しい日本の国家体制、社会のあり方を指し示す日本国憲法が施行された。その柱は、平和（戦争放棄）、民主主義（国民主権）と基本的人権の尊重だった。

憲法の第三章は「国民の権利及び義務」とされ、第一四条の第一項では「すべて国民は、法の下に平等であって、人種、信条、性別、社会的身分又は門地により、政治的、経済的又は社会的関係において、差別されない」とした。部落差別はこのうちの「社会的身分又は門地」に含まれると解釈される。また同条第二項は「華族その他の貴族の制度は、これを認めない」とした。日本政府が憲法制定議会に提案した要綱では華族は一代に限り認めるとしていたことを考えれば、画期的な修正だった。これは、部落解放全国委員会が一九四六年二月の結成当初から強く要求していた内容だった。

だが戦後も、部落差別は後を絶たなかった。新聞記事で判明する限りでは、紀南で最初の差別事件は、一九四七年一月に西牟婁郡東富田（とんだ）村で起きた差別事件だった（藤井寿一「第二次世界大戦後の紀南で起きた最初の差別事件」）。小さなもめ事から部落の住民が「一段下の人間だ。軽蔑する」とののしられ、発言した当事者

表8-1　同和地区別世帯・人口数（1952年・1962年）

市郡	地区	1952年		1962年		備　考
		世帯	人口	世帯	人口	
和歌山市	A1	133	633	128	552	
	A2	42	158	52	184	
	A3	413	1,655	102	418	52年はA3はA4地区の中に集計
	A4			343	1,447	
	A5	157	750	162	673	
	A6	85	425	86	363	
	A7	95	506	92	449	
	A8	22	138	16	84	
	A9	23	94	19	76	
	A10	52	267	60	272	
	A11	149	822	227	1,019	
	A12	261	1,267	293	1,245	
	A13	31	156	49	199	
	A14	1,138	4,365	1,083	4,187	
	A15	338	1,525	402	1,561	
	A16	58	278	48	232	
	A17	257	1,201	274	1,148	
	A18	7	44	–	–	混住
	A19	3	13	–	–	混住
小計		2,264	14,297	3,435	14,109	
海南市	B1	165	791	162	703	
	B2	34	164	37	165	
	B3	30	129	27	115	
	B4	14	77	15	64	
小計		243	1,161	241	1,047	
橋本市	C1	185	837	201	876	
	C2	338	1,497	342	1,386	
	C3	74	362	58	285	52年はC3・C4を集計
	C4			63	150	
小計		597	2,696	639	2,697	
有田市	D1	107	472	118	499	
	D2	33	158	21	94	
	D3	104	431	53	202	D3·D4のうち1962年の町村合併後
	D4			23	82	混住となった地区は62年に落した
小計		244	1,061	215	877	
御坊市	E1	712	2,984	720	2,879	
	E2	199	976	275	1,014	
	E3	–	–	240	855	7·18水害後部落的な形をもって作りだされたもので、52年はE1・E2に集計
	E4	249	1,183	269	1,153	
	E5	120	553	80	346	
	E6	21	107	25	89	
	E7	–	–	41	166	52年はE5に集計
	E8	72	375	82	331	
	E9	60	287	53	235	
小計		1,433	6,465	1,786	7,068	

市郡	地区	1952年		1962年		備　考
		世帯	人口	世帯	人口	
田辺市	F1	167	739	260	864	
	F2	105	480	114	468	
	F3	56	265	61	234	
小計		328	1,484	435	1,566	
新宮市	G1	91	402	111	431	
	G2	60	276	48	196	
	G3	88	354	53	192	
	G4	−	−	48	180	G3の一部を分離して地区を設定
小計		239	1,032	260	999	
7市計		6,344	28,196	7,012	28,363	
海草郡	H1	27	144	29	134	
	H2	5	17	−	−	混住
小計		32	161	29	134	
那賀郡	I1	426	1,789	408	1,458	
	I2	62	214	58	214	
	I3	96	449	80	330	
	I4	113	537	92	432	
	I5	138	693	126	592	
	I6	189	811	208	861	
	I7	11	63	11	53	
	I8	37	186	−	−	混住
	I9	20	110	11	52	
	I10	41	207	23	96	
	I11	32	161	12	56	
	I12	12	60	10	56	
	I13	88	450	61	268	
小計		1,265	5,730	1,100	4,468	
伊都郡	J1	274	1,086	288	1,087	
	J2	127	563	131	513	
	J3	8	34	−	−	混住
	J4	59	283	73	292	
	J5	44	212	41	175	
	J6	−	−	33	165	52年は脱落
	J7	136	658	140	616	
	J8	149	680	177	729	
	J9	32	134	29	136	
小計		829	3,650	912	3,713	
有田郡	K1	254	1,270	238	941	
	K2	−	−	59	224	52年はK1地区に集計
	K3	28	134	30	122	
	K4	271	1,312	300	1,289	
	K5	159	704	163	658	
	K6	53	227	26	109	62年は近辺団地への移出者を除外
	K7	30	168	32	156	
	K8	7	51	10	42	
	K9	5	33	−	−	混住
	K10	11	57	−	−	混住
小計		818	3,956	858	3,541	

市郡	地区	1952年		1962年		備　考
		世帯	人口	世帯	人口	
日高郡	L1	119	578	97	441	52年はL1･L3を集計
	L2	40	193	29	127	
	L3	−	−	13	52	
	L4	104	520	106	462	
	L5	27	140	29	124	
	L6	28	149	30	139	
	L7	143	685	163	654	
	L8	72	350	72	289	
	L9	172	754	198	623	
	L10	9	50	7	49	
小計		714	3,419	744	2,960	
西牟婁郡	M1	224	1,036	229	882	
	M2	17	72	14	65	
	M3	68	298	64	245	
	M4	12	48	−	−	62年は脱落
	M5	146	665	162	675	
	M6	13	61	10	40	
	M7	35	185	32	138	
	M8	2	14	−	−	混住
	M9	44	219	50	222	
	M10	25	129	25	96	
	M11	81	391	90	390	
小計		667	3,118	676	2,753	
東牟婁郡	N1	164	791	203	715	
	N2	62	270	54	235	
	N3	30	134	48	176	
小計		256	1,195	305	1,126	
7郡計		4,581	21,229	4,624	18,695	
県　計		10,925	49,425	11,636	47,058	

和歌山県同和委員会編『調査　10年の歩み』第1表「地区一覧表」をもとに作成した。

は村民大会で憲法が保障する基本的人権を冒瀆したとして謝罪した。

一九四九年、田辺市の警察官が「部落の者と結婚しなくても」という意味の発言をし、これに怒った部落の青年が警察官に暴行を加えるという上本事件が起きた（『史料編近現代1』Ⅱ-四-10・12・13、『史料編近現代2』Ⅱ-三-3、『田辺同和史』第三巻696～698頁）。一九五一年には海南市の青年が、同棲していた女性の母親から結婚に反対され、「この家を出ていけ」とか「お前のとこと内は派が違うから親戚にも格好が悪い」などと口汚く罵られる事件が起きた。同事件は不幸なことに、青年が女性の母親を殺害し、懲役一二年の判決を受けた（『史料編近現代2』Ⅱ-三-5）。

戦後、和歌山県で起きた差別事件は数多く、運動団体が記録を残したり、地域の新聞が報じたりしている。差別事件の内容がわかる事例を『和歌山の部落史　史料編近現代1』『史料編近現代2』にできるだけ掲載しているので、ぜひ参照していただきたい。

解放運動の再出発

戦後、部落解放を目指す運動は和歌山県では有田郡御霊（ごりょう）村から始まった。一九四六年（昭和二一）一月以来準備を重ね、二月一五日、新生社の結成式を迎えた。総裁は、小林貢である。新生社のメンバーは、二月一九日～二〇日に京都で開かれた部落解放人民大会と部落解放全国委員会の結成に参加した（『史料編近現代2』Ⅱ-四-1）。

また新生社は機関誌として『ヴィタ　ノヴァ』（Vita Nova）を発刊し、その創刊号で「新生社誕生セリ!!

新生日本ハ吾等ノ手デ建設スルノミ。旧来ノ一切の因習・陋習ヲ打破シ踏ミ破リ、吾等ハヨリ良キ社会ノ建設ニ邁進センノミ、同志ヨ起タウ!!進モウ!! ヨリ良キ社会ノ建設ヲ目指シテ」と、高らかに謳った。「新生」という名称は、一三世紀フィレンツェ出身の詩人・哲学者・政治家であるダンテの詩文集『新生』から採ったもので、「Vita Nova」は「新生」を意味するラテン語だとされる（廣畑研二『水平の行者 栗須七郎—その思想と実践の軌跡』）。ちなみに、ダンテの詩文集『新生』のイタリア語原題は、「La Vita Nuova」である。

京都の全国大会に出席した新生社のメンバーを中心に、県全域を網羅した運動の再建が図られる。同年八月有田郡湯浅町で、和歌山県部落解放人民大会が開催された。主催は和歌山県部落解放準備委員会と新生社、後援が社会党和歌山県支部と共産党和歌山県委員会だった。同大会で協議された内容のうち、午後に行った後半の部分の記録だけしか残っていないが、その内容は、新しい時代の教育のあり方などについての議論が中心だった（『史料編近現代2』Ⅱ-四-2）。

県内の各地域でも、部落解放を目指す自主的な組織の結成が見られた。一九四六年一二月には自由新生同盟が、一九四八年一二月には有田郡部落解放完遂期成会が結成された。会長はいずれも、成川善太郎だった。成川は一八七六年（明治九）に有田郡新堂村に生まれ、箕島町会議員などを経て、一九二七年から一九四七年まで県会議員を務めた民政党の政治家だった。部落出身ではなかったが、旧徳川家が地主だった小作地の払い下げを御霊村の部落民が求めた時に、その実現のために尽力したりした。戦前、和歌山県同和会の副会長を務めるなど、部落民からの信望が厚かった（桝井陽造『成川善太郎伝』）。

和歌山県連合会の結成

一九四八年（昭和二三）一二月、部落解放委員会和歌山県連合会が結成された。当日の詳しい記録はないが、『日高新報』（一二月八日）によれば、委員長に田中織之進、顧問に辻本洋太が選ばれた（『補遺編』Ⅱ‐一‐48）。

田中織之進は海草郡中野上村の出身で、戦前から読売新聞の記者をし、戦後は政経部次長を務めたが、一九四七年四月の衆議院議員選挙で和歌山一区から当選し（日本社会党）、その後一九六七年まで八選を重ねた。また一九四六年からは日本農民組合和歌山県連合会の会長を務めたほか、一九四八年以降は部落解放全国委員会の常任中央委員、一九五六年から六八年まで部落解放同盟中央本部の書記長を務め、一九六五年に国の同和対策審議会が答申をまとめるに至る時期に、全国の部落解放運動の中で重要な役割を果たした。

県連の結成に続いて、同年一二月には西牟婁郡朝来（あっそ）村の部落解放委員会（委員長＝山本弥市）、一九四九年五月には新宮市東牟婁郡部落解放委員会（委員長＝榎本瑛）、一九五〇年四月には御坊町で部落解放青年同盟が結成されたことなどが新聞でも報じられ、また同年六月には部落解放日高郡支部が結成された史料が残されている（『史料編近現代1』Ⅱ‐五‐13・19・20、『史料編近現代2』Ⅱ‐四‐7）。

なお一九五〇年の史料（県知事に対する「要望書」）によれば、県に対してある差別事件への取り組みを要望する際に、筒井貞三（和歌山市）など戦前の水平社運動の関係者だけではなく、西野清見（和歌山市）や西本一郎（伊都郡端場村）など融和運動の関係者も地域の解放委員会の代表者として名前を連ねており、ともに戦後の部落解放運動に参加していたことがわかる（『補遺編』Ⅱ‐一‐8）。

結成当初の部落解放委員会が直面した課題のひとつは、一九四九年一月に、参議院副議長だった松本治一郎など主要な活動家が戦時中に戦争協力したとの理由で、部落解放全国委員会の委員長や参議院議員などの公職を剥奪されたことへの反対闘争だった。県連合会も、この追放反対を闘っている（『史料編近現代1』Ⅱ-五-18）。

また、宗教者の中からも自らの課題として、独自に部落問題に取り組む動きが見られた。一九四九年には浄土真宗本願寺派の和歌山教区に一如（いちにょ）運動委員会と同朋（どうぼう）会という二つの組織が発足した（『史料編近現代2』Ⅱ-四-5・6）。

同和行政の再開

戦前、県の融和事業に対して大きな影響力を持っていた同和奉公会の県本部と各支部は、同会本部の解散に伴なって一九四六年（昭和二一）六月に解散した（『史料編近現代1』Ⅱ-五-2、『史料編近現代2』Ⅱ-一-2）。また一九四五年末には、伊都郡端場（はば）村の岡本弥（わたる）村長ら八町村長が戦争責任を痛感したとして辞職した（『史料編近現代1』Ⅱ-二-1）。しかし、部落解放運動の内部で戦争責任が問題になった記録はない。

一九四七年四月、戦後初の公選知事として、小野真次が当選した（〜一九六七年）。県が戦後、同和対策予算を初めて計上したのは小野知事の二年目である一九四八年度で、厚生嘱託員制度も同年度から始まった。厚生嘱託員制度とは「地方改善事業に対する意見具申、並びに事業の実施、運営に対する現地指導、同和運動についてはそれぞれの地域活動の中核体たることを目的として、県下の同和運動実践家の中から五五人を選び県が委嘱したもの」で、後の同和委員会の地方委員制度につながる（和歌山県同和委員会編『調査　十年の歩み』）。

県議会の予算審議にあたって、当時の県民生部厚生課長だった藤範晃誠（ふじのり）は「永い封建的な因習等によりまして、経済的に圧迫を受けておる階級が、斯うした社会経済情勢によりまして、非常にこの苦痛をなめておるのでありまして、斯うした点を除去するために、共同作業等により生産の増強を図ると共に、各種の産業に関する奨励を行うことによって、幾分なりとも苦痛を緩和して行きたい、これが新しく地方改善事業費を計上した目的でございます」と説明していた（『史料編近現代2』Ⅱ‐一‐3）。

藤範晃誠は戦前から県の同和行政に深くかかわっていたが、戦後は一九五一年に県民生部長となったほか（～一九五九年まで）、国の同和対策審議会・同和対策協議会などの専門委員となって、国の同和行政の推進にも大きな役割を果たした（『補遺編』Ⅱ‐二‐13）。

地方改善事業への補助

県の同和行政は一九四八年度から始まったが、県がまず求められたのは市町村が行う地方改善事業への補助だった。県が補助した事業は、差別されていた実態にある部落からの叫び、要求でもあった。

県がまとめた資料に「地方改善事業地区別実施一覧表　昭和二三年度～三七年度」がある。これを整理したのが、表8‐2「年度別・事業別　地方改善事業の一覧」である。

表8‐2からわかるように、当初はA共同作業所の設置やB産業の振興（養豚・養鶏や製畳・製縄機械の購入など）といった、部落の生活を立て直すための事業への補助が目立つ。また、F火葬場の建設や墓地の改修

も、初期の県の事業として実施された。五〇年度からはC下水排水路やE道路の改修、I共同浴場やJ集会所の建設などが始まる。しかし、一九四八年度〜五一年度までの四年間に行った県の補助は五〇地区での九八事業にとどまり、一〇〇近い部落の約半数はまったく事業の対象外だった。

なお一九五一年(昭和二六)六月に県議会には、議会運営委員会などと並んで常設の委員会のひとつとして同和委員会が設置された。峯畑埩(おさむ)議員を委員長に、一二人で構成されていた(『史料編近現代2』Ⅱ-一-5)。

責善教育の始まり

憲法第二六条では「すべて国民は、……ひとしく教育を受ける権利を有する」「……義務教育は、これを無償とする」などと謳われた。しかし部落の子たちの多くは教科書代を払えなかったり、家事を手伝う経済的な必要から、学校に通えず不就学や長期欠席になったり、義務教育を十分に受けられない状態が続いていた。

こうした現実に対し、県の教員組合が中心になって立ち上がる。名称は「責善(せきぜん)教育」と言った。これは「善を責(すす)めるは朋友の道なり」という孟子の言葉から取ったもので、教員組合が京都の伊東茂光に教えを乞いに行った時、伊東が命名した。伊東は、戦前から京都市内の被差別部落の子どもが通う崇仁(すうじん)尋常小学校で校長をし、同和教育に取り組んでいた。

一九四八年(昭和二三)に県教員組合がまとめた『和歌山県責善教育概要』によれば、「あらゆる封建的因襲を打破し完全なる民主教育を樹立して国家再建の中軸となる吾人教育者は、この世界の世論、人類最高の使命に弓を引く者は(を)断じて許されない。/ここに教員組合運動の主軸として責善の大運動を展開し以て基

表8-2　年度別・事業別　地方改善事業の一覧（1948年度~1962年度）

事業内容		A	B	C	D	E	F	G	H	I	J	K	L	M	N	O	P
年度／	事業数（地区数）																
1948／	9（7）	4	4	-	-	-	-	-	1	-	-	-	-	-	-	-	-
1949／	28（21）	8	9	5	-	3	2	-	-	-	1	-	-	-	-	-	-
1950／	30（27）	-	-	7	-	9	2	1	2	4	4	-	1	-	-	-	-
1951／	31（29）	4	-	1	2	6	3	3	3	4	4	-	1	-	-	-	-
1948年度～1951年度の計	98（50）	16	13	13	2	18	7	4	6	8	9	-	2	-	-	-	-
1952／	55（43）	4	1	3	1	25	2	7	-	3	2	-	4	1	2	-	-
1953／	58（52）	4	-	5	1	23	1	3	-	2	6	1	9	1	1	1	-
1954／	57（52）	1	-	13	1	15	5	8	-	-	1	-	11	1	1	-	-
1955／	54（46）	1	2	9	5	13	4	7	1	-	-	-	8	1	1	2	-
1956／	51（42）	1	3	12	4	13	1	2	-	1	-	-	10	-	2	1	1a
1957／	45（35）	6	-	10	5	7	-	3	-	-	2	-	12	-	-	-	-
1952年度～1957年度の計	320（82）	17	6	52	17	96	13	30	1	6	11	1	54	4	7	4	1
1958／	46（39）	-	-	7	3	10	4	6	-	1	4	1	9	-	1	-	-
1959／	39（28）	2	-	1	3	11	1	2	2	3	2	1	11	-	-	-	-
1960／	51（43）	7	-	9	-	12	-	3	-	3	1	3	12	-	-	1	-
1961／	77（49）	3	1	12	-	20	1	2	1	8	6	3	16	-	2	2	-
1962／	67（51）	4	-	16	-	22	4	2	-	1	6	3	5	-	2	1	1b
1958年度～1962年度の計	280（79）	16	1	45	6	75	10	15	3	16	19	11	53	-	5	4	1
1948年度～1962年度の合計	698（88）	49	20	110	25	189	30	49	10	30	39	12	109	4	12	8	2

1. 和歌山県同和委員会編『調査　10年の歩み』のうち「地方改善事業地区別実施一覧表」をもとに作成した。
2. 「事業内容」の略記号は、以下の通りである。
A：共同作業所　B：産業振興　C：下水排水路　D：溝渠・側溝　E：道路改修
F：墓地改修・火葬場建設改築　G：簡易上水道・給水施設・共同井戸
H：上水道敷設　I：共同浴場　J：集会所・児童遊園・託児所　K：隣保館
L：住宅建設・家屋移転　M：トラホーム診療所・衛生相談所　N：土留・擁壁工事
O：電灯架設・共同便所・塵芥焼却炉　P：その他（a＝堤防護岸工事、b＝橋梁架設）

本的人権尊重の確立を期する」と述べた。また、組合の県委員会を頂点に各学校ごとに責善教育委員会をおくことや、教員の研修を推進するなどの方針を示した。この『概要』は、教員組合運動の一環としての責善教育の方針を示したものであるところに特徴がある（『史料編近現代2』Ⅱ-二-1）。ちなみに、当時は校長や教頭などの管理職もまた組合員だったから、教員組合の方針は教育現場全体で確認された方針という意味を持っていた。

県教委「指導原則（試案）」

県教育委員会は、一九五〇年度に「和歌山県責善教育指導原則（試案）」を発表した（『史料編近現代2』Ⅱ-二-2）。その中で、責善教育の目的を「一部の人を特殊部落民として差別する差別意識、差別実態をなくし、真に民主的社会を建設する人間の育成を目的とする」とし、その際に留意すべき点としては、すべての人を人間として尊重し個人の人権を擁護する「態度をやしなう」などとした。教育委員会として初めて同和教育の目的を明らかにした点では全国の中でも早かったが、その目的を実現するための具体な方策の提示には至らなかった。

教育現場では、差別事件も相次いでいた。一九五〇年（昭和二五）五月には西牟婁郡の南富田町で、中学校が合併した際に生徒が「僕ら合併するの嫌や」「これがあるから恐い」などと指を立てて発言した（『史料編近現代1』Ⅱ-四-15・17）。また同年六月には、日高郡御坊町の中学校で、やはり生徒が「この組はあかん、エッタボーシばかりの組や」と部落の地名をあげて発言した（『史料編近現代1』Ⅱ-四-16）。

なお今日の教育現場でも同じだが、部落はなぜ差別されるのか、部落の歴史をどう教えるのかは、同和教育において重要な課題となる。和歌山大学の渡辺広は、こうした教育現場からの要求に応えるために部落史の研究を始めた。

2　西川県議会議員差別事件

西川事件の発端

一九五二年（昭和二七）二月二七日の夜、日高郡御坊町にある保田屋旅館で宴会が開かれていたが、その電話口で、県議会議員の西川瀇（ひろし）が「あいつらみな水平社と一本になっている。エッタボシとぐるになりやがって……」と大声でわめいた。西川議員が言う「水平社」とは、戦前に水平社運動を行った部落の人間を意味しており、この発言の場合、具体的には部落出身議員である松本計一を指していた。「エッタボシ」とは、部落の人を差別の意味を込めて表現する言葉である。また「あいつら」とは、別の宴会場に松本議員と一緒にいた県職員のことである。あまりの暴言に、周囲にいた人びとは西川議員を制止しようとしたが、止まらなかった。

西川議員は日高郡選出の県議会議員で、この地域（川上村）の大きな山林地主で、医師でもあった。しかも、その前年に県議会に設けられた同和委員会の委員の一人だった。二月二九日、御坊町の部落解放委員会は緊急委員会を開き、同郡人権擁護委員会と共同で真相の調査に乗り出すことを決議した。三月一日には解放委員会と人権擁護委員会との合同会議でほぼ全容が明らかになり、さらに三月五日に「県会議員西川瀇氏差別事件糾弾共同闘争委員会」が結成された。委員長は日高地方人権尊重委員会の中野茂宣、副委員長は谷口庄治郎と広畑哲である。

図8-1　3月8日確認会（『県政ゆらぐまで』より）

以上の経過は、今回新たに紹介された資料『県政ゆらぐまで』に詳しい（『史料編近現代2』Ⅱ-五-1）。筆者は、部落解放日高支部委員会の委員長だった辻本洋太である。

批判の高まり

そして三月八日、西川議員の出席を求めて懇談会（確認会）が開催された。資料によれば午後一時から翌日の午前一時まで続いたという。参加者は、二〇〇人。ここでも、西川議員は発言が差別であることを認めず、確認会は長時間に及んだ。なお当日の確認会は、部落解放委員会ではなく、日高地方人権擁護委員会が主催するという形式をとっていた。

ことは県議会議員の発言であったから、問題解決にあたって県議会の責任は大きかった。県議会の議事録を追うと、三月一〇日には県議会の同和委員会の峯畑委員長から現地調査報告があり、さらに竹中節議員が緊急の質問に立った。しかし、西川議員は相変わらず差別発言であることを認めなかったため、議会としては同和委員会に再調査を求めた。なお、この日、竹中議員の質問には拍手はまばら（五人）で、西川議員の弁明には大多数の議員（四〇人）が拍手をしたと新聞が報じている。この時点で県議会全体には、差別に対する認識の欠如があったことがうかがえる（『史料編近現代1』Ⅱ-六-5・8、『史料編近現代2』Ⅱ-五-2）。

西川議員のかたくなな態度を批判して、日高郡南部町で闘争委員会が組織され、同郡湯川村の責善会が声明を出した。また日高郡や有田郡では郡民総決起大会が開かれて、西川議員への批判と政界からの即時罷免を決議するなど、次第に批判は高まっていった（『史料編近現代1』Ⅱ-六-6～9）。

こうした世論の高まりを背景に、県議会は同月一七日に改めて同和委員会からの報告を受け、これに基づいて西川議員の辞職を求める「決議」を行った。しかし、西川議員は応じず、膠着状態となった（『史料編近現代2』Ⅱ-五-3）。

闘いの盛り上がり

四月に入り、共同闘争委員会はより強い抗議の意思を表すために、小学校・中学校に通う子どもたちを休ませる同盟休校の戦術をとることを決定する。これに対し、県教育委員会は声明を発して、同盟休校の中止を求めた。共同闘争委員会はとりあえず、一九日から二一日まで実施することを計画していた同盟休校を中止することとした。二一日、県教職員組合は「西川県議問題に関する件」を発表し、教育委員会の適切な対応を求めた（『史料編近現代2』Ⅱ-五-6）。

共同闘争委員会は、二三日に二九項目にわたる「当面の要求」を含む請願書を県議会に対し提出した。県議会と県当局が「新憲法のさし示すところにより、すべての人間の平等と自由を確保し、県民の豊かな生活文化向上の道をさし示す」ように求め、それが実現した時初めて「封建の野ばんと文明の悲惨とをあわせて、半ば社会外におかれている部落の兄弟姉妹は解放され、平等の人権と自由と幸福な生活を確保する大道につくことができる」と述べた（『史料編近現代2』Ⅱ-五-8）。

県議会は二四日からの臨時県議会で、この問題について何らかの決着を図ろうとした。二四日、臨時県議会の冒頭、この事件の当事者の一人である松本計一議員がハンガーストライキに入ることを明らかにした。県知事は、本事件は部落問題の解決にとって「誠に遺憾」であると表明し、地方改善事業費の増額などを確約した（『史料編近現代1』Ⅱ-六-24、『史料編近現代2』Ⅱ-五-9）。

西川議員の「辞職」

部落解放委員会は、二五日から三日間、改めて同盟休校に入った。在日朝鮮民主統一戦線和歌山県委員会は、人権擁護の観点から同盟休校を支援すると決議した。御坊町など一部では、校長の判断で学校を臨時休校にしたところもある（『史料編近現代1』Ⅱ-六-23、『史料編近現代2』Ⅱ-五-10）。

二七日、県議会は新たな決議を行った。「基本的人権をじゅうりんする封建遺制の因習的差別意識の上に立って悲しむべき事件を惹起した西川議員の猛省を促す」とするものである。しかし、この決議は西川議員の辞職を求める内容になっていなかった。「日高郡民のリコールによる西川議員の解職の貫徹を期するため全力をあげて協力せんことを誓うものである」とする、煮え切らない内容だった（『史料編近現代2』Ⅱ - 五 - 12）。その後、県の市町村会長や西牟婁郡町村会が辞職を促す決議をしたり、和歌山同朋会が声明書を出したりするが、西川議員は、それでもなお辞職することはなかった。県および県議会は、混迷を深めていく。

かたくなに辞職を拒否していた西川議員は、五月六日に県議会に辞職願を出し、当日受理された（『近現代2』Ⅱ - 五 - 17）。その背景には、県民生部長である藤範晃誠などによる西川議員への働きかけがあったと思われる。新聞報道によれば、藤範部長や日高郡町村長会の平井副会長らが西川議員に面会し、ここで西川議員が辞表を託したとされる。西川議員の言によれば、藤範部長から「円満解決」「誠意を示す腹と腹の工作」のために形だけ書いてほしいと言われたからだ。藤範部長はその事実を否定しているが、別の新聞には某議員が「平井氏から言われた西川氏の希望を議員総会にとりつがなかった」ともあるので、西川議員は辞職願の提出にあたって何らかの条件を付けた可能性がある（『史料編近現代1』Ⅱ - 六 - 28〜31）。

西川事件のその後

しかし、その希望あるいは条件は無視されて、西川議員は辞職となった。西川議員はだまされたとして、藤範部長らを詐欺罪で告訴するに至る。告訴の顛末は不明だが、西川議員は一〇月の補欠選挙で再選され、県議会に復帰する。西川の得票数は三万五七二一票、西川事件の共同闘争委員会委員長の中野茂宣が対抗馬として立候補したが、九二三九票の惨敗だった。御坊町でも西川の得票が上回り、中野が上回ったのは湯川町だけだった（西川＝六九一票、中野＝一一六二票、『補遺編』Ⅱ - 一 - 67）。

西川県会議員の差別事件とその糾弾闘争は、和歌山県のみならず全国でも注目された大きな闘いであり、その後の差別行政糾弾闘争の一典型とされた。ほぼ同じ時期に闘われた京都のオール・ロマンス事件と比べても、西川事件のほうが県・県議会への抗議運動や同盟休校、教職員組合などとの連帯、県内の市町村や人権団体への働きかけなど、はるかに大衆的な運動として取り組まれた。部落解放全国委員会もこの闘争に注目し、『解放への怒涛』と題する冊子をまとめている。

しかし、西川県議の辞職は、大衆運動の力だけで実現させたとは言い難い面を持つ。当時の部落解放運動の実力から見て避けられない成り行きだったかも知れないが、西川議員の居直りをもとれる態度を克服することができなかったし、再選という形で西川議員の復活を許した。

四月二三日に県議会に提出された「請願書」に付されている二九項目の「当面の要求」には、不良住宅の改良など切実な要求が数多く列記されている。しかし西川事件そのものに関する項目は、末尾にある「差別者西川県会議員の県会よりの除名」ただ一項目だけである。

「西川闘争の愚」

たしかにこの闘争を契機に、県の同和関係予算は、一九五一年度の一七〇〇万円から一九五二年度には三二〇〇万円へと大幅に増額した。また知事を会長とする同和問題研究委員会を発足させるなど、成果を挙げた。しかしこの闘争は、西川議員自身の差別発言に対する謙虚な反省を引き出せなかった。西川議員個人だけでなく、戦後日本社会に根強くあった差別意識にどこまでくさびを打ち込み、「部落差別は間違いだ」という社会意識や世論を、この闘争はどこまで形成できたのか。行政闘争の発端としては成功したが、差別事件の糾弾闘争としてはどこまで成果を挙げたのか。

西川闘争が一応の終結を見た後、西牟婁地方人権尊重推進協議会が「部落の解放を阻む和歌山県政を糾弾せよ」と題する資料を作っている（『補遺編』Ⅱ-二-10）。同資料には西川闘争にかかわったさまざまな活動家の思いが記録されているが、その中の一人（B）は「西川闘争の愚」とまで表現して、この闘争は本当に大衆運動になっていなかったのではないか、「大衆へ今度の問題を持ち込む具体的策を協議しないで、すぐに県会という権力へそのホコ先を向けようとする」「すべてを解放行政だとぬりつけていく方針」は間違っていたのではないかと、厳しく自己批判していた。

この資料を作成したのは同協議会の広畑哲であり、この意見には広畑の思いが強く反映していただろう。広畑は、その後も和歌山県での部落解放運動を中心となって担っていく。部落ぐるみ、地域ぐるみの運動の構築は、なおその後の部落解放運動の課題として残された。

3　運動と行政の本格始動

同和問題研究委員会の発足

一九五二年（昭和二七）に起きた西川県議会議員の差別事件を受けて、県行政も県議会も、これまで以上に部落問題に取り組むことを迫られた。

県は同年度内に、知事を会長とする同和問題研究委員会を発足させた（『史料編近現代2』Ⅱ‐一‐8）。会則によれば、その目的は「同和事業の促進を図るため、必要な調査研究を行い、関係行政庁の諮問に応ずるとともに、意見具申を行うこと」とした。副会長に県議会の同和委員会委員長でもある峯畑埩を据え、監事に筒井貞三（和歌山市議会議員）と柳岡(やなおか)市次郎（御坊町議会議員）、参与には県の民生部長と教育長をおいた。委員には県教育委員会と婦人少年局、七郡の代表などが加わったほか、研究者として和歌山大学の渡辺広・山本正治なども名を連ねている。

同委員会は、部落の実態調査を実施したり、広報紙として『同和』を発行し、県や市町村あるいは国の同和行政の取り組みを伝えるなど、県民に対する部落問題の啓発の役割を果たしたと評価できる。しかし、会則に述べられたような、県に対する意見具申を行ったかどうかは不明である。

一九五七年、同委員会は組織を同和委員会と改め、「地方委員」という制度を設けて、市町村段階での各部落の有力者などを組織する会となった（『史料編近現代1』Ⅱ－二－21）。部落解放同盟という運動団体の影響力が限られていた状況のもとで、全県の部落をほぼ網羅する組織が、行政の主導で作られたことになる。

改善事業の推移

一九五二年度以降の県の地方改善事業は、西川事件（一九五二年）と風水害（一九五三年）の影響があって予算規模が拡大した。先に示した表8－2（367頁）からわかるように、C下水排水路やE道路の改修といった従来から行っていた施設の事業数が大幅に増加したほか、L住宅建設の事業が市部・郡部ともに始まった。G簡易上水道の敷設が事業数のうちかなりの数を占めていることは、当時の部落の置かれていた生活環境の悪さを反映している。

なお市町村が行う地方改善事業への県の補助は、この時期においても基本として一部落については一年度に一事業といった規模を踏襲していたが、いくつかの市町村では、同一年度に同じ地区で実施される道路改修と住宅建設など複数の事業に補助することもあった。

西川事件の当事者となった県議会は、まだ事件解決の目途が立たない三月下旬に、内閣総理大臣など国に対して「同和事業促進についての意見書」を提出したほか、一九五七年にも「同和問題解決の国策樹立に関する意見書」を提出した（『史料編近現代2』Ⅱ－一－7・11）。

七・一八水害

西川事件の余韻の続く一九五二年（昭和二七）六月三〇日、日高郡由良町で部落解放行政の確立を求めて住民が区民大会を開いていたところ、突然、警察が突入し、指導者五人を逮捕する事件が起きた。広がり始めた部落解放運動への弾圧であり、六・三〇事件と呼ばれる。部落解放和歌山県連（委員長＝高橋善応）は「天下の同志諸君に訴ふ」と題する文書を発し、小野県政や教育委員会、県議会を厳しく糾弾した（『史料編近現代2』Ⅱ‐四‐8）。

一九五三年七月、集中豪雨が和歌山県を襲った。七・一八水害という。全県で大きな被害が出たが、被差別部落の被害も甚大だった。県の同和委員会の広報紙『同和』は、部落の被害は一般地区よりも甚大だったが、それは「封建遺制により最悪な立地条件のもとに居住地として位置づけられ……洪水禍等の惨害を蒙りやすい河川附近の低地帯や湿地帯等に新田を開発して分村をよぎなく」されていたからだと、背景に部落差別の歴史があると分析していた（『同和』第一一号、一九五三年八月）。

部落解放委員会県連合会は、水害対策委員会を設置した。「全部落の兄弟諸君に訴える」という文書を発して、有田川の上流域や下流域一帯では被害がはなはだしいとした。なかには宮原村の部落のように、「三三戸の全部落が根こそぎ水に洗われ」るような状況もあり、「今こそ立つて、このわれわれの上にのしかぶさつている差別と貧乏のクサリをたちきるために斗いましょう」と訴えた（『史料編近現代2』Ⅱ‐四‐11）。

県連の再建

七・一八水害の被害は大きく、差別事件も相次いだ。一九五三年(昭和二八)七月には、海草郡西和佐村では、和歌山市の職員が酒に酔った状態で「エッタボシに何遠慮する事あるか」と繰り返し暴言を吐く事件が起きていた(『史料編近現代2』Ⅱ-三-6)。それに比べて解放運動の組織はあまりにも脆弱だった。一九四八年の結成以来、大会を開けないほど弱まっていた県連合会は組織の再建に着手し、一九五三年一二月に第二回大会となる再建大会を開催した(『史料編近現代2』Ⅱ-四-12)。委員長は田中織之進、副委員長は片山義一、書記長は辻本英、書記次長が広畑哲だった。県連のニュースとして、『解放』も出された(『史料編近現代2』Ⅱ-四-9)。

一九五五年、これまでの部落解放全国委員会は部落解放同盟と改称した。これに伴なって、和歌山県の運動団体も部落解放同盟和歌山県連合会と称されるようになる。第三回の県連大会は、一九五六年に開催される。委員長は片山義一、書記次長が木皮馨だった。木皮馨は西牟婁郡和深村の被差別部落に生まれ、戦後、松本治一郎との出会いをきっかけに和歌山県における部落解放運動を担い、二〇〇四年(平成一六)に没したが、部落解放運動関係の膨大な数の資料を残している(木皮亨編『木皮馨が残した記録』)。

なお、いま判明する範囲での戦後の県連大会や委員長などは、表8-3の通りである。

日置差別裁判事件

第三回県連大会の前後にも、差別事件は相次いでいる。一九五五年(昭和三〇)、浄土真宗本願寺派鷺森(さぎのもり)別院世話方をしていた男性が、被差別部落から多額の懇志があったことに関連して「あそこは派が違うかたがありますな」と発言して、大きな問題となった（『史料編近現代2』Ⅱ‐三‐11）。

一九五五年一一月、西牟婁郡日置（ひき）町で度重なる差別事件に関連して抗議行動を行っていた部落青年が逮捕され、暴行罪にあたるとして一〇人が起訴された。裁判で本当に問われたのは、暴行があったのかどうかという法律違反の形式ではない。部落差別に対して法律で規制・禁止あるいは救済する方法がない中で、差別された者が差別者に反省を求めて行う糾弾闘争の正当性を認めるのかどうかという、部落解放運動にとって重要な問題が争点となった（『史料編近現代2』Ⅱ‐四‐13）。

一九五六年六月、検察庁は暴力行為等処罰に関する法律に違反したとして、一〇人に罰金の略式請求を行ったが、部落解放同盟県連はこれを不服として正式裁判に持ち込んだ。県連は「抗議文」などを発して真相の追求を訴え、裁判では和島岩吉弁護士らが弁護団を構成して闘った。しかし翌五七年六月、田辺地方裁判所はやはり有罪（罰金刑）を言い渡し、県連はこれを差別裁判だと批判した。その後、裁判は最高裁判所まで争われたが、一九五八年七月までに弁護側の上告が棄却され、一審判決が確定した（『史料編近現代1』Ⅱ‐四‐54、五‐34・35・37・41）。

教育現場での差別事件

相次ぐ差別事件の発生を受けて、一九五六年（昭和三一）には「差別事象を契機とするたたかいをどう発展

1959.9.19	第7回大会	④
1960.7.-	和歌山県連新事務所 ・部落解放同盟和歌山県連合会 和歌山市小松原通三丁目教育会館三階四号室	⑤1960.7.15
1961.5.13	第8回大会	④
1962.7.27	第9回大会	④
1963.7.27	第10回大会	④
1964.7.19	第11回大会	②Ⅱ-四-18
1965.1.15	部落解放同盟第20回全国大会開催について「要請」 ・部落解放同盟和歌山県連合会 和歌山市小松原通り3の1　教育会館内	②Ⅱ-四-19
1965.4.25	全国大会開催延期の「おわび」 ☆部落解放同盟和歌山県連合会　県連委員長　山田長之右衛門 和歌山市小松原通り三ノ一　教育会館内	②Ⅱ-四-20
1965.9.12	第12回大会	④
1966.12.18	第13回大会	④
1968.6.8 ～9	第14回大会 ☆委員長＝松本新一郎、副委員長＝酒本数三郎・木皮馨 書記長＝小堀昭三	⑤1968.6.25
1969.7.-	「要請状」 ☆部落解放同盟和歌山県連合会　委員長　松本新一郎 和歌山市小松原通り3の1　教育会館	②Ⅱ-四-23
1969.9.24 ～25	第15回大会 ☆委員長＝松本新一郎、副委員長＝酒本数三郎・木皮馨 書記長＝小堀昭三	⑤1969.6.5
1970.9.27	第16回大会	④
1970.11.19	「狭山差別裁判反対闘争」 ☆部落解放同盟和歌山県連合会　委員長　松本新一郎	②Ⅱ-四-24
1972.6.-	☆和歌山県連　書記次長　藤本正明	⑤1972.8.7
1972.7.16	第17回大会 ☆委員長＝松本新一郎、副委員長＝酒本数三郎、木皮馨、崎山実 書記長＝釘貫薫、書記次長＝中田真一・阪本勇、栃崎紀文	⑤1972.8.14
1973.7.29	第18回大会 ☆委員長＝松本新一郎、副委員長＝酒本数三郎、書記長＝栃崎博孝	④
1974.8.18	第19回大会 ☆委員長＝松本新一郎、副委員長＝酒本数三郎、書記長＝栃崎博孝	②Ⅱ-四-26
1974.10.8	第19回大会＝定期大会 ☆委員長＝崎山実、副委員長＝北山誠一・中澤敏浩、書記長＝中澤猛	②Ⅱ-四-27 ⑤1974.10.21

出典の番号は、①＝『史料編近現代1』、②＝『史料編近現代2』、③＝『補遺編』、④＝『和歌山部落解放運動史論』年表、⑤＝『解放新聞』を示す。

表8-3　部落解放同盟県連大会・名称、所在地、委員長ほか

年月日	和歌山県連大会など	出　典
1945.10.21	日本社会党結成準備懇談会 ☆出席者／筒井貞三、雲下健三、山本正人、出口亀市	①Ⅱ-五-1
1946.8.25	和歌山県部落解放人民大会 ・主催　和歌山県部落解放準備委員会、新生社	②Ⅱ-四-2
1948.12.5	和歌山県連合会の結成 ・部落解放和歌山県連合会 ☆解放委員会県連／委員長＝田中織之進、顧問＝辻本洋太	①Ⅱ-五-12 ③Ⅱ-一-48
1950.12.23	上本事件に関する「要望書」 ☆部落解放全国委員会和歌山県連合　会長　田中織之進	②Ⅱ-三-3
1952.2.-	西川県議差別事件 ☆部落解放日高支部委員会　委員長　辻本洋太	②Ⅱ-五-1
1952.9.10	六・三〇事件に関する「抗議書」 ・部落解放全国委員会和歌山県連合会 ☆部落解放和歌山県連合会　委員長　高橋善応	②Ⅱ-四-8
1953.12.1	再建＝第2回大会 ・部落解放全国委員会和歌山県連合会再建準備委員会 ☆委員長＝田中織之進、副委員長＝片山義一、書記長＝辻本英 書記次長＝広畑哲	②Ⅱ-四-12 ⑤1953.12.15
1956.5.15	第3回大会 ☆委員長＝片山義一、副委員長＝柳岡市次郎、小松昭三 書記長＝辻本英、書記次長＝木皮馨、会計＝吉本義見 顧問＝田中織之進、西光万吉	⑤1956.6.15
1957.5.6	日置差別裁判事件「抗議文」 ・部落解放同盟和歌山県連合会	②Ⅱ-四-13
1957.5.15	第4回大会〈◎印は常任〉 ☆委員長＝片山義一（和歌山市） 副委員長＝山田長之右衛門（御坊）・山口秀太郎（朝来） 書記長＝小松昭三（湯浅）、書記次長＝榎本敏昭（富田） 会計＝辻本英（野上） 会計監査＝岡野隆臣(和歌山市)・山崎茂夫（御坊） 委員＝小林政一（吉備町）、◎松林栄樹（広川町） 阿瀬好一（湯浅）、竹原忍（同）	①Ⅱ-五-36 ②Ⅱ-四-14
1957.8.5	臨時第5回大会	②Ⅱ-四-15
1957.9.-	組織名簿 ・和歌山／和歌山市真砂町　教育会館	⑤1957.9.15
1958.3.-	・部落解放同盟和歌山市地区協議会事務局 和歌山市雄松町　金田金弥	②Ⅱ-三-14
1958.6.21	和歌山県連「抗議書」 ☆部落解放同盟和歌山県連合会　委員長　片山義一	②Ⅱ-六-21
1958.7.16	第6回大会 ☆委員長＝片山義一、副委員長＝山田長之右衛門、山口秀太郎 書記長＝小松昭三、書記次長＝榎本俊明、会計＝辻本英	⑤1958.7.15
1958.11.14	七者共闘会議「勤評闘争を総括するに当って（案）」 ・部落解放同盟和歌山市地区協議会 和歌山市小松原通り3の12　廣岡繁樹方　辻本英	②Ⅱ-六-37

させるか」という文書がまとめられた（『史料編近現代2』Ⅱ-三-13）。そこでは、県立五陵病院や湯浅小学校の差別事件など、当時県内で闘われていた八件の差別事件の内容が紹介されている。たとえば、一九五六年一〇月、御坊市の秋祭り（御坊祭）で、部落外の青年が部落の青年に向かって「くそおもしろくない、エッタボウシめが」と言って問題となった。祭礼という、地域社会の最も深い精神的な基盤でも、差別事件が起きていた。

同文書は、「教文第二十一号」と題されている。文書の形式と内容から見ると、同文書は部落解放同盟ではなく、教職員組合がまとめたものと考えられる。同文書は八件の差別事件を紹介した上で、差別事件の内容に応じて解放同盟や教育庁職組・高教組、教育委員会などに働きかけるとともに、支部ごとに対策委員会を組織し、「個々の事象についての具体的な方針については責善教育委員会に諮問してきめる」とした。

教職員組合がこれだけ詳しい差別事件の資料を作成することは、めずらしい。和歌山県の場合、部落解放運動の活動家の多くが同時に教職員組合運動の活動家でもあったからだろう。ちなみに、部落解放同盟県連の事務所は、和歌山市内の教育会館に長く置かれていた。

この間にも教育に関する、特に現場の教員による差別事件が起きていた。一九五四年一二月、西牟婁郡の日置小学校の教員が酒に酔った勢いで露骨な差別発言をし（『史料編近現代1』Ⅱ-四-45）、翌年三月には御坊市の小学校の教員が、やはり酒に酔ったまま家庭訪問先の児童の自宅で差別発言をした（同46）。一九五七年四月には、日置川町（一九五六年に日置町など三町村が合併）の川添中学校の教員が教職員の歓送迎会で差別発言をして問題となった（同56）。いずれの場合も、職場の責善教育研究会や地域の住民大会が開かれ、当事者に反省を求めていった。

同年六月には、県立吉備高校の女子生徒が自宅で農薬を飲んで自殺するという、痛ましい事件が起きた。背景に部落問題があったかどうかについて、県教委・学校と組合（高等学校教職員組合）に意見の対立があったが、その後の責善教育のあり方について注目されることとなった（『史料編近現代1』Ⅱ‐四‐61・62）。

「責善教育指導方針（案）」

一九五七年（昭和三二）に県教育委員会は「和歌山県責善教育指導方針（案）」を示した。同指導方針（案）は、部落差別はなお全県においても厳しいとし、責善教育の目指すところを、日本国憲法と教育基本法にのっとり「部落をささえている社会の封建性や諸条件を除去し、上記のような生活実態におかれている部落の解放を実現する人間の形成をめざす」とした。

同「指導方針（案）」が重要なことは、教育行政としての課題を初めて具体的に示したところである。たとえば、教育の機会均等を保障するために長期欠席・不就学克服の方策や子ども会の充実を図ること、就職斡旋や職業補導に力を入れること、社会教育を拡充すること、関係団体への適切な指導助言を行うことなどを挙げた（『史料編近現代2』Ⅱ‐二‐3）。

同年、これに対して県教職員組合（和教組）は責善教育部（杉山守部長）として「和歌山県教育委員会、責善教育指導方針案に対する意見書」をまとめた。同「意見書」は県教委の（案）を、これまで責善教育のあゆみと今後の進むべき方向についてはおおむね正しく述べられていると評価し、その上で教師がさらに責善教育に積極的に取り組めるよう、現場の生々しい要求をくみ取るように求めた（『史料編近現代2』Ⅱ-二-4）。

なお一九五三年、全国で同和教育に取り組む教職員などを糾合して全国同和教育研究協議会が結成され、都府県単位に同和教育研究協議会が組織されていく。しかし、和歌山県ではそうした協議会はしばらく組織されず、同和教育（責善教育）は教職員組合の「責善教育部」が主に担っていた。これは、労働組合運動の課題として同和教育を捉えていた点で意味があった。

差別県政への糾弾

一九五七年（昭和三二）四月、前年から始まった部落解放全国婦人集会の第二回大会が高野山で開催された。和歌山県の各地域からも女性が参加し、翌年から開催されるようになる県連独自の婦人集会につながっていく（『史料編近現代2』Ⅱ-四-16）。

当時の部落解放同盟の組織力を示す資料は乏しいが、一九五七年に開催された県連第四回大会に提出された五六年度の決算書によれば、歳入・歳出とも一八万円弱であった。このうち、支部からの分担金の上納は予算額＝五万円に対して決算額＝三万円と不足し、足りない分は闘争カンパ九万円（予算額＝四万円）で補っていた。また県連の常任（事務局）の給与として予算では二人分（榎本・丸山）が計上されていたが、一人分は未払いとされていた（『史料編近現代2』Ⅱ-四-14）。

一九五七年八月、県連は臨時第五回大会を開いて、相次ぐ差別事件の背景には県の差別的体質すなわち差別行政があるとして、「差別県政糾弾闘争方針」を決定した。同方針は、相次ぐ差別事件は偶然に起きたり、一部の人びとの誤った差別観念によるものではなく、就職・就学・結婚・居住などの市民的権利を県当局が一切保障していないことにあるとし、県の同和委員会や県議会を批判した。その上で、解放運動の当面の具体策として、各支部で抗議集会を開き、各地区協議会ごとに差別県政糾弾闘争委員会を組織すること、その上で支部代表者会議を開き、四者（県職・教組・高教組・教育庁職組）との共闘会議を常置することなどを提起した（『史料編近現代2』Ⅱ-四-15）。

4　勤務評定反対闘争

反対闘争の始まり

一九五七年（昭和三二）一二月に文部省は、教育現場における人事管理の「適正化」を図るとして、翌五八年四月から学校の教職員に対する勤務評定を実施すると発表した（『史料編近現代1』Ⅱ-七-1）。勤務評定とは、学校長が教職員の勤務態度・勤務状況を年一回評価して教育委員会に報告し、その後の人事への参考にするもので、校長自身の勤務評定は、教育委員会の教育長が行うとした。当時から、公務員に勤務評価が行われるのは当然だとする意見があったが、この時期に政府と与党の自民党が目的としたことは、別にあった。すなわち、戦前に権力によって教育内容が統制されたことが侵略戦争への道を開いたことへの反省から、戦後は権力からの「教育の中立性」が重要視されてきた流れを逆行させ、広く教育現場にゆだねられてきた教育内容に政治が介入・統制しようとするものだった。あわせて、戦後の平和教育など、民主主義社会の建設に大きな役割を果たしてきた労働組合、特に日本教職員組合（日教組）の組織の弱体化をねらったものだった。

もし勤務評定が実施されれば、同じ組合員でもある校長や教頭など管理職には教育委員会からの強い圧力がかかり、また教育現場ではそうした管理職や教育委員会の意向に安易に同調する教職員が増えることが予想された。教職員組合をはじめとする労働組合などは共闘会議を結成して、当初からこの勤務評定の実施に強く反対した。共闘会議は一九五八年二月には「差別教育からこどもを守ろう」という文書を発表し、勤務評定は、正しいことも言わず、だまって上の人の言いなりになる教師や子どもをつくり、教師の間に仲間われをさせ、団結するのを妨げようとする「先生を差別する」ものだと批判した（『史料編近現代2』Ⅱ-六-1）。

部落解放同盟和歌山県連合会は「なぜ、勤務評定に反対するか」と題する有名な文書の中で、教師が教育委員やボスの顔色をうかがってビクビクする立場に置かれるようになり、世の中の間違いを見つけて正しいことをあくまで正しいと主張できる強い子どもが育たなくなる、「勤務評定は差別を深めるだけだ」と主張し、積極的に共同闘争に参加していった（『史料編近現代2』Ⅱ-六-27）。

七者共闘会議

勤務評定という教育分野の課題に部落解放運動が積極的にかかわることに、当時は組合側に違和感があったのだろうか。あるいは、部落解放同盟を動員の組織力としてだけ評価＝利用するという傾向があったのだろうか。五月に共闘会議は「勤評反対共闘組織を強めるために─特に解放同盟との共闘を中心に」という文書を作成した。その中で共闘会議は、勤務評定の本質が部落で最も早く正しく理解されているのは、封建的な身分関係に起因する差別と貧困が部落には重くのしかかっており、この苦しみから解放されたいという願いが部落には強いからだ、と説明している。そして差別と生活苦は部落にだけ特別なのではなく、程度の差こそあれすべての人びとに共通しており、「部落の要求を正しくとらえ、このことを闘いとる闘いが勤評反対（民主教育を守る）の闘いである」と訴えていた（『史料編近現代2』Ⅱ‐六‐6）。

和歌山県における勤務評定反対闘争は、幅広い共闘組織で闘われた。当初の共闘会議は和歌山県教職員組合（和教組）・和歌山県高等学校教職員組合（和高教）・部落解放同盟和歌山県連合会（県連）・和歌山県地方労働組合評議会（地評）の四団体でスタートしたが、のちに和歌山県教育庁職員労働組合（教育庁職組。資料ではしばしば教育委員会職組という名称で出てくる）・和歌山県職員労働組合（県職）・和歌山大学自治会（和大自治会）の三団体が加わり、「七者共闘」と呼ばれた。

その他、部落で活動していた子ども会指導員たちで構成された和歌山県子ども会連絡協議会（県子連。会長は北条鉄心）も、しばしば共闘会議の七者と連名で声明を出した（『史料編近現代2』Ⅱ‐六‐8）。

反対闘争―第一波・第二波

県全体の勤務評定反対闘争の経過については『和歌山県史』などに詳しいが、おおむね四つの盛り上がりを見せた（『和歌山県史』近現代二953～977頁）。

第一波は、六月五日～七日の同盟休校と八日の県民大会である。県における勤務評定実施はすでに前年から予定されており、共闘会議は繰り返し県教育委員会などと交渉を続けていた。しかし、三月末に至って県議会が勤務評定実施を決議し、六月三日には県教育委員会が勤務評定に関する規則を定めたことによって、情勢は緊迫する。共闘会議は県民大会を開き、ストライキ権を認められていなかった教師たちは有給休暇を取って参加した。同盟休校の間、学校を休んだ部落の子どもたちは集会所などに集まり、教師から授業を受けたり、地域の青年たちから勤務評定反対闘争の意義について学んだりした（『史料編近現代1』Ⅱ‐七‐12、『史料編近現代2』Ⅱ‐六‐12）。

この間、六月七日には、県選出の自民党国会議員六人が連名で、県教育委員会に対して勤務評定の実施を貫徹するようにという、異例の「声明書」を出した（『史料編近現代2』Ⅱ‐六‐13）。

第二波は、六月二三日～二五日の闘争に向けた闘いである。先の県民大会後の九日、これまた異例のことだが小野県知事自身が「勤務評定について、県民の皆様へ」と題する声明を出し、教員の一斉休暇、学童の同盟休校などについて手段を選ばない実力行使だと批判した（『史料編近現代2』Ⅱ‐六‐15）。こうした状況を、新聞は保守と革新の全面対決か、と報じた（『史料編近現代1』Ⅱ‐七‐13）。

解放同盟の県連は、各地の教育委員会への働きかけを強化し、さらに改めて同盟休校も取り組めるように準備することを訴えた。共闘会議としても、二三日～二五日には県教育委員会との交渉を連日行った。また各地方教育員会との闘争に主力を置くとし、重点を置いて交渉する教育委員会を決めて、七者共闘による可能な限りの動員をかけるとした。しかし、繰り返しの交渉にもかかわらず、勤務評定を実施するという県教育委員会の姿勢は変わらなかった。

反対闘争―第三波・第四波

この時期、県全体の世論は必ずしも一定だったわけではない。田辺市議会のように勤務評定反対を決議するところもあれば（三月一八日）、県町村長会は総会で勤務評定実施を決議した（五月三〇日）。

六月二六日、県警察本部が和教組本部などに、地方公務員法第三七条（争議行為等の禁止）違反の容疑で捜索に入った（『史料編近現代1』Ⅱ‐七‐19、『史料編近現代2』Ⅱ‐六‐26）。県教育委員会は改めて、勤務評定実施を一〇月一日と決定した（『史料編近現代1』Ⅱ‐七‐21）。

第三波は、七月八日～一〇日の同盟休校に設定された。しかしこの同盟休校は、あまりにも準備の時間が短く、中止された。その前後、共闘会議が暴露した文書「自民党秘密指令とはこんなもの」によれば、一斉休暇に参加した教員をすみやかに処分する、闘争に参加した教員の登校を拒否し退職へもっていく、警察権を発動する、などの項目と並んで、「教育をまもる会をつくり、教員を和教組から脱退させる。費用は、自民党で考える」といった内容があったという（『史料編近現代2』Ⅱ‐六‐30）。実際に「和歌山県教育を守る会」という組織ができて、勤評闘争に反対するキャンペーンが行われたり、西牟婁郡上富田町では、解放同盟の方針に批判的な住民有志が「信和会」という組織を作ったりする動きがあった。保守層主導の市民運動だった（『史料編近現代1』Ⅱ‐七‐23、『史料編近現代2』Ⅱ‐六‐29）。

八月一五日、膠着状態を打開するために勤務評定反対の県集会が開催されたが、この集会参加者には、先の自民党の秘密指令の通り県警察本部が弾圧を行い、大きな抗議行動が起きた。そして八月二七日、県警察本部はついに和教組幹部一二人の逮捕に踏み切った。地方公務員法違反の容疑だった（『史料編近現代1』Ⅱ‐七‐28）。

第四波は、九月一五日、勤務評定に反対する全国統一行動として取り組まれた。ここでも県警察は、多数の負傷者を出す弾圧を加えた（『史料編近現代1』Ⅱ‐七‐32）。

裁判闘争と和解

その後、勤評反対闘争が全体として後退を余儀なくされていく中で、闘争は限られた地域での拠点闘争に移っていく。その際に力を発揮したのが、地域において住民を組織していた部落解放運動であり、上富田町などでは突出した闘いを見せる（『史料編近現代1』Ⅱ-七-29・30・34・37・38・40、『史料編近現代2』Ⅱ-六-35）。

県教育委員会は、一〇月一日をもって勤務評定実施に踏み切った。新聞の報道によれば、八割の小・中学校が提出したという（『史料編近現代1』Ⅱ-七-33・35）。一一月に県教育委員会は、和教組と和高教幹部の処分を発表した。和教組の岩尾覚委員長・北条力書記長など八人が免職、二九人が停職六か月から三か月、一三人が戒告という、厳しい処分だった（『史料編近現代1』Ⅱ-七-39）。

和教組の岩尾委員長や北条書記長など執行部一四人は地方公務員法違反で起訴され、第一審では一三人が有罪（一人無罪）となった。第二審では全員無罪となり、検察側が上告したが、一九七〇（昭和四五）年七月に最高裁判所は全員無罪を言い渡した（『補遺編』Ⅱ-一-73）。

また処分を受けた教師のうち、和高教の川端磊三書記長ら四人は、県教委を相手どって行政処分の取り消しを求めて長い裁判闘争を続け、一九七三年九月ついに、和歌山地方裁判所で処分取り消しの判決を勝ち取った。教師の勤評闘争はストライキであり、争議行為を禁止した地方公務員法に違反するが、同法はすべての地方公務員の争議行為を一律に禁止している点で、労働基本権を保障した憲法第二八条に違反すると考えられる、という画期的な判決だった。一四年間、六六回にわたる口頭弁論を積み重ねた結果だった（『補遺編』Ⅱ-一-82）。

一九七七年三月、県教育委員会と和教組・和高教の両組織の間で、和解が成立した。

県連による総括

果敢に闘われた勤務評定反対をめぐって、七者共闘会議は一九五八年（昭和三三）一一月に「和歌山県に於ける今日までの勤評闘争を総括するに当って（案）」をまとめ、「民主教育＝責善教育を守るということに止まり、教育の権力支配＝軍国主ギ復活に対する闘いとして発展させることが不十分であった」と総括した（『史料編近現代2』Ⅱ-六-37）。

他方、部落解放同盟和歌山県連は「勤評反対闘争の当面の方針について」という文書をまとめ、「部落大衆の独自の要求が前面に出されず、うしろにひつ込められ、ただ単に勤評のもつている差別性を観念的にしか追及することが出来なかった。これが、われわれの闘いの最も大きい弱さであった」と厳しく総括した。そして今後の部落解放運動としては、「差別行政を止めよ」「教育の環境をよくせよ」という独自の要求を発展させていくとし、具体的な当面の要求として、以下の六つをあげた（『史料編近現代2』Ⅱ-六-36）。

一、教科書、学用品を無料支給せよ。
二、給食費を全額負担せよ。
三、修学旅行、遠足の費用を補助又は支給せよ。

四、部落の子どもの就職開拓費を大幅増額し、近代産業に就職させせよ。

五、長欠、不就学をなくすための対策をたてよ。

六、子ども会を施設し、設備や内容を充実し専任主事を各子ども会におくこと。

なお、和歌山県の勤務評定反対闘争を担った活動家の一人に、廣本満がいた。廣本満は、戦後に和歌山市内の小学校の教員となり、勤評闘争の時には和教組の和歌山市支部の青年部副部長となり、闘争後は書記次長（専従）・副支部長・支部長となった。一九七〇年以降は教師を続けるかたわら和歌山市史編纂委員となり、退職後も多くの研究業績を残した（廣本満『紀州藩農政史の研究』など）。

第九章　今日の部落問題

1　停滞する同和行政

地方改善事業の推移

一九六二年（昭和三七）の調査によれば、県が把握していた同和地区の数は、七市・七郡（一三町村）で九六地区（市部四五地区、郡部五一地区）だった。これを一九五二年の調査と比較すると、九地区が新たに同和地区として把握されるようになった一方で、同数の九地区が調査の対象外となっている。多くは、周辺地域との混住が進んだことによる。世帯数は一万一六三六世帯、人口は四万七〇五八人だった（362〜364頁の表8-1）。これも一〇年前の数値と比べると、世帯数はやや増加したものの人口は減少している。この一〇年間に、徐々に部落外の隣接地域や大阪など都市部への人口の転出が始まったと思われる。

また県が行った別の調査によれば、一九六二年当時県内にはおよそ五〇の人権問題にかかわる組織が存在した。多くは、人権尊重委員会あるいは人権尊重推進委員会を名乗っている。設立が早いところは東牟婁郡（一九四八年）、海南市（一九四九年）、田辺市（一九五〇年）だが、多くは一九五〇年代の後半になる（『史料編近現代2』Ⅱ-四-17）。設立の契機はさまざまだろうが、この時期に各市郡・各町村にこうした多くの委員会があったことは、他府県でもあまり例を見ない。こうした団体が差別事件の抑止や解決に実際にどれだけ役割を果たしたのかは、今後検証する意義がある。

一九五八年度から六二年度にかけて、市町村が行った地方改善事業に県が補助した事業数は、表8‐2の通りである（371頁）。県が補助した事業数は、一九五九年度に一時減少するが、一九六〇年度以降改めて増加する。中心となるのは、C下水排水路の改修、E道路整備、I共同浴場の建設・修理、J集会所の設置、L住宅建設などだった。

山本政夫の指摘

表9‐1は、一九四八年度～一九六二年度に県の補助を受けて市町村が行った地方改善事業の内容を、地区別・年度別に整理したものである。事業が行われた地区数は、市部四五地区のうち四〇地区（三一四事業）、郡部五二地区（一九六二年時点で調査の対象外となった一地区を含む）のうち四八地区（三八四事業）、合計で八八地区（六九八事業）であり、市部と郡部とでそれほどの差はない。そして一九五九年度には御坊市（E3＝島・四事業）、一九六〇年度には田辺市（F1＝天神原・四事業）、六一年度には有田郡湯浅町（K1＝北栄・七事業）、六二年度には同郡広川町（K4＝広東・六事業）など、同一年度に複数の事業に補助することも見られるようになる。いずれも、国の補助があって可能になった。しかし他方では、国や県の補助事業が及ばない地域もあり、年度ごとの対象地区数や事業数・事業内容に、かなりのばらつきがあった。

国からの補助がある場合は、事業費の半額を国が補助し、残りの半分ずつ、すなわち全事業費の四分の一ずつを県と市町村がそれぞれ負担した。問題なのは、国の補助対象となる事業が限られていたことで、下水排水路の整備や住宅建設などを中心に一五〇事業（約二一％）にすぎなかった。それ以外は、県と地元市町村がそ

田辺市	F1	18	-	-	i	i	l	l	l	bl	l	ejL	L	-	AEIL	-	ej
	F2	10	-	e	i	-	l	l	l	lm	l	-	-	-	I	-	K
	F3	20	-	-	i	a	aen	l	n	gln	el	L	n	ejL	-	jn	I
地区数3			-	1	3	2	3	3	3	3	3	2	2	1	2	1	3
新宮市	G1	14	-	-	-	-	-	l	el	l	el	alL	cL	-	L	-	ce
	G2	11	-	-	-	-	j	-	el	l	cl	-	c	j	CL	-	j
	G3	10	-	-	j	eg	-	-	l	cl	el	-	c	-	L	-	-
	G4	3	-	-	-	-	-	-	-	-	-	-	-	-	KL	-	e
地区数4			-	-	1	1	1	1	3	3	3	1	3	1	4	-	3
市部計40			3	7	13	13	16	25	25	22	21	16	19	12	20	19	25
海草郡	H1	7	-	-	j	-	en	l	g	-	-	-	-	-	-	n	C
	H2	-	-	-	-	-	-	-	-	-	-	-	-	-	-	-	-
地区数1			-	-	1	-	1	1	1	-	-	-	-	-	-	1	1
那賀郡	I1	23	-	abj	eej	i	-	cG	m	f	co	ccL	c	I	e	Ce	ef
	I2	-	-	-	-	-	-	-	-	-	-	-	-	-	-	-	-
	I3	5	-	-	-	-	ae	-	G	-	-	-	-	-	-	E	E
	I4	11	-	a	e	f	-	e	cG	G	-	-	j	eL	L	-	-
	I5	12	-	-	-	i	e	c	c	-	c	-	c	e	L	aAL	C
	I6	6	-	-	-	-	i	e	e	c	-	G	-	-	-	I	-
	I7	-	-	-	-	-	-	-	-	-	-	-	-	-	-	-	-
	I8	-	-	-	-	-	-	-	-	-	-	-	-	-	-	-	-
	I9	3	-	-	-	-	-	-	-	e	-	-	-	-	-	e	e
	I10	3	-	-	-	-	-	-	f	-	-	-	-	e	e	-	-
	I11	1	-	-	-	-	-	-	e	-	-	-	-	-	-	-	-
	I12	-	-	-	-	-	-	-	-	-	-	-	-	-	-	-	-
	I13	13	-	-	-	-	j	e	ef	f	ce	cc	c	e	-	a	A
地区数9			-	2	2	3	4	5	8	5	3	3	4	5	4	6	5
伊都郡	J1	10	-	-	-	h	-	m	e	e	e	e	e	-	e	ce	-
	J2	3	-	-	-	-	-	f	-	e	I	-	-	-	-	-	-
	J3	-	-	-	-	-	-	-	-	-	-	-	-	-	-	-	-
	J4	7	-	-	-	h	-	-	e	c	e	e	-	-	K	-	f
	J5	3	-	-	-	-	-	e	-	-	-	-	f	-	-	e	-
	J6	1	-	-	-	-	-	-	-	e	-	-	-	-	-	-	-
	J7	7	-	f	f	-	-	e	-	-	c	j	-	-	e	e	-
	J8	8	-	-	-	-	e	-	-	c	c	c	fk	k	-	-	E
	J9	6	-	-	i	-	e	-	f	-	-	e	G	-	-	-	j
地区数8			-	1	2	2	2	4	3	5	5	5	4	1	3	3	3
有田郡	K1	18	-	be	e	i	e	i	-	G	c	-	-	D	L	☆1	i
	K2	4	-	-	-	-	-	-	-	G	-	-	j	-	-	C	e
	K3	2	-	-	-	-	-	j	-	-	-	-	-	-	-	G	-
	K4	18	-	-	cl	ce	e	i	-	e	-	c	-	fL	-	cI	☆2
	K5	12	-	c	c	-	e	-	c	e	-	a	I	i	i	iL	g
	K6	5	-	b	-	-	c	e	-	-	e	-	-	-	A	-	-
	K7	4	-	-	-	-	a	e	l	-	-	-	-	-	-	-	e
	K8	1	-	-	-	-	-	-	-	-	-	-	-	-	-	e	-
	K9	2	-	-	-	-	-	e	-	e	-	-	-	-	-	-	-
	K10	-	-	-	-	-	-	-	-	-	-	-	-	-	-	-	-
地区数9			-	3	3	2	5	6	2	5	2	2	2	3	3	6	5

表9-1　同和地区別・年度別　地方改善事業の内容（1948年度～1962年度）

郡市	地区	事業数	1948	49	50	51	52	53	54	55	56	57	58	59	60	61	62
和歌山市	A1	3	-	-	-	-	-	-	c	d	-	-	-	-	-	c	-
	A2	-	-	-	-	-	-	-	-	-	-	-	-	-	-	-	-
	A3	3	-	-	-	-	-	-	c	-	-	-	-	e	e	-	-
	A4	12	-	-	-	-	d	d	c	d	-	d	d	Ae	aC	o	o
	A5	6	-	-	h	f	-	-	-	g	d	a	-	-	-	-	c
	A6	-	-	-	-	-	-	-	-	-	-	-	-	-	-	-	-
	A7	5	-	c	-	j	-	-	-	-	-	-	-	-	G	j	c
	A8	3	b	-	-	-	-	e	e	-	-	-	-	-	-	-	-
	A9	1	-	-	-	-	-	e	-	-	-	-	-	-	-	-	-
	A10	2	-	-	-	-	-	a	-	-	-	-	-	-	-	c	-
	A11	8	-	-	c	-	e	n	e	-	dn	-	-	-	-	L	c
	A12	10	-	-	-	d	e	e	d	d	d	d	d	d	-	-	C
	A13	3	-	-	-	d	-	-	c	-	-	-	-	-	-	-	c
	A14	9	-	-	-	-	-	K	-	d	-	d	d	dL	c	C	C
	A15	11	b	c	-	-	e	e	-	d	g	d	e	-	C	I	e
	A16	4	-	-	-	-	-	-	e	-	e	-	e	-	-	-	j
	A17	8	-	-	c	e	-	-	G	o	c	d	g	-	-	-	f
	A18	-	-	-	-	-	-	-	-	-	-	-	-	-	-	-	-
	A19	-	-	-	-	-	-	-	-	-	-	-	-	-	-	-	-
地区数15			2	2	3	5	4	8	9	7	6	6	6	4	5	7	10
海南市	B1	5	-	-	-	-	l	j	-	f	-	-	L	-	-	K	-
	B2	-	-	-	-	-	-	-	-	-	-	-	-	-	-	-	-
	B3	-	-	-	-	-	-	-	-	-	-	-	-	-	-	-	-
	B4	2	-	-	-	-	-	j	-	c	-	-	-	-	-	-	-
地区数2			-	-	-	-	1	2	-	2	-	-	1	-	-	1	-
橋本市	C1	11	-	-	f	-	e	-	eg	g	ae	-	e	-	e	-	EL
	C2	17	-	-	e	f	bci	c	j	e	f	-	gj	gI	-	C	AKL
	C3	1	-	-	-	-	-	-	-	-	-	-	-	-	C	-	-
	C4	4	-	-	-	-	-	-	-	c	c	c	-	-	-	-	j
地区数4			-	-	2	1	2	1	2	3	3	1	2	1	2	1	3
有田市	D1	8	-	-	c	-	e	l	a	l	-	-	-	-	e	L	c
	D2	5	-	-	-	c	-	e	e	-	n	-	-	-	A	-	-
	D3	3	-	-	c	-	-	e	-	-	-	c	-	-	-	-	-
	D4	2	-	-	-	e	-	-	-	-	-	-	-	-	-	-	L
地区数4			-	-	2	2	1	3	2	1	1	1	-	-	2	1	2
御坊市	E1	17	a	e	-	l	em	el	e	e	e	eL	eeL	-	-	e	e
	E2	-	-	-	-	-	-	-	-	-	-	-	-	-	-	-	-
	E3	17	-	-	-	-	e	el	e	e	e	eL	e	hLLL	L	eL	e
	E4	13	-	a	-	j	e	G	g	c	c	c	c	e	e	eL	-
	E5	8	-	-	j	-	-	j	-	-	-	g	f	c	e	ej	-
	E6	4	-	-	-	-	-	-	c	-	-	a	-	h	-	L	-
	E7	5	-	-	-	-	-	j	-	-	-	-	g	-	-	Ej	E
	E8	10	-	a	e	-	a	c	G	-	e	-	-	-	A	EL	E
	E9	8	-	b	-	-	-	e	f	-	d	-	-	A	a	hL	-
地区数8			1	4	2	2	4	7	6	3	5	5	5	5	5	8	4

郡市	地区	事業数	1948	49	50	51	52	53	54	55	56	57	58	59	60	61	62
日高郡	L1	6	-	-	e	-	e	e	c	e	-	-	-	-	-	-	E
	L2	1	-	-	-	-	-	-	-	-	-	-	-	-	C	-	-
	L3	-	-	-	-	-	-	-	-	-	-	-	-	-	-	-	-
	L4	6	ab	b	-	-	g	-	-	-	c	-	-	-	g	-	-
	L5	2	-	-	-	-	-	-	-	G	-	-	-	-	-	-	p1
	L6	4	-	-	-	j	-	-	-	eG	-	-	-	-	-	e	-
	L7	15	h	-	-	j	eg	e	e	-	-	-	e	L	eO	FfjL	E
	L8	10	-	-	-	g	e	G	c	e	-	a	-	-	L	bL	c
	L9	17	-	abc	c	-	fl	-	l	l	c	c	e	e	G	Ce	ce
	L10	2	-	-	-	-	e	e	-	-	-	-	-	-	-	-	-
		地区数9	2	2	2	3	6	4	4	4	3	2	2	2	5	4	5
西牟婁郡	M1	23	-	b	e	a	eg	a	e	-	be	e	ef	eL	Ce	EjL	Celn
	M2	7	-	-	-	e	e	o	-	a	-	l	l	-	l	-	-
	M3	17	a	ab	e	g	ei	aa	c	c	b	L	g	g	j	L	-
	M4	-	-	-	-	-	-	-	-	-	-	-	-	-	-	-	-
	M5	10	-	-	h	-	f	j	G	-	-	al	L	L	K	K	-
	M6	4	-	-	-	-	-	-	-	-	p2	g	-	-	-	e	e
	M7	9	-	ab	-	-	g	-	c	f	-	-	gL	-	-	C	n
	M8	-	-	-	-	-	-	-	-	-	-	-	-	-	-	-	-
	M9	6	-	-	-	-	g	-	l	-	l	l	-	-	-	CL	-
	M10	11	-	-	-	-	g	-	l	bho	l	-	L	L	A	L	f
	M11	14	-	-	g	ae	g	cee	f	-	l	-	L	-	C	G	gj
		地区数9	1	3	4	4	8	5	7	4	6	6	7	4	6	8	5
東牟婁郡	N1	6	-	a	-	-	e	-	-	c	-	-	-	-	C	e	E
	N2	7	-	c	-	a	-	l	l	-	l	-	-	e	-	-	c
	N3	12	ab	e	-	h	-	e	l	-	b	l	j	-	l	l	C
		地区数3	1	3	-	2	1	2	2	1	2	1	1	1	2	2	3
		郡部計48	4	14	14	16	27	27	27	24	21	19	20	16	23	30	26
		全県計88	7	21	27	29	43	52	52	46	42	35	39	28	43	49	51

1. 和歌山県同和委員会編『調査　10年の歩み』の「地方改善事業地区別実施一覧表」をもとに作成した。
2. 地区を示すA1、A2…は、表8-1と対応している。
3. 「事業内容」を示す略記号は以下の通り。
   a、b、c…は、県の補助による事業、A、B、C…は国と県の補助による事業であることを示す。
   a：共同作業所　b：産業振興　c：下水排水路　d：溝渠・側溝　e：道路改修
   f：墓地改修・火葬場建設改築　g：簡易上水道・給水施設・共同井戸
   h：上水道敷設　i：共同浴場　j：集会所・児童遊園・託児所　k：隣保館
   l：住宅建設・家屋移転　m：トラホーム診療所・衛生相談所　n：土留・擁壁工事
   o：電灯架設・共同便所・塵芥焼却炉　p：その他（p1=橋梁架設、p2=堤防護岸工事）
4. ☆1の内訳は、CEIIKLO、☆2の内訳は、AACEKL。

れぞれ事業費の半分を負担した。財政面で比較的に余裕のあった市部、あるいは地元の運動からの要求が強い地域に限られていたことが、地区ごとの事業数に濃淡がおきた要因だった。

のちに、国の同和対策審議会の委員となり、全日本同和会という団体の設立にも大きな役割を果たす山本政夫は、和歌山県の部落を視察して「部落問題の解決をはかるうえにおいては、経済的な諸施策と相まって、すべての社会的施策が徹底的にかつ総合的に実施され、指導されることが今日の急務である。そして、そのための先決要件は、この領域における担当者なり指導者が、まず、自ら職域の壁を破り、窓口を開けることである」と指摘していたが（『補遺編』Ⅱ-二-11）、和歌山県の状況は、そうした指摘とは程遠いものだった。

モデル地区構想

なお国は、自民党からの後押しで、全国の部落からいくつかの地域を選び、重点的に環境改善事業などを行う「モデル地区」構想を実施していた。和歌山県においては一九六〇年度に田辺市と新宮市の一部地域が対象となった（『史料編近現代1』Ⅱ-二-29）。政府・自民党にとって、勤務評定反対闘争で激しい行動力を示した被差別部落にその影響力を広めることは、重要な課題だった。

また一九六〇年（昭和三五）五月、部落解放同盟の運動を「階級闘争」だと批判する部落内の保守層を中心に、全日本同和会が東京で結成された。和歌山の関係者としては、顧問に参議院議員の野村吉三郎、常任理事に岡本弥智夫、幹事に神保勇が就任している（『全同和結成大会特集』一九六〇年五月）。和歌山からは結成の準備委員にも参加していて、全日本同和会の地盤となる県のひとつだったと思われる。しかし、和歌山にはすでに県同和委員会の地方委員という制度があって県内の有力者を組織しており、実際に同和会がどこまで組織され、機能したかはわからない。

人間尊重教育（同和教育）

同和教育の実施も、急がれた。しかし県教育庁は、一九六〇年（昭和三五）一〇月に「人間尊重教育（同和教育）実施上の留意点について」という文書を発し、これまでの責善教育の指導方針案（一九五七年）を廃案として「人間尊重教育」と改めた。そして人間の尊重は教育の基本であり、その目的を差別の解消に寄与することのできる誠実な人間を育成することとし、特定の立場から進められるべきものでもない、とした（『史料編近現代2』Ⅱ‐二‐6）。

県とは勤務評定反対闘争以降対立関係にあった教職員組合は、一九六一年に「責善教育の発展のために（案）」と題する文書をまとめた。組合は、県は部落の解放を放棄し民主教育をなげすてたと批判し、責善教育は国民教育の一支柱であると同時に、部落差別をなくし部落を解放するための教育であると、改めて位置づけた。同時に、今までの責善教育は部落の特殊性を強調してきたが、現在は共通の敵に対して腕を組んで闘う力がますます大きくなろうとしており、これからは「部落の解放を日本の独立、民主主義、平和、生活向上のための重要な課題のひとつとしてつかみ、部落解放に立ちむかう人間を育てる」ことが重要だとした。責善教育の「基本目標」のひとつに、「日本の独立」といった政治的な課題を置いたのである（『史料編近現代2』Ⅱ‐二‐7）。

大阪・信太山自衛隊差別事件

一九六三年（昭和三八）、大阪府和泉市にある陸上自衛隊信太山（しのだやま）駐屯部隊に所属していた有田郡広川町の部落出身の隊員が、隊内で度重なる差別を受けていたことが発覚した。同駐屯部隊は被差別部落の近くに位置していた。同隊内ではこの隊員が部落出身であることを知った上で、本人に聞こえるように、「あの人種はネコの死んだんを食うらしい」とか「食物だけはイヤやで、あの人らの作ったもんら、のどにつかえて通りやせん」「ヨツとかエタとかいうのは乞食やないか」といった会話が、平然と交わされていたという（『史料編近現代2』Ⅱ-三-17）。

同隊員は当初、和泉市の人権擁護委員会に訴え、次いで親戚でもある広川町の町議会議長（同和委員会の有田郡地方委員）にも相談し、さらに県の同和委員会にも訴えたが問題は解決せず、年が明けて一九六四年一月になって部落解放同盟県連に相談を持ち込んだ（『大阪の部落史』第八巻162〜166頁）。この事件は、同年三月に大阪で全国規模の決起集会が開かれるなど注目を集めた。同年七月、陸上自衛隊は部落解放同盟に対して、以後隊内での同和教育を徹底し、類似の事件の根絶を期するという内容の文書を提出した（『史料編近現代2』Ⅱ-三-18）。

なお県議会は、これまで同和委員会を設けていたが、これを改めて一九六三年七月に同和対策特別委員会を設置した。同特別委員会は、この自衛隊の差別事件でも実態調査を行っている（『史料編近現代2』Ⅱ-一-12・13）。

模索する県連

解放同盟は一九五八年（昭和三三）に第一回の県婦人集会を開催するなど、運動のすそ野を広げる努力を続ける。しかし、勤務評定反対闘争でおそらく初めて世間から部落解放同盟という組織の存在が注目され、部落差別への関心が高まったと思われるこの時期にも、差別事件が後を絶たなかった。

一九六一年和歌山県の部落出身の女性が、交際相手の兄や叔父から結婚に反対され、「お前は部落出身ではないか。そんな身で結婚できるか」とか暴言を浴びせられた。交際相手自身も「もし結婚するなら会社はクビにする。結婚か会社か二つに一つだ」と責めたてられていた。ついに彼女は、「お母さん、ごめんなさいね。……たたかいきれず、死を決心しました」という遺書を残し、彼が住む大阪府岸和田市の玄関前で服毒自殺を遂げた（『史料編近現代2』Ⅱ-三-15）。

一九六四年の第一一回県連大会の運動方針案を読むと、勤務評定反対闘争や自衛隊差別事件の糾弾闘争を経て和歌山県の解放運動は前進したが、支部数は二三にとどまり、機関紙『解放新聞』を購読している支部は四支部（打田・新宮・本宮・串本）だけだった。また行政闘争がまだまだ弱いが、その原因は活動家自体が差別を観念的にしか理解せず、差別をなくす運動における要求闘争の果たす役割を十分に理解していないと組織の現状を厳しく総括し、今後の解放運動が進むべき方向を模索していた（『史料編近現代2』Ⅱ-四-18）。

2　同和対策審議会の答申

県同和室の設置

一九六五年（昭和四〇）八月一一日、内閣総理大臣のもとに法律に基づいて設置されていた同和対策審議会が、総理大臣に対し答申を提出した（以下、同対審答申と略称する）。

同対審答申は、部落問題は重大な社会問題であり、その早急な解決が国の責務であり、同時に国民的課題であると明記し、環境改善・産業経済・福祉・教育・人権施策など、国および地方自治体が取り組むべき五つの課題を列記した。また、部落差別は放置しておけば自然に解消するという、いわゆる「寝た子を起こすな」という考え方を批判するなど、部落問題の理解について重要な指摘を数多くした。同対審答申はその後の部落問題への取り組みのあるべき方向性を示す、重要な文書となった。

県は、同和行政を重要な施策として位置づけ、これまで同和行政が各部・室でばらばらに取り組まれてきたことを改め、一九六七年八月にその連絡・調整の窓口として民生部に同和室を設けた（『史料編近現代2』Ⅱ-一-17）。

部落差別の現実

一九六七年（昭和四二）、国が行った全国同和地区の実態調査の一環として、県も調査を実施した（『史料編近現代2』統計類 - 2）。その結果によれば、同和対策事業の対象となる同和地区の数は九九地区、もともとの地区に住む「同和関係」世帯は一万二七三八世帯、人口は四万七三六五人である。一九六二年の調査と比べると、世帯数は増加しているものの、人口の増減はほとんどない。しかし、同和地区に住むすべての世帯を見ると一万五〇四二世帯、人口は五万四九九三人に増加している。同和地区に住む全世帯のおよそ一五％、全人口の一四％を転入者が占めるということになり、この間に同和地区内で混住が進んだことを示している。また、生活保護受給世帯は、県全体で一・四％だったのに対して、同和地区全体では六・一％と、際立って高い比率を示していた。就労や生活状況の面で周辺地域とは顕著な格差があり、同和事業の課題が山積していたことを示していた。

差別事件も、後を絶たなかった。一九六八年一月、海南市の中学生が住友金属工業の採用試験を受けて合格したが、その後に会社の担当者が中学校を訪れ、「その子、部落と関係ありませんか」などと質問したという（『史料編近現代2』Ⅱ - 三 - 19）。また一九六九年には、県立和歌山商業高校の三年生が松下電工の就職試験を受けたところ、学科・面接では合格していながら、のちに担当者が家庭調査を行い、不採用になった。家庭調査の内容は、①家柄・血統など、②親は以前からその部落に住んでいるかなど、部落問題を意識した内容だったという（『史料編近現代2』Ⅱ - 三 - 20）。

こうした就職差別の事例が多く発覚したのは、同対審答申が出されて以降の、新しい特徴と言える。就職差別はなお厳しかったが、徐々にそのあつい壁を打ち破ろうとする動きが出てきたことを示している。

県同和教育研究協議会

一九六六年（昭和四一）に県教育庁は、「人間尊重教育（同和教育）を進めるために」という方針を示した。同方針はその名称について、人間尊重教育ではいろいろな人間差別を対象とするが、県がこれまで重要な課題として取り組んできた部落差別をなくす教育を同和教育と名付け、（同和教育）と付記する、したがって人間尊重教育＝同和教育ではない、と説明している。そして部落差別とは生活の中での正しい人間関係をゆがめるような偏見や行為をすることであり、そうした差別をなくすために人間尊重教育（同和教育）は教育活動を中心に推進されるべきであり、公教育の立場を明確にする必要があるとした。

こうした内容は、これまで和歌山県では同和教育が教職員組合運動と緊密に結びついて実践されてきたことへの批判を意図したものだった。また同方針は、この人間尊重教育の「成否を決するものは一にかかって教師の心がまえいかんにある」と教師個人の責任を強調したが、すでに前年に国の同和対策審議会の答申が出されていたことや、答申が部落問題の解決が国および地方自治体の責務だと指摘していたことなどにはまったく触れていなかった（『史料編近現代2』Ⅱ-二一-8）。

和歌山県の同和教育は、学校現場ではそれまで教職員組合の「責善部」「人尊部」が主導してきたが、一九六七年に、教職員組合とは別に同和教育を推進することを目的に、和歌山県同和教育研究協議会が結成され、全国同和教育研究協議会に加盟した（『史料編近現代1』Ⅱ-二-41）。

進まない同和行政

一九六五年（昭和四〇）八月の同対審答申を受けて、部落解放同盟は答申の内容を完全に実施することを国および地方自治体に迫る運動方針を決定した。部落解放運動の中には、そうした運動方針は政府の融和政策に取り込まれる危険があるとして反対する意見もあり、激論が交わされた。当初、三月に和歌山県で開催される予定だった部落解放同盟の第二〇回全国大会は延期され、一〇月に東京で開催された（『史料編近現代2』Ⅱ-四-19・20）。

和歌山県連内部でもさまざまな意見があったが、そうした意見の対立を内包しながらも、中央本部の方針にそって運動が組織された。一九六六年に全国的に取り組まれた答申完全実施を求める全国大行進は、県内でも取り組まれた（『史料編近現代2』Ⅱ-四-21）。こうした取り組みによって、これまで解放運動に組織されていなかった多くの部落が立ち上がり、県による同和行政の進展も期待された。県連の委員長は、山田長之右衛門から松本新一郎へと代わった。

なお一九六七年四月、小野真次に代わって大橋正雄が知事選挙に当選した。この間、国が推進するモデル地区事業として、一九六六年度〜六八年度に西牟婁郡日置川町が指定されている（『史料編近現代2』Ⅱ-一-14）。しかし、国が補助の対象とする事業は限られていた。各自治体は、同対審答申が列記したような施策を実際に行うとすると、膨大な財政上の負担を負うことになることを憂慮していた。そのために、一部の自治体を除けば、同対審答申が出たからといって、すぐに同和行政の取り組みが進んだわけではなかった。

3　部落問題の認知

県長期計画の策定

こうした不安を抱える全国の自治体の強い要望を受け、一九六九年（昭和四四）七月の国会で同和対策事業特別措置法（以下、「特別措置法」と略称する）が制定され、施行された。同法は一〇年間の時限立法で、地方自治体の財政上の負担を大幅に削減することを目的とした財政特例法だった。すなわち同法は、地方自治体が行う同和対策事業に対して国が三分の二を補助し、残りの三分の一については地方債の起債を認めること、さらに地方債の償還にあたってはその一〇分の八を地方交付税で補塡することを定めた。こうした特例措置によって地方自治体の負担は事業費全体の一五分の一、すなわち七％弱にとどまり、以後、全国の自治体で同和行政の取り組みが本格化することになった。

県は、一九七〇年四月、「和歌山県同和対策長期計画」を策定し、県としての同和行政についての基本的な考え方と、具体的な課題を明らかにした（『補遺編』Ⅱ-二-12）。

その内容は、まず県は各事業担当部局における位置づけを明確にしてその責任体制を確立し、対象地区にかかわる総合的な行政施策を講じるとともに、市町村に対しても同和対策長期計画の策定を求めた。その上で、具体的な事業としては、次のように列記した。

1. 環境改善整備

・地区整備および生活環境整備

A　地区道路・下水排水路・橋梁および街灯等の整備事業

B　共同浴場等の整備事業

C　上水道・簡易水道等の整備事業

D　ごみ・し尿処理施設および屠場整備事業

E　火葬場・墓地・納骨堂整備事業

F　隣保館等整備事業

G　保育所等社会福祉施設の整備事業

・住宅の改善整備

2. 産業の振興と職業安定対策

・農林漁業生産基盤整備等

・農林漁業の経営近代化施設の導入等

・農山村振興資金

・中小企業対策

・職業の安定対策

3. 教育の振興

・高等学校進学奨励（下宿費を含む）事業
・大学進学奨励事業
・自励（識字）学級開設事業
・隣保館活動の推進事業
・子ども会活動の推進事業
・同和地区をもつ学校に対する教員の加配
・同和教育推進地域の指定と同和教育研究学校の設置
・児童・生徒就学奨励補助事業
・進学援助補助事業
・同和地区集会所の整備充実と指導事業の助成
・社会同和教育推進事業の助成
・集会所・公民館における成人に対する諸講座、学級開設の助成
・ＰＴＡ／婦人会等社会教育関係団体の助成

「同和教育基本方針」

県教育庁はようやく一九七〇年（昭和四五）になって、「同和教育の推進について」という文書で、同和対策審議会答申の趣旨にそって同和教育を充実・振興することを明らかにした（『史料編近現代2』Ⅱ-二-10）。

そして一九七三年、県教育委員会が「和歌山県同和教育基本方針」を策定した。この基本方針で県は、部落問題が重大な社会問題であり、その解決が国および地方公共団体の責務であることを明確にした。その上で、教育行政としては、必要な諸条件の整備につとめること、必要な教育研究の助成措置を講じること、関係機関と協力すること、年次計画を立てて取り組むこと、同和地区を含まない地域や学校でも取り組むべきことなどを明記し、学校教育と社会教育の両分野での課題を明らかにした（『史料編近現代2』Ⅱ-二-11）。

この時期に至ってようやく、部落問題が大きな社会問題であることが広く認知されるようになった。そして部落問題への関心が広がり、教育現場でも部落の歴史をどう教えるかがこれまで以上に重要な課題として登場してきた。そうした事情を反映して部落史研究が進んだことも、この時期に特徴的である。和歌山県は、部落史研究の分野で分厚い蓄積を有している。和歌山大学の渡辺広をはじめ、中学校・高校など教育現場に籍を置きながら歴史研究を担った芝英一・谷口幸男・池田孝雄・廣本満などは、地域の部落史や水平運動史の研究で、数多くの業績を残している。

この時期に取り組まれた部落解放運動の大きな運動のひとつは、狭山差別裁判の糾弾闘争だった。一九六三年、埼玉県狭山市で女子高校生が誘拐・殺害された事件である。容疑者として被差別部落の青年、石川一雄が逮捕され、半年ほどの審理で埼玉地方裁判所は死刑の判決を言い渡した。しかし石川は、翌年に東京高等裁判所で控訴審が始まると、以後は一貫して無実を主張した。

控訴審においても結審が近づいてきた一九六九年に入って、部落解放運動の中でこの問題が提起され、全国的な闘争に発展していった。和歌山県連も、一九七〇年に狭山闘争の方針を提起した（『史料編近現代2』Ⅱ-

四 - 24)。

馬頭県議会議員差別事件

部落解放運動の前進、同和教育の進展、同和行政の推進にもかかわらず、差別事件は後を絶たなかった。たとえば一九七二年(昭和四七)一一月、馬頭(ばとう)哲弥県議会議員が、「病気でもないのに働きもせんと生活保護を受けている人も多い。そういう人の中に同和地区の人が多い」という趣旨の発言をしたとして、大きな問題になった。そもそも同和行政という特別対策を行うことへの反発、一九六九年に「特別措置法」が施行されてから取り組みが広がっていった同和対策事業への反感、社会意識としてあるそうした県民の感情を代弁するものだった(『史料編近現代2』Ⅱ - 三 - 21)。

翌七三年二月には差別発言の確認会が開かれ、馬頭議員は「深くお詫び申し上げる」と答えたが、もとより個人が発言の誤りを認めてすむ問題ではなかった。県の同和委員会は見解をまとめて、馬頭議員の発言は差別発言だと結論づけた。同月二七日に開かれた県議会の全議員協議会では、大橋知事が「この問題を冷静に受けとめ、差別をなくすために真剣に取り組みたい」とあいさつ。そして二月一日に設置されていた議会の馬頭議員事象調査特別委員会は、三月一二日の本会議で調査結果を報告した。一四日に開かれた本会議は馬頭議員から出ていた辞職許可願を全員一致で承認するとともに、今後議会として積極的に部落問題に取り組むことを全会一致で可決し、一件の落着を見た(『補遺編』Ⅱ - 一 - 76〜79・81)。

部落解放同盟の県連は、「事件の真の責任者大橋県政が抜本的な同和行政を確立することを要求する」とした。たしかに、この事件をきっかけにして県の同和関係予算は増額した。一九七三年度の予算額は三七億円で、前年度(一九億円)に比べて倍近く増え、その後も伸びを続ける。しかし馬頭事件で問われたような、同和行政に対する反発や反感は抜本的に克服されたわけではなく、その後も続くことになる。

白浜町結婚差別事件

一九七四年(昭和四九)、大阪府泉大津市の親子が西牟婁郡の白浜町役場を訪れ、結婚相手が部落出身者であるかどうかを尋ねた。窓口で対応した職員は、その親子を別室に案内し、身元調査はしてはならないことを説明するなど、適切な措置を取っている。白浜町結婚差別事件である。この時のメモが残っており、部落差別の生々しい姿を知ることができる(『史料編近現代2』Ⅱ-三-22)。

このように、結婚にあたって相手が部落出身者かどうかを調べようとする事件は後を絶たなかった。この差別事件の背景は、根深い。

一九六八年、日本は明治百年を迎え、近代化百年を謳歌するムードにあふれていた。しかし部落解放運動は、近代百年の歴史は同時に部落差別百年の歴史でもあったことを訴えた。その具体的な事例が、いわゆる「壬申(じんしん)戸籍」の問題である。「壬申戸籍」とは、一八七二年(明治五)に日本で初めて編纂された近代的な戸籍のことで、その年が十干十二支で「壬申(みずのえさる)」にあたることから、そう呼ばれる。戸籍はその後たびたび改編されるが、その時々に使われていた前の戸籍をたどることによって「壬申戸籍」を閲覧できた。そこには、一人ひとりの住所や職業、旦那寺などの記載もあり、一定の知識があればその人が部落出身者かどうかを判別することができた。事例は多くないが、肩書に「元穢多」などと書かれていた場合もあった。問題は、この「壬申戸籍」が結婚や就職の時に部落出身者かどうか身元を調査するために利用され、誰でもが手続きさえすれば閲覧できたことである。部落解放運動は歴史史料としての価値を認めた上で、なおかつ法務局が厳重に保管し、誰もが閲覧できることがないようにすることを求めた。

こうした解放運動からの要求には批判も多く、また研究者からは歴史史料として利用できなくなることを危惧する声もあったが、田辺市などではいち早く厳重保管に踏み切った。こうした人権を守る取り組みがあったにもかかわらず、この差別事件が起きた（『史料編近現代1』Ⅱ‐二‐46～50、四‐87）。

白浜町の対応は、早かった。白浜町は一九七四年のうちに、戸籍の閲覧と謄本・抄本の交付を原則として本人に制限することを実施した。こうした措置に対しても、弁護士なども含めて異論があったが、その後、法律の改正によってその趣旨が生かされていった。

部落差別を発端にして、部落差別を許さないことを切り口にして取り組んだ成果が広く人びとの人権擁護に広がっていった事例は少なくないが、この事件もその典型的な事例だった。

4 「特別措置法」の時代

「特別措置法」三三年

和歌山の部落史編纂事業における史料収集と『和歌山の部落史　史料編近現代1』『史料編近現代2』への史料の掲載時期は、一九七四年（昭和四九）までを一区切りとしているが、その後今日まで、すでに四〇年を経過したことになる。

そのうちの三〇年近くは、同和対策事業を早急に進めることを目的に制定された財政特例法すなわち特別措置法があることを前提に同和行政が取り組まれ、部落解放運動も組織された時代だった。特別措置法の変遷をたどれば、左記の通りである。

一九六九年一一月　同和対策事業特別措置法の公布・施行（一〇年の時限立法）
一九七九年度〜　同法、三年の延長
一九八二年度〜　地域改善対策特別措置法の施行（五年の時限立法）
一九八七年度〜　地域改善対策特定事業に係る国の財政上の特別措置に関する法律の施行（五年の時限立法）
一九九二年度〜　同法の一部改正（第一次改正、五年の延長）

一九九七年度〜　　同法の一部改正（第二次改正、五年の延長）
二〇〇二年三月　　同法の失効

この間に組まれた県の年度別・部局別同和関係予算の推移は表9-2の通りである。予算額が最も多かった年度は一九九五年度（約二一〇億円）で、三三年間の同和予算の総額はおよそ四四五〇億円となる。また住宅建設や生活環境の整備などいわゆる同和対策事業に限定すれば、県の事業費の総額は二九七五億円（ただし、一九九六年度までの集計）となり、同じ期間に市町村が行った同和対策事業の総額は八六七八億円に上る（和歌山県『同和行政　28年のあゆみ』）。

残された課題

三三年間の県の同和予算で最も大きな割合を占めたのは社会福祉・公衆衛生対策（民生部・福祉保健部）で、低位にあった生活基盤の脆弱性を克服する上で成果を挙げた。次いで多いのは住宅建設や生活環境整備の事業（土木部）で、部落に住む人びとの基本的な生活条件を改善したほか、被差別部落＝貧困・劣悪な環境というイメージを払拭するなど、大きな意義があった。産業振興対策としては、部落の中小企業対策（経済商工労働部）や農林漁業基盤の整備・改善（農林水産部）が取り組まれた。職業・雇用対策も、部落に住む人びとの自立に欠かせない事業だった。

こうした事業と並んで順次増加していったのが教育・啓発にかかわる予算（教育委員会）で、学校教育・社会教育の両分野で指導助言や職員研修、同和教育担当専任教員の配置などを行った。同和行政の中心が初期に

（単位：千円）

土　木	教育委員会	医科大学	企業局	県　民	計
250	81,014			8,416	505,440
	124,228			10,230	1,070,367
	187,622			13,525	1,902,268
6,500	303,928			19,252	3,733,955
9,570	592,569			33,251	5,898,165
22,494	651,905			49,860	7,404,762
998,639	987,201			66,637	10,616,629
1,442,014	1,139,401			89,323	14,012,602
1,864,996	1,238,060			101,204	17,209,367
1,944,314	1,329,335			123,513	16,652,064
2,092,139	1,540,886			142,452	19,366,193
1,565,954	1,659,357			160,014	20,248,473
1,317,713	1,867,287	4,004			19,028,080
1,950,652	1,962,596	3,488			16,721,064
2,242,050	2,113,423	3,526			17,803,331
2,821,693	2,248,200	3,632			18,245,942
3,146,298	2,300,202	3,607			20,096,353
3,831,204	2,257,070	3,788			18,633,925
3,033,235	2,351,143	3,740			16,679,277
3,258,572	2,419,356	3,598			16,642,122
2,828,628	2,502,147	3,698	680		14,709,767
3,214,635	2,587,931	3,925	680		15,071,320
4,147,310	2,661,539	3,625			16,075,922
6,180,249	2,724,653	3,374			19,045,388
4,909,122	2,731,054	3,386			16,959,003
52,828,231	40,562,107	47,391	1,360	817,677	344,331,779

土　木	教育委員会	医科大学	—	生活文化	計
7,516,194	2,734,457	3,392		151,656	21,062,613
6,544,282	3,221,158	3,392		143,078	18,014,219
5,857,979	3,281,698	2,441		100,559	15,868,880
4,598,780	3,287,615	3,392		96,909	13,218,694
4,775,104	3,295,518	3,392		96,662	12,767,140
2,113,707	3,292,219	3,392			10,127,930
2,195,566	3,254,527	1,978			9,664,441
33,601,612	22,367,192	21,379	—	588,864	100,723,917
86,429,843	62,929,299	68,770	1,360	1,406,541	445,055,696

2. 金額は最終予算額を示すが、2001年度分については当初予算額を示す。

3. 1996年度の機構改革により、民生部同和室は福祉保健部同和室に改編された。

表9-2　各部局別同和関係予算の状況（1970年度～2001年度）

年度＼区分	知事公室	総　務	企　画	民　生	衛生保健環　境	経済商工労　働	農林水産
1970				389,851	100	4,969	20,840
1971				820,035	3,188	43,654	69,032
1972				1,248,609	3,411	321,215	127,886
1973		6,000		2,564,271	5,085	713,732	115,187
1974		8,300		3,869,277	10,780	1,197,590	176,828
1975		10,036		5,070,474	13,162	1,322,435	264,396
1976		11,541		6,491,674	12,382	1,739,279	309,276
1977		24,738		8,197,184	16,369	2,558,645	544,928
1978		31,023		10,073,781	15,984	3,120,891	763,428
1979		11,570		11,326,672	17,746	1,057,632	841,282
1980		13,394		12,979,165	26,283	1,632,173	939,701
1981		15,534		14,132,826	18,430	1,676,208	1,020,150
1982	266	11,638	260	12,732,022	15,009	2,806,285	273,596
1983	303	11,938	300	11,461,483	14,151	1,132,542	183,611
1984	314	12,160	300	11,072,549	14,084	2,048,779	296,146
1985	303	12,536	300	11,898,583	26,824	630,560	603,311
1986	334	13,487	300	12,227,345	29,037	1,569,826	805,917
1987		12,932		11,145,848	20,611	573,963	788,509
1988		12,683		10,351,216	20,611	562,061	344,588
1989		12,453		10,197,087	20,963	587,193	142,900
1990		11,446		8,527,221	20,973	611,133	203,841
1991		11,891		8,280,675	20,973	592,302	358,308
1992		12,176		7,851,900	20,937	1,239,617	138,818
1993		11,315		8,328,154	20,973	1,563,419	213,251
1994		11,277		7,881,781	20,973	1,059,624	341,786
1970～94	1,520	290,068	1,460	209,119,683	409,039	30,365,727	9,887,516

年度＼区分	知事公室	総　務	企　画	福祉保健	環境生活	商工労働	農林水産
1995		11,750		7,614,757		2,982,158	48,249
1996		4,052		7,574,628		488,424	35,205
1997		4,192		5,539,544		458,900	623,567
1998		4,331		3,965,474		503,877	758,316
1999		4,772		3,122,564		508,214	960,914
2000		4,331		3,290,774	92,776	477,000	853,731
2001				2,836,546	92,306	514,455	769,063
1995～2001	0	33,428	0	33,944,287	185,082	5,933,028	4,049,045
1970～2001	1,520	323,496	1,460	243,063,970	594,121	36,298,755	13,936,561

1. 1970年度～81年度は『同和対策の成果と課題』（1982年）、82年度～91年度は『同和対策の成果と課題　23年のあゆみ』（1993年）、92年度以降は各年度ごとの同和関係事業予算総括表をもとに作成した。

は環境整備や個人給付だったのが、次第に教育・啓発など社会意識の変革に移っていったことがわかる。

県は一九九九年度の時点で、それまでの同和行政について総括し、これまで行政の各分野において総合的かつ計画的に同和対策を推進してきたことにより、住環境面について、相当の成果を挙げるとともに、さまざまな面で存在した較差についても改善されてきた、と述べた。しかし教育面や就労・生活面においてなお較差が存在し、差別事件も発生していることから、今後の主要な課題として次の三点をあげた(和歌山県『同和行政28年のあゆみ』)。

一　依然として存在している差別意識を解消するための教育・啓発の一層の推進
二　教育・就労・生活等の面で、なお存在している較差の解消
三　残されている住環境整備事業の完遂

ドーン計画

一九七四年(昭和四九)以降、部落解放運動を地域で担う団体が、大きく二つ併存することになった。ひとつは、現在もその名称を継承する部落解放同盟である(部落解放運動史編集委員会編『和歌山部落解放運動史論』)。もうひとつは、部落解放同盟に批判的だった人びとを中心に一九七六年に結成された和歌山県部落解放運動連合会(略称、和解連)である(和歌山県部落解放運動連合会編『和歌山県戦後部落解放運動のあゆみ』)。なお和解連は二〇〇三年(平成一五)九月にその役割を終えたとして解散したが、組織の解散に反対する人びとは和歌山県地域人権運動連合会(略称、和人連)を結成して、活動を続けている。

「特別措置法」の期間内に有田郡吉備町では、住民の運動として「ドーン計画」、すなわち部落問題の完全解決の夜明けを目指すとする運動が取り組まれた。吉備町は、戦後和歌山県での部落解放運動がいち早く始まった地域である（第八章1節「解放運動の再出発」参照）。

この運動の基礎にあるのは、差別される「部落民」や「差別の実態」があるから部落差別が残り、部落問題が成り立つという考え方である。そして運動が目指したのは、その地域が被差別部落であること、同和地区であったことの名残りを消し去ることであり、具体的には「部落」あるいは「同和」と名の付く運動や一切の行政施策を返上したり、名称を変えることだった。一九九七年にドーン計画の完結を決議した吉備町内に、現在では「同和の片りん」は一切ないとされた（東上高志『「部落の終わり」がはじまる』）。こうした考え方は、社会問題としての部落問題の解決とか、部落差別からの解放という、これまで部落解放運動が立脚してきた考え方とは対極にあった。

なお同地域に残されていた解放運動関係の貴重な文書群（守先文庫）は、龍谷大学同和問題研究委員会によって翻刻・紹介されている（龍谷大学同和問題研究委員会編『同和問題研究資料』Ⅰ～Ⅵ）。

企業・宗教者の取り組み

この時期に特徴的なのは、被差別部落に基盤をおく運動団体に限らず、部落問題に取り組むさまざまな組織・団体が結成され、しかも部落問題をきっかけにして広く人権の課題が取り組まれるようになったことである。

たとえば、一九七四年（昭和四九）、全国の部落の所在地・地名などを一覧にした冊子、いわゆる「部落地名総鑑」が興信所や探偵社によって作られ、企業などを中心に数多く購入されて、採用や昇進時に誰が被差別部落の人なのかを調べるために利用されていたことが発覚した。この事件への糾弾闘争を契機に、部落問題や人権問題に取り組む企業の連絡組織である同和問題企業連絡会（略称、同企連）が各地で組織されていった。和歌山県でも一九八〇年三月に、一九企業が参加して和歌山県同和問題推進連絡協議会が結成された（のちに、和歌山同和問題企業連絡会と名称を変更）。

一九七九年には、日本の宗教界の代表者が第三回世界宗教者平和会議で、日本には部落差別はない、一部の人が騒いでいるだけだなどと発言する事件が起きた。この事件をきっかけに、「同和問題」にとりくむ宗教教団連帯会議（略称、同宗連）が、各地で結成された。一九九七年（平成九）六月には、同和問題にとりくむ和歌山県宗教教団連絡協議会が、一九の教団で結成された。

部落解放・人権研究所の設立

一九九七年（平成九）一一月に、和歌山県部落解放・人権研究所が設立された。二〇〇二年には和歌山人権研究所と改称し、社団法人として認可を受けている（二〇一三年度以降は一般社団法人）。『和歌山研究所通信』や研究紀要を発行するほか、行政や関連機関と連携しながら、部落差別をはじめ、あらゆる差別の撤廃を図るための調査研究と教育・啓発活動などに取り組んでいる。研究所の活動の一環として、部落史の研究や聞き取り調査を行い、部落解放運動史・女性史の編纂に取り組んできた。また、和歌山県の部落史を解明する上で基本的な史料である「紀州藩牢番頭家文書」の調査・研究・解読・刊行も継続している。このほか、部落問題・

人権問題に関する啓発講座、研究集会、シンポジウムなどを開催している。

　この間、『和歌山県同和運動史』（和歌山県同和委員会編・発行、史料編＝一九九五年、通史編＝一九九八年）や『田辺同和史』全四巻（田辺同和史編さん委員会編、田辺市発行、一九九五〜二〇〇二年）、『人権からみた新宮のあゆみ（草稿）』（新宮市教育委員会編・発行、二〇〇五年）など、部落史関係の史料集や通史も編纂されてきた。また県史・市町村史の中で、部落問題が取り上げられることも多くなった。代表的なものに、『和歌山県史』『和歌山市史』『御坊市史』『打田町史』『かつらぎ町史』『那賀町史』『粉河町史』などがあり、渡辺広・藤本清二郎・小山仁示・小田康徳・重松正史・藤井寿一・池田孝雄などの研究者の努力に負うところが大きい。

5　現代における仏教者の取り組み

浄土真宗本願寺派（西本願寺教団）と差別問題

江戸時代、仏教は、支配権力と結びつき民衆教化に力を注いできた。しかしそれは、江戸時代だけでなく明治政府成立以降も引き続き行われた。特に、被差別者に対しては、「差別の業論」と呼ばれる、個人が被る現世の社会矛盾を前世の業として諦めさせる考え方を植え付けてきた。「差別の業論」はまた、現世の社会矛盾を正当化し、民衆の差別意識の再生産を行ってきたのである。もちろん、「差別の業論」は、差別意識だけでなく、すべての人びとに対してさまざまな社会矛盾の克服を社会改革の課題とすることのないように機能した。その意味において、部落問題と宗教の課題は被差別者だけでなく、すべての人びとが共有すべきものである。

戦前、端場村の岡本弥による糾弾闘争で、西本願寺巡教使差別事件（一九〇二年）や橋本高女差別事件（一九二一年）など、西本願寺教団とかかわるものがあった。

全国水平社（全水）は、創立大会後、東西両本願寺に対して、運動への協力を申し入れている。しかし、西本願寺がその申し入れに対し協力を示すことはなかった。かえって、西本願寺の大谷尊由は「垂示」（一九二二年三月二一日）で、差別を追及するのは本来の平等を破壊する「悪平等」であるとして批判をしている。全水は、四月以降、両本願寺に対して、立教開宗七〇〇年事業の募財拒否闘争を展開している。大谷尊由は、『親鸞聖人の正しい見方』（興教書院、一九二二年九月）を発行して、「聖人の同朋主義の価値は、之を法悦生活の上に体験せねばならない」として、「悪平等論」と「信仰主義」によって社会運動との連携を拒絶する方針を示し、教団内での鎮静化を図った。それに対して、西光万吉が『中外日報』で「業報に喘ぐ」を掲載して反論し、差別を前提とする社会の調和がいかに被差別者を苦しめているかを主張した。

同年一〇月、全水の運動に呼応して、西本願寺教団では、奈良の廣岡智教らが全国に呼びかけて、僧侶の運動である黒衣同盟が結成されていく。一方、それに対抗する教団の融和主義的運動である一如会運動が展開していく。

内務省や中央融和事業協会の調査によれば、西本願寺教団が大多数の被差別部落の人びとの信仰を集めていたことが明らかとなっている。教団と部落解放運動とのかかわりは、必然的であった。しかしながら、教団において本格的に部落解放運動が課題にのぼるのは、戦後になってからである。そこでは、和歌山県が先駆的役割を果たしている。

西本願寺教団では、戦後になって社会の民主化運動と呼応するように教団の民主化運動が始まり、和歌山教区では、その民主化運動が、同朋運動として、部落解放運動と連携して行われた。

一九四九年（昭和二四）六月、西本願寺教団では、戦前の一如会運動の復活・継承を企図して、「一如運動委員会」を結成した。和歌山教区からは藤範晃誠、岩清水一雄が参加している。しかし、教団の民主化運動や部落解放全国委員会の結成など、周囲の状況は、戦前の一如会運動のような融和運動を復活させる条件はなかった。その中で、西本願寺教団では同年一〇月、西本願寺社会事業協会を発足させ、同和問題を取り上げることになった。和歌山教区からは、先の二人に加えて、田中織之進、筒井貞三、岡本弥智夫が参加している。このこのち、ここでの検討を通じて、翌一九五〇年に浄土真宗本願寺派同朋会を設立した。そして、これを本部同朋会として、各教区には教区同朋会を置く組織を計画したのである。

しかし、これら本山の同朋会設立に先んじて、一九四九年一二月、和歌山教区において、その後の同朋運動をリードする森栄俊らによって、初代会長を薗田香勲とする和歌山同朋会が独自に結成された（『史料編近現代2』Ⅱ‐四‐6）。ここでの先駆的主張が本部同朋会にも大きな影響を与えており、和歌山同朋会は本部同朋会が結成されたのちに、最初の教区同朋会となった。

しかしながら、戦前の一如会運動を継承しようとする本部同朋会に対して、教団の民主化と部落解放運動とその課題をひとつにする和歌山同朋会の運動は相容れることなく、和歌山教区の同朋運動は、その運動実践においてつねに教団を批判する運動として展開された。

和歌山同朋会は「我等は宗祖親鸞聖人開顕の浄土真宗の教義に基づき御同朋御同行の教団民主化に邁進するために強力な団結を固め多年国内に残存する封建思想を排除して民主国家樹立に寄与しようとする」と結成総会の決議宣言を行っている（『同朋』創刊号）。明らかに本部同朋会と異なる立場である。その後、和歌山同朋会は、滋賀、奈良、兵庫と続けて結成されていく教区同朋会との連携を強めながら同朋運動を進めていくのである。

和歌山同朋会の最初の事件への対応は、西川県議差別事件である。そこでは、県下で行われる抗議行動に賛同し、教区寺院門信徒宛てに、檄文を発信し、さらに声明書を発表して、解放運動との連携を明確に支持している（『史料編近現代2』Ⅰ-五-16）。

亀川村差別事件

一九五四年（昭和二九）五月、海草郡亀川村で「生長の家」の布教師による差別発言事件があった。内容は「不幸な運命に生まれるものは、不幸な種をまいている。幸福な運命に生まれるものは、幸福な種をまいている。部落に生まれたり、ハンセン病になるものは、そのような種をまいている」というものであった。本節冒頭に述べた「差別の業論」を内容とするものである。この発言に対する事実確認会の席上で、当該布教師は、「あれは仏法でいう因果応報の教えを話した」と述べたのである。この事件に激しく抗議していた和歌山教区同朋会は、教団に対して、「（この発言が）仏教の因果論を曲解し、且つそれを悪用して部落差別の根拠としている」として「仏教の業論と部落差別についての解明」を要請した。それを受けて同年七月に本部同朋会が、教団において教学の権威であり、学階の最高位である勧学（かんがく）を派遣し、特別研修会を開催した。しかながら、その席上でその勧学が「人間の現在的境遇は自己の行為により招かれたもので、あらゆる人びとの間にみられる差別は自己の業として認めなければならぬ」と発言したのである。

これは、社会における差別の不当性を問うことなく、差別を受けることをまさに「業」によって正当化する論理であり、事件を起こした布教師の発言を追認してしまうものである。「不幸な種をまく」という業論の根深さが、「差別の業論」としてこの事件で指摘されたにもかかわらず、このように繰り返されたのである。

前年（一九五三年）一一月に、西本願寺の総会所で東本願寺の僧侶による差別発言事件（総会所差別事件）が起こっており、同朋運動の課題が教区だけでは難しいという認識が共有されていた（『史料編近現代2』Ⅱ‐三‐7）。それで、この亀川村差別事件を契機に、滋賀・奈良・和歌山・兵庫の各同朋会が、近畿教区同朋会連絡協議会（略称、近連）を結成したのである。同朋運動がすぐさま差別をなくす教団の主体的な運動とはならず、教区の現場にいる人びとの運動推進への危機感が連帯を強めることとなったのである。

こののち、和歌山同朋会は教団内外の差別事件への姿勢を鮮明にしながら、運動団体とも連携をし、部落解放運動と教団民主化の運動を進めていく。

教団において、さらなる同朋運動の共有化を図るために同朋運動の教団での位置づけが進められた。その成果として、教団は一九七一年に、同朋運動本部を設置する。そして一九七三年、同朋運動の教団化の目的を果たしたとして各教区に結成された教区同朋会は発展的に解散することとなった。同年七月に和歌山同朋会は解散している。

高野山真言宗と差別問題

和歌山県には高野山真言宗という伝統仏教の本山があり、そこにおいても差別問題は重要な課題とされている。戦前においては、高野山大学で融和問題研究会が設立され、啓発事業が盛んに行われた。もちろん、弘法大師空海が開いた真言宗の聖地であるがゆえに、日本仏教界の中心的な課題も担っていた。

しかし、戦後の宗教界の同和問題への取り組みについては、以下の事件に始まると言っても過言ではないであろう。一九七九年（昭和五四）、アメリカ、プリンストンで第三回世界宗教者平和会議に日本代表として出席していた全日本仏教会理事長が「日本に部落差別は存在しない」と主張し、部会報告書から部落問題を削除させてしまった事件である。このことが当時の宗教界への重い問題提起となり、部落解放同盟による厳しい糾弾が行われた。

そして、宗教者の部落解放運動は、全日本仏教会に所属する仏教教団だけでなく、キリスト教や新しい宗教教団にも呼びかけて一九八一年六月二九日、「同和問題」にとりくむ宗教教団連帯会議（略称、同宗連）が結成されるまでになった。

『仏前勤行次第』の改訂

高野山では、その事件以前から、教団内部からの指摘により、障害者差別を包含した和讃を掲載した『仏前勤行次第』の問題を抱え、改訂に向けての取り組みが継続されていた。

しかしこの世界宗教者平和会議での発言に対する部落解放同盟による第二回糾弾会の席上で、上杉佐一郎書記長（当時）から各教団に対して、教団内部の差別文書・記載等について自主的に点検するように要請が行われた。そして、自主的な点検後、差別文書が指摘された場合は、糾弾の対象とするというものであった。さらには、一九八一年の「国際障害者年」、そこでの「国連・障害者の一〇年」の宣言も、教団内のこの作業をいっそう推進した。

この『仏前勤行次第』に掲載されていた「三和讃」（真言安心和讃・光明真言和讃・弘法大師和讃）の中で、

「過去に造りし報いにて」（旧真言安心和讃）と、過去世の業の因果応報によって現在障害を被っているが、そのような人びとのために仏の慈悲があるとするもので、現在のさまざまな障害を業による輪廻の結果として個人に受けとめさせ、現世では不幸や差別は仕方がないが、来世では救われるから我慢しろというものである。ここにおいても、「差別の業論」という差別を諦めとして受けとめさせる教化が行われていたのである。これらは、障害者差別を正当化しないように改訂され、檀信徒への新訂版の無償交換を通じて啓発が行われた。

『真言宗実践双書』事件

一九八一年（昭和五六）六月、『真言宗実践双書』という法儀解説書の戒名の付け方のところで、江戸時代の身分差別をそのまま反映した文献を無批判に引用していることが、教団内部から指摘され問題となった。出版については、高野山真言宗以外の関与があり真言宗の他派（御室派、智山派、豊山派）に広がったが、協力して取り組まれ、共同で研修会が持たれて、その差別性や課題が明らかにされた。書籍については、早期に回収が行われ、当該書籍は廃棄となった。一九八四年六月に御室派の仁和寺で懺悔・立誓式が行われている。

烏芻沙摩明王真言御札事件

一九八一年八月、高野山内の寺院が発行した御札を受け取った人が、その内容に部落差別をはじめとする問題があると指摘した。それは、烏芻沙摩明王真言の御札で、『諸尊真影本誓集』という江戸時代の註釈書から振り仮名を読みやすく直した解説を付したものであった。それは、部落差別をはじめとして、性差別、障害者差別など、差別を「穢れ」として払われるべきものとして、それら差別が正当化されていた江戸時代の思想そのものを無批判に継承するものであった。

烏芻沙摩明王とは「穢れ」を払い清浄にする力を持った明王で、のち、不浄を清めるということから、「厠（かわや）の神」と結びつき、便所にこの御札を貼るようになった。問題となった御札には、払われるべき「穢れ」として、便所に続いて、被差別部落や女性、障害者が挙げられていた。もちろん、ここでは、差別用語の使用にとどまらず、差別を正当化する「穢れ」の考え方が仏教思想と結びついているという根本的な問題が提起されたのである。

この時は、和歌山県同和委員会に「真言宗にかかわる差別事件調査委員会」が設置され、和歌山県、伊都郡の各同和委員会などの行政と部落解放同盟からの厳しい指摘が行われた。高野山大学では、県からの事件解明のための学術委員の派遣依頼を契機に同和教育研究会を発足させている。

差別戒名・差別墓石事件

一九八一年九月、『朝日』・『毎日』両新聞で、部落解放同盟の行った差別戒名調査の中間報告が発表された。そこで、真言宗寺院にも差別戒名が存在することが指摘された。仏教各宗派は、独自に調査を行い報告することを要請された。

その過程で、差別戒名の手引書なども明らかになってきた。すでに戦前、『貞観政要格式目』という手引書の写本が高野山で発見されている。これは、戒名の付け方指南ともいうべきもので、東寺の僧侶が作った本であろうとされている。また、江戸時代には三回、板行されている。

ここでは、世俗的身分による戒名の序列があり、上は天皇から、下は、最も身分の低い「三家者（さんかのもの）」と呼ばれる者への戒名の付け方にも言及されている。これは、他の宗派でも発行された葬儀や戒名の付け方の手引書でも参考にされ、被差別民への対応として「三家者」の項目がそのまま使われていた。現在、発見・確認されている差別戒名では、これらの手引書に従ったものであろうことが明白なものが多い。

真言宗においても、一九八一年一二月、『法号・戒名の附け方及び解説』が差別戒名の手引きとなる恐れがあると指摘された。そこでは、仏教の悟りにも段階があり、因果を表す現世の差別が戒名に表れていても何ら不都合はないと述べられていた。それは、その後の取り組みによって回収・廃棄となっている。

差別戒名・差別墓石については、翌一九八二年、第一回のアンケート調査が行われ、一九八三年一〇月まで五回にわたって調査が行われている。

これらの調査を受けて、毎年五月に、「萬民平等差別戒名追善法会」が行われている。

6　人権の新しい世紀へ

人権尊重の社会づくり

一九九八年（平成一〇）一月、県は「同和行政総合推進プラン」を策定して、改めて同和行政の基本目標や基本視点、施策推進の基本的方向を示すとともに、同年九月には「人権教育のための国連一〇年・和歌山県行動計画」を策定した。目標として「人権が尊重される社会づくり」と「人権文化の創造」を掲げ、部落問題や女性の人権をはじめとして九つの重要課題を示し、学校教育・社会教育と並んで企業など一般社会における人権教育・啓発推進に取り組むことを明らかにした。

二〇〇二年三月末をもって「特別措置法」はなくなったが、それは、部落差別がなくなったとか、市民が部落問題への関心を持たなくてもよくなったとか、ということを意味していない。また、行政が責任を果たし終えたわけでもない。財政特例法に基づいてすべての同和対策事業を行うという従来の枠組みが終了したこと、そしてこれまでもそうだったように、部落問題をさまざまな人権の課題の一環として解決を目指す努力が本格的に始まったことを示している。その意味で二〇〇二年は、「特別措置法」時代の終焉であると同時に、和歌山県における人権の新しい世紀の始まりでもあった。

二〇〇二年三月、「和歌山県人権尊重の社会づくり条例」が施行され、さまざまな人権行政を行うことが県の責務であることを明らかにし、その後の人権行政のよりどころとなった。同年四月には、和歌山県人権啓発センターが開設され、人権教育・啓発活動を総合的に推進する拠点となった。

そして二〇〇四年、先に施行された「人権尊重の社会づくり条例」を具体化するものとして「和歌山県人権施策基本方針」を策定した。さらに同方針は、家庭内暴力やインターネット上での人権侵害など新しい問題にも対応するために、二〇一〇年に改定された。県の人権施策の基本理念を明らかにするとともに、環境、情報、女性、子ども、高齢者、障害のある人、部落、外国人、感染症・難病患者、犯罪被害者、その他の人権問題（たとえば、刑を終えて出所した人、野宿生活者、性同一性障害者）など、これまでになく広い分野で人権施策を推進することを謳った。

一九五二年（昭和二七）からあった県同和委員会は、二〇〇二年三月末をもって解消した。また一九六七年に置かれた県民生部同和室は、一九九六年度に福祉保健部同和室に改編され、二〇〇一年度は同部人権教育啓発推進室が同和行政の窓口となった。そして人権問題の担当は二〇〇二年度に企画部人権室、二〇〇三年度以降は企画部人権局となり、現在に至っている。

「人権」を考える

ところで「人権」とは、文字通り「人として生きる権利」「人間らしく生きる権利」のことだが、その内容は具体的に考えれば、とても広い。

第一に、戦争のない、平和な社会で暮らすこと、である。戦争が起きると、そのもとでは自由なさまざまな生き方が制約され、人間らしく生きることができない。なによりも、戦争という、人の生命を奪う・奪われること自体が、「人として生きる」ことの対極にある。

第二は、貧困の心配がなく、豊かに暮らすこと、である。学んだり働く意欲がありながら、経済的な理由で学校へ行けなかったり、毎日の暮らしを支えられないような労働条件で働くことを強いられてはならない。また、病気になっても健康保険がなくて病院に行けなかったり、住民票を持たないからといってさまざまな社会保障制度から除外されることは、あってはならない。安心して子どもを産み、育てることができることも、人権のひとつだ。また本人同士さえ決心すれば、何の遠慮や気遣いをすることなく、結婚したいと思う相手と結婚できること、これも大事な人権である。そう考えれば、人権は現在の日本でも、まだまだ多くの人に十分には保障されていないのが現実なのだ。

第三は、差別なく、平等に生きること、である。平和な暮らしや豊かな暮らしは、社会の一部の人だけが得られるのではなく、すべての人が差別なく、平等に得られることが大事である。女性であったり、在日コリアンだったり、病者であったり、就職していない、困窮しているなど、さまざまな理由で、それを得ることが困難な人たちがいる。部落差別は、そうした「人として生きる権利」「人間らしく生きる権利」が侵害されている具体的な事例のひとつである。部落解放運動とは、部落差別をなくすという観点から人権を守り実現しようとする運動だったし、部落問題という観点から日本の社会に人権という課題を定着させていく大きな役割を果たしている運動である、と言える。

社会全体の課題として

「人権は大切だ」と、すべての人が肝に銘じることは、とても重要だ。しかし「人権は大切だ」と百回唱えるだけで、人権が実現するわけではない。人権を実際に保障されていない「私」や「あなた」の人権を具体的に保障していく営みによって、初めて実現していく。

では、広い意味での人権が保障されないのは、保障されていない当事者、本人の責任なのだろうか。そうでは、ない。いじめの例でもわかるように、いじめの責任はいじめられる側にあるのではなく、いじめる側、いじめを生み出す社会の側、にある。

部落差別は、日本の社会の長い歴史の中で生まれ、残されてきた。だから部落差別の歴史を考えることは、差別されてきた部落の歴史だけではなく、差別を残してきた、「私」や「あなた」を含む社会全体の歴史を考えることでもある。そうした歴史の中には、部落差別をなくそうとする営みもあったことは、本書全体が示した通りである。

今日なお部落差別は、なくなってはいない。部落差別をなくすことは、差別されている部落だけの課題なのではなく、それを生み出し残している社会全体が取り組む課題だと言える。そうした努力の結果で部落差別がなくなっていくことは、「私」や「あなた」の人権もまた保障される社会になり、日本の社会全体が「人として生きる権利」「人間らしく生きる権利」が保障された社会になっていくことを意味している。

そうした社会を実現するために、部落差別の歴史を改めて学ぶこと、部落差別をなくそうとしてきた過去の営みを改めて知ることは、大きな意味を持つだろう。

謝辞

このたび発刊いたしました『和歌山の部落史　通史編』をもって、『和歌山の部落史』全七巻が完結いたしました。

発刊にあたり、これまで同様多くの関係者、関係機関より多大のご協力・ご支援をいただきましたことを厚く感謝申し上げます。

「和歌山の部落史研究促進協議会」には、行政として長期間にわたって本編纂事業をお支えいただき、またご助言とご指導をたまわりましたことお礼申し上げます。

本編纂事業を遂行するにあたり、多くの史料を利用させていただきました。その一部は史料編に、またそこからわかってまいりましたものを通史編にまとめることができました。これらの史料の調査・掲載という活用方法につきましては、所蔵先の諸機関・個人の方々の深いご理解と多大なご協力無しには到底不可能でした。厚く感謝申し上げます。さらにこのたびの編纂事業は、これまで研究を積み重ねてこられた諸先学や、先行の史料集・自治体史のすぐれた成果によるものでありますことは言を俟たず、あらためて敬意と感謝を表します。

高野山真言宗・総本山金剛峯寺、浄土真宗本願寺派をはじめ、宗教界からは、史料提供だけでなく物心両面にわたり本事業を支えていただきましたこと、あらためてお礼申し上げます。

部落解放同盟和歌山県連合会には、本編纂事業は解放運動を支える事業とは申しながら、被差別当事者には痛みを伴う作業であったにもかかわらず、深いご理解とご支援を賜り、あらためて感謝申し上げます。また本通史編の完成を待たずにご往生された故中澤敏浩執行委員長に本書の完成をもって感謝の意を捧げます。

実際に編集を担当された委員の皆さまには、史料調査をはじめ、原稿の執筆、編集・校正作業など、時間と労力を惜しまずにご努力していただきました。また、事務局の皆さまには、事業完遂のために支え続けて来られました。心よりお礼を申し上げます。

二〇〇五年の和歌山の部落史編纂会設立総会以来今日に至るまで、多くの方々の部落問題・人権問題に対するご理解と、編纂事業に対するご支援に支えられて事業を継続することができました。改めてここに深甚の謝意を表するものです。

最後になりましたが、部落問題・人権問題の解決のために、『和歌山の部落史』が活用され、人びとの歴史の解明と人権文化の深化のために役立てられることを心より願います。

二〇一五年三月

和歌山の部落史編纂会委員長・企画委員長
薗田　香融

主な参考文献

自治体史

『打田町史』全三巻、打田町、一九八一～一九八六年
『海南市史』全五巻、海南市、一九七九～二〇〇〇年
『かつらぎ町史』全四巻、かつらぎ町、一九八三～二〇〇六年
『上富田町史』全五巻、上富田町、一九八九～一九九八年
『串本町史』全二巻、串本町、一九八八～一九九五年
『改訂九度山町史』全四巻、九度山町、二〇〇〇年～二〇〇九年
『高野町史』全三巻、高野町、二〇一一～二〇一四年
『粉河町史』全五巻、粉河町、一九八六～二〇〇三年
『御坊市史』全四巻、御坊市、一九七九～一九八一年
『下津町史』全四巻、下津町、一九七四～一九七七年
『新宮市誌』、新宮市、一九三八年
『新宮市史』全四巻、新宮市、一九七二～一九八六年
『田辺市史』全一〇巻、田辺市、一九九〇～二〇〇三年
『那賀町史』、那賀町、一九八一年

『野上町誌』全二巻、野上町、一九八五年
『橋本市史』全六巻、橋本市、二〇〇一年〜二〇一二年
『日高郡誌』全二巻、名著出版、一九七〇年
『美里町誌』史料編Ⅰ・Ⅱ、紀美野町、二〇〇七〜二〇一二年
『由良町誌』全五巻、由良町、一九八五〜一九九五年
『和歌山県誌』全三巻、名著出版、一九七〇年
『和歌山県史』全二四巻、和歌山県、一九七五〜一九九四年
『和歌山市史』全一〇巻、和歌山市、一九七五〜一九九二年

史料集・事典類

『大阪の部落史』全一〇巻、部落解放・人権研究所、二〇〇〇〜二〇〇九年
『奥田家文書』全一五巻、大阪府同和事業促進協議会、一九六九〜一九七六年
『官幣大社日前神宮国懸神宮本紀大略』、日前神宮国懸神宮、一九一六年
『紀伊続風土記』、歴史図書社、一九七〇年
『紀伊国名所図会』（版本地誌大系9）、臨川書店、一九九六年
『紀州小山家文書』、日本評論社、二〇〇五年
『紀州田辺御用留』全一八巻、清文堂出版、一九九八〜二〇〇二年
『紀州田辺万代記』全一八巻、清文堂出版、一九九一〜一九九四年

『紀州文献日高近世史料』、臨川書店、一九七四年
『旧高旧領取調帳』近畿編、近藤出版社、一九七五年
『近代部落史資料集成』全一〇巻、三一書房、一九八四～一九八七年
『高野山文書』（大日本古文書家わけ第一）全八巻、東京大学出版会、一九七九年
『高野山文書』（高野山史編纂所原編）全七巻、歴史図書社、一九七三年
『新校高野春秋編年輯録』、名著出版、一九八二年
『塩崎家文書』全二巻、塩崎昇、一九九四～一九九七年
『城下町警察日記』、清文堂出版、二〇〇三年
『城下町牢番頭仲間の生活』、清文堂出版、二〇〇九年
『浄土真宗聖典（注釈版）』、本願寺出版社、一九八八年
『白浜町同和史』、白浜町、一九八八年
『真宗史料集成』全一三巻、同朋舎、一九七四～一九八三年
『水平運動史の研究』全六巻、部落問題研究所、一九七一～一九七三年
『田辺同和史』全四巻、田辺市、一九九五～二〇〇二年
『那賀町史料』、那賀町教育委員会、一九七〇年
『南紀徳川史』全一七巻、名著出版、一九七〇～一九七二年
『日本林制史資料』全三〇巻、朝陽会、一九三〇～一九三四年
『部落史史料選集』全三巻、部落問題研究所、一九八八～一九八九年

『部落問題・水平運動資料集成』全三巻・補巻二巻、三一書房、一九七四～一九七八年
『松阪の部落史』第一巻、松阪市、二〇〇八年
『和歌山県政史』全五巻、和歌山県、一九六七～二〇〇二年
『和歌山県同和運動史』全二巻、和歌山県同和委員会、一九九五～一九九八年
『角川日本地名大辞典 30和歌山県』、角川書店、一九八五年
『カトリック大辞典』、冨山房、一九七四～一九七七年
『真宗新辞典』、法藏館、一九八三年
『総合仏教大辞典』、法藏館、一九八八年
『部落史用語辞典』、柏書房、一九九〇年
『和歌山県の地名』（日本歴史地名大系）、平凡社、一九八三年

論文・著作集など

朝治 武「荊冠旗と水平運動」、『部落解放』三五五号、一九九三年
朝治 武「日中戦争期の差別事件史料」、『部落解放研究』一三五号、二〇〇〇年
阿部 猛「延喜の奴婢解放令」、小葉田淳教授退官記念事業会編『国史論集（小葉田淳教授退官記念）』、小葉田淳教授退官記念事業会、一九七〇年
網野 善彦「非人に関する一史料」、網野善彦『中世の非人と遊女』、明石書店、一九九四年
有元 正雄『近世被差別民史の東と西』、清文堂出版、二〇〇九年

新井喜久夫「品部雑戸制の解体過程」、弥永貞三先生還暦記念会編『日本古代の社会と経済』上巻、吉川弘文館、一九七八年
安藤　精一『近世在方商業の研究』、吉川弘文館、一九五八年
安藤　精一「近世和歌山のキリシタン」、安藤精一編『和歌山の研究3』、清文堂出版、一九七八年
池田　孝雄「柳瀬発電所建設と日朝労働者の対立」、池田孝雄著作刊行会編『地域から歴史をみる』、池田孝雄著作集刊行会、二〇一二年
池田　孝雄「平生成業―意志と情の人北条鐵心」、池田孝雄著作刊行会編『地域から歴史をみる』、池田孝雄著作集刊行会、二〇一二年
石尾　芳久『被差別部落起源論』、木鐸社、一九七五年
石尾　芳久『一向一揆と部落』、三一書房、一九八三年
石尾　芳久『続・一向一揆と部落』、三一書房、一九八五年
逸木　盛照「紀州民俗誌」、倉石忠彦ほか編『日本民俗誌集成』第一五巻、三一書房、一九九七年
伊藤　悦子「戦前における藤範晃誠の活動と融和教育の創造」、世界人権問題研究センター『研究紀要』一一号、二〇〇六年
岩井　忠熊「明治初期国家と部落問題」、部落問題研究所編『部落史の研究　近代篇』、部落問題研究所、一九八四年
上杉　　聰『明治維新と賤民廃止令』、解放出版社、一九九〇年
上田さち子「西大寺叡尊伝の問題点」、『大阪府立大学社会科学論集』四・五号合併号、一九七三年
上田さち子「叡尊と大和の西大寺末寺」、大阪歴史学会編『中世社会の成立と展開』、吉川弘文館、一九七六年
牛山　佳幸「『女人禁制』再論」、『山岳修験』一七号、一九九六年
上横手雅敬「紀伊の律寺」、上横手雅敬『権力と仏教の中世史』、法藏館、二〇〇九年

榎本　淳一「律令賤民制の構造と特質」、池田温編『中国礼法と日本律令制』、東方書店、一九九二年
大畑才蔵全集編さん委員会編『大畑才蔵』、橋本市、一九九三年
大山　喬平「中世の身分制と国家」、大山喬平『日本中世農村史の研究』、岩波書店、一九七八年
小笠原正仁「『勧化迅雷鈔』に見られる布教の問題」、森本覚修・小笠原正仁『同朋運動ブックレット②　経典と差別』、同和
　教育振興会、二〇〇〇年
小笠原正仁「真宗信仰とアイデンティティ」、畑中敏之・朝治武・内田龍史編『差別とアイデンティティ』、阿吽社、二〇一三年
岡本　弥『融和運動の回顧』、光風文庫、一九四一年
小田　直寿「堀家文書の魅力――部落問題を中心に」、一般社団法人和歌山人権研究所『紀要』五号、二〇一四年
加藤　康昭『日本盲人社会史研究』、未來社、一九七四年
河内水平社創立六十周年記念誌編集委員会編『最後のひとりの立場に――河内水平社の歴史　河内水平社創立六十周年記念
　誌』、河内水平社創立六十周年記念編集委員会、一九八三年
木皮　亭編『木皮馨が残した記録』、非売品、二〇一〇年
菊池　康明「延喜の奴婢解放令と荘園整理令」、『古事類苑月報』四〇号、一九七〇年
北野　裕子「西本願寺の婦人融和事業再考」、千葉乗隆編『日本の社会と真宗』、思文閣出版、一九九九年
鬼頭　　宏『日本二千年の人口史』、ＰＨＰ研究所、一九八三年
紀の川流域荘園詳細分布調査委員会編集『紀伊国名手荘・静川荘地域調査』、和歌山県教育委員会、二〇〇四年
金龍　　静「石山法王御書類聚の紹介」、新行紀一編『戦国期の真宗と一向一揆』、吉川弘文館、二〇一〇年
栗須　七郎『水平の行者』、日本社、一九二四年

黒田　弘子「戦国〜近世初期の賤民と祭礼」、『歴史評論』四二六号、一九八五年
黒田　弘子『中世惣村史の構造』、吉川弘文館、一九八五年
五来　重『熊野詣』、講談社、二〇〇四年
斎藤　圓眞「石上宅嗣と最澄の奴婢解放観について」、『印度学仏教学研究』三五―一、一九八六年
左右田昌幸「『穢寺帳』ノート」、『教学研究所紀要』五号、一九九七年
左右田昌幸「『四ヶ之本寺』ノート」、『講座蓮如』第四巻、平凡社、一九九七年
左右田昌幸「近世後期西本願寺教団における部落寺院について―伊勢国松坂善覚寺を中心に―」、日本仏教史の研究会編『日本の社会と仏教』、永田文昌堂、一九九〇年
佐伯　有清「今良の性格と史料」、佐伯有清『日本古代の政治と社会』、吉川弘文館、一九七〇年
栄原永遠男「紀氏と倭王権」、栄原永遠男『紀伊古代史研究』、思文閣出版、二〇〇四年
佐久間正訳「一六七〇年のムニョス報告書」、キリシタン文化研究会編『キリシタン研究』第一一輯、吉川弘文館、一九六六年
芝　英一「幕末・維新期、田辺領における宗教弾圧―富田尼僧智海と信徒集団の受難―」、『くちくまの』、五七号、一九八三年
芝　英一「近世田辺領における穢多頭の制度とその展開」、『くちくまの』五九号、一九八四年
芝　英一「近世田辺領における人口問題―皮田人口を中心として―」、『くちくまの』六三号、一九八五年
芝　英一「近世田辺領における身分制度と非人番（番太）」、『くちくまの』、六六号、一九八六年
芝　英一「田辺領における『皮田役』としての落牛馬処理について」、『くちくまの』七〇号、一九八七年
芝　英一「近世田辺領における皮革流通・皮座株・口前所運上制について」、『くちくまの』七二号、一九八八年

芝　英一『近世身分制と被差別の民―田辺領の場合―』、南部郷部落問題研究会、一九八九年
芝　英一「田辺領における皮田頭の行刑罰裁量権について」、『くちくまの』一一六号、二〇〇〇年
新宮市教育委員会編『人権からみた新宮のあゆみ（草稿）』、新宮市教育委員会、二〇〇五年
神野　清一『律令国家と賤民』、吉川弘文館、一九八六年
新村　拓「古代医療の社会史」、新村拓『日本医療社会史の研究』法政大学出版局、一九八五年
菅根　幸裕「明治新政府の宗教政策と『聖』の対応」、『日本近代仏教史研究』三号、一九九六年
杉本　昭典「本願寺末寺帳『穢寺帳』『穢寺下帳』について（2）」、『兵庫の部落解放研究』三号、一九七八年
世界人権問題研究センター編『散所・声聞師・舞々の研究』、思文閣出版、二〇〇四年
関山直太郎『近世日本の人口構造』、吉川弘文館、一九五八年
薗田　香融「岩橋千塚と紀伊国造」、薗田香融『日本古代の貴族と地方豪族』、塙書房、一九九二年
薗田　香融「晒山古墳群と楠見遺跡」、薗田香融『日本古代の貴族と地方豪族』、塙書房、一九九二年
高市　光男「近世部落の人口動態とその背景―和泉国泉郡南王子村の場合―」、西播地域皮多村文書研究会編『近世部落史の研究』下、雄山閣、一九七六年
武内　善信「紀州那賀郡井坂・蓮乗寺文書『大田退衆中宛顕如消息』について」、『和歌山研究所通信』四八号、二〇一四年
谷口幸男編『御坊市における部落の歴史と解放へのあゆみ』、御坊市同和室、一九九一年
丹野　拓「紀伊の牧」、『紀伊考古学研究』一五号、二〇一二年
鄭　承博『水平の人　栗須七郎先生と私』、みずのわ出版、二〇〇一年
角田　文衛「紀寺の奴」、角田文衛『角田文衛著作集三　律令国家の展開』、法蔵館、一九八五年

寺木　伸明『近世部落の成立と展開』、解放出版社、一九八六年
寺木　伸明「太閤検地帳・名寄帳の『かわた』記載をめぐって」、寺木伸明『近世部落の成立と展開』、解放出版社、一九八六年
寺木　伸明「紀伊国那賀郡における一近世部落の成立――雑賀一向一揆との関連の検討」、寺木伸明『被差別部落の起源――近世政治起源説の再生』、明石書店、一九九六年
寺木　伸明「大阪地域における近世部落の人口動態と背景――河内国更池村内の近世部落を中心として」、寺木伸明『近世身分と被差別民の諸相――〈部落史の見直し〉の途上から』、解放出版社、二〇〇〇年
寺木　伸明「高野山領太閤検地帳記載の『かわた』について―紀伊国那賀郡調月村検地帳の分析―」、寺木伸明『近世身分と被差別民の諸相――〈部落史の見直し〉の途上から』、解放出版社、二〇〇〇年
寺西　貞弘「古代における肉食について」、『古代史の研究』一五号、二〇〇九年
東上　高志『「部落の終わり」がはじまる』、部落問題研究所、一九九八年
富沢　清人『中世荘園と検注』、吉川弘文館、一九九六年
仲尾　俊博「『日本霊異記』と業論」、仲尾俊博『「人の世に熱」を求めて』、永田文昌堂、一九八三年
仲尾　俊博「日本における旃陀羅解釈」、仲尾俊博『宗教と部落差別』、柏書房、一九八二年
中川みゆき「座頭祝銭に関する研究ノート――座頭と寺院の争論」、奈良県立同和問題関係史料センター『研究紀要』第六号、一九九九年
永瀬　康博「鹿革と伝承」、永瀬康博『皮革産業史の研究』、名著出版、一九九二年
中西かつみ「皮田と土地――御坊周辺についての雑考」、渡辺広先生退官記念会編『和歌山の歴史と教育』、渡辺広先生退官記念会、一九七九年

奈良県立同和問題関係史料センター『奈良の被差別民衆史』、奈良県教育委員会、二〇〇一年
西口　順子『女の力』、平凡社、一九八七年
西山　良平「王朝都市と《女性の穢れ》」、女性史総合研究会編『日本女性生活史』第一巻、東京大学出版会、一九九〇年
服部　英雄『河原ノ者・非人・秀吉』、山川出版社、二〇一二年
日野西眞定「奥院石塔を中心とする高野山信仰の諸問題（其の一）」、『密教文化』一〇〇号、一九七二年
日野西眞定「高野山の女人禁制に関する史料とその解説（一）」、『密教文化』一一五号、一九七六年
平林　章仁『神々と肉食の古代史』、吉川弘文館、二〇〇七年
広瀬浩一郎『障害者の宗教民俗学』、明石書店、一九九七年
廣畑　研二『水平の行者　栗須七郎――その思想と実践の軌跡』、和歌山人権研究所、二〇〇一年
廣本　満「維新期近郊農村の階層構成――和歌山近郊の木本村の場合」、安藤精一編『近世和歌山の構造』、名著出版、一九七三年
藤井　寿一「ファシズム成熟期における被差別部落住民の祭礼闘争」、有元正雄先生退官記念論文集刊行会編『近世近代の社会と民衆』、清文堂出版、一九九三年
藤井　寿一「神事祭礼と被差別民」、『熊野史研究』四〇七号、一九九八年
藤井　寿一「田辺地域における『鉢坊』（おんぼう）の存在形態」、細川涼一編『三昧聖の研究』、碩文社、二〇〇一年
藤井　寿一「近世夙村の複檀家制」、頼祺一先生退官記念論集刊行会編『近世近代の地域社会と文化』、清文堂出版、二〇〇四年
藤井　寿一「紀州藩非人身分の諸相」、『しこく部落史』一一号、二〇〇九年
藤井　寿一「第二次世界大戦後の紀南で起きた最初の差別事件」、『熊野』一四〇号、二〇一一年

藤井　寿一「紀伊国『鉢坊』の人たちと空也堂」、『部落解放と大学教育』二六号、二〇一三年
藤井　寿一「高野山『谷之者』の身分意識」、畑中敏之・朝治武・内田龍史編『差別とアイデンティティ』、阿吽社、二〇一三年
藤木　久志『織田・豊臣政権』、小学館、一九七五年
藤本清二郎「和歌山城下、吹上非人村の形成と展開」、『和歌山地方史研究』八号、一九八五年
藤本清二郎『近世賤民制と地域社会』、清文堂出版、一九九七年
藤本清二郎「近世の聖＝おんぼう身分と村落」、細川涼一編『三昧聖の研究』、碩文社、二〇〇一年
藤本清二郎「一九世紀、紀州藩のかわた村々締方臘皮締方体制」、『和歌山大学紀州経済史文化史研究所紀要』三〇号、二〇〇九年
藤本清二郎「『城付かわた村』体制の解体過程」、『部落問題研究』一九三号、二〇一〇年
藤本清二郎『近世身分社会の仲間構造』、部落問題研究所、二〇一〇年
藤本清二郎『城下町世界の生活史』、清文堂出版、二〇一四年
藤原　有和「紀州吹上非人村初代長吏・転びキリシタン久三郎について」、『大阪の部落史通信』三四号、二〇〇四年
藤原　有和「摂州東成郡天王寺村転切支丹類族生死改帳の研究（一）（二）」、『関西大学人権問題研究室紀要』四九～五〇号、二〇〇四～二〇〇五年
藤原　豊「近世後期の部落寺院について―摂津国川辺郡火打村勝福寺取り扱い一件を中心に」、『歴史研究（大阪教育大学歴史学研究室）』三四号、一九九七年
藤原　豊「近世後期の本願寺派部落寺院の動向について」、『ひょうご部落解放』一二八号、二〇〇八年
船越　昌『被差別部落形成史の研究――畿内における一向一揆の関連のなかで』、解放出版社、一九八三年

部落解放運動史編集委員会編『和歌山部落解放運動史論』、部落解放同盟和歌山県連合会・社団法人和歌山人権研究所、二〇〇三年
細川涼一訳注『感身学正記』1、平凡社、一九九九年
前田　正明「近世後期、紀州における皮革生産・流通の特質」、『史学研究』一九九号、一九九三年
前田　正明「諸獣類取捌きとかわた身分」、『部落問題研究』一二九号、一九九四年
桝井　陽造『成川善太郎伝』、有田情報、一九六四年
三尾　功『近世都市和歌山の研究』、思文閣出版、一九九四年
三尾　八朔『天保年代物貰集』、私家版、二〇〇九年
水林　彪『封建制の再編と日本的社会の確立』、山川出版社、一九八七年
水原　堯栄『女性と高野山』、小堀南岳堂、一九二四年
峯岸賢太郎『近世被差別民史の研究』、校倉書房、一九九六年
ミュージアム知覧『獣骨を運んだ仲覚兵衛と薩南の浦々』、ミュージアム知覧、二〇〇九年
三好伊平次『同和問題の歴史的研究』、同和奉公会、一九四三年
森　杉夫『近世部落の諸問題』、堺市教育委員会、一九七五年
森栗　茂一「境界集落の渡世――隅田荘真土村」、『国立歴史民俗博物館研究報告』六九号、一九九六年
安竹貴彦「紀州藩の生命刑と牢番頭――『国律』成立以前を中心に」、『部落問題研究』二〇一号、二〇一二年
安竹貴彦「紀州藩の追放刑と牢番頭」、社団法人和歌山人権研究所『紀要』四号、二〇一三年
矢野治世美「ハンセン病問題と和歌山県――近代の湯の峰温泉をめぐって」、社団法人和歌山人権研究所『紀要』三号、

二〇〇九年
矢野治世美「高野山とハンセン病―近代を中心に―」、一般社団法人和歌山人権研究所『紀要』五号、二〇一四年
山陰加春夫編『きのくに荘園の世界』上・下、清文堂出版、二〇〇〇～二〇〇二年
山陰加春夫『新編中世高野山史の研究』、清文堂出版、二〇一一年
山陰加春夫「中世高野山金剛峯寺及び同寺領荘園における平等と差別」、社団法人和歌山人権研究所『紀要』四号、二〇一三年
山本　隆志『荘園制の展開と地域社会』、刀水書房、一九九四年
吉井　克信「近世河内国における三昧聖の存在形態」、細川涼一編『三昧聖の研究』、碩文社、二〇〇一年
吉田栄治郎「近世夙村の被賤視解除の戦略をめぐって」、奈良県立同和問題関係史料センター『研究紀要』一三号、二〇〇七年
吉田栄治郎「中世真土宿と近世上夙村」、『リージョナル』六号、二〇〇七年
吉田　一彦『古代仏教をよみなおす』、吉川弘文館、二〇〇六年
吉村　旭輝「近世田楽法師の世襲と退転」、『芸能史研究』一〇三号、二〇一三年
李　永植「古代人名からみた『呉』」、『加耶諸国と任那日本府』吉川弘文館、一九九三年
龍谷大学同和問題研究委員会編『同和問題研究資料』Ⅰ～Ⅵ、一九七九～一九八六年
和歌山県『同和対策の成果と課題』、和歌山県、一九八二年
和歌山県『同和対策の成果と課題　23年のあゆみ』、和歌山県、一九九三年
和歌山県『同和行政　28年の歩み』、和歌山県、一九九九年
和歌山県同和委員会編『調査　十年の歩み』、和歌山県同和委員会、一九六四年
和歌山県部落解放運動連合会編『和歌山県戦後部落解放運動のあゆみ』、部落問題研究所、一九八六年

和歌山県立博物館編『歴史のなかの〝ともぶち〟―鞆淵八幡と鞆淵荘―』、和歌山県立博物館、二〇〇一年
和歌山県立文書館編『収蔵資料目録四　移管資料目録』、和歌山県立文書館、二〇〇〇年
和歌山県立文書館編『紀の国へのいざない』（和歌山県立文書館だより第二四号永久保存版）、和歌山県立文書館、二〇〇八年
和歌山中世荘園調査会編集『中世再現　一二四〇年の荘園景観』、和歌山中世荘園調査会、二〇〇三年
和田　幸司「『四ヶ之本寺』金福寺についての一考察―北播磨金福寺末寺院の展開を視野にいれて―」、『法制論叢』第四〇号第一号、二〇〇三年
和多秀乗編「旧御影堂蔵　金剛峯寺領検注帳」（一）～（三）、『高野山大学密教文化研究所紀要』一～三号、一九八四～一九八八年
渡辺　広『未解放部落の史的研究』、吉川弘文館、一九六三年
渡辺　広『未解放部落の形成と展開』、吉川弘文館、一九七七年
渡辺　広『未解放部落の源流と変遷』、部落問題研究所、一九九四年

執筆担当

第一章　古代・中世の社会と差別

1　佐藤健太郎

2　市川訓敏・小笠原正仁・矢野治世美

奈良坂・清水坂両宿非人の抗争／西大寺叡尊と紀伊国／中世被差別民と祭礼（市川）

一向一揆起源論について（小笠原）

高野山金剛峯寺の庄園支配と大検注／検注帳類の記載様式／検注帳類に見える職能民・被差別民／宿と聖（矢野）

第二章　近世封建社会の成立と被差別民の状況

1　寺木伸明

2　藤井寿一・安竹貴彦

田辺および新宮の支配機構／近世高野山寺領の成立と民衆支配（藤井）

紀州藩の成立と民衆支配／城下町和歌山の支配機構／在方の支配機構／「城付かわた村」としての岡島村／頭が語る由緒／仕官と村移転―「城付かわた村」の成立／掃除頭としての出発／岡島村の肝煎層と村民（安竹）

3　岡村喜史・寺木伸明・藤井寿一・安竹貴彦

皮田寺の成立／皮田寺の状況（岡村）

第三章　藩政の展開と差別の強化

第四章　近世封建社会の動揺と被差別民の動向

1～4、6　渡辺俊雄
5　小笠原正仁

ご協力いただいた機関・団体・個人（順不同、敬称略）

和歌山県立文書館
和歌山県立図書館
和歌山県議会図書室
和歌山大学紀州経済史文化史研究所
和歌山市立博物館
新宮市教育委員会
田辺市立図書館
橋本市図書館
上富田町郷土資料館
由良町中央公民会館
田辺市企画部人権推進課
田辺市本宮教育事務所
上富田町教育委員会
湯浅町教育委員会
高野山真言宗・総本山金剛峯寺
高野山大学
高野山大学図書館
高野山霊宝館
本願寺鷺森別院
光明寺
高室院
闘雞神社
養源寺
部落解放同盟和歌山県連合会
部落解放同盟中央本部
部落解放同盟富田林支部
部落解放・人権研究所
部落問題研究所
大阪人権博物館
学習院大学図書館
国立公文書館
アジア歴史資料センター

寒川文書館
水平社博物館
本願寺史料研究所
法政大学大原社会問題研究所
松本治一郎記念会館
愛知芸術文化センター　愛知県図書館
奈良県立同和問題関係史料センター
大阪狭山市教育委員会市史編さん担当
空也堂極楽院
株式会社　朝日新聞社
株式会社　毎日新聞社
株式会社　有田タイムス
株式会社　紀伊民報
株式会社　紀南新聞社
紀州新聞社
日高新報社
安藤　晴夫
石田　定顕

宇多　光誠
吉備　敏雄
木皮　慧子
児玉　光男
庄司　堅一
瀬戸　康治
高橋　浩爾
谷口　庄亮
堀　信子
眞砂　哲夫

和歌山の部落史編纂会（二〇〇五～一四年度）

委員

薗田　香融　編纂委員長、企画委員長
市川　訓敏　編纂委員、企画委員、古代中世部会長
井山　温子　古代中世部会（二〇〇五～一〇年度）
岡村　喜史　近世部会
小田　康徳　企画委員、近現代部会長
坂本　亮太　古代中世部会
佐々木基文　編纂委員
佐々木蒹俊　編纂副委員長（二〇〇五年度）
佐藤健太郎　古代中世部会
庄野　光昭　編纂委員会顧問（二〇〇六～一二年度）
杉本　正信　編纂委員（二〇〇八～一〇年度）
添田　隆昭　編纂委員会顧問
高岡　裕之　近現代部会
高野　　豊　近世部会
高橋　格昭　編纂委員（二〇一二～一三年度）
武内　善信　古代中世部会
寺木　伸明　編纂委員、企画委員、近世部会長
土井　義宏　編纂委員（二〇〇五～〇六年度）
戸神　良章　編纂委員
中岡　順忍　編纂委員
中澤　敏浩　編纂委員（故人）
野口　道彦　編纂副委員長
長谷　智之　編纂委員（二〇〇七～一〇年度）
土生川正道　編纂委員会顧問（二〇〇五年）
原田　正俊　古代中世部会
林　　安明　編纂委員（二〇一一年度）
林　　紀昭　古代中世部会
日野西眞定　古代中世部会
深　　真樹　編纂委員（二〇〇七～一三年度）
藤井　寿一　近世部会、近現代部会

藤範　信彦　企画委員会顧問

藤本　恵英　編纂委員（二〇〇五〜〇七年度）

三尾　　功　企画委員会顧問（故人）

宮崎　恭子　編纂委員（二〇〇五〜〇八年度）

村田　恭雄　編纂副委員長（故人）

守安　敏司　近現代部会

安竹　貴彦　近世部会

山陰加春夫　企画委員、古代中世部会

渡辺　俊雄　近現代部会

和歌山の部落史・高野山文書編纂会（二〇〇五～一四年度）

代　表
添田　隆昭
土生川正道（二〇〇五年度）
庄野　光昭（二〇〇六～一二年度）

副代表
日野西眞定
山陰加春夫

委　員
市川　訓敏
井山　温子（二〇〇五～一〇年度）
岡村　喜史
小倉　英樹
小田　康徳
木村　悟
坂本　亮太
佐藤健太郎
高岡　裕之
武内　善信
寺木　伸明
林　紀昭
原田　正俊
藤井　寿一
高野　豊
三尾　功（故人）
守安　敏司
安竹　貴彦
山口　文章（二〇〇五～〇九年度）
渡辺　俊雄

和歌山の部落史研究促進協議会

和歌山県
和歌山市
橋本市
有田市
御坊市
田辺市
新宮市
紀の川市
岩出市
和歌山県町村会

事　務　局（一般社団法人　和歌山人権研究所）

辻　健二
小笠原正仁
矢野治世美
上平　鞋士（二〇〇八年七月まで）
小倉　英樹（二〇〇九年一二月まで）
佐古　立子（二〇一二年三月まで）

和歌山の部落史　通史編
2015年3月31日　初版第1刷発行

編　集――――――和歌山の部落史編纂会
著　作――一般社団法人 和歌山人権研究所
発行者――――――――石　井　昭　男
発行所――――――――株式会社 明石書店
〒101-0021 東京都千代田区外神田6-9-5
電 話 03（5818）1171
FAX 03（5818）1174
振 替　00100-7-24505
http://www.akashi.co.jp/
装丁―――――明石書店デザイン室
DTP―――――――レウム・ノビレ
印刷・製本――モリモト印刷株式会社

（定価はカバーに表示してあります）
ISBN978-4-7503-4170-5